北大社"十四五"普通高等教育本科规划教材
高等院校物流专业"互联网+"创新规划教材

物流项目管理（第3版）

周晓晔　主　编
刘　鹏　李传博　余维田　副主编

内容简介

本书系统、全面地介绍了物流项目管理的相关理论和实践的基本内涵及发展过程,全书共分 10 章,包括物流项目管理概述、物流项目前期策划、物流项目组织与人力资源管理、物流项目计划管理、物流项目进度管理、物流项目质量管理、物流项目的采购与合同管理、物流项目成本管理、物流项目风险管理和物流项目信息管理。本书旨在使学生掌握物流项目管理的基本理论与方法,提高学生运用项目管理的知识分析、解决实际物流项目问题的能力。

本书可作为普通高等学校本科物流管理、物流工程、电子商务、工商管理等专业的教材,也可作为物流工程等专业研究生的选修教材,还可作为物流管理人员和物流科研人员的参考用书。

图书在版编目(CIP)数据

物流项目管理 / 周晓晔主编. —3 版. —北京:北京大学出版社,2024.1
高等院校物流专业"互联网+"创新规划教材
ISBN 978-7-301-34681-5

Ⅰ. ①物… Ⅱ. ①周… Ⅲ. ①物流管理—项目管理—高等学校—教材 Ⅳ. ①F252.1

中国国家版本馆 CIP 数据核字(2023)第 231562 号

书　　　名	物流项目管理(第 3 版) WULIU XIANGMU GUANLI (DI-SAN BAN)
著作责任者	周晓晔　主编
策划编辑	郑　双
责任编辑	黄园园　郑　双
数字编辑	金常伟
标准书号	ISBN 978-7-301-34681-5
出版发行	北京大学出版社
地　　　址	北京市海淀区成府路 205 号　100871
网　　　址	http://www.pup.cn　新浪微博:@北京大学出版社
电子邮箱	编辑部 pup6@pup.cn　总编室 zpup@pup.cn
电　　　话	邮购部 010-62752015　发行部 010-62750672　编辑部 010-62750667
印　刷　者	北京圣夫亚美印刷有限公司
经　销　者	新华书店
	787 毫米×1092 毫米　16 开本　20.25 印张　493 千字 2011 年 6 月第 1 版　2015 年 9 月第 2 版 2024 年 1 月第 3 版　2024 年 12 月第 3 次印刷
定　　　价	59.00 元

未经许可,不得以任何方式复制或抄袭本书之部分或全部内容。
版权所有,侵权必究
举报电话: 010-62752024　电子邮箱: fd@pup.cn
图书如有印装质量问题,请与出版部联系,电话 010-62756370

第3版前言

本书第1版自2011年出版至今，经历二次修订、多次重印，并有幸被全国多所高等学校选作教材，受到读者的广泛好评，这是我们继续完善本书的动力。目前新文科建设对物流管理人才的培养提出了更高的要求。在此背景下，编者充分把握新时代新文科建设的内在要求，在北京大学出版社的支持下，对本书第2版进行了修订，使教材紧跟时代的步伐。修订后本书的主要特色如下。

第一，通过修订，确保概念准确，表述正确，数据精确，可读性强。

第二，根据国家关于教材建设的指导意见，本书做到专业与德育并行，紧扣专业对本课程知识目标、能力目标和素质目标的三维培养要求。

第三，增加了大数据、区块链等新技术，完善了物流项目信息管理应用示例，使本书的内容更加丰富、全面。

此外，本书在修订过程中，力求紧贴物流学科的发展趋势，反映现代物流项目管理的最新概念、技术与发展。本书在内容安排上，充分考虑普通高等学校本科教学的特点，把物流项目管理的理论与企业的实际运作情况紧密结合，涉及物流项目活动的各个环节并全面更新了相关案例和数据；在结构安排上，注重理论与实践相结合，给出了丰富的案例供学生研讨；每章末配有综合练习，以帮助学生理解与掌握本章内容，巩固所学知识。

本书建议授课总学时为40学时，各章建议学时数见下表。

教学内容	学时数	教学内容	学时数
第1章　物流项目管理概述	2	第6章　物流项目质量管理	3
第2章　物流项目前期策划	4	第7章　物流项目的采购与合同管理	5
第3章　物流项目组织与人力资源管理	4	第8章　物流项目成本管理	4
第4章　物流项目计划管理	5	第9章　物流项目风险管理	5
第5章　物流项目进度管理	5	第10章　物流项目信息管理	3

本书由周晓晔（沈阳工业大学）任主编，刘鹏（沈阳工业大学）、李传博（沈阳工业大学）、余维田（沈阳工业大学）任副主编。具体编写分工为：周晓晔编写第1~3章；刘鹏编写第4、5、9章；李传博编写第6、8章；余维田编写第7、10章。本书由周晓晔组织修改、终审定稿。另外，朱梅琳、成佳慧、戴思聪和冯宇豪等研究生也做了大量工作，在此表示衷心的感谢。

本书在编写过程中，借鉴了许多国内外文献资料，特此向相关作者表示衷心的感谢。本书在修订过程中得到了北京大学出版社的大力支持。在此，对北京大学出版社的编辑和发行人员表示感谢，同时也向为本书提供反馈意见的广大读者表示诚挚的谢意。

　　虽然编者对本书反复修改完善，但由于水平有限，加之时间仓促，书中难免存在不足之处，希望广大读者斧正。

编　者

2023 年 9 月

目 录

第1章 物流项目管理概述 …………… 1
- 1.1 物流管理 ………………………… 4
  - 1.1.1 物流的概念、基本关系与分类 …………………… 4
  - 1.1.2 物流管理的特征与内容 …… 9
  - 1.1.3 物流与供应链的关系 …… 14
  - 1.1.4 物流的演变与发展 ……… 18
- 1.2 项目管理 ………………………… 25
  - 1.2.1 项目概述 …………………… 25
  - 1.2.2 项目管理的产生与发展 … 29
  - 1.2.3 项目管理的概念 …………… 31
  - 1.2.4 项目管理的特点 …………… 32
  - 1.2.5 项目管理的内容 …………… 33
- 1.3 物流项目及其管理 ……………… 36
  - 1.3.1 物流项目与物流项目管理的概念 ……………………… 36
  - 1.3.2 物流项目的分类 …………… 38
  - 1.3.3 物流项目管理的特殊性 … 40
- 本章小结 ……………………………… 41
- 综合练习 ……………………………… 42

第2章 物流项目前期策划 …………… 46
- 2.1 物流项目的前期策划工作 ……… 48
  - 2.1.1 物流项目前期策划的主要工作 …………………… 48
  - 2.1.2 物流项目前期策划应该注意的问题 ………………… 49
- 2.2 物流项目的识别与构思 ………… 51
  - 2.2.1 物流项目的识别 …………… 51
  - 2.2.2 物流项目的构思 …………… 53

- 2.3 物流项目可行性研究 …………… 55
  - 2.3.1 物流项目可行性研究的概念 ……………………… 55
  - 2.3.2 物流项目可行性研究的阶段结构 …………………… 57
  - 2.3.3 物流项目可行性研究报告的编写 ……………………… 58
- 2.4 物流项目的经济评价 …………… 64
  - 2.4.1 物流项目的财务评价 …… 64
  - 2.4.2 物流项目的国民经济评价 … 65
- 2.5 物流项目不确定性分析 ………… 68
  - 2.5.1 物流项目不确定性分析的意义和方法 ………………… 68
  - 2.5.2 盈亏平衡分析 ……………… 69
  - 2.5.3 敏感性分析 ………………… 72
  - 2.5.4 概率分析 …………………… 76
- 本章小结 ……………………………… 78
- 综合练习 ……………………………… 79

第3章 物流项目组织与人力资源管理 ……………………………… 83
- 3.1 物流项目组织 …………………… 85
- 3.2 物流项目经理 …………………… 91
- 3.3 物流项目团队管理 ……………… 96
  - 3.3.1 物流项目团队的概念 …… 96
  - 3.3.2 物流项目团队的组建 …… 97
- 3.4 物流项目人力资源管理 ………… 99
  - 3.4.1 基本概念 …………………… 99
  - 3.4.2 物流项目人力资源管理的规划 …………………………… 103

3.4.3 物流项目人员招聘……………104
3.4.4 物流项目人员激励……………105
3.4.5 物流项目人力资源的绩效
      评估………………………106
3.4.6 物流项目人力资源的培训……107
本章小结…………………………………108
综合练习…………………………………109

第4章 物流项目计划管理…………112

4.1 物流项目计划管理概述……………115
    4.1.1 物流项目目标…………………115
    4.1.2 物流项目计划概述……………119
4.2 物流项目的范围和分解……………122
    4.2.1 物流项目范围规划……………122
    4.2.2 物流项目分解结构……………126
4.3 物流项目计划的制订………………130
    4.3.1 物流项目计划管理的
          基本问题…………………130
    4.3.2 物流项目计划过程……………131
    4.3.3 物流项目计划内容……………132
本章小结…………………………………133
综合练习…………………………………134

第5章 物流项目进度管理…………138

5.1 物流项目进度管理概述……………139
    5.1.1 项目进度管理的含义…………139
    5.1.2 物流项目进度管理的
          影响因素…………………140
    5.1.3 物流项目进度管理的内容……141
5.2 物流项目进度计划的编制…………145
    5.2.1 项目进度计划编制的
          实施步骤…………………145
    5.2.2 项目活动定义…………………146
    5.2.3 项目活动排序…………………148
    5.2.4 项目活动工期估算……………156
    5.2.5 项目进度编制…………………159
5.3 物流项目进度控制…………………172
    5.3.1 项目进度控制的概念和
          过程………………………172

5.3.2 项目进度控制的依据…………173
5.3.3 项目进度控制的方法…………174
5.3.4 项目进度控制的结果…………179
本章小结…………………………………180
综合练习…………………………………182

第6章 物流项目质量管理…………187

6.1 物流项目质量管理概述……………188
    6.1.1 物流项目质量概述……………188
    6.1.2 物流项目质量管理的
          概念及职能…………………189
6.2 物流项目质量规划…………………194
    6.2.1 物流项目质量规划概述………194
    6.2.2 物流项目质量规划的工具和
          技术………………………195
    6.2.3 物流项目质量规划的结果……196
6.3 物流项目质量保证…………………197
    6.3.1 物流项目质量保证的概念与
          内容………………………197
    6.3.2 物流项目质量保证的依据与
          方法………………………199
6.4 物流项目质量控制…………………201
    6.4.1 物流项目质量控制的概念……201
    6.4.2 物流项目质量控制的原则与
          步骤………………………201
    6.4.3 物流项目质量控制的工作
          内容………………………202
    6.4.4 物流项目质量控制的依据与
          方法………………………203
本章小结…………………………………207
综合练习…………………………………208

第7章 物流项目的采购与合同管理…211

7.1 物流项目的采购……………………213
    7.1.1 采购规划概述…………………213
    7.1.2 物流项目咨询服务采购………214
    7.1.3 物流项目货物采购规划
          技术………………………215

7.2 物流项目合同管理概述 ……………216
   7.2.1 物流项目合同管理的概念 ……216
   7.2.2 物流项目合同管理的特征 ……216
   7.2.3 物流项目合同签订的
       注意事项 ……………………217
   7.2.4 物流项目合同变更、解除与
       终止 ………………………218
   7.2.5 物流项目合同纠纷的
       处理途径 …………………220
7.3 物流项目的招投标 …………………220
   7.3.1 招投标概述 ………………220
   7.3.2 物流项目招标程序与要点 ……224
   7.3.3 物流项目投标步骤与要点 ……228
7.4 物流项目的合同管理 ………………232
   7.4.1 物流项目合同策划 …………232
   7.4.2 物流项目合同签订 …………233
   7.4.3 物流项目合同履行 …………234
   7.4.4 物流项目合同结束 …………235
本章小结 …………………………………238
综合练习 …………………………………239

第8章 物流项目成本管理 ……………242

8.1 物流项目成本管理概述 ……………244
   8.1.1 物流项目成本管理的概念及
       构成 ………………………244
   8.1.2 影响物流项目成本管理的
       因素 ………………………244
8.2 物流项目资源计划 …………………245
   8.2.1 物流项目资源计划的概念 ……245
   8.2.2 物流项目资源计划的依据 ……245
   8.2.3 编制物流项目资源计划的
       工具和方法 ………………246
   8.2.4 物流项目资源计划的结果 ……249
8.3 物流项目成本估算 …………………249
   8.3.1 物流项目成本估算的步骤 ……249
   8.3.2 物流项目成本估算的方法 ……250
   8.3.3 物流项目成本估算的结果 ……253
   8.3.4 物流项目成本的具体估算 ……254

8.4 物流项目成本预算 …………………255
   8.4.1 物流项目成本预算的概念 ……255
   8.4.2 物流项目成本预算的特性 ……255
   8.4.3 物流项目成本预算的内容 ……256
   8.4.4 物流项目成本预算的步骤 ……256
   8.4.5 物流项目成本预算的结果 ……256
8.5 物流项目成本控制 …………………257
   8.5.1 物流项目成本控制的概念 ……257
   8.5.2 物流项目成本控制的流程 ……257
   8.5.3 物流项目成本控制的
       主要方法 …………………259
本章小结 …………………………………260
综合练习 …………………………………261

第9章 物流项目风险管理 ……………265

9.1 项目风险管理概述 …………………267
   9.1.1 项目风险 …………………268
   9.1.2 项目风险管理 ……………270
9.2 物流项目风险识别 …………………273
   9.2.1 物流项目风险源 …………274
   9.2.2 物流项目风险识别技术 ……275
9.3 物流项目风险的评估 ………………278
   9.3.1 物流项目风险的定性
       评估方法 …………………279
   9.3.2 物流项目风险的定量
       评估方法 …………………282
9.4 物流项目风险的监督与控制 ………286
本章小结 …………………………………289
综合练习 …………………………………290

第10章 物流项目信息管理 ……………293

10.1 项目信息管理概述 ………………295
   10.1.1 项目信息的概念 …………295
   10.1.2 项目信息管理 ……………297
10.2 物流信息的功能与特征 …………299
   10.2.1 物流信息的功能 …………299
   10.2.2 物流信息的特征 …………300
10.3 物流信息技术 ……………………303
   10.3.1 物流信息技术的含义 ……303

- 10.3.2 物流信息技术的组成 ……… 303
- 10.3.3 物流信息技术的构成 ……… 304
- 10.3.4 物流信息技术在国内的应用现状 …………………… 305
- 10.3.5 物流信息技术的发展趋势 …………………… 306
- 10.4 物流项目信息管理应用示例 ……… 307
  - 10.4.1 海尔：物流信息系统的开发 …………………… 307
  - 10.4.2 沃尔玛：物流信息系统的应用 …………………… 309
  - 10.4.3 宝供物流：智慧物流监控系统平台为客户提供数字化物流服务 …………………… 310
- 本章小结 …………………………… 311
- 综合练习 …………………………… 312

参考文献 ………………………………… 316

第1章
物流项目管理概述

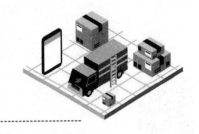

📦【学习目标】

通过本章的学习,了解物流的概念、基本关系与分类,物流管理的特征与内容,物流与供应链的关系和理论演变过程;明确项目及项目管理的概念、特点与内容;掌握物流项目及物流项目管理的概念、分类、特殊性。

📦【学习要求】

知识要点	能力要求	相关知识
物流管理的基本知识	了解物流、物流管理的基本概念; 了解物流与供应链的关系	物流的概念、基本关系与分类; 物流管理的特征与内容; 供应链与供应链管理的概念; 物流与供应链的关系及其理论的演变与发展
项目管理的基本知识	掌握项目、项目管理的基本概念; 了解项目管理相关理论的发展	项目的概念、基本特征、生命周期及项目里程碑与可交付成果; 项目管理的发展阶段及其在我国的发展; 项目管理的概念、特点与内容
物流项目及其管理的基本知识	熟练掌握物流项目、物流项目管理的基本理论及其特殊性	物流项目及物流项目管理的概念; 物流项目的分类; 物流项目管理的特殊性

【导入案例】

京东物流开放云仓项目管理

1．京东云仓业务新模式

【拓展视频】

京东云仓业务是京东创新推出的新物流仓储服务模式，它不同于传统仓、电商仓，是京东物流与符合京东物流要求的第三方仓储资源商进行合作，京东提供"云仓平台+仓储管理系统+运输管理系统+库内作业标准"的仓库规划、运营的整套物流解决方案，合作方提供仓库+运营团队+作业设备的一种运营模式。它以整合共享为基础，以系统和数据产品为核心，输出物流技术、标准与品牌，赋能商家与合作伙伴，建设物流与商流相融合的云物流基础设施平台。

2．项目实施流程

开放云仓业务涉及商家、销售、招商、规划设计、系统、搬仓、运营和客服等多环节链路，把多环节链路串联组合，通过解析它们之间的相互依赖关系，拆分多个任务点，分层解决，并采用项目管理方法有效、多任务并行地快速实施落地。

3．搭建项目组织架构

在内部，明确京东组织结构，由项目经理牵头，负责整体的项目管理工作（包括组织、协调、沟通、推动、进度监控等），明确各部门系统规划、采销、业务运营情况，尤其是研发部门的情况，确定相关主接口人员。在外部，通过组建商家技术信息小组（包括商家技术、业务操作人员，商家软件提供商的技术人员），确定主接口人员，统一协调商家端事项。

4．确定项目目标

在项目开始前，确定项目目标，做好相关方梳理工作，了解项目现状及风险，搞好团队建设，努力获得商家支持。确保项目中所有的活动都围绕项目目标展开，捋清工作思路，找准切入点，有策划、有目标、有方向地逐步开展工作。项目成员要时刻铭记项目目标，最终把项目成果转化为收益。

5．召开项目启动会

在项目开始前，召开项目启动会。项目经理做整体报告：对新项目团队组建、沟通机制、项目概况、整体排期、项目质量控制机制等方面做明确说明。这份报告必须经过项目成员认可，甚至由项目成员共同打造而成，这样项目成员才有意愿共同维护和遵守项目管理制度、流程和要求。同时，引导项目各方通过各种渠道进行沟通，让相关方加强了解，促成项目协同工作。必要时邀请相关领导参加，让所有参与部门都能认识到项目的重要性，使项目团队团结一致、协同作战，向着共同的目标前进。

6．有效执行监控

执行监控是项目管理工作中重要的环节之一，因为项目在执行过程中总会出现一些意外情况，尤其是周期长的项目问题更多，所以项目执行监控工作要从进度监控、沟通协调、质量监管等方面着手，以保证项目得以顺利执行。

（1）进度监控。采用每日站会、多方周例会、走动管理、定期阶段报告等方式，识别项目异常问题和待办问题，要求"今日问题今日毕"。

（2）沟通协调。为提高沟通效率和效果，提前梳理问题点，抓住主要接口人员，讨论沟通后，达成共识。

（3）质量监管。项目的质量监管贯穿项目全生命周期，不仅要在项目前期和后期关注，整个项目周期都要把控跟踪并准确落地，约定主产品经理为质量需求的唯一输出口。

（4）各阶段监管。①需求阶段。做好调研报告，以及商业需求描述、产品需求文档的编写及评审工作。②研发阶段。

环节1：领取任务；梳理和消化需求；任务反讲（由产品经理检查）；功能开发和自测；成果完成60%～70%时，讲解演示成果（由各子产品经理检查）。

环节2：组织研发部门定期走查代码（2～3次检查代码规范、业务逻辑、安全、性能是否有疏漏之处）。

③ 测试阶段。PRD=测试用例编写+评审+功能验证+整体联调测试用例场景。

④ UAT（user acceptance test，用户验收测试）阶段。整体UAT测试场景用例+测试计划。

风险管理。在项目进度控制混乱、项目实施拖延、方案无法确定等情况下，重点监控风险列表中优先级高的前三个，组织推动解决后面的风险问题，做好预防、预警和关注，从而降低项目风险，使其在可控范围内。

变更管理。互联网时代，电商快速发展，我们不能阻止变化，只能拥抱变化，因此应做好相应的变更管理。从需求范围、时间、成本、团队资源等多维度进行考虑，采取以下应对方法：将任务拆分优先级处理；需求置换；降低需求复杂度；延后上线；分析影响程度；沟通和解释。

总之，项目管理的核心任务是盯目标、盯风险、监控进度和跟进任务、与相关方多沟通、解决冲突和问题。

7. 项目上线

项目上线碰头会，通常在上线前两周开始组织、商议并达成一致结果。项目上线要经过上线部署、UAT分工布置、商家UAT测试跟进、逐步推广四个阶段。

（1）上线部署阶段。通过组织相关方参会，同步上线时间点、各系统上线顺序、发布环境确认；确定双方数据通信提前报备申请，联通性握手测试；明确商家、业务方、产品经理上线后任务点配合事项；上线时，项目经理推进和协调项目各方解决上线过程中的问题。

（2）UAT分工布置阶段。检查系统配置项和初始化数据及功能权限配置；准备UAT测试场景用例；准备测试数据（测试商家、商品、库存数量）；确定UAT测试人员名单和研发部门支持人员。这些事项都要逐一落实，确保UAT测试顺利进行。

（3）商家UAT测试跟进阶段。提供UAT测试排期，测试任务具体到每天的任务目标，在日报中说明并用邮件发送给项目成员；UAT测试过程中的缺陷问题要统一反馈，用邮件方式发给对应的产品经理，对测试的缺陷问题进行过滤分析后，再提交给研发人员进行修复。

（4）逐步推广阶段。在追求系统稳定性的同时小步快跑，逐渐实现全部推广运营。

8. 做好试运营

根据云仓业务的特点做好试运营问题跟踪管理，对合作方采取"扶上马送一程"的策略，让商家、业务运营人员、系统运维人员准备接管。项目运营成功与否是检验整个项目是否成功的唯一标准，所以后续还需要做好一些细节工作：建立问题跟踪列表，对关键问题进行统一跟踪与协调；重点问题1天不能解决进行问题升级，非重点问题3天不能解决进行问题升级。

在产品投入运营阶段（UAT测试验证之前），商家、业务运营人员、系统运维人员参与做好用户操作手册，对用户进行系统操作培训；产品经理做好答疑和指导工作，协助业务方推进实施工作；项目经理做好监控试运营的问题跟踪列表管理工作，遇到问题快速响应，组织相关方及时解决，做到有问必答，确保运营畅通无阻。

9. 项目结项

京东物流有效利用大数据平台，对各类商品在不同区域、时间段的销量做提前预判，将相应数量的商品，提前备货到距离消费者最近的仓库。京东云仓有效地整合各地仓储及人力资源，通过仓库下沉，在消费者下单后，实现就近高效配送，使零售的基础设施变得极其可塑化、智能化和协同化，推动"无界零售"

时代的到来，实现了成本、效率、体验的升级。同时，京东云仓也将协同京东金融，为云仓合作商及入仓商家提供融资租赁、仓单质押等金融服务。专业的事情由专人来做，使其产生"1+1>2"的效应。

资料来源：林庆谊，2018. 京东物流开放云仓项目管理创新[J]. 项目管理评论（4）：34-37.

问题：该案例给我们哪些启示？

物流行业是我国的新兴产业，物流项目更是时时刻刻渗透于物流管理工作之中，伴随着物流业的发展而发展。物流项目既包括物流"硬件"设施的建设项目（如物流配送中心、自动化仓库、物流管理信息系统等），又包括物流"软件"规划与咨询项目（如企业物流产品、转制方案研究、国家或地区物流发展战略等）。因此，物流项目的开发不仅直接影响物流业的生存和发展，更直接关系国民经济和综合国力的发展。

1.1 物流管理

1.1.1 物流的概念、基本关系与分类

1. 物流的概念

"物流"一词最早出现于美国。一般认为，物流活动是由配送与后勤管理演变形成的。1918年第一次世界大战时，英国犹尼利弗的商人哈姆勋爵成立了一个"及时送货股份有限公司"，其宗旨是在全国范围内及时地把商品送到批发商、零售商和用户手中。该事件被认为是物流活动最早的文献记录。中国古代虽没有物流的明确概念，但这项工作却历史悠久。据《周礼·秋官》记载，周王朝的官职中设置了主管邮驿、物流的官员"行夫"，其职责要求是"虽道有难，而不时必达"，这与现代物流的要求是一致的。

【拓展知识】

近几十年来，随着经济全球化、信息化、一体化趋势的不断增强，物流的内涵及物流活动的内容也不断地发展，由狭义的物流（physical distribution）发展为广义的物流（logistics），物流的概念更为宽泛、连贯、更具整体性。

目前，国内外对物流的定义很多，以下是国外关于物流的一些理解和解释。

（1）将物流定义为一种商业活动。这种活动主要包括转移活动及与之相关的支持活动，转移活动包括对物的空间、时间的转移，如仓储与库存、包装与分类等；支持活动则包括运费管理、订单跟踪等。

（2）将物流定义为物流渠道（physical channel）和交易渠道（transactional channel）的二维活动的统一，如图1.1所示。

我国关于物流的解释如下。

（1）2001年3月，国家经济贸易委员会等部门联合印发的《关于加快我国现代物流发展的若干意见》中对现代物流的定义为：现代物流泛指原材料、产成品从起点至终点及相关信息有效流动的全过程。现代物流将运输、仓储、装卸、加工、整理、配送、信息等方面有机结合，形成完整的供应链，为用户提供多功能、一体化的综合性服务。

（2）我国国家标准《物流术语》（GB/T 18354—2021）将物流定义为：根据实际需要，将运输、储存、装卸、搬运、包装、流通加工、配送、信息处理等基本功能实施有机结合，使物品从供应地向接收地进行实体流动的过程。

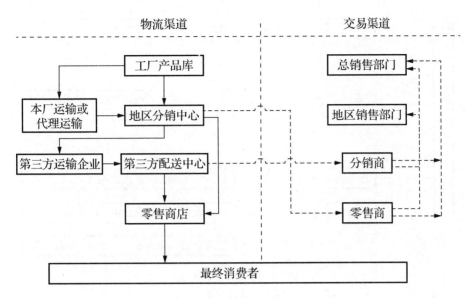

图 1.1 物流渠道与交易渠道

虽然各国对物流概念的表述不同,但都包含了以下 4 个方面的基本内容。

(1)物流的生产目的是满足消费者的需求,或全面实现某一个战略、目标或任务。

(2)物流是一个空间上的物理性移动过程,存在一个起点和一个终点,并且从起点到终点的物理性移动过程包括运输、仓储、装卸、配送等几个基本环节。

(3)物流过程中移动的主体是货物及与之相关的信息。

(4)物流是一种管理活动,必须对其进行恰当的计划、实施与控制,以确保物流过程中各个环节功能的最优化和有效性。

2. 物流的基本关系

(1)物流与流通。

流通是连接生产和消费的纽带,流通状况制约着生产的规模、范围和发展速度。流通是国民经济现代化的支柱,没有现代化的流通就没有现代化的物流,就没有国民经济现代化。

流通活动的内容如图 1.2 所示,包含商流、物流、资金流和信息流。其中,资金流是在所有权更迭的交易过程中发生的,从属于商流;信息流则分别从属于商流和物流。所以流通实际上是由商流和物流组成的。

流通过程要解决两方面问题:一是要解决产成品从生产者所有转变为用户所有时所有权的更迭问题;二是要解决实物从生产地转移到使用地以实现其使用价值的问题,也就是实现物的流转过程。前者称为商流,后者称为物流。

① 商流。实物所有权转移的活动称为商流。在商流中的物资也称为商品,商流活动一般称为贸易或交易。商流研究的是商品交换的全过程,具体包括市场需求预测、计划、分配与供应、货源组织、采购、调拨与销售等,其中既包括贸易决策,也包括具体业务及财务处理。

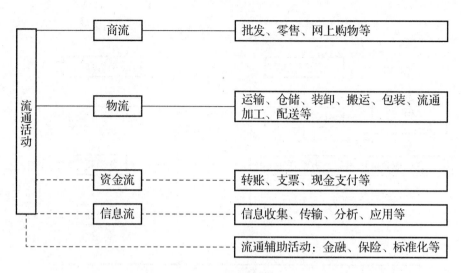

图 1.2 流通活动的内容

② 物流。物流是指实物从供应方向需求方的转移,这种转移既要通过运输或搬运来解决空间位置的变化问题,又要通过储存保管来调节双方在供需节奏方面的差别。物流活动和加工活动不同,物流活动不创造"物"的性质效用,而是缩短了供应方与需求方在空间维和时间维的距离,创造了空间价值和时间价值,在社会活动中起着不可缺少的作用。

③ 商流和物流的关系。商流和物流是流通的组成部分,二者关系密切,相辅相成。一般在商流发生之后,即所有权转移达成交易之后,货物必然要根据新货主的需求进行转移,这就导致相应的物流活动出现。只有在流通的局部环节,商流和物流才可能独立发生。一般而言,商流和物流总是相伴而生的。物流是商流的物质基础,商流是物流的先导,二者缺一不可,共同构成了流通过程。

(2)物流与生产。

任何生产系统都是为了实现社会对某种产品的需求而形成的,而加工活动和物流活动是构成生产系统的两大支柱。物流对生产的重要影响主要包括以下几个方面。

① 物流为生产的连续性提供了保障。原材料的供应、半成品在加工点之间的流转、成品的运出都离不开物流,只有依赖物流才能不间断地进行生产。

② 物流费用在生产成本中往往占有很大比重,物流系统的改善能带来不可忽视的效益,物流也被人们称为"第三利润源""企业脚下的金矿",这就表明,生产系统必须向物流要效益才能改变自身的发展条件。

③ 物流状况对生产环境和生产秩序起着决定性的作用。在生产空间中,加工点处于固定位置,只要加工设备能正常运转,就不会对生产系统产生干扰;而物流在生产空间中始终处于运动状态,物流线路纵横交错、上下升降,形成了遍布生产空间的立体动态网络,如果物流活动不正常,将对生产系统造成严重的影响。因此,有的企业家认为,一个企业的物流状况是最能体现其管理水平高低的标志。

(3)物流与国民经济。

一般认为,物流需求是国民经济的派生需求,与国民经济的发展息息相关,既随着国民经济的增长而增长,也随着国民经济的衰退而萧条。此外,物流的规模与发展速度也直接制约着国民经济的发展速度。该结论得到了国内外经济发展实践的充分证明。

物流对国民经济的影响包括以下两个方面。

① 对国民经济发展的正面影响。这种正面影响具体体现在物流规模、速度、效率与质量直接影响甚至决定国民经济发展的规模、速度、效率与质量。从整个社会来看，物流成本也是国民经济总成本的重要组成部分，进而对国民经济运行绩效产生重大影响。一般来说，经济发展水平越高，全社会的物流管理水平也就越高、越有效，全社会的物流成本占GDP（gross domestic product，国内生产总值）的比重也就越低，从而意味着物流活动所消耗的资源也就越少，国民经济运行绩效也就越高；反之亦然。

从世界范围来看，不同国家的物流成本占GDP的比重不尽相同，即发达国家的物流成本占GDP的比重低于发展中国家；同一国家或地区在不同时期其物流成本占GDP的比重不同，即随着经济发展水平的提高，物流成本占GDP的比重不断下降。

② 对国民经济发展的负面影响。这种负面影响具体体现在物流产生了交通拥挤及噪声等环境污染。随着物流规模的扩大、物流服务水平的提高，特别是准时、快捷式物流方式的普及，物流对交通、环境等的负面影响日益增大，不仅是经济上的"黑暗大陆"，而且也是环境上的"黑暗大陆"。人们不仅十分关注物流的经济功能，而且更关心物流的环境效应。因此，重视物流、改善物流不仅是出于经营与经济方面的考虑，更是出于环境保护与可持续发展的需要。

（4）物流与国际贸易。

物流与国际贸易是相互依存、相互促进的。伴随国际贸易的发生，国际商品、服务的空间流动也就必然发生，从而形成国与国之间的物流活动，即国际物流。显然，国际物流随着国际贸易的发生而发生，并随着国际贸易的发展而发展，进而成为影响和制约国际贸易进一步发展的重要因素。也就是说，国际贸易是国际物流发生的前提，没有国际贸易就不会有国与国之间的物流。因此，国际贸易的规模与结构决定国际物流的规模与结构，国际物流的速度、效率与质量将直接影响国际贸易的规模与效益。

3. 物流的分类

物流活动遍布社会经济各个领域。各个领域的物流虽然都具有相同的基本要素，但由于物流对象不同，物流目的不同，物流范围、范畴也不同，形成了不同类型的物流。目前，在分类标准方面并没有统一的看法。综合已有论述，本书对物流进行以下分类。

（1）宏观物流与微观物流。

根据观察物流的角度不同，可将物流划分为宏观物流和微观物流。

① 宏观物流是指从社会再生产总体角度认识和研究的物流活动。这种物流活动的参与者是构成社会再生产总体的大产业、大集团。宏观物流研究的是社会再生产总体物流，产业或集团的物流活动和物流行为。

② 与之相对应的微观物流包括消费者、生产者企业所从事的实际的、具体的物流活动，在整个物流活动中的一个局部、一个环节的具体物流活动，以及在一个小地域空间发生的具体的物流活动。微观物流是更贴近具体企业的物流。

（2）社会物流与企业物流。

根据物流所涉及社会主体范围的不同，可将物流划分为社会物流和企业物流。

① 社会物流属于宏观范畴，是指超越一家一户的、以一个社会为范畴、以面向社会为目的的物流。这种社会性很强的物流往往由专门的物流承担人来承担。社会物流的范畴是社会经济大领域。社会物流研究在生产过程中随之发生的物流活动，研究国民经济中的物流活动，研究如何形成服务于社会、面向社会又在社会环境中运行的物流活动，研究社会中物流体系的结构和运行情况，因此具有宏观性和广泛性。社会物流包括设备制造、运输、仓储、包装、配送和信息服务等，公共物流和第三方物流贯穿其中。

② 企业物流是指企业这一特定社会主体的物流活动，是从企业的角度研究与之有关的物流活动，是具体的、微观的物流活动。企业物流包括供应物流、生产物流、销售物流、回收物流和废弃物物流。

社会主体范围不同的物流分类如图 1.3 所示。

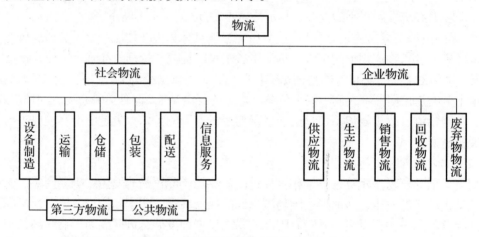

图 1.3　社会主体范围不同的物流分类

（3）国际物流与区域物流。

根据物流所涉及空间的不同，可将物流划分为国际物流和区域物流。

① 国际物流是现代物流系统中发展很快、规模最大的物流领域。由于近年来国际贸易的急剧扩大，尤其是电子商务的发展、全球经济一体化进程的加快，使得国际物流得到了突飞猛进的发展。

② 相对于国际物流而言，一个国家范围内的物流、一个城市的物流、一个经济区域的物流都是区域物流。区域物流关注的重点是国内物流和城市物流。

（4）自有物流、第三方物流与第四方物流。

根据物流与企业所属关系的不同，可将物流划分为自有物流、第三方物流和第四方物流。

① 自有物流也称直接物流，是指生产或销售企业自己组建物流配送公司。

② 第三方物流（third party logistics，3PL 或 TPL）是指由物流的第一方发货人和第二方收货人之外的第三方专业物流企业来完成物流活动的物流运作方式，因其有助于服务对象降低库存、减少成本而被广为推崇。它通过与第一方发货人或第二方收货人合作来提供专业化的物流服务；它不拥有商品，不参与商品买卖，而是为客户提供以合同为约束、以结盟为基础的系列化、个性化、信息化的物流代理服务。

③ 第四方物流（fourth party logistics，4PL）是指企业货主为解决后勤管理问题、降低成本而用外购方式给予第三方物流的下游延伸部分，它扮演着承担、分享协作的作用。第四方物流负责传统的第三方物流之外的职责，即功能整合，并分担了更多的操作职责。它专注于供应链的整合，强调分享资源。因此，成功的第四方物流组织是在分享风险与回报的原则下成立的，该组织经常以客户与第四方物流组织合资的形式出现。

（5）逆向物流与绿色物流。

牢固树立和践行党的二十大报告提出的"绿水青山就是金山银山"的理念，站在人与自然和谐共生的高度谋划发展。为了缓解全球经济急速发展所带来的环境恶化及能源浪费，出现了将环境考虑到物流活动中来的新型的物流，即逆向物流和绿色物流。

① 逆向物流（reverse logistics）是指为了重新获得产品的使用价值或正确处置废弃产品，将原材料、半成品、制成品等从产品的消费点一端（包括终端用户和供应链上客户）返回产品的来源点一端（生产地或供应地）的过程。在逆向物流中，被回收的产品经过处理和修整达到完好后也可以返回到正向物流中的任何环节上，并可重新融入正向物流。

② 绿色物流（green logistics）是指在物流过程中抑制物流对环境造成伤害的同时，实现物流环境的净化，使物流资源得到最充分的利用。其目标是将环境管理融入物流业的各个系统，加强对物流业中保管、运输、包装、装卸、搬运、流通加工等各个作业环节的环境管理和监督，有效遏制物流业发展造成的环境污染和能源浪费。

1.1.2 物流管理的特征与内容

物流管理（logistics management），是指在社会生产过程中，根据物质资料实体流动的规律，应用管理学的基本原理和科学方法，对物流活动进行计划、组织、指挥、协调、控制和监督，使各项物流活动实现最佳的协调与配合，从而降低物流成本，提高物流效率和经济效益。

1. 物流管理的特征

"物流"一词从 physical distribution 发展到 logistics 的一个重要变革，是将物流活动从被动、从属的职能活动上升到企业经营战略的一个重要组成部分，因而要求将物流活动作为一个系统整体加以管理和运行。也就是说，物流本身的概念已经从对活动的概述和总结上升到管理学的层次。具体来说，现代物流管理的特征表现在以下几个方面。

（1）现代物流管理以实现客户满意为第一目标。

现代物流是基于企业经营战略，从客户服务目标的设定开始，进而追求客户服务的差别化战略（图1.4）。在现代物流中，客户服务的设定优先于其他各项活动，并且为了使物流客户服务能有效地开展，在物流体系的基本建设上要求具备和完善物流中心、信息系统、作业系统和组织构成等条件，即在决策物流的重要资源、时间、物流品质、备货、信息等物流服务质量时，不仅从供给的角度来考虑，而且在了解竞争对手的战略基础上努力提高客户满意度。

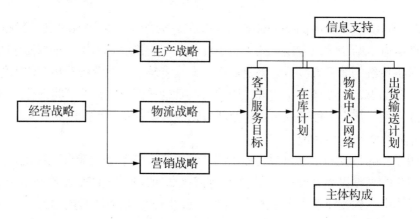

图 1.4 现代物流的概念图

（2）现代物流管理注重整个流通渠道的商品运动。

以往认为的物流是从生产阶段到消费阶段商品的物质运动。也就是说，物流管理的主要对象是销售物流和企业内物流，而现代物流管理的范围不仅包括销售物流和企业内物流，还包括供应物流、退货物流，以及废弃物物流。这里需要注意的是，现代物流管理中销售物流的概念也有新的延伸，即不仅是单阶段的销售物流，而且是一种整体的销售物流，也就是将销售渠道的各个参与者结合起来从而保证销售物流行为的合理化。

（3）现代物流管理以企业整体最优为目的。

当今商品市场在不断地革新与变化，如商品生产周期缩短、客户要求高效经济的运输、商品流通地域扩大等。因此，在这种状况下，如果企业物流仅仅追求"部分最优"或"部门最优"，企业将无法在日益激烈的竞争中取胜。从原材料的供应计划到向最终消费者移动的各种活动不仅是部分和部门的活动，而且是将各部分和部门有效结合发挥综合效益的活动。也就是说，现代物流所追求的费用、效益观是针对供应、生产、物流、销售等全体最有效而言的。物流系统化与现代物流的关系如图 1.5 所示。

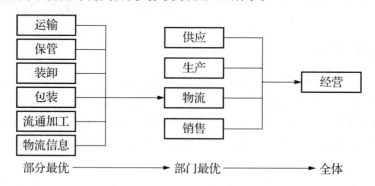

图 1.5 物流系统化与现代物流的关系

在企业组织中，以低价格购入为主的供应理论、以增加生产及合理化生产为主的生产理论、以追求低成本为主的物流理论、以增加销售额和市场份额为主的销售理论之间仍然存在分歧与差异（表 1-1），超越这种分歧与差异、力图追求全体最优的正是现代物流理论。

表1-1　各部门理论

供应理论	生产理论	物流理论	销售理论
低价格购入； 短时间购入； 大订货单位； 在库数量少	生产增加、生产合理化； 较长的生产循环线； 固定的生产计划； 大量生产	降低成本； 大订货单位； 充裕的时间； 低在库水平； 大量输送	销售额增加、市场份额扩大； 高在库水平； 进货迅速； 客户服务水平高； 多品种

（4）现代物流管理既重视效率更重视效果。

现代物流管理从现代物流服务水平的提高等市场需求的对应发展到重视环境、公害、交通、能源等社会需求的对应。与原有的以提高效率、降低成本为重点的物流相比，现代物流不仅重视效率，更强调整个流通过程的物流效果。也就是说，从成果的角度来看，有些活动虽然会使成本上升，但是有利于整个企业战略的实现，那么这种物流活动仍然是可取的。

（5）现代物流是一种以信息为中心、实需对应型的商品供应体系。

如上所述，现代物流理论认为物流活动不是单个生产部门、销售部门或企业的事情，而是包括供应商、批发商、零售商等在内的整体的共同活动，因而现代物流通过这种供应链强化了企业之间的关系。伴随这种经营方式的改变，信息在经营、管理要素上已成为物流管理的核心，这就必然需要高度发达的信息网络的支撑，实现实需对应型经营。

（6）现代物流是对商品运动的一元化管理。

现代物流是将从供应商开始到最终用户的整个流通阶段所发生的商品运动作为一个整体来看待的，因此，这对管理活动本身提出了相当高的要求。伴随着商品实体的运动，必然会出现"场所移动"和"时间推移"两种物理现象，其中"时间推移"在当今产销紧密联系，流通整体化、网络化的过程中已成为一种重要的经营资源。现代物流活动的管理超越部门和局部的层次，实现高度统一管理，强调的是有效地实现一元化管理，把供应链思想和企业全体观念贯彻到管理行为中。

物流管理是一个演变的过程，主要包括三个阶段：第一阶段为20世纪六七十年代的实物配送功能性管理；第二阶段为20世纪80年代的企业内部的物流功能的集成；第三阶段为20世纪90年代的企业之间的物流外部的集成。

2．物流管理的内容

由于物流活动是由各种基本要素（人、财、物）和活动要素（运输、仓储、包装、装卸、流通加工、配送、信息）构成的系统，因此物流管理也就是对各种物流构成要素所进行的系统管理。具体来说，物流管理的基本内容主要包括物流系统要素管理、物流作业管理、物流战略管理、物流成本管理、物流服务管理、物流组织与供应链管理等。

（1）物流系统要素管理。

① 物流人员管理。例如，物流从业人员的选拔和录用，物流专业人才的培训与提高，物流教育和物流人才培养规划与措施的制定等。

② 物流财务管理。例如，物流成本的核算与控制，物流经济指标体系的建立，所需资金的筹措与使用，提高经济效益的方法等。

③ 物资管理。物资管理贯穿于物流活动的始终，它涉及物流活动各环节，即物品的运输、仓储、包装、装卸、流通加工和配送等。

④ 物流设备管理。例如，物流设备的选型与优化配置，对各种设备的合理使用和更新改造，对各种设备的研制、开发与引进等。

⑤ 方法管理。例如，物流技术的研究、推广与普及，物流科学的研究与应用，新技术的推广与普及，现代管理方法的应用等。

⑥ 物流信息管理。信息是物流系统的神经中枢，只有做到有效地处理并及时传输物流信息，才能对物流内的人、财、物、设备、方法等要素进行有效管理。

（2）物流作业管理。

物流作业管理是指对物流活动或功能要素的管理，主要包括运输与配送管理、仓储与物料管理、包装管理、装卸搬运管理、流通加工管理、物流信息管理等。

（3）物流战略管理。

物流战略管理是对企业的物流活动实行总体性管理，是企业制定、实施、控制和评价物流战略的一系列管理决策与行动，其核心是使企业的物流活动与环境相适应，以实现物流的长期、可持续发展。物流战略管理是一个动态的管理过程，它是一种崭新的管理思想和管理方式。物流战略管理的重点是制定战略和实施战略，而制定战略和实施战略的关键是对企业外部环境的变化进行分析，对企业物流资源、条件进行审核，并以此为前提确定企业的物流战略目标，使三者达成动态平衡。物流战略管理的任务就在于通过制定战略、实施战略、控制战略，实现企业的战略目标。

（4）物流成本管理。

物流成本管理是指有关物流成本方面的一切管理工作的总称，即对物流成本进行计划、组织、指挥、监督和控制。物流成本管理是现代物流管理的重要组成部分，也可以说是物流管理的基础。物流成本的高低直接关系企业提供产品或服务的质量好坏与价格高低，从而影响企业对客户的价值贡献，进而影响企业的经济效益与竞争力。从这个意义上讲，物流成本也是衡量企业物流有效性的重要标准之一。企业提供的物流服务只有在成本上是可接受的，其提供的物流服务才是有效的。因此，加强物流成本管理对企业有效组织物流活动、提高物流效率具有重要意义。物流成本管理的主要内容包括物流成本核算、物流成本预测、物流成本计划、物流成本决策、物流成本分析和物流成本控制等。

（5）物流服务管理。

物流服务管理是指物流企业或企业的物流部门从处理客户订单开始直至商品送交客户的过程中，为满足客户的要求，有效地完成商品供应、减轻客户的物流作业负荷所进行的全部活动。

（6）物流组织。

物流组织是指专门从事物流经营和管理活动的组织机构，既包括企业内部的物流管理和运作部门、企业之间的物流组织联盟，也包括从事物流及其中介服务的部门、企业，以及政府物流管理机构。随着企业的发展和科学技术尤其是信息技术的进步，企业的物流组织形式也在不断革新，从没有明确且集中的物流部门到出现专业物流部门，从纵向一体化的物流组织到横向一体化的物流组织，企业物流组织正在呈现出越来越多的类型。传统物流组织是以职能管理为核心的纵向一体化组织，主要包括职能型和事业部型组织；现代物流组织是以过程管理为核心的横向一体化组织，主要包括矩阵组织、网络结构、委员会结构和任务小组等。

（7）供应链管理。

供应链管理是用系统的观点通过对供应链中的物流、信息流和资金流进行设计、规划、控制与优化，建立供、产、销企业以及客户间的战略合作伙伴关系，最大程度地减少内耗与浪费，实现供应链整体效率的最优化，并保证供应链成员取得相应的绩效和利益，来满足客户需求的整个管理过程。实施供应链管理可以使生产资料以最快的速度通过生产、分销环节变成增值的产品到达有消费需求的消费者手中，从而不仅可以降低成本、减少库存，还可以使社会资源得到优化配置，并通过信息网络、组织网络实现生产与销售的有效连接及物流、信息流、资金流的合理流动。因此，供应链管理是一种新的具有很强增值功能的物流管理模式。

▶ 阅读案例1-1 ▶

京东物流的"价值供应链"

2018年6月，京东集团董事局主席兼首席执行官刘强东在接受央视采访时提到："以物流为载体的供应链服务是京东的战略重点，未来10年希望把这一套创新的供应链服务管理体系带到全世界，服务更多消费者。"基于此，京东物流在不断与商家展开合作，已开放全方位供应链服务，又称价值供应链服务。京东物流价值供应链部总经理杨海峰强调，京东物流的整个供应链服务是广义的，不仅包含库存管理，也包括商品管理、门店管理等。所以现在京东物流把供应链定义为基于人、货、场全链条的综合供应链管理，这就是价值供应链。

京东物流正在与多个行业展开合作，包括服装业、医药业等，输出自己的价值供应链能力。杨海峰说："我们希望把整个京东物流以前积累的经验和系统，能够在考虑合作伙伴实践场景的前提下，这个场景更多的可能是基于线下，或者是基于不同的渠道环节，包括批发与销售环节，把这些场景与京东过去十几年积累的很多不同的算法和模型进行匹配。京东Y事业部和AI事业部正在基于机器学习等开发中补充并拓展这些能力，从而进一步赋予合作伙伴。"

例如，在与服装企业的合作中，京东物流意识到整个传统的服务行业在发展运营的过程中都存在库存周转和预测需求等问题，而这正是京东物流供应链可以辅助解决的问题之一。京东的供应链依靠整合京东Y事业部、物流研发部、X事业部等研发力量提供技术支持，进一步把京东物流的整个链条全部打通，包括前、中、后台，以链条形式串在一起，可以帮助商家进行全链条的优化。

据杨海峰介绍，在2018年"6·18"期间，京东物流帮助合作伙伴（更多的是传统企业）基于其自身的用户去做供应链服务的优化，通过京东物流的系统能力和供应链能力（包括运货、预测等），更好地帮助商家采集用户信息，以及提升品牌度及用户忠诚度。

在"6·18"期间，商家经常会有断货的可能，就会有很多投诉。京东物流可以在后端帮助商家预测，在"6·18"之前需要补多少货，把这些货放在哪个区域的哪个仓库里。

> 基于这些精准的布局，能够有效地满足更多用户的订单，同时保证时效性。这些都是基于供应链物流能力为合作伙伴赋能。杨海峰透露，除了这些，目前京东物流也在与服装企业、制造企业探索价值供应链方面的合作。他解释道，供应链管理包括两种方式：一种是推动，另一种是拉动。很多传统企业喜欢推动式，以生产带动消费，导致区域销售或某些品种销售的不平衡。京东完全基于拉动式管理供应链，从用户需求出发，拉动上游企业进行有效的补货。

同时，京东物流在与企业合作的时候发现一个问题：如果不了解生产，不了解原材料，就无法降低整个环节的供应链成本。因此，京东物流计划将拉动式供应链与推动式供应链相结合，使供应链管理具有柔性，并进一步尝试对接某些企业的生产系统，实现产销联动，更好地将最终用户信息快速准确地传达到上游供应链的各个环节，实现有效的价值供应链管理。

资料来源：齐二石，方庆琯，霍艳芳，2021. 物流工程[M]. 2版. 北京：机械工业出版社：243.

1.1.3 物流与供应链的关系

1. 供应链与供应链管理

供应链（supply chain）也称供应—需求网络或价值链，包括满足客户需求所直接或间接涉及的所有环节。我国国家标准《物流术语》（GB/T 18354—2021）中将供应链定义为：生产及流通过程中，围绕核心企业的核心产品或服务，由所涉及的原材料供应商、制造商、分销商、零食商直到最终用户等形成的网链结构。根据供应链的定义，供应链的网链结构模型如图1.6所示。

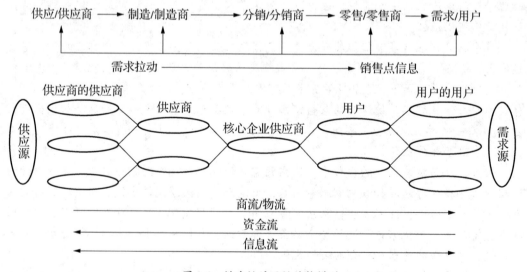

图1.6 供应链的网链结构模型

供应链管理（supply chain management）是一种集成的思想和管理方法，它使供应链运作达到最优化。从供应链开始到满足最终用户的所有过程，包括商流、物流、资金流和信息流等，均以高效率低成本的操作、合理的价格，将产品及时准确地送到消费者手上。关于供应链管理的定义，不同学者有不同见解。我国国家标准《物流术语》（GB/T 18354—2021）中将供应链管理定义为：从供应链整体目标出发，对供应链中采购、生产、销售各环节的商流、物流、信息流及资金流进行统一计划、组织、协调、控制的活动和过程。

供应链管理覆盖了从供应商的供应商到用户的用户的全过程，其涉及的领域如图1.7所示。

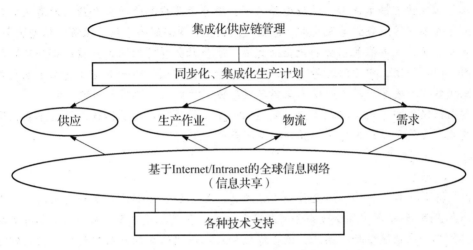

图1.7 供应链管理涉及的领域

阅读案例1-2

鞍山钢铁集团：大国重器的钢铁供应链新价值

1. 内容简介

鞍山钢铁集团有限公司（以下简称鞍山钢铁集团）理解的物流业与制造业融合创新发展有两个层面：一是"面向服务的制造"，二是"现代制造服务"。鞍山钢铁集团从这两个层面出发，注重物流业与制造业深度融合发展，开展现代钢铁供应链体系建设，重点做好"通堵点""补短板""锻长板"等相关工作。

（1）"面向服务的制造"案例。

鞍山钢铁集团定义的"面向服务的制造"，包括面向服务的研发、设计、制造、装配、产品质量检测与控制、物流、全生命周期数据管理等。

例如，鞍山钢铁集团汽车钢的配套服务，一是"通堵点"。围绕汽车生产厂项目，鞍山钢铁集团采取利用社会物流资源、与物流企业共建等方式布局属地化服务的钢材加工配送中心，打通物流堵点、连接断点，加强要素保障，畅通产业循环、市场循环、经济循环。二是"补短板"。协同作为国家级物流枢纽的营口港和国铁沈阳铁路有限公司共同搭建海运和铁运两条国际物流通道，补齐物流设施短板，促进通道、枢纽、网络物流运行体系建设，提升汽车钢的国际物流控制能力。三是"锻长板"。鞍山钢铁集团协同国有大型物流企业，以钢铁供应链服务提供商的身份，为下游客户提供供应链一体化物流解决方案，增强柔性制造、敏捷制造能力，以及对突发事件的应急管控能力，支撑制造业迈向价值链中高端。

（2）"现代制造服务"案例。

鞍山钢铁集团将"现代制造服务"分为面向制造业的生产性服务和面向制造业的产品服务。其分界点是工厂成品库，前者是鞍山钢铁集团发挥自身冶金化工废弃物处理优势和绿色回收物流技术优势，通过资源共享，服务于国内其他冶金企业；后者主要是为客户设计的供应链服务方案及实施，包括物流服务、金融服务、保险服务、信息服务等。这些方案的实施主要依托社会物流企业完成。融合社会资源的同时，鞍山钢铁集团与港口集团、国铁集团、中远海运等大型运输企业和中储、国储等仓储企业建立了互利共赢的长期战略合作关系，以此改变产业链与供应链不稳定、难协同等问题。

鞍山钢铁集团正是通过物流业与制造业的深度融合构建起了钢铁供应链体系，通过发挥链主企业的引导辐射作用，高效推动了产业转型升级。

2. 案例创新点

（1）前瞻性。

供应链管理能力影响制造企业核心竞争力，健全的供应链体系是制造业的重要保障基础。自2020年以来，供应链安全问题凸显，主要表现在三方面：第一，国际海运物流中断；第二，产业链中断；第三，逆全球化和成本原因造成的产业链转移。鞍山钢铁集团作为商务部、中国物流与采购联合会等八部委和单位授予的供应链试点单位，通过物流业与制造业融合实践构建的供应链体系很好地解决了这三方面的问题，同时也在"大循环、双循环"方面，做出了表率。

鞍山钢铁集团供应链创新发展的基本目标是安全和效率，在安全的基础上控制成本、提高效率。鞍山钢铁集团创新发展大宗商品供应链，整合产业链资源，通过两业融合创新发展，构建了强有力的钢铁供应链。

（2）创新性。

物流怎么"标准化"？如何尽快提升中国物流标准化水平？面对这两大难题，鞍山钢铁集团通过物流业与制造业深度融合创新发展，制订了全供应链各环节的标准化应用实施方案和行动路径，与供应链中相关企业共同推进钢铁物流标准化工作，从而实现高质量发展。鞍山钢铁集团将绿色物流贯穿于供应链体系，对钢铁供应链的低碳、减碳和节能降耗做出了突出贡献。

3. 应用效果

（1）降本增效成果显著，公司竞争力明显增强。

开展该项目以来，鞍山钢铁集团物流成本逐年下降，三年内实现降本增效23亿元。

① 2018年实施煤炭"散改集"，损耗率由原来的1.1%降低到0.03‰。试验运输了1万吨煤炭，降低损耗成本16万元；降低物流费用43.7万元；集港运输无滞期，从黄骅港至营口港的运输时间由平均10天减至4天，减少压港6天，节约滞期费用15万元；合计降本约75万元。

② 2018年采用特种集装箱运输钢材87万吨，节约物流费用3 480万元。

③ 按ISO（International Standards Organization，国际标准化组织）质量标准优化供应商考核、退出指标，强化管控水平，三年内实现降本增效8 700万元。

④ 管道运输代替铁路运输，运费降低6.4元/吨，三年内实现降本增效1.5亿元。

⑤ 原料场棚式改造，减少扬尘对环境的污染和料场损耗，增加效益达121万元。

⑥ 实施多式联运，保险理赔、保险费用单价从0.006 4%降低到0.004 4%，三年内共降低保险费用1 200万元。

⑦ 物流信息系统互联互通，车船直取费用比集港发货费用低，三年内共节约物流费用600万元。

（2）提升钢铁物流行业秩序，为供应链合作伙伴创造价值。

钢铁物流智慧化、标准化的实施，有利于企业更高水平地参与钢铁物流专业化分工与竞争；加快产业结构调整，培育内生力强大的钢铁物流的供应链服务能力，形成货畅其流、竞争有序的高质量、高效率和低成本的市场运营环境，为供应链合作伙伴创造价值。

（3）供应链绿色化，钢铁物流全供应链实现高质量发展。

通过全供应链绿色化管理的实施，物流各环节中，燃烧污染大幅降低，运输废弃物大幅减少，转运流程逐步简化，操作流程趋于规范，钢铁供应链各节点逐渐步入绿色高质量发展阶段。

资料来源：国家发展和改革委员会经济贸易司，中国物流与采购联合会，2021. 物流业制造业深度融合创新发展典型案例（2021）[M]. 北京：中国财富出版社：15.

2. 物流与供应链的比较及其关系

供应链及其管理是物流管理与系统管理、制造管理等其他管理相互融合的产物，是物流管理由内部一体化向外部一体化发展过程中产生的一种管理思想。供应链管理源于物流管理，却高于物流管理。因此，物流与供应链及其管理既有区别又有联系。

物流是供应链的基础。供应链及其管理最早是从物流开始的，主要是进行供应链的局部研究。随着人们对物流认识的深化，出现了如图1.8所示的演变过程。

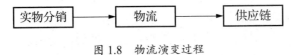

图1.8 物流演变过程

由图1.8可见，物流与供应链有着密切的关系，物流贯穿于整个供应链，而供应链是物流的延伸和扩展，是物流发展到集约化阶段的产物。供应链活动实际上就是把物流和企业的全部活动作为一个统一的过程来管理，供应链管理战略的实施必然以成功的物流管理为基础。

但是，供应链管理思想的形成和发展是建立在多个学科体系基础上的，其理论的根基远远超出物流管理范围。在这里，通过对物流与供应链进行不同角度的比较，来说明二者的区别。

（1）从空间维度看，二者的研究范畴不同。物流研究物品在流通过程中所产生的一系列经济活动，即针对运输、仓储、包装、装卸、流通加工等活动进行管理。根据其管理范围的不同，可将其分为企业物流和社会物流、宏观物流和微观物流，具体管理形式表现为物流企业和企业物流。供应链管理则是企业的一种管理模式，强调企业应提高对外部不确定性的适应能力，如通过企业联合形成战略联盟来加强对市场需求的应变能力，它更着重于表现出一种管理思想且被应用到微观企业的管理模式上。

（2）从时间维度看，二者产生的动因不同。物流素有"第三利润源"之说，最早源于降低成本的需要；而供应链则是横向一体化思想对传统的纵向一体化模式的挑战，是企业管理模式的再造，它更着重于强调企业对外部环境的应变能力的提高。

（3）从管理内容看，二者的复杂程度不同。物流管理主要强调如何协调各种物流活动，实现"位移最小、时间最短、成本最低"；而供应链管理的复杂程度较高，它不仅涉及物流，同时还需要对商流、信息流、资金流进行管理，更为关键的是需要面临来自合作企业博弈的风险，需要针对合作伙伴关系进行管理。故就管理内容而言，供应链管理较物流管理更为复杂。

虽然物流与供应链在研究范畴、产生动因及管理内容的复杂程度等方面有所区别，但从管理的角度来看，二者的发展又有很大的相似性，表现为其管理思想、管理原则和管理目标等相同。即无论是物流还是供应链，它们都需要"以客户为中心"，都必须从系统化的角度出发完成其管理活动，并且都对信息化建设有很强的依赖性。总之，物流和供应链的发展只有通过系统化、信息化才能实现管理现代化，提高企业的竞争能力。

1.1.4 物流的演变与发展

现代化产业体系是现代化国家的物质支撑，是实现经济现代化的重要标志。"物流"一词自 20 世纪初产生以来，历经近一个世纪的时间，其概念及其管理活动发生了巨大的变化。一方面，随着经济活动的发展，物流的内涵不断深化，其涉及的领域不断扩大，"物流"开始从狭义物流发展为广义物流，即现代物流；另一方面，物流管理的高度化发展使物流管理从原有的仅关注企业之间的物资流通活动的狭义的物流系统管理演变为广义的物流系统管理，即供应链管理。

1. 物流的发展

（1）现代物流的发展历程。

关于"物流"一词的出现，主要有两种观点：一种观点是美国市场营销学者阿奇·萧提出的"Physical Distribution"，从市场分销的角度认为物流就是实物配送，实际上就是如何把企业的产品分送到客户手中的活动；另一种观点则源于美国少校琼西·贝克提出的"Logistics"，从军事后勤的角度对物流的内涵进行定义，主要是指物资的供应保障、运输储存等。

第二次世界大战期间，美国从军事需要出发，在对军火进行的战时供应中，首先引用了"物流管理"这一名词，并对军火的运输、补给及屯驻等进行全面管理。第二次世界大战后，西方工业化国家的经济进入高速发展阶段。生产企业为最大限度地追求超额利润，千方百计地降低生产成本。但在生产技术和管理技术方面，企业降低生产成本的道路已经走到极限，成本再降低的空间很小。

从 20 世纪五六十年代开始，西方国家的经济研究和市场竞争的重心开始放到非生产领域，尤其是商品流通领域。在此期间，运筹学理论在生产实践中得到了广泛的应用和发展，并取得了很好的实际效果。在运筹学理论的推动下，人们对物资流通渠道进行研究，产生了产品分销的概念。这就是现代物流业的起步阶段，即实物配送阶段。

20世纪七八十年代，由于市场竞争进一步白热化，企业的竞争力主要取决于物资供应系统和成品流通系统的有效性和低成本。对于整个社会生产来讲，社会经济水平的提高，不仅取决于生产过程，还取决于社会物资供应体系的效率；企业的竞争力不仅取决于产品到消费者手中的实物配送，而且取决于采购、运输和仓储等生产过程中对材料、零部件和库存品的管理。这一阶段被称为全程物流管理阶段。

进入20世纪90年代，随着世界经济和科学技术的突飞猛进，计算机信息网络的日益普及，竞争日趋激烈，生产规模不断扩大，产品更新频繁，用户需求不断变化，原有的流通模式、管理方法和对流通问题的认识，已经不能适应经济的快速增长。所有这些对物流服务提出了更高的要求，同时也为其发展提供了必要的条件。为了顺应整个现代社会的要求，物流的服务领域也不断扩大，逐步扩展为生产领域的物流管理、流通领域的配送和消费领域的服务。因此，现代物流是在传统物流的基础上，运用先进的计算机技术和网络信息技术，以及诸如供应链管理等先进的管理方法，综合组织物流中的各个环节，把制造、运输和销售等环节统一起来管理，使物流资源得到最有效的利用，以发挥物流的服务优势和平衡服务成本，并使用户的需求得到最大的满足。这一阶段被称为供应链管理阶段。

现代物流的发展历程如图1.9所示。

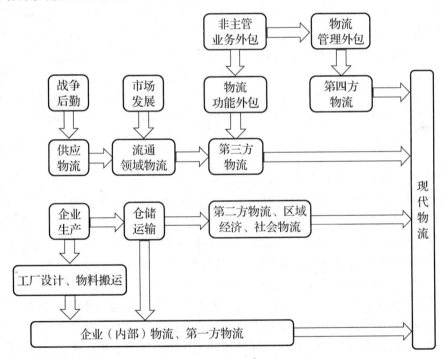

图1.9 现代物流的发展历程

（2）我国物流的发展历程。

我国物流业经过半个多世纪的发展，有了一定基础。2000年之后，随着制造业和电子商务的快速成长，以及信息技术的发展和普及，物流业更是进入了一个突飞猛进的快车道。总体而言，自"物流"概念引入我国，我国的物流理论和实践主要经历了四个发展阶段。

第一阶段：1977—1991 年，是我国物流业的恢复与初期发展阶段。改革开放和四个现代化建设使得我国国内商品流通和国际贸易不断扩大，物流业也有了进一步发展。不仅流通部门专业性的物流企业数量在增加，生产部门也开始重视物流问题，并设立了物流研究室、物流技术部等。有关物流的学术团队相继成立，并积极有效地组织开展了国内国际物流学术交流活动，了解和学习国外先进的物流管理经验。

第二阶段：1992—1999 年，是我国物流业转型阶段。在这一阶段，物流业面临着机遇和挑战，一些老的储运企业通过实施改革、改造、重组等，转型为综合物流企业，以适应电子商务的发展和经济一体化的需要。在这种情况下，一些生产、零售企业开始退出物流领域，不再新建仓库，转而向市场寻求合格的物流代理商。另一方面，部分地区建设了一批现代物流企业，以迎接国外物流企业的挑战。这标志着我国现代物流业已经开始起步。

第三阶段：2000—2015 年，是我国物流业大发展阶段。21 世纪开始，我国现代物流业大踏步进入发展期，开始致力于现代物流的普遍发展。第一，物流政策环境得到改善。我国政府采取了一系列的政策以推动物流业的发展，为物流业的发展创造了良好的政策环境。第二，物流规划工作井然有序。物流产业得到了国家和各级政府的高度重视，国家加强了对物流业发展的规划。2000 年，我国"十五"物流发展总目标正式确立，各省、自治区、直辖市纷纷制定物流发展规划，物流园区、物流中心、配送中心广泛成立。第三，物流平台建设取得重大进展。受惠于国家的信息化建设，我国的信息基础网络和实用技术已经能够支持现代物流的信息运作要求。铁路、公路网络的建设，在我国的东部和发达地区已经完成了基本布局，而且在国家的大力支持下，平台建设开始向中西部演进。第四，物流技术日益先进，应用日趋广泛。互联网信息平台、电子数据交换、全球卫星定位系统、无线射频识别技术和条码技术等现代信息技术手段在物流管理和物流技术中的广泛应用，使现代化物流达到更高的水平。第五，物流逐步得到全社会的关注。物流业成为全社会广泛关注的焦点，物流企业大量兴建，有 100 多所高校开设物流专业。物流真正进入发展的快车道，并且正在进入物流资源整合与供应链管理时期。

第四阶段，2016 年至今，我国物流业服务全面转型升级。党的二十大报告指出，"我们提出并贯彻新发展理念，着力推进高质量发展，推动构建新发展格局，实施供给侧结构性改革，制定一系列具有全局性意义的区域重大战略，我国经济实力实现历史性跃升。"经过多年的快速发展，我国物流业不论是从基础设施还是经营方式上都实现了显著提升，为物流业的全面转型升级奠定了良好基础。截至 2019 年年底，我国高速公路和高速铁路总里程分别达到 15 万 km 和 3.5 万 km，双双位居世界第一。交通线路和园区节点等物流基础设施编织成互联互通的物流网络。跨境电商高速发展带动国际快递和海外仓储建设布局，国际物流网络助推中国企业"走出去"。随着物联网、云计算、大数据等信息技术的逐步成熟，互联网带动了物流基础设施的虚拟化联网和智能化升级。而在企业方面，随着信息技术的广泛应用，大多数企业建立了管理信息系统，物流信息平台建设快速推进。物联网、云计算等现代信息技术开始应用，装卸搬运、分拣包装、加工配送等专用物流装备和智能标签、跟踪追溯、路径优化等技术迅速推广。以产业融合为主，互联网与物流业深度融合，将改变传统产业的运营模式，为消费者、客户及企业自身创造增量价值。数据代替库存、数据驱动流程、数据重塑组织成为智慧物流的重要驱动力，终将形成智慧物流的生态体系。

2. 现代物流的发展趋势

随着经济全球化进程的加快，科学技术，尤其是以互联网、物联网、大数据、云计算、人工智能为代表的新一代信息技术、通信技术的快速发展和应用，不仅加快了物流与供应链管理全球化、集成化、敏捷化的步伐，而且促进了供应链电子化、智能化、绿色化的新趋势，新的物流与供应链管理模式不断涌现，如电子商务物流、绿色供应链、智慧供应链，现代物流与供应链管理呈现出强劲的发展态势。

（1）电子商务物流与供应链电子化。

电子商务的迅速发展促使了电子物流的兴起。通过互联网加强企业内部、企业与供应商、企业与消费者、企业与政府部门的联系沟通、相互协调、相互合作，消费者可以直接在网上获取有关产品或服务的信息，实现网上购物。这种网上的"直通方式"使企业能迅速、准确、全面地了解需求信息，实现基于客户订货的生产模式和物流服务。此外，电子物流可以在线跟踪发出的货物，联机实现投递线路的规划、物流调度及货品检查等。可以说，电子物流已成为21世纪我国物流发展的大趋势。

电子商务也带来了供应链管理的变革。它运用供应链管理思想，整合企业的上下游产业，以中心制造厂商为核心，将产业上游供应商、产业下游经销商（客户）、物流运输商和服务商、零售商及往来银行进行垂直一体化的整合，构成一个电子商务供应链网络，消除了整个供应链网络上不必要的运作和消耗，促进了供应链向动态的、虚拟的、全球网络化的方向发展。它运用供应链管理的核心技术——客户关系管理（customer relationship management，CRM），使需求方自动作业来预计需求，以便更好地了解客户，为客户提供个性化的产品和服务，使资源在供应链网络上合理流动来缩短交货周期、降低库存，并且通过提供自助交易等自助式服务以降低成本，更重要的是提高了企业对市场和最终客户需求的响应速度，在整个供应链网络的每一个环节实现最合理的增值，增强了企业的市场竞争力。

同样地，现代物流也是电子商务发展的先决条件，更是电子商务运作过程的重要组成部分，并为实现电子商务提供基础和保障。现代物流配送效率决定着电子商务快速、便捷优势的发挥，是客户评价电子商务满意程度的重要指标之一。因此，现代物流是电子商务发展的基础和保障，是电子商务发展的先决条件。

▶ 阅读案例1-3 ◀

联邦快递：全球减排增速的践行者

世界快递巨头联邦快递（FedEx）在发展自身业务的同时，致力于节能和环保事业，在多个国家和地区获得了诸多环保奖项。联邦快递在节能和环保领域的探索，在为其节约大量成本的同时，也树立了为公众利益负责的良好形象。

当前，联邦快递每天向世界220多个国家和地区发送850多万个包裹，飞行里程约50万km，行驶里程约200万km。假设在这一过程中忽略了节能和环保，那么这一系列的高强度物流活动将会对气候和环境造成严重的污染和破坏。

联邦快递在节能和环保领域进行的积极探索,取得了一系列令人瞩目的成果,如大规模采用高效飞机、提倡建立轻型车辆运输系统,增加对电力的使用,减少对石油的依赖;开发新技术,使运输系统、交通工具和线路效率更高等。这些贡献既体现了联邦快递在保护环境、提高人类生存质量方面的社会责任,更在行业内树立了标杆,为其他企业在此方面做出了榜样。

1. 大规模采用高效飞机

近年来,联邦快递注意到现代飞机技术发展日新月异、新型飞机层出不穷、飞机燃油效率不断提高的现实和趋势,开始引入一些新机型,如波音777F(简称777F)和波音757(简称757)。新机型拥有更高的燃油效率和更大的载货量,能够显著降低货运燃料消耗。例如,777F型飞机就比先前的MD-11型飞机载货更多、耗油更省、飞行距离更远,大幅减少了每一运输单位的成本和废气排放。经计算,777F型飞机可直飞10 700多km,比MD-11型飞机扩大了约3 500km的范围;能运载超过8万t的货物,比MD-11型飞机多约6 000t的载货量;但777F型飞机消耗的燃料却要比MD-11型飞机减少18%,同时每吨货物减少18%的废气排放量。

鉴于777F型飞机的巨大优势,联邦快递又购置了6架777F型飞机,使该机型飞机的架数增至12架,并借此开通了孟菲斯至韩国和中国东南部的777F直达航班。

在大量购置777F型飞机的同时,联邦快递也加快了用新型飞机替换旧有飞机的速度,如开始使用757型飞机替换727型飞机,进而降低了燃料消耗,并减少了维护费用。仅在飞机更换一项上,就为联邦快递节约了大量的燃油,减少了大笔经营成本。

2. 使用新能源汽车

电动汽车是指以车载电源为动力,用电机驱动车轮行驶的车辆。混合动力电动汽车是指车上装有两个以上动力源,包括由电机驱动的汽车,车载动力源有多种:蓄电池、燃料电池、太阳能电池、内燃机车的发电机组。这两种汽车都属于新能源汽车,能显著降低汽油的使用,进而减少碳排放。

联邦快递在过去的几年中加大了对电动汽车和混合动力电动汽车的购置力度,新能源汽车在车队中的比重不断提高。

3. 降低燃油消耗

尽管联邦快递大量采用了新能源汽车,但是在车队中仍有大量的燃油汽车。针对这种情况,联邦快递致力于汽车燃油效率的提高,通过新技术来改善燃油效率。

除了提高汽车燃油效率,联邦快递还从细节入手来减少燃油消耗。就如何使用送货车来说,联邦快递通过试验和经验积累,清楚地知道驾驶时有三种情况会影响能源消耗:开什么车、到哪里和谁来开。因此,联邦快递每年都会选用一批更高效的车辆上路,每天都会根据交通情况的变化通过技术改变线路。此外,联邦快递还不断地向团队成员传授最优驾驶方法。

联邦快递在亚太地区推行一项名为节能驾驶的项目。这个项目旨在通过改变日常驾驶习惯,减少对环境的影响。

联邦快递与五十铃汽车公司(以下简称五十铃)合作制定了节能驾驶方法。五十铃对日本的速递员的驾驶情况进行了详细的统计,发现速递员有大约70%的时间待在车里,每天驾驶大约100km,停车30次。根据五十铃的调查结果,联邦快递发现了20种行为可以减少车辆废气排放，其中包括缓慢加速、匀速、提前加速、慎用空调和减少空转时间等。联邦快递认为，减少废气排放的责任首先落在驾驶员身上，若驾驶员了解和传授新的习惯，则项目目标很容易达成。因此，联邦快递将节能驾驶提示放在车内明显的地方，而驾驶员用的钥匙链上也标记着节能驾驶五项原则。结果卓有成效，实施该项目仅18个月，在日本拥有150条线路的最大操作站，其燃油效率提高了14%。

资料来源：齐二石，方庆琯，霍艳芳，2021. 物流工程. 2版. 北京：机械工业出版社：268.

（2）低碳物流与绿色供应链。

降低碳排放、保证可持续发展已经成为全球性重大议题。随着低碳技术和低碳理念的推进，以"低碳"为标志的绿色行动将改变人类社会的生产方式和生活方式。物流作为重要的经济活动，在发展低碳经济的过程中扮演着重要的角色。低碳物流与绿色供应链是以低碳为主要特征的生态产业体系。采用流程管理技术提高物流效率，采用科技手段降低整个物流过程的碳排放，形成环境友好、可持续发展的绿色产业体系，是企业的社会责任，也是政府建立低碳经济的政策选择。

众所周知，物流是有机整合运输、储存、装卸、搬运、包装、配送、流通加工、信息处理等基本功能，实现物品有目的的、经济的流动。在流动过程中会产生一定的成本支付，如何将支付降到最低一直是物流业关注的重点。新时代对全球范围内制造和生产型企业提出了新的挑战，即如何使工业生产和环境保护能够协调共同发展。目前，公众不仅要求企业对产生的废物进行处理，还要求企业减少产生污染环境的废物，而且要求企业进行绿色管理，生产绿色产品。政府的法令和日益强大的公众压力已迫使企业无法忽视环境问题。面对这种挑战，第一步就是重新定义供应链管理，调整供应链流程，把环境问题（如废物最少化和能源使用最少化）融于整个供应链——绿色供应链管理。绿色供应链管理又称环境意识供应链管理，它考虑了供应链中各个环节的环境问题，注重对环境的保护，促进经济与环境的协调发展，把"无废无污""无任何不良成分"及"无任何副作用"贯穿于整个供应链中。一些知名的跨国公司，如福特汽车公司、惠普公司、宝洁集团和通用电气公司等，把绿色供应链管理作为企业文化渗透到各个环节、各个部门乃至每名员工。

（3）基于新一代信息技术的智慧物流。

随着新一代信息技术（如物联网、互联网、大数据、云计算、人工智能等）的发展及在物流与供应链领域的使用，显著地改变了物流与供应链产业的经营模式，使得物流与供应链管理开始呈现出显著的智慧化特征。例如，智能化网络集成器能检测未来供应和需求的不匹配，识别多层供应商中的潜在问题，对相应的公司提出警告，并为问题的解决提出可行计划或途径，通过智能化推进有效的供应链管理。同样，在充分了解供应链成本的基础上，解决如何优化其产品和服务的价格及相关的税收，如何反映按不同的产品类型和客户划分所获得的收入等问题，要求价格决策和供应链决策不应像过去那样是彼此独立的，而应当把它们很好地集成，智能将成为沟通价格和供应链管理的桥梁，价格和税收管理就是在供应链管理中注入智能后的产物。智能化应当允许供应链管理技术进行自动设计协作。

（4）供应链集成化管理。

集成是人们按照某种目的把若干个单元集合在一起，使之成为具有某种功能的系统。供应链是以核心企业为中心，包括上游企业和下游企业在内的多个企业组成的系统，系统具有集合性和相关性特征。供应链集成化管理的目的在于通过合作伙伴之间的有效合作与支持，提高整个供应链中物流、工作流、信息流和资金流的通畅性和快速响应性，提高价值流的增值性，使所有与企业经营活动相关的人、技术、组织、信息及其他资源有效地集成，形成整体竞争优势。在市场竞争中，各成员把主要精力用在凝聚自身的核心竞争力上。从这个方面来讲，供应链管理是一种基于核心能力集成的竞争手段。在竞争中，各成员都可以从整体的竞争优势中获得风险分担、利益共享的好处。

集成化供应链管理面临的转变主要有从功能管理向过程管理转变、从利润管理向营利性管理转变、从产品管理向客户管理转变、从简单管理向关系管理转变、从库存管理向信息管理转变。

（5）敏捷供应链。

敏捷是美国学者于 20 世纪 90 年代初提出的一种战略思想，它是一种面向 21 世纪的制造战略和现代生产模式。敏捷化是供应链和管理科学面向制造活动的必然趋势。基于 Internet/Intranet 的全球动态联盟、虚拟企业和敏捷制造已成为制造业变革的大趋势，敏捷供应链（agile supply chain）以企业增强对变化莫测的市场需求的适应能力为向导，以动态联盟的重构为基本着眼点来促进企业之间的合作和企业生产模式的转变，以提高大型企业集团的综合管理水平和经济效益为主要目标，着重致力于支持供应链的迅速结盟、优化联盟运行和联盟平稳解体。供应的敏捷性强调从整个供应链的角度综合考虑、决策和进行绩效评价，使生产企业与合作者共同降低产品的市场价格，并能够快速了解市场变化，锁定客户需求，快速安排生产满足客户需求，加速物流的实施过程，提高供应链各环节的边际效益，实现利益共享的双赢目标。因此，实现供应链敏捷性的关键技术，即基于网络的集成信息系统、科学管理决策方法、高效的决策支持系统将成为值得深入研究的课题。

▶ 阅读案例1-4 ◀

亚马逊的创新

亚马逊自创立之初就矢志成为全球最以客户为中心的公司，而实现这一使命的"秘密武器"就是基于客户需求不断开拓创新，为客户带来更好的体验。亚马逊从不缺乏创新基因，亚马逊云服务的推出、Kindle 电子阅读器的发布、亚马逊 Echo 智能音箱的发明、Kiva 机器人的应用、亚马逊线下书店的开张和亚马逊无人超市（Amazon Go）的亮相，都是亚马逊创新精神的最佳诠释。

智能物流是一家电商企业综合物流能力的反映。基于云技术、大数据分析、机器学习和智能系统等方面的领先优势，亚马逊全新的"无人驾驶"智能供应链可以自动预测、自动采购、自动补货、自动分仓，自动根据客户需求调整库存精准发货，从而对海量商品库存进行自动化、精准化管理。整个过程几乎是零人工干预，这是系统体系的"无人驾驶"，是真正意义上的智能供应链。历经不断优化和发展，亚马逊智能物流到今天已经形成了集智能仓储、智能运营系统、全球化网络、运输配送及智能供应链管理于一体的智能物流能力。

亚马逊智能物流革命始于 20 多年前。1998 年，亚马逊最早开启了仓储运营的自动化尝试，通过自主研发软件系统，推出了 SLAM 自动化一体操作，原本人工需要四步才能完成扫描、标记、称重、核准，现在只需几秒钟，大大加速了商品发货。亚马逊还启用了多种自动化技术，包括摇臂机器人、Kiva 机器人、智能运算推荐包装、智能包裹分拣等。其中仅 Kiva 机器人，亚马逊已在全球部署了 10 万台用于存储和拣货，在机器人数量、订单处理能力、智能化程度上都处于全球领先水平。

正是基于这一智能运营系统，亚马逊打破了单一库房运营的传统方式，使全球上百个运营中心联动运行，形成了全球化智能运营网络，连接全球 15 大海外站点、175 个运营中心，跨国配送到 185 个国家和地区，构建起全球覆盖最广的电商自建运营网络，堪称"电商物流的洲际大陆桥"。2016 年 12 月，亚马逊在英国成功完成了首次无人机送货试飞，开启了全球无人机送货的新篇章。

资料来源：王汉新. 物流信息管理[M]. 3 版. 北京：北京大学出版社，2021：2.

1.2 项目管理

1.2.1 项目概述

1. 项目的概念

近年来，"项目"一词常被人提及，而"项目"的概念在两千多年前就已经存在了。著名的埃及金字塔，我国的万里长城、都江堰等都是为世人称颂的典型项目。

在研究项目或项目工作时，往往将其与日常运作进行对比：日常运作描述的是一个组织的一般日常工作，而项目往往描述发生在日常工作之外的事情。当然，在某些领域，如建筑、软件设计等行业，一般的日常工作就是实施"项目"。项目的独特性意味着项目是在有风险和不确定的氛围中发生的。那么什么是项目呢？

项目的定义为：面向需要的资源和事先界定的目标或目的所做的有组织的工作，一种具有预算和时间进度的独特（因而有风险）事业。一个项目成功与否，可以根据在预算和进度内目标或目的被满足的程度（这是一个质量问题）来衡量。

2. 项目的基本特征

项目就是以一套独特而相互联系的任务为前提，有效地利用资源，为实现一个特定的目标所做的努力。项目具有以下几个特征。

（1）项目实施的一次性。

一次性是项目最主要的特征，也是项目与其他日常运作的最大区别。项目虽然也有投入、产出，但不是周而复始地运动，它有一个起点和终点。另外，项目的实施和管理往往没有先例可照搬照套，大都带有创新的性质。因此，只有认识项目的一次性，才能有针对性地进行管理。

（2）项目目标的明确性。

任何一个项目都有确定的、与以往其他任务不完全相同的目标，主要包括以下几种。

① 时间目标：任何一个项目都具有明确的开始时间和完成时间要求。
② 成果性目标：预期的项目结束之后所形成的"产品"和"服务"。
③ 约束性目标：通常又称限制条件，是实现成果性目标的客观条件和人为约束的统称。

(3) 项目管理的整体性。

项目是一个有机整体，它是为实现目标而开展的多任务集合，它不是一项孤立的活动，而是一系列活动的有机组合，是一个完整的过程。项目的整体性包括范围的整体性、目标的整体性和过程的整体性。因此，必须对项目实行整体性管理，任何一个成分的短缺或削弱都会影响项目整体目标的实现。

(4) 项目与环境之间的相互制约性。

项目能否通过立项、顺利实施和交付使用，总会受到当时当地的环境条件的制约；项目在其生命全过程中会对环境产生积极和消极两方面的影响，从而形成对周围环境的制约。

(5) 项目成果的独特性。

就整体而言，世界上没有完全相同的项目。项目的独特性可能表现在项目的目标、条件、组织、过程等诸多方面。

综上所述，项目与日常运作有本质的区别，表 1-2 可以更好地帮助我们深刻理解项目的基本特征。

表 1-2　项目与日常运作的比较

比较项	项 目	日常运作
责任人	项目经理	部门经理
时间	有限性	相对无限性
管理方法	风险性	确定性
持续性	一次性	重复性
特性	独特性	普遍性
组织机构	项目组织	职能部门
考核指标	以目标为导向	效率和有效性
资源要求	多变性	稳定性

3. 项目的生命周期

作为一种提供独特产品和服务的一次性活动，项目是有始有终的，项目由始至终的整个过程就构成了一个项目的生命周期。美国项目管理协会（Project Management Institute，PMI）把项目生命周期定义为：项目是分阶段完成的一项独特性任务，一个组织在完成一个项目时会将项目划分为一系列的项目阶段，以便更好地管理和控制项目，更好地将组织运作与项目管理结合在一起。项目各个阶段的叠加就构成了一个项目的生命周期。

一般而言，项目的生命周期大致可以分为以下四个阶段。

(1) 概念阶段。

每一个项目的提出都是由于人们在工作中发现了问题，产生了解决该问题的意识。面对问题的业主（客户）常常要找专业机构或人士（承约商）咨询解决问题的方案。在项目正式启动前，承约商需要对项目做一个评估。承约商的评估结论将以描述项目概念的建议书的形式提交给业主。该项目是否继续则由业主的领导层决断。如果项目被认为切合实际而且可行，就可以进入下一阶段，否则就取消。

（2）开发阶段。

业主决定采纳概念阶段的建议书之后，就会希望承约商做出项目启动的承诺，于是进行项目招标，确定正式的承约商，即进入项目开发阶段。业主和承约商要一起做好项目实施前的人、财、物及一切软、硬件设施的准备工作。项目合同能否签订是项目能否继续的关键点。项目合同一旦签订，标志着业主与承约商决议接受此项目，并且完成了项目定义和准备工作，项目可以进入下一阶段；否则，项目需要继续修改甚至被取消。

（3）实施阶段。

在项目经理的组织与协调下，项目按计划启动并推进。实施阶段是项目工作最为膨胀的阶段。当此阶段接近尾声时，进展顺利的项目将完成目标，形成最终的"产品"，承约商准备将此项目移交给业主。有些情况下，还需要对业主的项目管理人员和操作人员进行必要的上岗培训工作。

（4）结束阶段。

在项目的最后阶段，要完成项目的最终测试、评估、清算和移交工作。项目组织要回顾整个项目的工作，对项目做出评价，得出一些经验和教训，形成项目的总结报告。

项目的实施阶段是人力、物力、财力投放最多的阶段，也是项目能否实现最终目标的重要阶段。在组织实施中，应注重科学计划指导作用，通过强化过程监督、严格控制进度与成本，使项目按既定线路发展，直至最终目标。项目的生命周期各阶段的主要工作及工作量变化如图 1.10 所示。

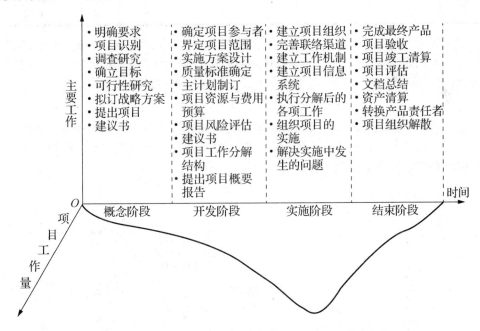

图 1.10　项目的生命周期各阶段的主要工作及工作量变化

4. 项目里程碑与可交付成果

里程碑（milestone）是指项目中的重大事件，通常是指主要可交付成果的完成。它是项目进程中的重要标记，是在规划阶段应该重点考虑的关键点。里程碑既不占用时间也不消耗资源。

在项目具体实施过程中,将会有多个里程碑。里程碑计划就是将那些对项目实施进度有重要意义的关键事件按时间顺序加以排列的文档。关于里程碑计划的表示方法有多种形式,包括文字法、图表法等。在此,以软件开发项目为例,在例 1-1 中分别给出里程碑计划文字法和图表法的表示形式。

【例 1-1】某一软件开发项目历时 1 年,在其生命周期中共有 6 个里程碑。该软件开发项目的里程碑计划文字法的表现形式为:"里程碑 1　项目启动时间为 2023 年 1 月 1 日;里程碑 2　需求确认完成时间为 2023 年 2 月 13 日;里程碑 3　方案设计完成时间为 2023 年 6 月 2 日;里程碑 4　软件的系统测试时间为 2023 年 10 月 7 日;里程碑 5　试运行启动时间为 2023 年 11 月 9 日;里程碑 6　项目验收时间为 2023 年 12 月 31 日。"

上述软件开发项目的里程碑计划也可用表 1-3 的形式来描述,称为图表法。

表 1-3　软件开发项目里程碑计划的图表法

里程碑事件	1月	2月	6月	10月	11月	12月
项目启动	▲1月1日					
需求确认完成		▲2月13日				
方案设计完成			▲6月2日			
软件的系统测试				▲10月7日		
试运行启动					▲11月9日	
项目验收						▲12月31日

可交付成果(deliverable)是指某种可以核实的工作成果或事项。一般来说,项目有阶段可交付成果和最终可交付成果两种形式。以例 1-1 典型的生命周期为例,概念阶段结束时,批准可行性研究报告是一个里程碑,其可交付成果就是可行性研究报告;开发阶段结束时,批准项目计划是第二个里程碑,其可交付成果就是项目计划文件;实施阶段结束时,项目完工是第三个里程碑,其可交付成果就是有待交付的基本完工产品和项目文件;结束阶段结束时,项目交接是最后一个里程碑,其可交付成果就是完工产品和项目文件。上述项目里程碑和可交付成果如图 1.11 所示。

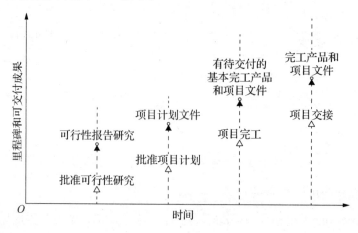

图 1.11　项目里程碑和可交付成果

注:△表示里程碑,▲表示可交付成果。

1.2.2 项目管理的产生与发展

1. 项目管理的发展阶段

（1）传统项目管理阶段。

从 20 世纪 40 年代中期到 60 年代，项目管理主要应用于发达国家的国防工程建设、工业或民用工程建设方面。此时采用的传统项目管理方法主要是致力于项目的预算、规划和为达到项目目标而借用的一些一般运营管理的方法，在相对较小的范围内所开展的一种管理活动。当时的项目经理仅被看成一个具体执行者，他们只是被动地接受一项给定的任务或工作，然后不断接受上级的指令，并根据指令去完成自己负责的项目。从 20 世纪 60 年代起，国际上有许多人对项目管理产生了浓厚的兴趣。随后建立的两大国际性项目管理协会，即以欧洲国家为主的国际项目管理协会（International Project Management Association，IPMA）和以美国为主的美国项目管理协会，以及各国相继成立的项目管理协会，为推动项目管理的发展发挥了积极的作用，做出了卓越的贡献。但是在这一传统项目管理阶段中，发达国家的国防部门对项目管理的研究与开发占据了主导地位，它们创造的许多项目管理方法和工具一直沿用至今。例如，由美国空军最早开发的项目计划评审方法、由美国国防部提出并推广的项目工期与造价管理规范等一大批项目管理的方法和工具现在仍然在广泛地使用。

（2）现代项目管理阶段。

20 世纪 80 年代之后，项目管理进入现代项目管理阶段，随着全球性竞争的日益加剧、项目活动的日益扩大和更为复杂、项目数量的急剧增加、项目团队规模的不断扩大、项目相关利益者的冲突不断增加、降低项目成本的压力不断上升等一系列情况的出现，迫使作为项目业主或客户的一些政府部门与企业，以及作为项目实施者的政府机构和企业先后投入了大量的人力和物力去研究和认识项目管理的基本原理，开发和使用项目管理的具体方法。特别是进入 20 世纪 90 年代以后，随着信息系统工程、网络工程、软件工程、大型建设工程及高科技项目的研究与开发等项目管理新领域的出现，促使项目管理在理论和方法等方面不断地发展和现代化，使得现代项目管理在这一时期获得了快速的发展和长足的进步。同时，项目管理的应用领域在这一时期也迅速扩展到了社会生产与生活的各个领域和各行各业，而且项目管理在企业的战略发展和例外管理（这些都属于企业高层管理者所做的管理工作）中的作用越来越重要。例如，欧洲的 ABB 公司作为一个处于领先地位的全球性工程公司，其绝大部分工作都要求开展项目管理；IBM 公司是世界上最大的信息技术和业务解决方案公司，它公开承认项目管理是对其未来发展起关键作用的因素。今天，项目管理已经成为我们社会创造精神财富、物质财富和社会福利的主要生产方式（以前主要是运营和生产），现代项目管理成为发展最快和应用最为普遍的管理领域之一。

2. 项目管理在我国的发展

党的二十大报告指出"构建现代化基础设施体系"。交通、能源、电信、水利等基础设施是经济社会发展的重要支撑，现代化国家必须拥有现代化的基础设施体系。我国项目管理的发展最早起源于 20 世纪 60 年代华罗庚教授推广的统筹法，现代项目管理学科就是由于统筹法的应用而逐渐形成的。早在20世纪60年代初，我国国防科研部门一直在有计划地引进国外大型科技项目的管理理论和方法，通过与各部门、各单位合作，编辑出版了丛书，开发了决策分析方法，积累了一系列技术资料。20世纪60年代在研制第一代战略系统时，引进计划评审技术、规划计划预算系统、工作分解结构等项目管理技术，并结合我国国情建立了一套组织管理理论，如总体设计部、两条指挥线等。20世纪70年代，引进了全生命概念，派生出全生命费用管理、一体化后勤管理、决策点控制等理论，许多大型工程相继应用了系统工程管理方法，如上海宝钢工程、北京电子对撞机工程、秦山核电站工程等，保证了项目按期完成。20世纪80年代，随着我国各部委的世界银行（简称世行）贷款、赠款项目的启动，项目管理作为世行项目运作的基本管理模式，在我国开始被引入、应用于其他领域。随后，项目管理开始应用于我国部分重点建设项目，云南鲁布革水电站是我国第一个聘用外国专家采用国际标准应用项目管理进行建设的水电工程项目，取得了巨大的成功。在二滩水电站、三峡水利枢纽建设和其他大型工程建设中，都应用了项目管理这一有效手段，并取得了良好的效果。

20世纪90年代初，在西北工业大学等单位的倡导下成立了我国第一个跨学科的项目管理专业学术组织——中国项目管理研究委员会。中国项目管理研究委员会是我国唯一的、跨行业的、全国性的、非营利的项目管理专业组织，是一个行业面宽、人员层次高的组织，分布在全国各个省、自治区、直辖市，行业覆盖航空、航天、信息技术、冶金、水利、建筑、造船、石化、矿产、机电、国防、教育及政府部门等。

中国项目管理研究委员会自成立至今，做了大量的开创性工作，为推进我国项目管理事业的发展，促进我国项目管理与国际项目管理专业领域的沟通与交流起了积极的作用，特别是在推进我国项目管理专业化与国际化发展方面，起着越来越重要的作用。这些工作包括：中国项目管理知识体系的建立与国际项目管理专业资质认证的引进；先后组织召开了10余次全国性项目管理专业学术会议；举行了多次国际学术交流会，并于2006年承办了国际项目管理界最高学术水平的年度大会——项目管理全球大会，来自世界80多个国家和地区，近千名项目管理专家在上海进行全球项目管理新思维、新理念的高峰对话，推动了中国项目管理与国际项目管理的广泛交流；此外，作为推进我国项目管理学科建设和项目管理专业化、职业化和国际化发展的专业组织，近年来，中国项目管理研究委员会主持了中国项目管理知识体系和国际项目管理专业人员资质认证（international project management professional，IPMP）在中国的认证标准的编写、修订和推广工作，定期发布《中国现代项目管理发展报告》，并组织相关专家出版了多套项目管理系列书籍，推动了项目管理在中国的发展。

3. 项目管理发展展望

21世纪作为项目管理的时代，项目管理的理念逐渐得到认同，这促使项目管理的发展出现了如下特点。

（1）项目管理的应用范围将不断扩展。

如前所述，现代意义的项目管理最初是从国防系统开始发展起来的，应用最迅速的是建筑工程，它为项目管理理论与方法的不断成熟提供了条件。目前，项目管理已不仅是工程概念，其内涵更为广泛，已发展到其他领域。在国外，一个重大法律问题、一项具有重要创意的广告活动，甚至一次议员或政府官员的竞选，都可应用项目管理的理论和方法。在国内，如三峡工程已不仅是水利工程，而是包括移民在内的极为复杂的社会工程；一次亚运会或一次奥运会的举办又何尝不是一项重大项目。

（2）项目管理已成为一门新学科。

项目管理有了广泛的实践基础，完整、系统的基础项目学和应用项目管理学有望较快形成，工程项目管理理论之一——矩阵树法将发展成平面柔性管理。国内从事项目管理研究与实践的科研单位、高等学校、工程部门将联合起来，分工协作对项目学和项目管理学的内涵与组成展开研究，并进行国际合作，共同发展这一新的学科。

（3）项目管理的计算机应用发展迅速。

随着科学技术的进步，计算机及软件已成为项目管理方法和手段的一个重要组成部分，今后项目管理的水平将取决于计算机资源的质量，项目管理的效率也将越来越受计算机及软件开发速度的影响。项目管理的软件，目前除各种单项性能软件外，正向集成的方向发展，如项目管理信息系统（project management information system，PMIS）、项目管理决策系统（project management decision system，PMDS）、项目管理专家系统（project management expert system，PMES）等。

（4）项目管理的多学科介入。

项目管理将向多学科介入的方向发展，显示出更强的科学性与综合性。如把组织行为学、管理理论和技术方法有机结合起来，以充分发挥项目运行过程中人力资源的作用，使项目管理在理论和应用两个方面都达到一个新的高度，成为项目管理研究的重要发展方向之一。

总之，现代项目管理已发展成为一门学科，相关人士正广泛开展项目管理知识体系的研究；已发展成为一个专业，许多高校开设了"项目管理"专业，可授予学士、硕士和博士学位；已发展成为一种职业，出现了经国际项目管理专业人员资质认证的职业项目经理。

项目管理发展的三个趋势是：项目管理的全球化——主要表现在国际间的项目合作日益增多、国际化的专业活动日益频繁、项目管理专业信息的国际共享；项目管理的多元化——行业领域及项目类型的多样性，导致产生了各种各样的项目管理方法，从而促进了项目管理的多元化发展；项目管理的专业化——突出表现在项目管理知识体系的不断发展和完善、项目与项目管理学科的探索及专业项目咨询机构的出现。当今国际项目管理发展的三个热点是：证书热、培训热和软件热。

1.2.3 项目管理的概念

项目管理是项目经理和项目组织通过努力，运用系统理论和方法对项目及其资源进行计划、组织、协调、控制，旨在实现项目目标的特定管理方法体系。万事万物是相互联系、相互依存的，只有用普遍联系的、全面系统的、发展变化的观点观察事物，才能把握事物发展规律。

现代项目管理通常包括以下几个要素。

（1）项目管理的对象是项目涉及的全部工作，这些工作构成了项目生命周期的全部内容。

（2）项目管理的主体是项目管理者。它既包括项目的业主（客户），又包括项目经理（项目负责人）。业主是项目的投资者，也是项目的所有者，他需要对项目发展的全过程进行监督；项目经理则直接履行管理职能，对项目的全过程进行管理，并对项目业主负责。

（3）项目管理的目标是实现项目的预定目标。即在有限的资源条件下，保证项目的工期、质量和成本达到最优。

（4）项目管理的职责是对项目的资源进行计划、组织、指挥、协调和控制。资源是指项目可得的、为项目所需的那些资源，包括人员、资金、技术、设备、信息、材料和市场等。在项目管理中，项目管理者需要充分行使管理职能，以时间控制为目标，保证项目的正常运转。

（5）项目管理的依据是客观规律。管理是人的主观行为，而主观行为必然要受到客观规律的制约，要实现管理目标、达到预期效果，就必须尊重项目运行的客观规律。除了项目本身的周期发展规律，客观规律还包括项目运行所涉及的工程的、技术的、经济的规律。

项目管理的工作程序及相互关系如图 1.12 所示。

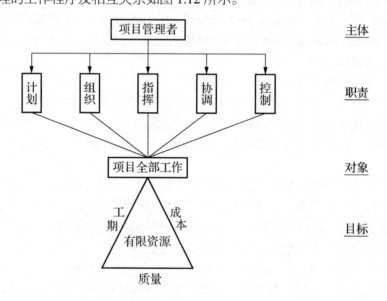

图 1.12　项目管理的工作程序及相互关系

1.2.4　项目管理的特点

与传统的部门管理相比，项目管理具有以下四个特点。

1. 复杂性

项目管理是一项复杂的工作，一般由多个部分组成，工作跨越多个组织，需要运用多种科学知识来解决问题。项目工作通常没有或很少有以往可借鉴的经验，执行中有许多未知因素，每个因素又常常带有不确定性，还需要将具有不同经历、来自不同组织的人员有机地组织在一个临时性的组织内，在技术性能、成本、进度等都较为严格的约束条件下实现项目目标等。这些因素都决定了项目管理是一项很复杂的工作，其复杂性甚至远远高于一般的生产管理。

2. 创新性

由于项目具有一次性的特点，因而既要承担风险又必须发挥其创新性，这是与一般重复性管理的主要区别。项目的创新性依赖于科学技术的发展和支持，而近代科学技术的发展有两个明显的特点：一是继承积累性，体现为人类可以利用前人的经验，继承前人的知识、经验和成果，在此基础上向前发展；二是结合综合性，即要解决复杂的问题就必须依靠和综合多种学科的成果，将多种技术结合起来，才能实现科学技术的飞跃与更快的发展。

3. 集权性

由于项目往往是一个大而复杂的系统，因此在项目进行过程中更需要各部门能迅速做出相互关联、相互依存的反应，保证项目整体协调和系统优化，以实现项目的目标。这样就必须建立围绕同一目标进行工作和决策的机制和相应集中领导的部门组织。将项目的管理责任和权力集中到这个领导的部门组织，即项目经理及其工作班子身上。项目经理有权独立进行计划、资源分配、指挥和控制。项目经理通过做出富有成效的工作，使项目组成为一个工作配合默契、具有责任心和积极性的高效率群体。

4. 专业性

现代项目管理已经成为一种专业，它需要专业知识的支持。项目经理必须是该领域的专家。他应精通设计、招标、施工、管理、商务、财务、法律等知识，而且应具有良好的职业道德。项目经理还应通晓管理技术，善于运用专业观点来思考问题和解决问题，具有预测和控制人们行为能力的能力，能熟练运用技术对一个时间和预算均有限的项目制订行之有效的计划，并进行资源分配、协调和控制，以达到项目的预期目标。也就是说，项目负责人必须使他的组织成为一个工作配合默契、具有积极性和责任心的高效团队。

1.2.5 项目管理的内容

1. 项目管理的知识体系

现代项目管理的内容可以从两个已有的项目管理知识体系中发现。目前国际上的两大项目管理知识体系是：以欧洲国家为主的体系——国际项目管理协会和以美国为主的体系——美国项目管理协会。

美国项目管理协会在《项目管理知识体系》中将项目管理划分为 9 个领域，即项目的范围管理、时间管理、成本管理、质量管理、人力资源管理、沟通管理、风险管理、采购管理和整体管理。项目管理正是围绕这 9 个领域展开的。

（1）项目范围管理。

项目范围管理是项目管理的一部分，就是确保项目不断完成规定要做的工作，最终成功地达到项目的目标。它的基本内容是定义和控制列入或未列入项目的事项，不仅完成全部要求的工作，而且保证不会偏离项目目标和造成资源浪费。其包括以下主要子过程。

① 立项：让组织投身于项目的下一阶段。
② 范围计划：制定一个范围说明书，将其作为将来项目决策的基础。
③ 范围定义：将项目可交付成果分为几个更小、更易管理的部分。

④ 范围核实：正式认可项目的范围。

⑤ 范围变更控制：控制项目范围的变化。

（2）项目时间管理。

项目时间管理是项目管理的一部分，是为了确保项目按时完成的过程。其包括以下主要子过程。

① 活动定义：确定为完成各种项目可交付成果所必须进行的各项具体活动。

② 活动排序：确定各流程间的依赖关系，并形成文件。

③ 工作时间估计：估计每一项工作所需要的时间。

④ 进度计划：分析工作顺序、工作工期和资源需求，制订项目进度计划。

⑤ 进度控制：控制项目进度。

（3）项目成本管理。

项目成本管理是项目管理的一部分，是为了保证在批准的预算内完成项目所必需的全部工作。其包括以下主要子过程。

① 资源规划：确定为完成项目各项工作需要哪种资源（人、设备、材料），以及每种资源的概况。

② 成本估算：估算项目各环节所需要资源的成本。

③ 成本预算：将总成本估算分摊到各工作子项目。

④ 成本控制：控制项目预算的变更。

（4）项目质量管理。

项目质量管理是为了保证项目能够满足原来设定的各种要求所必须进行的各项具体活动。它包括确定质量方针、目标和职责，并在质量体系中通过诸如质量计划、质量控制、质量保证和质量改进，使其实施全面管理职能的所有活动。其包括以下主要子过程。

① 质量规划：确定哪些质量标准与项目相关和应如何达到这些标准。

② 质量控制：监控各种具体项目结果以确定其是否遵照相关的质量标准、是否符合有关的质量标准，消除那些产生不良后果的原因。

③ 质量保障：定期评价总体项目执行情况，以便有把握使工程项目达到有关的质量标准。

（5）项目人力资源管理。

项目人力资源管理是为了保证最有效地发挥参加项目者的个人能力所必须进行的各项具体活动。其包括以下主要子过程。

① 组织规划：确定、记录并分派项目角色、责任和互相通报的关系。

② 人员组织：招收项目需要人力，并将其分派到需要的工作岗位上。

③ 团队建设：培养个人和集体的工作能力，提高项目管理水平。

（6）项目沟通管理。

项目沟通管理是人、意见和信息之间的关键纽带，是成功所必需的条件。它包括保证及时、适当地产生、收集、发布、储存和最终处理项目信息所需的过程。参与项目的每一个人都必须做好以项目"语言"方式传达和接收信息的准备，同时还必须明白他们以个人身份涉及的信息将如何影响整个项目。其包括以下主要子过程。

① 沟通规划：确定项目受益人的信息和沟通需求，即确定什么人需要什么信息，他们

什么时候需要，以及如何将信息提供给他们。

② 信息传递：及时将所需的信息提供给项目受益人。

③ 进度报告：收集并发布执行情况的信息，包括现状汇报、进度测量和预测。

④ 行政总结：提取、收集和发布标志项目完成的资料。

（7）项目风险管理。

项目风险管理需要的过程包括识别、分析不确定因素，并对这些因素采取应对措施。项目风险管理要把有利事件的积极结果尽量扩大，而把不利事件的消极后果降到最低程度。其包括以下主要子过程。

① 风险识别：确定哪些风险可能对项目造成影响并且编制每一风险的特性文件。

② 风险量化：评估风险可能发生的范围及其发生的可能性大小。

③ 提出应对措施：确定对机会采取的加强步骤和对威胁采取的减缓步骤。

④ 风险应对控制：对项目进展过程中风险出现的变化采取应对措施。

（8）项目采购管理。

项目采购管理需要进行的过程都是为了从项目组织外部获取货物或服务（为简单起见，不管货物和服务是一种还是多种，一般都简称为"产品"）。其包括以下主要子过程。

① 采购计划：确定采购什么产品，如何采购等。

② 询价规划：编制产品要求文件并找出潜在来源。

③ 询价：根据具体情况，取得报价、标价和建议。

④ 选择来源：从可能的卖方中选择。

⑤ 合同管理：管理同卖方的关系。

⑥ 合同收尾：完成并结算合同，包括解决任何未决的事项。

（9）项目整体管理。

项目整体管理是为了正确地协调项目所有组成部分而进行的各个过程的集成，是一个综合性过程。其核心就是在多个互相冲突的目标和方案之间寻求平衡，以便满足项目利益相关者的要求。其包括以下主要子过程。

① 项目计划制订：利用其他规划子过程的结果，将其综合成一个首尾一致、连贯的文件。

② 项目计划执行：包括执行项目计划、实际开展列入项目计划中的各项活动、完成其中的工序、执行其中的任务等。

③ 整体变更控制：控制的子过程协调贯穿、涉及或影响整个项目的变更。

虽然所有的项目管理过程在某种程度上贯穿了项目全过程，但这3个子过程是完全贯穿于项目始终的。

2. 项目管理的具体内容

项目管理涉及多方面内容，这些内容也可以按照不同的线索进行组织，常见的形式主要有2个层次、4个主体、4个阶段、5个过程、9个职能及42个知识要素。

（1）项目管理的层次：①企业层次；②项目层次。

（2）项目管理的主体：①业主；②各承约商；③监理；④用户。

（3）项目管理生命周期的阶段：①概念阶段；②开发阶段；③实施阶段；④结束阶段。

（4）项目管理的基本过程：①启动过程；②计划过程；③执行过程；④控制过程；⑤结束过程。

（5）项目管理的职能：①范围管理；②时间管理；③成本管理；④质量管理；⑤人力资源管理；⑥风险管理；⑦沟通管理；⑧采购管理；⑨整体管理。

（6）项目管理的知识要素：① 项目与项目管理；② 项目管理的运行；③通过项目进行管理；④系统方法与综合；⑤项目背景；⑥项目阶段与生命周期；⑦项目开发与评估；⑧项目目标与策略；⑨项目成功与失败的标准；⑩项目启动；⑪项目收尾；⑫项目结构；⑬范围与内容；⑭时间进度；⑮资源；⑯项目费用与融资；⑰技术状态与变化；⑱项目风险；⑲效果度量；⑳项目控制；㉑信息、文档与报告；㉒项目组织；㉓团队工作；㉔领导；㉕沟通；㉖冲突与危机；㉗采购与合同；㉘项目质量管理；㉙项目信息学；㉚标准与规范；㉛问题解决；㉜项目后评价；㉝项目监理与监督；㉞业务流程；㉟人力资源开发；㊱组织的学习；㊲变化管理；㊳项目投资体制；㊴系统管理；㊵安全、健康与环境；㊶法律与法规；㊷财务与会计。

1.3 物流项目及其管理

1.3.1 物流项目与物流项目管理的概念

1. 物流项目的概念

物流项目（logistics project）是指需要相关物流组织来实施完成的一次性工作。物流工作通常既包括物流项目本身又包括物流具体操作，两者有时候是重叠的。物流项目与物流具体操作有许多共同特征，如都需要由人来完成，都受到有限资源的限制，都有计划、执行、控制等环节。

物流项目与物流具体操作最根本的不同之处在于，物流具体操作具有连续性和重复性，而物流项目则具有有限性和唯一性。因此，可以根据这一显著特征对物流项目下这样的定义：物流项目是物流组织为了创造某种唯一的物流产品的有限性工作。有限性是指每一个物流项目都具有明确的开端和结束；唯一性是指该物流产品与同类产品相比，在某些方面具有显著的不同。

各个层次的组织都可以承担物流项目工作。这些组织也许只有一个人，也许包含成千上万的人；也许只需要不到 100 个小时就能完成项目，也许需要上万个小时。物流项目有时只涉及一个相关物流组织的某一部分，有时则可能需要跨越好几个相关物流组织。通常，物流项目是为完成某一独特的物流服务所做的一次性努力。

物流项目与一般项目一样，具有以下基本属性：①项目实施的一次性；②项目目标的明确性；③项目管理的整体性；④项目与环境之间的相互制约性；⑤项目成果的独特性。

2. 物流项目管理的概念

物流项目管理（logistics project managment）是指在物流项目活动中，运用相关知识、技能、工具和技术，以实现物流项目的目标。也就是说，物流项目管理就是把各种资源应用于物流项目，以实现物流项目的目标。

（1）资源。

资源是指一切具有现实和潜在价值的东西，包括自然资源和人造资源，内部资源和外部资源，有形资源和无形资源等。例如，人力、材料、机械设备、资金、信息、科学技术及市场等；物流项目管理作为方法和手段，也是资源。

（2）物流项目的阶段性。

物流项目的执行组织通常将物流项目过程分成若干个项目阶段，以便更好地管理控制，并与项目组织的持续运作之间建立恰当联系。每个项目阶段以一个或几个可交付成果的完成作为标志，可交付成果是一种切实可验证的工作成果，如可行性研究报告、详细设计或一个工作原型等。物流项目各个阶段的收尾主要由对可交付成果和项目执行情况的检查来标识。这种检查可以确定项目是否应当进入下一阶段，项目是否进行了有效的成本控制等。

（3）物流项目生命周期特征。

物流项目生命周期是指物流项目阶段的全体，与一般项目的生命周期大致相同，也可以归纳为概念、开发、实施、结束几个阶段。但是物流项目又有其特殊性，在具体操作过程中应具体问题具体分析，特殊问题特殊对待，以便在物流项目有限资源范围内，实现物流项目的目标。

▶ 阅读案例1-5 ◀

重庆华南城仓储综合物流配套EPC项目管理

1. 项目概况

重庆华南城仓储综合物流配套项目地块东西长约420m，南北宽约210m。建设用地内部平整，南北高差约6m，东西向最大高差约5.7m。主体为2～3层仓储综合物流用房，外加一栋5层宿舍和一栋二类9层宿舍，建筑总高度为36.5m；项目占地面积约7.5万m^2，地下室面积约5.5万m^2，总建筑面积约15万m^2，项目建成后包括仓储综合物流和配套宿舍两大功能。

2. 项目管理定位

打造EPC（engineering-procurement-construction，设计-采购-施工总承包模式）试点示范项目、探索总承包管理新模式；积累EPC项目管理经验，培育竞争新优势。

3. 项目取得主要成效

（1）严格计划管理，在8个月内为重庆华南城业主提供项目报批报建、勘察设计、招标采购、施工管理等一揽子服务与建筑面积15万m^2的建设工作，圆满完成工期节点目标。

（2）综合考虑分包性质（如内部分包、外部专业分包、垄断分包等）、招标条件、进场迫切度等因素，选择适宜的合同计价模式，圆满完成项目经济目标。

（3）项目各部门充分沟通，设计与采购、建造、商务相互融合，圆满完成设计、采购、技术管理等管理目标。

（4）项目集中工程局优势管理力量，发挥集团化作战优势，为业主大大降低了管理成本，得到业主的高度认可，促成后续合肥华南城三期住宅EPC工程、重庆华南城B7-1（01）地块B7住宅项目（巴南华府）一期EPC工程的再度合作。

资料来源：原创力文档。

1.3.2 物流项目的分类

按照不同的分类依据，物流项目所划分的类型不同。

1. 宏观物流项目、中观物流项目和微观物流项目

按物流项目的层次不同，可将物流项目划分为宏观物流项目、中观物流项目和微观物流项目。

（1）宏观物流项目。

宏观物流项目一般指战略问题的研究项目，研究范围大，需在一定时间段的基础上对研究对象进行考察、预测，研究的结果多为项目实施的政策体系。例如，美国、日本及欧洲发达国家在政府的干预与协调下，都着力搭建物流基础设施平台和物流基础信息平台，制定相关的政策与法规（日本1997年制定了《综合物流施政大纲》），为地区物流系统配置的优化创造政策环境。

（2）中观物流项目。

与宏观物流项目相近，中观物流项目往往从战术上考虑问题，研究的范围较小，主要是制定战略的相关策略与方案。例如，某个企业想发展现代物流供应链管理模式，显然要依据企业发展的总体战略重新调整和部署企业内部的物流资源与管理体制，通过项目研究活动来解决问题。

（3）微观物流项目。

与宏观、中观物流项目不同，微观物流项目往往关注解决某一时段、某一作业环节的细节问题，往往与物流企业的生产经营活动相联系。例如，当某物流系统由于业务数量和范围逐年增加和扩大，而物流设施（如仓储容量）能力不足和仓库功能（如冷藏）不能满足特殊仓储的需要时，自然会产生增建仓库的项目需求。

2. 工程类物流项目和非工程类物流项目

按物流项目的投资结果不同，可将物流项目划分为工程类物流项目和非工程类物流项目。

（1）工程类物流项目。

工程类物流项目是指具有实物资产的物流项目。这是投资项目中最主要的部分，物流系统的形成与发展都离不开实体工程项目。例如，一个提供第三方物流服务的企业也需要通过工程项目逐渐建立起经营业务所需要的各类设施（如仓储场地、办公楼宇等）、设备（如装卸设备、运输车辆、船舶工具等）和相关的业务信息处理和管理系统（如信息管理系统，以及仓储、配送、运输调度管理系统等）。表1-4为中国××公司物流发展历程，在40多年中，通过建设各种项目，扩大企业的资产和经营范围，使物流系统不断地得到充实。

【拓展视频】

表 1-4 中国××公司物流发展历程

年 度	1953	1972	1976	1988	1989
主要项目与公司动态	成立货运汽车行,购置10辆货车,拥有3.8万元资产	成立职业培训所	建立公司内部的计算机管理系统	建立公司总部与各营业点之间的计算机网络	形成以冷藏运输为特色的综合物流公司,拥有150个场(站)、40 000多平方米仓库、2 000多辆车,总资产达10.3亿元

（2）非工程类物流项目。

非工程类项目是指没有实物资产形成的物流项目。这类物流项目往往指宏观、中观类的战略规划、经营策略等政策咨询项目，以及物流新产品开发、物流企业的人才培训项目等。这类项目虽然没有形成实物资产，但"一个金点子"能救活一个企业，人才的储备会大大增强企业发展的后劲。相比工程类物流项目，非工程类物流项目数量不多，规模（即投资）也相对要小。

3. 企业物流项目和社会物流项目

按照物流项目的客户类型不同，可将物流项目划分为企业物流项目和社会物流项目。

（1）企业物流项目。

企业物流项目是指为某一个或若干个客户企业提供的专门的物流服务项目。企业可以自营，也可以外包给第三方物流企业。

（2）社会物流项目。

社会物流项目是指向多个客户或社会公众提供的物流服务项目。这类物流项目取决于物流供应商，如快递服务公司、搬家服务公司等。

4. 一般货物物流项目和特种货物物流项目

按照物流项目涉及的货物性质不同，可将物流项目划分为一般货物物流项目和特种货物物流项目。

（1）一般货物物流项目。

一般货物物流项目是指物流项目涉及的货物对操作方式、环境等没有特殊要求，如散件、散货等。

（2）特种货物物流项目。

特种货物物流项目是指物流项目涉及的货物有其特殊性，对操作有特殊要求，如危险品、超长超重的大件等，由于货物的特殊性，一般需要由专业物流供应商为其服务。

综合性物流项目常表现为项目群的特征，即一个大物流项目由多个相互联系、相互作用的项目组成。这类项目一般实施时间长、投资规模大、实施难度大。例如，建设城市物流园区就是一个巨型综合性物流项目，往往占地数十或上百公顷，投资数亿元甚至10多亿元，涉及地方政府、企业、社区等各个方面。对于这类项目，必须将其分解为多个子项目，分阶段逐步推进。一个物流园区的综合性物流项目关系如图1.13所示。

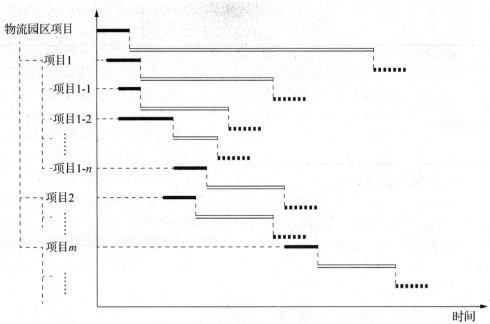

图 1.13 一个物流园区的综合性物流项目关系

1.3.3 物流项目管理的特殊性

由于物流项目具有涉及面广（包括运输、仓储、包装、流通加工、信息系统等）、不可再造（物流项目执行的时间、地点、人员常是变动的）、风险较大（物流系统建设成本较高）等特点，因此，物流项目管理的特殊性主要体现在以下几个方面。

1. 物流项目管理队伍专业化

由于物流项目涉及范围广，在项目策划与设计中除项目技术性内容外，还会用到经济、法律、商贸等多方面的专业知识。因此，项目团队中不仅要有经验丰富的项目管理人员，还要有熟悉业务的技术人员和具备相关财务和法律知识的专业人士。一专多能的复合型人才是物流项目管理最合适的人才。无论是对生产型企业、商贸型企业，还是提供物流服务的物流供应商，为了保证物流项目的顺利开展并达到预期的目标，必须拥有一支专业的项目管理队伍，这是物流项目管理必不可少的人力资源基础。

2. 物流项目管理需求个性化

物流项目一般都需要根据客户的特殊要求进行设计和执行。由于物流项目要素组成的多样性，即每一个物流项目都是以前不曾遇到过的，这就需要专门设计项目管理的程序或方法，因而充满着挑战，物流项目管理的复杂性和创新性也由此体现。因此，物流项目管理一方面是对物流项目管理人员的考验，另一方面也吸引了许多有识之士加入物流项目管理的行列。

3. 物流项目管理结束人为化

物流项目一般必须经过操作实践才能证明其效果。界定物流项目结束有时较为困难，特别是当项目执行中，项目组的成员及外界环境条件已发生了较大变化，或者项目组无论做何努力，项目成功的希望都很渺茫时，就需要项目参与各方人为地界定项目结束的标志，以防止出现无休止的项目。

4. 物流项目管理控制全程化

由于物流项目结果存在较大的不确定性，从而造成物流项目的投资风险较高。特别是有固定资产投入的物流中心、大型停车场、物流信息系统等项目，在追求物流高收益的同时也伴随着项目失败的高风险。因而，需要加强物流项目的进度控制和监督，实现项目管理的全程控制，以保证项目按预定的目标推进；还需要建立风险预警机制，当项目出现偏差时，及时提醒项目管理者进行调整或结束项目，以减少损失。

综上所述，物流项目管理的关键在于物流项目管理的各方本着友好合作的精神，从实际出发，从落实项目、完成项目的目标出发，结合具体物流项目的特点，认真落实项目管理的每一项要求，才能保证物流项目目标的顺利实现。

本 章 小 结

物流项目管理是指在物流项目活动中，运用相关知识、技能、工具和技术，以实现物流项目的目标。在研究物流项目管理的知识体系及具体管理内容之前，应首先了解物流项目管理所涉及的基本概念，一般包括物流与物流管理、项目与项目管理、物流项目与物流项目管理的定义、特征等基本概念。

我国国家标准《物流术语》（GB/T 18354—2021）将物流定义为：根据实际需要，将运输、储存、装卸、搬运、包装、流通加工、配送、信息处理等基本功能实施有机结合，使物品从供应地向接收地进行实体流动的过程。而物流管理是为达到既定的目标，对物流的全过程进行计划、组织、协调与控制。

项目是指面向需要的资源和事先界定的目标或目的所做的有组织的工作，一种具有预算和时间进度的独特（因而有风险）事业。项目管理是项目经理和项目组织通过努力，运用系统理论和方法对项目及其资源进行计划、组织、协调、控制，旨在实现项目的特定管理方法体系。

物流项目是指需要相关物流组织来实施完成的一次性工作。由于物流项目具有涉及面广、不可再造、风险较大等特点，因此，物流项目管理具有队伍专业化、需求个性化、结束人为化、控制全程化等特殊性。

 关键术语

物流（logistics） 物流管理（logistics management） 供应链管理（supply chain management） 项目（project） 物流项目（logistics project） 物流项目管理（logistics project management）

📖 **知识链接**

物流项目管理是将物流管理与项目管理两门学科有机地结合，将项目管理制引入物流行业是在近几年。通过对部分企业和部分物流项目的总结分析，发现在物流项目管理中人们的思想观念容易陷入以下几个误区。

误区1：对于物流项目管理制，别的企业能做我也能做。

误区2：营销人员就是项目经理，或者就可以做项目经理。

误区3：物流项目就是项目经理的事情，或者是市场营销部经理的事情，与其他人无关，与其他部门无关。

误区4：物流项目需求分析、项目立项报告、项目调研阶段简化或直接省去。

误区5：写好物流解决方案就可以做好物流项目了。

误区6：认为物流解决方案和实施方案是物流专家的事情。

误区7：项目后期跟踪服务是运营部门的事情。

误区8：项目经理可以经常轮换。

综 合 练 习

一、填空题

1. 根据物流所涉及社会主体范围的不同，可将物流划分为_____和企业物流。

2. 物流管理的基本内容主要包括物流系统要素管理、_____、物流战略管理、物流成本管理、_____、物流组织、_____等。

3. 里程碑是指项目中的重大事件，通常是指_____的完成。

4. 我国的项目管理研究应用是基于著名数学家华罗庚教授的_____思想上起步、发展的。

5. 美国项目管理协会在《项目管理知识体系》中将项目管理划分为9个领域，即范围管理、时间管理、_____、质量管理、_____、沟通管理、采购管理、_____和整体管理。

6. 根据物流项目的投资结果不同，可将物流项目划分为_____和非工程类物流项目。

二、判断题

1. 流通包含商流、物流、资金流和信息流。其中，资金流是在所有权更迭的交易过程中发生的，从属于商流；信息流则从属于物流。（　　）

2. 逆向物流和绿色物流是同一种概念。（　　）

3. 一个项目是一个有机整体，它是为实现目标而开展的多任务集合，它不是一项孤立的活动，而是一系列活动的有机组合，从而形成一个完整的过程。（　　）

4. 项目的开发阶段是人力、物力、财力投入最多的时期，也是项目能否实现最终目标的重要阶段。（　　）

5. 物流项目与物流具体操作最根本的不同之处在于，物流具体操作具有连续性和重复性，而物流项目则具有有限性和唯一性。（　　）

第1章 物流项目管理概述

6. 综合性物流项目常表现为项目群的特征,即一个大物流项目由有多个相互联系、相互作用的项目组成。（　　）

三、简答题

1. 现代物流管理的基本特征是什么？
2. 项目、项目管理各具备什么特征？项目管理与一般的生产运作及其管理有哪些区别？
3. 项目的生命周期分为几个阶段？各阶段的主要工作有哪些？
4. 物流项目依据不同分类方式被分为几种类型？
5. 物流项目管理的特殊性表现在哪些方面？

四、名词解释

物流、第三方物流、物流管理、供应链管理、项目、物流项目、物流项目管理。

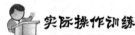

课题：物流项目分析。

实训项目：物流项目概述和目标说明。

实训目的：掌握物流项目概述及其目标说明的基本方法和原则。

实训内容：通过对相关信息及背景资料的调研与分析,选定一个中等规模的物流项目,进行项目整体概述及项目目标的说明。

实训要求：将参加实训的学生划分成若干工作小组,每一个小组确定一名组长,并任命其中一名组员为项目经理,由其进行任务的安排。各小组分别进行资料收集与调研,通过研究与分析选定物流项目,最后集合各小组的工作成果对所选物流项目进行概述及目标说明,并由全体组员最终定稿。

根据以下案例提供的资料,试分析以下问题。

（1）天马公司建立的仓储管理系统项目有哪些特点？

（2）该物流项目的成功给我们哪些启示？

天马微电子股份有限公司仓储管理系统项目

1. 项目背景

天马微电子股份有限公司（简称天马公司）成立于1983年,于1995年在深圳证券交易所挂牌上市,40余年来实现了跨越式发展,已成为全球显示器领域领先企业之一。天马公司为了进一步优化业务流程,提升企业竞争力,自2017年开始选择与曼哈特软件公司（以下简称曼哈特）合作,实施仓储管理系统4个项目。此次天马公司的仓储管理系统项目,不单纯是仓储部门的独立项目,而是以这个项目为契机,梳理公司整体业务流程和架构,对公司信息系统做全面优化。

2. 项目实施与系统功能

从1990年创立初期开始,曼哈特公司就在开发解决供应链、库存和全渠道行业中最复杂、关键业务型问题的技术解决方案方面建立了良好的声誉。此次曼哈特公司为天马公司提供的仓储管理系统在 2017 年 3 月开始启动实施，目前进程已经过半。

以厦门天马公司生产基地项目为例。该生产基地是目前天马公司产量最大的基地，主要业务是"LTPS 显示面板及模组"。其仓储物流部门的流程变革如图 1.14 所示。

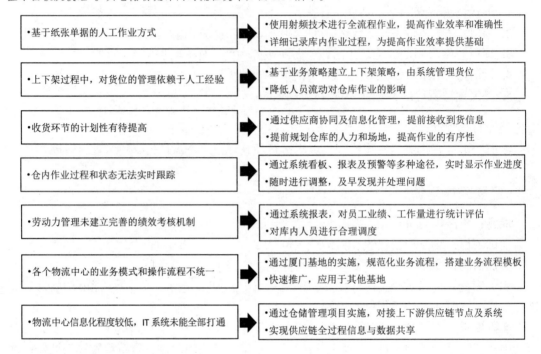

图 1.14　厦门天马公司仓储物流部门的流程变革

厦门天马公司通过仓储管理系统的实施，引入了先进的管理理念和模式、梳理优化业务流程，从而提升了企业核心竞争力，为生产制造活动提供及时的指导和报告，并得到快速主动反应及拉动式的生产模式，使生产作业及流程更加高效。

仓储管理系统具体模块和功能如下。

（1）发货管理。

实时接收来自上位系统指令，依据出货单信息自动按批次先后顺序从对应储位出货；支持系统自动卡控作业；实现条码扫描备货自动判定数量、批次功能。

（2）收货管理。

支持自动分派储位管理，材料入库系统建议货位定位上架；实现收货每箱生成包含料号、数量、批次等信息的自动标签生成功能。

（3）盘点管理。

支持手持移动终端机实行动态扫描盘点，无须人工逐箱盘点累加与系统比对。

（4）预警与报表管理。

支持物料有效期过期提醒及自动隔离；实现业务分析报表自动推送，供管理层进行决策。

（5）系统集成。

与 ERP/SOA/MES 等上位系统高度集成，同时与多个系统信息交互，增强企业内部流程有效性与时效性。

3. 项目亮点

天马公司仓储管理系统项目的一大特点是通过项目梳理优化了公司整体的业务流程。据统计，优化环

第1章
物流项目管理概述

节124项，减少原有系统冗余和重叠的功能有15项，使得公司整体运营效率进一步提升。在天马公司各生产基地上马仓储管理系统后，达到了以下效果。

（1）仓储作业过程信息化、透明化、自动化。通过仓储管理系统和设备控制技术，消除了仓储作业流程黑匣子的状况，能够实时精准了解仓储作业状态，并通过现场电子看板实现视觉管理，并提供汇总分析报表工具，为公司不同层面管理者的生产管理决策提供了有效依据。

（2）物流配送的准确化、零库存化、看板化。通过仓储管理系统物流配送模块的实施，实现了准时化配送，可以应对混线生产、并线生产等多种生产模式的物流配送，全物流配送过程通过系统指令进行调度，实现了趋于零库存管理，降低了物流成本和库存成本，使现场物流配送准确率达到99%。

（3）全面优化和提升了质量管理。通过仓储管理系统质量管理模块的实施，实现了对生产零件及成本质量进行采集、跟踪、预警、防错、分析、统计、追溯，并结合制造管理体系进行制造管理，通过对质量数据的分析，进一步提高了产品合格率，也提高了供应商零件配送合格率，同时为售后质量追溯提供了精确数据。

4. 项目效果

由于仓储管理系统是指导具体物流操作的系统，能够真实反映生产、物流等各个环节的实际操作状况。天马公司以实施仓储管理系统项目为契机，理顺了公司整个业务流程，实现了生产管理、物流操作的效率提升。并且，随着仓储管理系统与MES、ERP、SRM等系统完成集成对接，实现了信息的一处录入、多处使用，消除了信息孤岛。本项目的成功运行，将为天马公司进一步提升竞争力，成为国际一流企业提供有力的支撑。

资料来源：网易。

第 2 章
物流项目前期策划

📦【学习目标】

通过本章的学习,了解物流项目前期策划的工作,理解物流项目识别与构思的概念、过程及方法,掌握物流项目可行性研究的含义、阶段构成及物流项目可行性研究报告的编写,掌握物流项目的经济评价和不确定性分析的方法等。

📦【学习要求】

知识要点	能力要求	相关知识
物流项目的前期策划工作	熟悉物流项目前期策划的相关内容	物流项目前期策划的工作和注意事项
物流项目的识别与构思	理解物流项目识别和构思的概念、过程及方法	项目识别工作、物流项目识别的概念; 需求建议书的编写要求、编写内容; 物流项目构思的过程、方法
物流项目可行性研究	掌握物流项目可行性研究的含义; 掌握物流项目可行性研究的阶段结构; 掌握物流项目可行性研究报告的纲要及其编写注意事项	物流项目可行性研究的概念; 物流项目可行性研究工作主要包括的4个阶段; 物流项目可行性研究报告的纲要及每一项所包含的内容; 物流项目可行性研究报告编写的注意事项
物流项目的经济评价	掌握物流项目经济评价的内容	物流项目财务评价的含义和步骤; 物流项目国民经济评价的含义和步骤
物流项目不确定性分析	掌握物流项目不确定性分析的意义和方法	盈亏平衡分析、敏感性分析和概率分析

【导入案例】

智慧物流产业园规划项目

1. 项目概况

重庆市政府明确提出了紧扣"两点"定位和"两地""两高"目标,积极融入国家"一带一路"建设和长江经济带发展,从全局谋划一域、以一域服务全局,努力在西部内陆地区带头开放、带动开放的发展方针。重庆是国家中心城市,超大城市,国际大都市,长江上游地区的经济、金融、科创、航运和商贸物流中心,西部大开发重要的战略支点,"一带一路"和长江经济带重要联结点,以及内陆开放高地。江津区位于重庆市西南部,因地处长江要津而得名,是长江上游重要的航运枢纽和物资集散地,拥有良好的物流基础和完备的贸易流通业发展基础,交通便利。

重庆国储物流有限公司正是在这样宏观的产业背景下选择构建重庆国储珞璜智慧物流园项目。该项目规划占地面积约 67 万平方米,其中仓储物流用地约 47 万平方米,配套商贸用地约 20 万平方米,规划主要构建物建筑面积约 80 万平方米,计划投资金额约 20 亿元。项目规划打造具有世界影响力的现代化、智慧化、多功能国际贸易与物流中心,以国际、国内贸易为主题,以供应链物流为基准点,提供智慧物流仓储、高端技术、现代化供应链加工、期货交割、金融服务、进出口报关、物流配送、电子商务、会议展览、市场综合配套、物流配送等一站式物流服务,功能分区包括物资仓储区、物资加工区、国际贸易区等。

2. 项目总体描述

(1) 目前重庆市物流园区的诟病。

"互联网+物流""互联网+物流园区"已成为国家战略背景下行业的发展趋势;而平台型经济即是基于平台而产生的盈利模式,实体的房地产交易所、虚拟的阿里巴巴等都是平台经济的产物。在互联网繁荣发展乃至物联网方兴未艾的背景下,行业网络化、平台化成为创新突破点。但目前重庆市并没有现代化的物流园区,并且物流园区的确切概念和运营模式都不清晰:第一,盈利模式单一;第二,粗放式发展,缺乏系统规划指导;第三,同质化竞争趋于严重,客户黏性降低;第四,信息化、网络化程度低。

(2) 项目的核心价值。

项目作为制造商、原材料供应商、贸易商、服务商组织的平台,将各方资源聚集整合,综合考虑区位条件、市场需求、商品流向、资源环境和交通条件等,建立通畅的智慧物流园区网络。充分利用服务企业、客户及辅助组织(特别是政府机关)的互动机制,为整个产业链提供物流、资金流、商流、信息流于一体的智慧物流园区平台。基于供应链的运营结合物联网系统,可以将相关数据迅速反馈给货主企业,实现线上快速匹配、终端线路实时优化、实时可视查询、自动结算等功能。

3. 项目规划流程

在此项目背景下智慧物流产业园项目流程涉及以下内容。

(1) 项目的必要性与可行性分析。
(2) 物流行业与市场分析。
(3) 物流园区规划建设总体思路。
(4) 智慧物流园区运营模式及策略。
(5) 投资规模估算及融资投资计划。
(6) 财务核算。
(7) 经济效益和社会效益评价。

（8）项目风险分析。

（9）综合评价结论。

资料来源：中金普华产业研究院官网.

问题： 该项目的前期策划主要包括哪些方面的内容？

构建现代化基础设施体系，必须坚持多轮驱动的原则。要发挥政府和市场、中央和地方、国有资本和社会资本多方面作用，分层分类加强基础设施建设。目前，我国物流项目投资建设的主要模式是"政府引导、企业投资、市场运作"，投资的主体是企业。即使是重要的国家级物流枢纽，也大多由某一企业以承债或资金担保的方式进行投资建设。物流项目投资与生产项目投资最大的区别是，物流项目投资具有一定的被动性，如果物流项目前期策划不能有效完成，补救难度相对生产项目而言大得多，因此物流项目的前期策划尤为重要。

2.1 物流项目的前期策划工作

物流项目的前期策划阶段是指一个物流项目从构思到批准正式立项的过程。它是物流项目的孕育阶段，虽然其所消耗的时间和费用占整个物流项目的一小部分，但它却是物流项目的关键部分，是不可缺少的阶段。

2.1.1 物流项目前期策划的主要工作

物流项目前期策划的主要工作是根据物流需求识别、构思物流项目，寻找并确立项目目标、定义项目，并对项目进行详细的技术经济论证，使整个项目建立在可靠的、坚实的、优化的基础之上。

1. 物流项目的构思与选择

任何项目都起源于构思，如传统运输企业改制成专业物流公司，在改制的过程中，物流设施完善和信息系统建立等都是项目。作为项目的实施主体，必须在众多的项目之中做出选择，经批准后进入深入研究阶段。

2. 物流项目的目标设计和定义

在对物流项目进行深入研究时，要求根据物流项目所处的环境与条件，针对项目需要解决的问题提出项目的目标与要求。项目目标应该由项目发起人或提议人确定，并且一旦确定就将成为项目成败的评价标准。目标有可能不止一个，但要求目标都是明确的、可度量的和能够最终实现的。在有多目标的情况下，应该确定目标的优先级。通过对物流项目的书面说明形成项目定义，它规划了项目要素的构成和界限，通过对项目进行审查做出初步决断，认可则编制物流项目建议书，上报主管部门。

3. 物流项目可行性研究

根据物流项目的目标提出可实施的方案，并对各个方案进行全面的技术经济论证，从中选出最优的方案,为物流项目的决策提供依据。

2.1.2 物流项目前期策划应该注意的问题

1. 确定物流项目的正确的方向

方向错误必然导致整个物流项目失败。物流项目的方向取决于物流项目构思和物流项目目标。物流项目的投资影响关系如图 2.1 所示,物流项目前期虽然投资较少,但其确定的物流项目发展方向对物流项目生命周期影响很大。

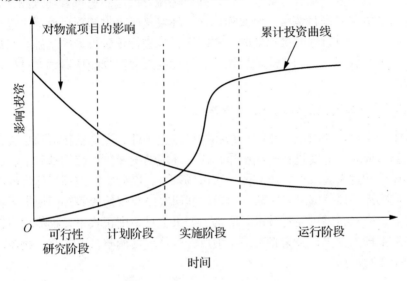

图 2.1 物流项目的投资影响关系

2. 重视物流项目失误的恶果

物流项目的目标决定了物流项目的任务,进而决定了技术方案和实施方案,再由技术方案产生一系列的工程活动,从而形成一个完整的物流项目系统和管理系统。如果目标设计失误或物流项目论证不全面,不但实现不了物流项目的效益,而且还会产生以下效果。

(1) 物流项目建成后无法正常运行,达不到使用效果。例如,一些国有物流企业经过考察和专家调研,认为应该提升企业信息化水平,建立客户关系管理系统。但是运行系统后发现效果并不明显,反而增加了很多"额外"工作,如由于客户关系管理系统与企业信息门户数据不能动态共享,因此部分信息和数据传递需要重新录入系统。

(2) 虽然项目可以运行,但其产品和服务没有市场。例如,有些地区参照国外经验,建立高标准的物流园区,占地多、投资大,建成之后却陷入"有库无货"的尴尬境地,其最主要的原因是中国物流市场远未达到国外的发达程度,中小企业较多,物流园区形成不了集聚效应。

(3) 物流项目运营费用高,没有效益,没有竞争力。例如,物流仓库建设项目采用了昂贵的自动化系统。物流仓库建设项目的目标是以最适当的投入实现作业高效率和作业成本最低。自动化系统的建设是高昂的,当物流企业经营规模有限,而且企业信息系统尚不健全时,片面追求形象而建设的自动化系统是毫无意义的。

3. 应考虑全局的影响

一个物流项目的建设应该考虑利益相关者的利益，而且要符合上层系统（企业、国家、地方）的总体发展要求。如果物流项目不能解决上层系统当前发展中的问题，太超前，就有可能成为上层系统的包袱。物流园区选址不当或过于超前，非但不能解决城市物流不畅、物流成本过高的问题，反而会因为设施的闲置造成浪费，使企业背负沉重的债务。

4. 物流项目的不断完善和优化

物流项目策划中要不断进行环境调查，并对环境发展趋向进行合理预测，针对环境的变化不断地对物流项目进行调整、修改和优化。环境是确定物流项目目标、进行物流项目定义、分析物流项目可行性的最重要的影响因素，是进行正确决策的基础。当环境条件变化较大时，甚至应放弃原定的物流项目构思、目标或方案。物流项目确立过程是一个多重反馈的过程。

5. 物流项目选择过程的分阶段决策策略

设立几个决策点，为阶段工作的总结和选择创造条件，以降低物流项目失败的风险。物流项目构思形成时，需要进行一次反思，在对环境情况谨慎调查的基础上，做出下一步决断。目标设计和定义完成后，还应做一次市场调查，以确定物流项目建设的必要性及模式，从而生成物流项目建议书。物流项目可行性研究结果仅给决策部门提供了物流项目实施可行的建议，决策者仍可能对其进行取舍。如果上马，则正式下发物流项目任务书；如果此时条件发生较大变化，决策者可终止项目，进行项目调整甚至放弃。物流项目分阶段决策流程如图 2.2 所示。

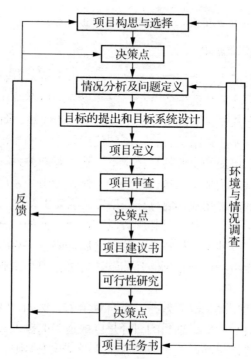

图 2.2　物流项目分阶段决策流程

2.2 物流项目的识别与构思

2.2.1 物流项目的识别

1. 项目识别的概念

项目来源于各种需求和要解决的问题。项目识别有一个过程,它起始于需求、问题或机会的产生,结束于需求建议书的发布。当企业察觉到一个问题或一个投资机会时,就可能会产生一种解决该问题或介入这项投资活动的"愿望"。这种愿望就是项目需求的来源。任何新的项目都是以市场需求为出发点的。企业计划部门常常是项目提出的部门。

物流是一个非常巨大的市场,然而在长期发展和激烈的市场竞争中,一般能够想到的服务产品大多数已经饱和。要发现和开发新的市场,就必须有新的产品,为客户提供新的服务。要实现这一点,就需要善于识别新的项目。在许多情况下,识别市场前景的新项目本身就是一个项目。物流市场的发展催生了一类新的企业,即物流策划公司或物流咨询公司。其主要工作就是通过对市场进行调查研究,在业主尚未意识到潜在的项目时,帮助业主进行项目构思、目标设计、可行性研究、技术设计,既为企业抓住发展的机遇,同时也让物流策划公司获得可观的经济效益,实现双方的共赢。

项目需求的愿望产生之初往往处于一种较为"朦胧"的状态,能满足这一愿望可能还是一个较大的范围。因此,需要收集相关资料,进行一定的调查研究,确定实现这一愿望的途径、方法或具体的措施。在项目识别阶段,一方面要提出项目的目标,另一方面也要识别出与项目有关的限制条件(如自然资源、人文环境、政治体制、法律规定、技术能力、人力资源、时间期限、资金等),因为脱离了限制条件而谈论项目的前景是没有意义的。忽略了限制条件往往是导致项目失败的主要原因。

2. 需求建议书

需求建议书(requirement for payment,RFP)是客户项目意向的一种表现形式。它是从客户的角度出发,全面、详细地向承约商陈述为了满足其某种特定的需求应做哪些准备工作,这些将是承约商进行项目构思的主要依据。对于工程投资项目,由建设单位(客户)向各设计研究单位(承约商)所发出的投标邀请书就是一份典型的需求建议书。

一份正式的需求建议书包括以下内容。

(1)项目的工作陈述。

在项目的工作陈述中,客户必须明确项目的工作范围,概括说明客户要求承约商做的主要工作和任务范围。例如,对于一个物流中心规划项目,首先要让承约商清楚该物流中心的位置、计划建造的规模、主要的服务种类和功能、需要配套的基础设施(道路、供水与供电等)要求等。

(2)项目的目标与规定。

项目的目标即交付物。交付物是承约商提供的实体内容。作为一个物流中心的规划项目,承约商最终的交付物是"规划报告和图纸与说明"。

（3）项目范围的规定。

要求承约商所提供的项目解决方案能满足规定的物理参数和操作参数。对于物流中心，规划的方案应能充分体现出客户对物流中心的大小（如分种类的仓储面积、建筑层次）、布局（如仓库区、加工区、停车区、商务办公区位置与相互关系等）、功能（如满足仓储、加工、配送、交易等）、外观（如建筑的颜色、绿化率及绿化方案）等目标要求。

（4）客户供应条款。

客户供应条款主要涉及项目实施方面客户应提供的保障及物品供应等，如提供物流中心地块的方位、面积，地块现状，以及地块与城市基础设施衔接条件等。

（5）客户付款方式。

客户付款方式是承约商最关心的内容。项目的付款方式有分期付款，也有一次性付款，视项目的性质、规模而定。客户在需求建议书中要明确说明采用哪一种付款方式。例如，物流中心规划项目签约后，支付给承约商（负责规划的单位）50%的约定金，作为项目启动费和初期工作费；待项目初步方案提交后，再支付 30%的约定金；整个项目结束，再支付剩余 20%的约定金。

（6）项目的进度要求。

项目的进度通常是客户关注的重要方面，因为它将直接影响客户的利益，甚至打乱客户的整体战略部署。客户一般都在需求建议书中对项目的进度做出明确的要求，如至签约 6 个月内提交正式的物流中心规划方案。

（7）项目的评估标准。

项目的评估标准即对交付物的评价标准。项目实施的最终目标是令客户满意。这种满意可以是定性指标，也可以是定量指标。例如，物流中心规划的定性指标为理念先进、布局合理、功能齐全、环境协调，并要求规划方案能通过专家的技术评定。

（8）其他相关事宜。

按期、保质、保量交付项目是项目约定的重要内容。需求建议书中还应包含一定的违约责任处罚内容。一旦承约商未达到客户的满意要求，将面临一定的经济损失。

实际工作中，并非所有的项目都需要事先准备一份正式的需求建议书。例如，某一单位的项目由单位内部开发即可时，项目的识别过程就会简单得多；再如，某一软件开发公司感到公司原来的财务分析系统已经远远不能适应日益增加的业务需要时，便可直接要求软件开发小组进行开发，这时只需以口头方式将相关要求传达给软件开发小组即可。

当需求建议书准备完毕之后，客户剩下的工作就是向可能的承约商发送需求建议书。挑选承约商通常采用招标、投标的方式。当客户对项目难以把握时，可选择数个具有项目实施资质的承约商，通过比较需求建议书来确定最后的承约商。这需要客户在需求建议书中对有关投标的事项，如项目建议书的格式及投标方案的内容做出统一的规定，这样才能为承约商提供一个公平竞争的环境。表 2-1 为一份某物流园区规划项目的需求建议书样本。

【拓展视频】

表 2-1 某物流园区规划项目的需求建议书样本

序 号	项 目	主要内容
1	总目标	完成包含一个铁路货运站在内的物流园区设计方案
2	工作表述	园区占地 300 亩（1 亩 ≈ 666.6m²）； 园区的货物铁路和公路年总吞吐量为 300 万吨，主要货类为集装箱、笨重货物、散货和零担货物
3	要求	设计方案要符合现代物流的理念，建成以公铁联运为特征的城市物流中心； 园区的布置以仓储、集装箱堆场、物品加工场库等为主； 将运输、仓储、流通加工、配送、信息处理等基本功能有机结合
4	提供资料	1∶10 000 的物流园区规划地理位置图 1 份； 1∶10 000 的物流园区范围内城市道路规划图 1 份； 1∶2 000 的物流园区地形平面图 1 份
5	交付物	物流园区工程设计文件 1 册； 物流园区管理与运作方案设计文件 1 册
6	付款方式	凡设计方案被选中者，将根据国家工程项目管理规定，按工程项目总造价的百分比付款；设计方案未被选中者，前期产生的费用原则上自理
7	进度要求	各参竞设计文件，务必于接到邀请函后 3 个月内送达××公司，截止日期为 20××年××月××日
8	未尽事宜	本项目设计最终方案需要通过评标确定，评标的方法按有关规定执行

2.2.2 物流项目的构思

项目构思是针对客户的需求。提出各种各样的实施设想，向客户推荐最佳方案。因此，项目构思的目标就是以更好的产品或更佳的服务来满足客户提出的需求，获得更高的效益。

1. 项目构思的过程

一个令客户满意的项目的构思不是一蹴而就的，而是一个逐渐发展的递进过程，一般可以分为 3 个阶段。

（1）准备阶段。

在该阶段要进行项目构思的各种准备工作，一般来说包括如下一些具体的工作内容：①明确构思项目的性质和范围；②调查研究、收集资料和信息；③进行资料、信息的初步整理，去粗取精；④研究资料和信息，通过分类、组合、演绎、归纳、分析等多种方法，从所获取的资料和信息中挖掘有用的资源。

（2）酝酿阶段。

这是项目规划的基础阶段，也是项目构思进一步深入的切入点。在这一阶段中，项目构思者能否捕捉到思维过程中随机出现的"灵感"异常重要，有时正是这一念间决定了整个项目的蓝图，或为整个项目的构思指明了方向。

（3）调整完善阶段。

这一阶段是指从项目构思诞生到完善的过程，包括发展、评估、定型 3 个具体的小阶段。在这一阶段中,如发现有不完善或不合理之处,应立即进行改进、修正和完善。至此,整个项目构思或项目方案得以定型。

2. 项目构思的方法

在现实世界,提出一个项目并非难事,但要找出一个好项目,既是社会经济发展之所需,又不必花很多钱,还能产生良好效益的项目却并不容易。

我国的物流市场方兴未艾,但在物流项目建设方面还存在一些问题。在国家尚未做出统一规划和部署、对物流中心的地位与功能尚不明晰的情况下,各地方纷纷出台各自的物流园区规划,都想抢先建成全国的物流中心,可实际情况却因需求不足或受项目资源和条件的制约而事与愿违。

构思出一个令人满意的项目无固定模式或现成的方法可循,需要具体情况具体分析。项目的管理者在长期实践中也归纳出了以下一些实用的项目构思方法。

(1)项目组合法。这是把两个或两个以上的项目相加,形成新的项目,这是项目构思常采用的一种较为简单的方法。有的企业为适应市场需要,提高项目的整体效益和市场竞争力,依据项目特征和自身条件,往往将企业自有或社会现有的几个相关项目联合成一个项目。例如,一些货代公司与运输公司联手,向客户提供的全程物流配送项目即属此类。

(2)比较分析法。这是指项目策划者通过对自己所掌握或熟悉的某个或多个特定的项目(既可以是成功的项目,也可以是不成功的项目)进行纵向或横向比较,从而挖掘出项目投资的新机会。这种方法是对现有项目从内涵到外延进行反复研究和思考,因而比项目组合法要复杂一些,而且要求项目策划者具有一定的思维深度,掌握大量有价值的信息。

(3)市场调查法。这是项目构思最基本和最直接的方法,在市场调查过程中还会发现或酝酿出许多新的项目设想。对于物流企业,除了直接进行市场调查,还可以从其他渠道(如政府的社会经济发展规划、物流高级研讨会等)了解社会或市场对项目的需要。

(4)集体创造法。一个成功的项目构思涉及的因素很多,需要项目策划者有宽广的知识面,多方向、多层次的思维。因此,项目策划者可以借助集体的智慧和力量,取长补短、相互启发、共同创造。常用的集体创造法有头脑风暴法、集体问卷法、逆向头脑风暴法等。

(5)创新与突破。这是将新技术应用到项目中,提供新的产品和服务,从而赢得更大的市场份额。例如,海尔集团首创的"一流三网"式的现代物流就是创新与突破的结果。它以订单信息流为中心,建立起全球供应链资源网络、全球用户资源网络和计算机信息网络,"三网"同步运行,为订单信息流的增值提供支持。

3. 项目建议书

项目建议书是承约商对项目构思的具体而详细的书面表达。项目建议书的内容视项目具体情况而不同,但一般包括以下几项。

(1)项目的必要性论述。

(2)项目产品或服务的市场预测,包括国内外市场的现状和发展趋势预测、市场价格分析。

(3)产品方案、项目规模和用地设想。

(4)项目建设必需的、已具备的和尚不具备的条件分析。

(5)投资估算和资金筹措设想。

（6）经济效果和投资效益估算。
（7）项目实施所需的资源，包括项目需要动用的人力、财力和物力，以及这些资源耗用对其他组织或活动的影响，项目完成后对外部环境的影响。
（8）项目风险。将在项目识别时意识到的项目风险纳入项目建议书中。
（9）限制条件。明确表述项目在实施时是否会受到限制，如何寻求支持来解决受限问题。

承约商也许需要花费大量的时间和资金来准备项目建议书，其中许多结论性意见都来自对项目所做的可行性研究。

2.3 物流项目可行性研究

2.3.1 物流项目可行性研究的概念

1. 可行性研究的含义

可行性研究（feasibility study）是在具体实施某一项目前，对项目方案是否可行及潜在的效果进行分析、论证和评价的工作。它综合运用了经济、管理等多种学科的决策技术，是项目建设前期工作的核心内容。对项目进行可行性研究的最终目的是用目前有限的资源（人力、物力和财力）保证所选择的项目能够最大限度地满足项目投资者所追求的目标。它要明确回答以下问题。
（1）项目建设有无必要性？
（2）项目的规模有多大？
（3）项目选址是否合适？
（4）项目需要投入多少人力、物力和财力资源？
（5）项目实施需要多长时间？
（6）项目建设资金如何筹措？
（7）项目是否有利可图？
（8）项目经济上是否合理？
（9）项目实施的风险有多大？
（10）什么时候是项目合适的建设时机？

因此，可行性研究需要考察从项目选定、立项、建设到生产经营的全过程。一般从市场预测开始，通过比较多方案，论证项目的选址、建设规模、工艺技术等的可靠性；然后分析原材料和产品的供销与运输、建设资金的来源等建设条件的可靠性；最后通过对项目的经营成本、销售收入和一系列指标的计算，评价项目在财务上的盈利能力和经济上的合理性，提出项目可行或不可行的结论。其基本的工作程序如图2.3所示。

2. 物流项目可行性研究的含义

物流项目的可行性研究是指在物流项目投资决策之前，对与拟建物流项目有关的经济、技术等各方面进行深入细致的调查研究，对各种可能采用的技术方案和建设方案进行认真的分析和比较论证，对项目建成后的经济效益进行科学的预测和评价。在此基础上，对拟建项目的技术先进性和适应性、经济合理性和有效性，以及建设必要性和可行性进行全面分析、系统论证、多方案比较和综合评价，由此得出该项目是否应该投资和如何投资等结论性意见，为项目投资决策提供可靠的科学依据。机会研究、初步可行性研究均属于广义的可行性研究范畴。

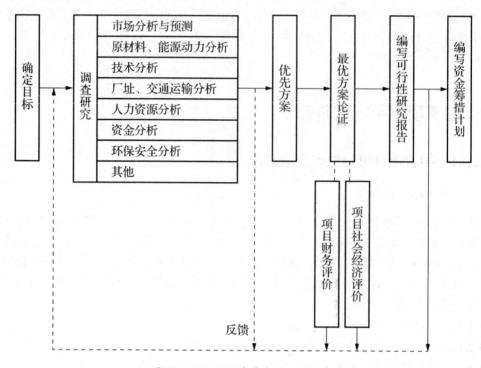

图 2.3 可行性研究基本的工作程序

要完成一项令人满意的物流项目可行性研究，必须对所有的基本成分和影响因素进行分析，对项目中与特定的区域环境下物流技术的选择进行分析，从而为该物流项目的投资决策提供技术上、经济上和商务上的依据，使投资者排除投资的盲目性，降低投资风险，在竞争中获得最大的利益。所以物流项目可行性研究的结果一般要回答以下 6 个方面的问题：要干什么？为什么要建？何时建为宜？由谁来承担？在何处建？如何建？

3. 物流项目可行性研究的作用

物流项目可行性研究与一般的投资项目可行性研究一样，起到了以下几方面的作用。

（1）可作为项目投资决策的依据。

（2）可作为项目本身的基础资料，为编制项目下一阶段的设计、建设方案等提供指导，为物流项目组织管理、机构设置、人员培训等工作安排提供依据。

（3）可作为向银行贷款的依据。

（4）可作为建设单位与各协作单位签订合同条约和有关协议，确定相互责任与协作关系的依据。

（5）可作为地方政府、环保部门和规划部门审批项目的依据。

（6）可作为施工组织、工程进度安排及竣工验收的依据。

（7）可作为项目后评估的依据。

2.3.2 物流项目可行性研究的阶段结构

物流项目建设的全过程一般分为3个主要时期：投资前时期、投资时期和运营时期。可行性研究工作主要在投资前时期进行。投资前时期的可行性研究工作主要包括4个阶段：机会研究阶段、初步可行性研究阶段、详细可行性研究阶段、评价和决策阶段。

1. 机会研究阶段

机会研究又称机会论证。这一阶段的主要任务是提出建设项目投资方向的建议，即在一个确定的区域和部门内，根据自然资源、市场需求、国家产业政策和国际贸易情况，通过调查、预测和分析，选择建设项目，寻求投资的有利机会。机会研究要解决两个方面的问题：一是社会是否需要，二是有没有可以开展的基本条件。

机会研究一般从以下两个方面着手开展工作：一方面以开发利用本地区的某一丰富资源为基础谋求投资机会，另一方面以优越的地理位置、便利的交通运输条件为基础分析各种投资机会。这个阶段对投资额和生产成本的估算精度一般要求控制在±30%，大中型项目的机会研究所需时间为1~3个月，所需费用占投资总额的0.12%~1%。

2. 初步可行性研究阶段

在项目建议书被决策部门批准后，对于投资规模大、技术工艺比较复杂的大中型骨干项目，需要先进行初步可行性研究。初步可行性研究也称预可行性研究，是详细可行性研究前的预备性研究阶段。初步可行性研究的主要目标有：确定是否进行详细可行性研究；确定哪些关键问题需要进行辅助性专题研究。

初步可行性研究的内容和结构与详细可行性研究基本相同，主要区别是所获资料的详尽程度、研究深度不同。这个阶段对投资额和生产成本的估算精度一般要求控制在±20%，研究所需时间为4~6个月，所需费用占投资总额的0.25%~1.25%。

3. 详细可行性研究阶段

详细可行性研究又称技术经济可行性研究，是可行性研究的主要阶段，是建设项目投资决策的基础。它为项目决策提供技术、经济、社会、商业等方面的评价依据，为项目的具体实施提供科学依据。这一阶段的主要目标有：提出项目建设方案；分析效益并选择最终方案；确定项目投资的最终可行性和选择依据标准。

这一阶段的研究内容比较详尽，所花费的时间和精力都比较大，对投资额和生产成本的估算精度控制在±10%以内；大型项目研究所需时间为8~12个月，所需费用占投资总额的0.2%~1%；中小型项目研究所需时间为4~6个月，所需费用占投资总额的1%~3%。

4. 评价和决策阶段

评价和决策是由投资决策部门组织有关咨询公司或有关专家，并予以授权使其代表项目业主和出资人对建设项目可行性研究报告进行全面的审核和再评价。这一阶段的主要任务是对拟建项目的可行性研究报告提出评价意见，最终决策该项目投资是否可行，确定最佳投资方案。项目评价与决策是在可行性研究报告的基础上进行的，其内容包括以下几点。

（1）全面审核可行性研究报告中反映的各项情况是否属实。

（2）分析可行性研究报告中各项指标计算是否正确，包括各种参数、基础数据、定额费率的选择。

（3）从企业、国家和社会等方面综合分析和判断工程项目的经济效益和社会效益。

（4）分析判断可行性研究报告的可靠性、真实性和客观性，对项目做出最终的投资决策。

（5）最后写出项目评估报告。

2.3.3 物流项目可行性研究报告的编写

【拓展视频】

由于各行各业项目在目标与内涵上存在差异，因此其项目领域也较广泛，可以是物流中心建设项目，也可以是具体的某一专用仓库建设项目，还可以是物流企业的信息系统建设或改造等。这里以物流配送中心建设项目为背景，介绍物流投资项目可行性研究报告编写的纲要。

1. 物流项目可行性研究报告的内容

（1）总论。

总论作为可行性研究报告的首要部分，要对整个研究工作和研究结果给出概括性叙述，对项目的可行与否提出最终的建议，为决策部门的审批提供方便，主要包括以下内容。

① 项目背景，包括：项目名称；业主单位概况；可行性研究报告编制依据；项目提出的理由与过程。

② 项目概况，包括：项目拟建地点；项目建设规模与目标；项目主要建设条件；项目提出的理由与过程。

③ 项目研究结论，包括：项目服务范围（企业）与物料种类；项目工程技术方案；项目投入的总资金及效益情况；项目建设进度；主要技术经济指标。

④ 问题与建议，就项目实施中可能存在的问题提出解决的方案和建议。

（2）市场供需分析。

在对一个项目的建设规模和技术方案进行选择时，需要对市场需求情况充分了解之后才能做出决定。市场供需分析要求在既有调查的基础上，对未来情况做出预测和判断，市场供需分析和预测的结果是物流中心服务定价和收入的重要依据。其分析的可靠性最终影响项目的盈利性和可行性。其主要包括以下内容。

① 市场调查，包括：拟建物流中心的服务客户与范围的市场调查；既有物流中心替代条件的调查；与物流中心作业相关的成本与收费价格调查。

② 市场预测，包括：物流中心企业未来产品需求量预测；未来企业产品销售网络与品种数量变动趋势预测；物流服务价格预测；企业营销与竞争力分析；物流中心运作的市场风险分析。

（3）建设条件和场址选择。

本部分主要是确定物流中心的合理位置。进行场址选择时需要考虑其服务的企业位置、道路交通条件和公共设施供应条件，在技术经济分析的基础上给出推荐意见。其主要包括以下内容。

① 建设条件，包括：既有仓库和设备的可利用量；周边的道路交通条件；与公共交通系统的联系条件。

② 场址选择，包括：场址现状；场址方案比选；推荐的场址方案。

（4）技术、设备和工程方案。

技术、设备和工程方案是可行性研究报告的重要组成部分。通过研究物流中心的生产方法、作业流程、设备选型及平面布置等问题，形成完整的技术方案。并且在此基础上估算土建工程量和设备购置种类与数量。在此部分，除文字叙述外还需要以图表形式给出工艺流程设计、平面布置方案和一些重要的数据和指标。其主要包括以下内容。

① 技术方案，包括：功能及作业流程确定；仓库种类、规模确定；信息系统规划。

② 设备方案，包括：主要设备选型；主要设备清单。

③ 工程方案，包括：主要建、构筑物结构方案；特殊基础工程方案；建筑安装工程量及"三材"用量估算；主要建、构筑物一览表。

（5）总平面布置与公用辅助工程。

根据各单项工程、作业要求与功能及专业设计规范进行物流中心的总平面布置。其主要包括以下内容。

① 平面布置，包括：平面布置方案比较和选择；总平面布置主要技术经济指标。

② 交通方案，包括：场内外运输量及运输方式的确定；项目对周边交通的影响分析。

（6）环境保护与劳动安全。

建设项目一般会引起项目所在地自然环境、生态环境和社会环境的变化；作业流程和工作环境也影响着劳动者的健康和安全。这些问题都需要依据国家有关环境保护的法律和法规对项目可能造成的近期、远期的影响做出评估，尽量减少对环境与劳动者的不利影响。对存在一定影响的项目还要提出具体的治理和防护措施。其主要包括以下内容。

① 环境保护，包括：环境条件调查；影响环境因素分析；环境保护措施。

② 劳动安全，包括：危险因素和危害程度分析；安全防范措施；卫生保健措施；消防设施。

（7）组织机构与人力资源配置。

合理科学地确定项目组织机构和配置人力资源是保证项目建设和生产运营顺利进行、提高劳动生产率的重要条件。在可行性研究报告中，要根据项目规模、项目组成和作业流程提出相应的项目组织机构形式、劳动定员总数、劳动力来源及员工培训等计划。其主要包括以下内容。

① 组织机构，包括：组织机构设置方案及其适应性分析；工作制度的确定。

② 人力资源配置，包括：劳动定员；年总工资和员工年平均工资估算；员工培训及其费用估算。

（8）项目实施进度。

当项目工程建设方案确定后，应提出项目的建设工期和实施进度方案。项目建设工期是指从拟建项目永久性工程开工之日至项目全面建成投产或交付使用所需的全部时间。由于在建设工期内包括了土建施工、设备采购与安装、生产准备、系统调试、试运转、竣工验收等多个环节，其中有些环节是相互影响、前后紧密衔接的，也有些是同时开展、相互交叉进行的，因此，在可行性研究阶段，需要将项目实施阶段的各个环节进行统一规划，综合平衡，使它们能够有条不紊地推进。其主要包括以下内容。

① 确定建设工期。
② 编制项目实施进度表。
（9）投资估算与融资方案。
当项目的建设规模、技术、设备和工程方案及项目实施进度等确定后，即可进行项目总资金的估算。除此之外，可行性研究还需要重点讨论项目需要资金的筹措办法，必须给出可行的、风险小的融资方案。其主要包括以下内容。
① 投资估算，包括：建设投资估算；流动资金估算；投资估算表。
② 融资方案，包括：融资组织形式；资本金筹措；债务资金筹措；融资方案分析。项目融资的结构框架如图2.4所示。

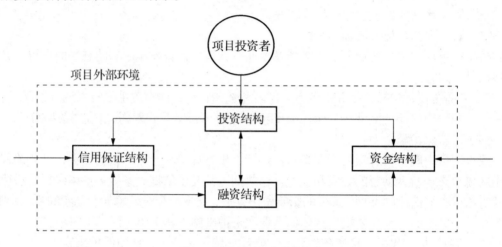

图2.4 项目融资的结构框架

（10）经济评价。
在可行性研究报告中，对于任何一种备选方案都需要进行财务、国民经济方面的评价，以判断项目在经济上是否可行，并从中选择最优实施方案。经济评价结果是方案取舍的主要的依据之一。其主要包括以下内容。
① 财务评价，包括：财务评价基础数据与参数选取；物流服务收入与成本费用估算；财务评价报表；盈利能力分析；偿债能力分析；不确定性分析；财务评价结论。详见2.4.1节。
② 国民经济评价，包括：影子价格及评价参数选取；效益费用范围与数值调整；③国民经济评价报表；国民经济评价指标；国民经济评价结论。详见2.4.2节。
（11）其他评价。
① 社会评价，包括：项目对社会影响分析；项目与所在地互适性分析；社会风险分析；社会评价结论。
② 风险评价，包括：项目主要风险识别；风险程度分析；防范风险对策。
（12）研究结论与建议。
在前述各项论证的基础上归纳总结，择优提出推荐方案，并对方案进行总体论证，对项目和方案是否可行做出明确的结论。其主要包括以下内容。
① 结论与建议，包括：推荐方案总体描述；推荐方案优缺点描述；主要方案说明；结论性意见与建议。

② 附图，包括：场址地形或位置图；物流中心总平面布置图；物流中心作业流程设计图；主要仓库布置方案；其他图。

另外，凡属项目可行性研究范围但在可行性研究报告以外单独成册的文件（如项目建议书、项目立项批文、贷款意向书等）均需作为可行性研究报告的附件。

2. 物流项目可行性研究报告编写的注意事项

可行性研究从理论分析到得出结论通常要经过一段很长的时间，所要记述的只能是运用适当方法导出结论所必需的事情，而不是面面俱到地罗列事实资料。所以，如果事先能够对编写可行性研究报告中可能出现的问题加以了解，无疑能使可行性研究报告在题材和表现手法上更为简洁、清楚和吸引人。下面简要地说明编写可行性研究报告的一些注意事项。

（1）准备工作。

① 项目负责人要熟悉全部调查内容，熟悉编写可行性研究报告的要领、应采取的分析方法、替代方案、利益的内容等。

② 要根据调查对象，选定物流项目课题调查组成员，然后把提纲分别交给每个成员并与他们充分协商调查内容，以使每个成员都能清楚自己所要做的工作，从而能动地完成任务。

③ 绘制流程图。绘制流程图的顺序是按流程从后向前进行的。流程图要明确所要分析的内容、作业情况、日程安排等。这样，调查人员就可以一目了然地看出目前应进行什么调查，应做什么工作等。

如果不重视上述工作，将会使各方面负责人写出的原稿因缺乏整体性而无法采用；调查人员不能将精力集中于必要的事情上，造成许多无用资料的收集，延误时机，浪费精力。

（2）调查阶段。

① 要重视现场第一手资料的收集，少做不可靠的估算，同时尽可能利用一些现成的资料和数据，以节省时间。

② 可行性研究报告要简明扼要、客观而慎重地反映实际情况。要注意今后可行性研究报告内容可能公开的范围和程度，对调查中涉及的有关国家机密等不宜公开的部分应作有保留的描述。

③ 尽可能使用各种高效的调查方法，以便在较短的时间内获得较充分的资料。

（3）分析资料。

① 尽量用具体数据推导出结论，而不要单纯叙述数学公式和理论方法。

② 紧扣主题，要剔除与分析无关的数据资料及其描述。

③ 对于一些易受人们主观价值判断影响而难以定量表述的因素，可以定性地叙述。

④ 对可行性研究报告中由于时间、经费等原因导致资料不足而存在的分析不够充分的问题，应该明确指出，并将其作为遗留课题，以让人心中有数，以免造成误解。

⑤ 要脚踏实地地进行调查分析，尽可能地获得与本地区、本项目有关的资料，而不随便借鉴引用其他物流项目的经验数据。

（4）起草、编辑和完成报告。

对可行性研究报告的总体要求就是以尽量少的文字、图表清楚表达所要表述的内容。

① 报告应力求简洁，尽量使人只需要看完正文部分而无须再看附录中详尽的资料就能理解和明白报告的内容。

② 尽可能自由地分节论述一项内容，节间留有间隔，但注意每节文字描述不能太长。

③ 不要只是简单地罗列计算结果，而要让人了解引出结论的过程。

④ 表达手法上要简单明白、图文并茂，还可以辅以表格说明，使人一目了然。

⑤ 报告的草案和最终定稿之间的时间间隔应尽可能短，以免随着时间的推移致使报告的资料陈旧而陷入重新调查的困境。

⑥ 在完成报告时，如需对有争议的问题重新调查，则应写明调查的困难所在、工作程序、调查背景等，尽量达成一致的协议。

阅读案例2-1

神华宁煤聚丙烯公路运输物流项目可行性研究报告

1. 项目介绍

项目甲方是神华宁夏煤业集团（简称神华宁煤），2021年对聚丙烯公路运输物流项目公开招标，开标共8个标段，40万吨运载量。承运商垫付当月运费，次月10日收到承兑汇票。甲方承担装卸费用，货物的灭失、受损由承运商负责。合同期1年。

2. 项目分析

（1）项目运营收入、费用、利润预算。

以2021年宁波标段为例，做该标段全年收入、费用、利润的预算。宁波至银川距离2 057千米，年运量6.4万吨，中标合同价0.261元/（吨·千米）。2021年0号柴油1月至12月平均下降16%，报告取中间值8%，以物流集团为项目主体进行预算。

（2）组织结构。

由宁夏交通物流集团组建项目部，设项目经理1名（外聘）、书记兼副经理1名、出纳1名、管理部员工2名。项目经理主持工作，决定项目资金使用、调度车辆、回收货款，以及法定代表人赋予的其他权力；书记兼副经理负责项目的党建工作，协助项目经理处理和项目有关的内外部关系，接收甲方的运输指令和反馈并及时上报给项目经理；出纳负责统计派车单，给租用车辆结款、办油卡、开发票、存取现金，支付费用等；管理部负责签订各类合同、建立租用车辆及司机档案、监控车辆、现场调度、进场作业、在途管理、收集统计收货方的运输回单等。项目部的资金往来接受宁夏交通物流集团的财务核算和监督。

3. 风险管控

（1）可能存在的风险。

① 安全风险。车辆及人员安全风险；货物灭失、受损风险。

② 资金风险。

第一，资金安全风险。项目前期垫资至少770万元（押金200万元，中标服务费预计20万元，垫付一个月运费550万元），由于尚未和神华宁煤合作过，不确定其付款能力和付款时间，且无抵押物，故存在货款不能及时收回而产生的资金风险。

第二，资金链断裂风险。由于公司需要先行垫付一个月运费，约550万元，次月10

日获取收入。如果当月实际运量远超预期运量,将导致已筹资金不够,无法调动车辆,影响合同履约。

③ 项目经营风险。

第一,出于谨慎原则,如果中标后签订的合同价低于实际租用车辆价格,即收入小于费用,则项目亏损。费用主要由未来两年柴油价格决定,具有不可预见性,所以项目存在一定的经营风险。

第二,货物未能按合同约定时间送达指定目的地的违约风险。

(2)风险管控方法。

针对以上3类风险,分别制定了以下几种管控方式,尽力将风险降到最低。

① 为从业人员和承运货物购买保险,如出现人员伤亡、车辆及货物灭失或受损,由保险公司承担全部责任。

② 在车辆和司机手机上安装定位系统,随时监控车辆和司机,随时调度管理。

③ 中标后,签订合同时约定付款时间、付款方式、违约处理办法,用于后期追偿。

④ 本着风险共担与利益共享的原则,如果该项目净利润为零或负值,则视为项目亏损。宁夏交通物流集团将细查亏损原因,如果因为项目经理经营不善,没能很好地控制租车费用和其他费用支出导致亏损,则项目经理只拿年薪12万元,宁夏交通物流集团保留次年解聘该项目经理的权利;如果项目经理涉嫌商业欺诈等违法、违规或违纪行为,则宁夏交通物流集团停发项目经理年薪及提成,有权提起诉讼。

4. 项目可行性分析

依据SWOT分析法,分析该项目的可行性。

(1)优势。

① 区域优势。宁夏交通物流集团和神华宁煤同属本地国有企业,地理距离不足100千米,物流资源和调度管理水平均有先天优势。

② 资质优势。根据2021年年初神华宁煤聚丙烯公路运输物流项目招投标情况看,甲方要求的注册资金为1 000万元以上,全国只有46家报名竞争8个标段,中标率17.4%,中标结果为银川2家、吴忠1家。

③经济优势。宁夏公路货运物流市场供过于求,直接表现在宁波至银川货运综合价格由450元/吨降至400元/吨,最低时为320元/吨。物流总包商对分包商有更强的议价能力。

(2)劣势。

① 经验劣势。我方从事物流起步相对区外乃至区内民营物流业同行较晚,经验较少。

② 经济成本劣势。国有企业的综合人力资源成本普遍高于民营企业。

(3)机会。

神华宁煤聚丙烯公路运输物流项目招投标从2021年开始试运行,先入市场者先得利益,之后形成市场壁垒。

(4)威胁。

见风险管控部分。

资料来源:豆丁网.

2.4 物流项目的经济评价

2.4.1 物流项目的财务评价

1. 物流项目财务评价的含义

财务评价又称财务分析,是从微观投资主体(企业)的角度对物流项目进行的经济分析,是企业物流项目投资决策的基础。财务评价从微观角度,根据财税制度、价格及有关法律规定,预测物流项目的经济效益,评价物流项目的财务可能性,分析物流项目的投资风险。

财务评价的作用体现在:衡量物流项目的盈利能力和偿债能力;物流项目资金规划的重要依据;为协议企业利益和国家利益提供依据。

2. 物流项目财务评价的取价原则

(1)财务分析应采用以物流产品或服务的市场价格为基础的预测价格。

(2)盈利能力分析考虑相对价格变化,偿债能力分析要同时考虑相对价格变化和价格总水平的影响,可做如下简化。

① 物流项目建设期间,既要考虑价格总水平变动,又要考虑相对价格变化。在建设投资估算中,价格总水平变动是通过涨价预备费来实现的。

② 物流项目运营期内,一般情况下盈利能力分析和偿债能力分析可采用同一套价格,即预测的运营期价格。

③ 物流项目运营期内,预测的运营期价格可根据具体情况,选用固定价格(项目运营期内各年价格不变)或考虑相对价格变化的变动价格(项目运营期内各年价格不同,或某些年份价格不同)。

④ 当价格总水平变动较大时,物流项目偿债能力分析采用的价格应考虑价格总水平的变动因素。

(3)物流项目投资,包括建设投资、流动资金和运营期内的维持运营投资的估算,应采用含增值税价格。

(4)物流项目运营期内投入与产出采用的价格可以是含增值税的价格,也可以是不含增值税的价格。

(5)在计算期内同一年份,无论是有项目还是无项目的情况,原则上同种(物流产品或服务无差异)产出或投入的价格应取得一致。

3. 物流项目财务评价的内容及工作流程

(1)财务评价内容。

① 在对物流投资项目的总体了解和对市场、环境、技术方案充分调查与掌握的基础上,收集预测财务分析的基础数据。这些基础数据主要包括预计的物流产品或服务的销售量及各年度产量、价格及价格变动幅度,以及在此基础上估算的销售收入;总投资及固定资产、流动资产投入及其他投入估算;成本费用及其构成估算,财务预测的结果通过投资估算表、折旧表、成本费用表、损益表等反映。

② 编制资金规划与计划。对可能的资金来源与数量进行调查和估算，如可筹集到的银行贷款种类、数量，可能发行的股票、债券，企业可能用于投资的自有资金数量；计算逐年债务偿还额。在此基础上编制出物流项目生命周期内资金来源与运用计划。这个计划可以用资金来源与运用表（资金平衡表）来表示。一个好的资金规划不仅能满足资金平衡的要求，而且要在各种可行的资金筹集、运用方案中选优。

③ 计算和分析财务效果。根据财务基础数据和资金规划，编制资金财务流量表，据此可计算出财务分析的经济效果指标。

（2）财务评价的工作流程。

财务评价的工作流程如图 2.5 所示。

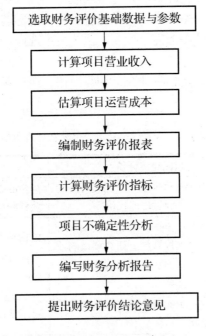

图 2.5　财务评价的工作流程

2.4.2　物流项目的国民经济评价

1. 物流项目国民经济评价的含义

物流项目的财务评价和国民经济评价统称物流项目的经济评价。与财务评价不同的是，国民经济评价是按照资源合理配置的原则，从宏观（从国家整体）角度考察物流项目的效益和费用，它采用影子价格、影子工资、影子汇率计算物流项目给国民经济带来的净效益，以社会折现率作为评价经济合理性的标准。国民经济评价以经济内部收益率作为主要指标，以经济净现值、经济净现值率和投资效益率作为辅助指标。以下类型的物流项目应做国民经济评价。

（1）具有垄断特征的物流项目，如交通运输行业的项目。

（2）产出具有公共产品特征的物流项目，如公共物流信息平台建设项目。

（3）外部效果显著的物流项目，如邮政快递服务网络建设项目。

（4）资源开发型物流项目，如油气输送管道、煤炭开采运输项目等。
（5）涉及国家经济安全的物流项目，如重要港口及航道建设项目。
（6）受过度行政干预的物流项目，如某城市大型工业物流园区规划项目。

对这些物流项目来说，国民经济评价应与财务评价同时进行，只有财务评价和国民经济评价都可行才允许建设。当两种评价的结果发生矛盾时，应按国民经济评价的结论考虑物流项目的取舍。

2. 物流项目国民经济评价与财务评价的联系与区别

物流项目国民经济评价与财务评价的共同之处：首先，它们都是物流项目的经济效果评价，使用基本的经济评价理论和方法，寻求以最小的投入获取最大的产出，都要考虑资金的时间价值，采用内部收益率、净现值等经济盈利性指标进行经济效果分析；其次，两种分析都要在完成物流产品和服务需求预测、工艺技术选择、投资估算、资金筹措方案选择等基础上进行。

国民经济评价与财务评价既相互补充又相互衔接，但二者存在明显的不同，主要区别见表2-2。

表2-2 国民经济评价与财务评价的区别

项 目	国民经济评价	财务评价
评价角度不同	从国家的角度评价项目对国民经济的贡献和国家需要付出的代价	从企业或项目的角度评价其财务状况、获利和偿债能力
效益和费用计算范围不同	根据项目对社会提供的服务及项目所消耗的社会有用资源，研究项目的效益与费用，以增加、减少国民收入为主要的评价标准	根据项目实际的货币支付及现金流量来确定效益和费用，以企业盈利为评价标准
采用价格不同	采用反映资源的机会成本和供求关系的影子价格	采用现行市场价格
采用折现率不同	采用国家规定的社会折现率	采用金融机构贷款利率或投资者期望的收益率

鉴于上述区别，两种评价有时可能导致相反的结论。例如，某物流运输项目所用燃料可以出口，其运输服务也可以出口。由于该燃料的国内价格低于国际市场价格，其运输服务的国内价格又高于国际市场价格，从财务评价方面考虑，企业利润很高，该运输项目是可行的，如果进行国民经济评价，采用以国际市场价格为基础的影子价格来计算，该运输项目就可能对国民经济没有那么大贡献。又如，某些低附加值的物流服务国内价格偏低，企业利润很少，财务评价的结果可能不易通过，如果影子价格对这些国计民生不可缺少的物流项目进行国民经济评价，则该类物流项目对国民经济的贡献可能很大，就能通过。

3. 物流项目国民经济评价的内容和工作流程

（1）国民经济评价的内容。

① 对物流项目的经济效益和费用从国民经济的角度进行划分。物流项目的经济效益和

费用的划分因项目的类别及其评估目标的不同而有所区别。物流项目国民经济评价应从整个国民经济的发展目标出发，考察物流项目对国民经济发展和资源合理利用的影响。应注意对转移支付的处理，并对外部效果进行重点鉴定和分析。

② 对计算费用与效益所采用的影子价格及一些国家参数进行分析。物流项目国民经济评价中，最关键的是要确定物流项目产出物和投入物的各种合理的经济价格。要选择能反映资源本身的真实社会价值、供求关系、稀缺物资的合理利用和符合国家经济政策的经济价格（即影子价格），按照国家规定和定价原则，合理选用和确定投入物与产出物的影子价格和国家参数，并对其进行鉴定和分析。

然后根据已确定的经济效益和费用的范围，采用影子价格、影子工资、影子汇率和社会折现率来替代财务评价中的财务价格、工资、汇率和折现率，计算物流项目的经济效益和费用。因此，确定影子价格是国民经济评价的主要内容。

③ 对物流项目经济效益和费用按照影子价格进行调整。把物流项目的经济效益和费用等经济基础数据，按照已确定的经济价格（即影子价格）进行调整，重新计算物流项目的服务收入、投资和物流成本的支出，以及物流项目固定资产残值的经济价值。鉴定与分析调整的内容是否齐全和合理，调整的方法是否正确，是否符合国家规定。

④ 编制国民经济评价报表。在对物流项目经济效益和费用等项目调整的基础上，编制经济现金流量表（全部投资），利用外资的物流项目还应编制经济现金流量表（国内投资）和经济外汇流量表等基本报表。在评价时，应复核这些国民经济评价报表的表格设置、编制内容及数据计算是否正确。

⑤ 计算国民经济评价指标。国民经济评价评估就是从国民经济整体角度考察物流项目给国民经济带来的净效益（净贡献），主要是物流项目国民经济盈利能力评估、外汇效果评估，以及对不能直接用货币价值量化的外部效果做定性分析评估。

⑥ 对物流项目不确定性的分析。不确定性分析的评估一般应包括对盈亏平衡分析和敏感性分析进行鉴定，在有条件时才对概率分析进行鉴定，以确定物流项目投资在财务上和经济上的可靠性和抗风险能力。

⑦ 结论与建议。得出国民经济评价的结论。对物流项目经济评估中反映的问题和对物流项目需要说明的问题及有关建议应加以明确阐述。物流项目结论与建议要简明扼要，观点要明确。

（2）国民经济评价的工作流程。

国民经济评价的工作流程如图2.6所示。

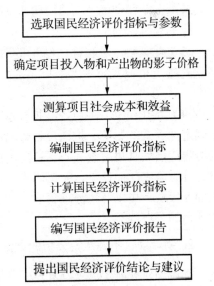

图2.6 国民经济评价的工作流程

2.5 物流项目不确定性分析

对于物流项目来说，在其建设和运营的期间内会面临包括社会、环境、市场及项目自身等方面的不确定性因素，这些因素增加了对物流项目实施的风险。对于一般项目而言，物流项目不确定性分析更应该引起管理者的高度重视。

物流项目不确定性分析是指对物流项目决策方案受到各种事前无法控制的内外部因素变化与影响所进行的研究和估计。它是决策分析中常用的一种方法。通过该分析可以尽量弄清和减少不确定性因素对经济效益的影响，提高物流项目投资对某些不可预见的风险的抗冲击能力，从而证明物流项目投资的可靠性和稳定性，避免投产后不能获得预期的收益，以使企业免受亏损。

2.5.1 物流项目不确定性分析的意义和方法

1. 物流项目不确定性分析的意义

在物流项目评估中进行物流项目不确定性分析的目的是测定物流项目经济效益的变动范围，提高物流项目决策的可靠性和科学性。物流项目不确定性分析具有以下意义。

（1）明确不确定性因素对投资效益的影响范围，了解物流项目投资效益变动的大小。不确定性因素多种多样，其对投资效益的影响也不一样。

（2）确定物流项目评估的有效范围。在明确不确定性因素的变动及其作用力度的大小对投资效益指标的影响及物流项目总体效益变动的大小以后，就可以确定物流项目评估的有效范围，以便使物流项目决策者或执行人员能够充分了解不确定性因素变动的范围，尽量避免不利因素的出现。

（3）提高物流项目评估结论的可靠性。通过不确定性分析可以充分掌握不确定性因素对物流项目投资效益影响的范围，从而进一步调整物流项目评估结论，使其更具可靠性。

（4）寻找在物流项目效益指标达到临界点时，变量因素允许变化的极限值。由于受到不确定性因素的影响，物流项目效益指标会在一定的范围内变化，当这些效益指标的变化使得物流项目从可行变成不可行时，就称此效益指标达到了临界点，这一临界点相应的不确定性因素变化值就是该变量因素允许变化的极限值。通过不确定性分析可以找到极限值，从而使投资者可以在物流项目的执行和经营中把握这种变量因素的变动范围，避免降低物流项目的经济效益。

2. 物流项目不确定性分析的方法

进行物流项目不确定性分析，需要依靠决策人的知识、经验、信息和对未来发展的判断能力，要采用科学的分析方法。物流项目不确定性分析的方法可分为盈亏平衡分析、敏感性分析和概率分析。其中，盈亏平衡分析只用于财务评价，敏感性分析和概率分析可同时用于财务评价和国民经济评价。

2.5.2 盈亏平衡分析

盈亏平衡分析是通过盈亏平衡点（break even point，BEP）分析物流项目成本与收益的平衡关系的一种方法。各种不确定性因素（如投资、成本、销售量、产品价格、项目寿命期等）的变化会影响物流项目的经济效果，当这些因素的变化达到某一临界值时，就会影响物流项目的取舍。盈亏平衡分析的目的就是找出这个临界值，即盈亏平衡点，判断物流项目对不确定性因素变化的承受能力，为决策提供依据。盈亏平衡点越低，说明物流项目盈利的可能性越大，亏损的可能性越小，因而物流项目有较大的抗经营风险能力。因为盈亏平衡分析是分析产量（销售量）、成本与收入的关系，所以又称量本利分析。

盈亏平衡分析根据物流项目的产量（销售量）、成本与收入之间是否呈线性关系而分为线性盈亏平衡分析和非线性盈亏平衡分析。

1. 线性盈亏平衡分析

（1）线性盈亏平衡分析的前提条件。

① 产量等于销售量。
② 产量变化、单位可变成本不变，从而使总生产成本是产量的线性函数。
③ 产量变化、销售单价不变，从而使销售收入是销售量的线性函数。
④ 只生产单一物流产品，或者可以生产多种物流产品但可换算为单一物流产品计算。

（2）线性盈亏平衡分析的步骤。

物流项目总成本（C）包括固定成本（C_F）和可变成本（$C_v Q$），即总成本的计算公式为

$$C = C_F + C_v Q \tag{2-1}$$

式中：C 为年总成本；

C_F 为年固定成本；

C_v 为单位产品变动成本；

Q 为年总产量。

扣除税金的销售收入计算公式为

$$S = P(1-t)Q \tag{2-2}$$

式中：S 为税后销售收入；

P 为单位产品销售价格；

t 为销售税率。

当盈亏平衡时，则有

$$C = C_F + C_v Q^* = P(1-t)Q^* = (P-T)Q^* = S \tag{2-3}$$

式中：Q^* 为盈亏平衡点对应的年产量；

T 为单位产品销售税金及附加。

将式（2-1）、式（2-2）和式（2-3）在同一坐标系上表达，形成线性盈亏平衡分析图，如图 2.7 所示。

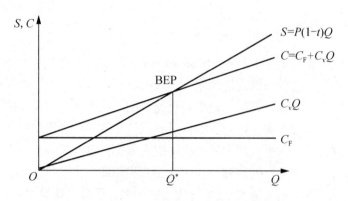

图 2.7 线性盈亏平衡分析图

由图 2.7 可知,当企业在小于 Q^* 的产量下组织生产,则物流项目亏损;当企业在大于 Q^* 的产量下组织生产,则物流项目盈利。显然 Q^* 是 BEP 的一个重要表达式。

由式(2-3)可知

$$Q^* = \frac{C_F}{P(1-t)-C_v} = \frac{C_F}{P-T-C_v} \tag{2-4}$$

其中, $P(1-t)-C_v$ 表示每单位产品补偿了单位变动成本之后的所有剩余,被称为单位产品的边际贡献。

如果物流项目的年设计生产能力为 Q_0,BEP 也可以用生产能力利用率 E 来表达,即

$$E = \frac{Q^*}{Q_0} \times 100\% = \frac{C_F}{[P(1-t)-C_v]Q_0} \times 100\% = \frac{C_F}{(P-T-C_v)Q_0} \times 100\% \tag{2-5}$$

E 越小,则 BEP 越低,说明物流项目盈利的可能性较大,造成亏损的可能性较小。

如果按照设计生产能力进行生产和销售,BEP 还可以用盈亏平衡价格 P^* 来表达,即由式(2-3)可知

$$P^* = C_v + \frac{C_F}{Q_0} + T \tag{2-6}$$

【例 2-1】 某物流建设项目年设计生产能力为 10 000 台,产品单台销售价格为 800 元,年固定成本为 132 万元,单台产品可变成本为 360 元,单台产品销售税金为 40 元。试求盈亏平衡点的产量、销售收入和生产能力利用率。

解:由式(2-4)可知

$$Q^* = \frac{C_F}{P-T-C_v} = \frac{1\ 320\ 000}{800-360-40} = 3\ 300\ (台)$$

销售收入 $= PQ^* = 800 \times 3\ 300 = 264$(万元)

由式(2-5)可知

$$E = \frac{Q^*}{Q_0} \times 100\% = \frac{3\ 300}{10\ 000} \times 100\% = 33\%$$

2. 非线性盈亏平衡分析

当产品的年总成本与产量不呈线性关系,销售收入与产量也不呈线性关系时,则要用

非线性盈亏平衡分析。

成本与产量不再保持线性关系的可能原因是：当产量扩大到某一限度后，正常价格的原料、能源已不能保障供应，企业必须付出更高的代价才能获得，正常的生产班次也不能完成生产任务，不得不加班加点，增大了劳务费用。此外，设备的超负荷运转也带来了磨损的增大、寿命的缩短和维修费用的增加。

非线性盈亏平衡分析包括以下步骤。

非线性的成本函数一般用二次曲线表示，即

$$C = C_F + aQ + bQ^2 \tag{2-7}$$

式中：a、b 为常数；

Q 为年产量。

在产品销售税率不变的条件下，销售净收入也可用二次曲线来表示，即

$$S = dQ + eQ^2 \tag{2-8}$$

式中：d、e 为常数。

盈亏平衡时，$C - S = 0$，即 $(b-e)Q^2 + (a-d)Q + C_F = 0$，可得

$$Q^* = \frac{-(a-d)}{2(b-e)} \pm \sqrt{\frac{(a-d)^2 - 4(b-e)C_F}{2(b-e)}} \tag{2-9}$$

将式（2-7）、式（2-8）和式（2-9）在同一坐标系上表达，形成非线性盈亏平衡分析图，如图 2.8 所示。

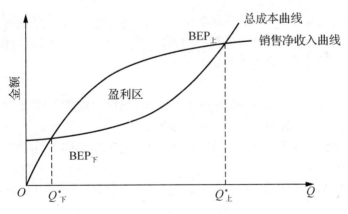

图 2.8　非线性盈亏平衡分析图

总成本曲线和销售净收入曲线有两个交点，即转亏为盈点和转盈为亏点。

利润最大时，有

$$\frac{d(C-S)}{dQ} = 2Q(b-e) + (a-d) = 0 \tag{2-10}$$

所以利润最大时的产量为

$$Q_{利润最大} = \frac{-(a-d)}{2(b-e)} \tag{2-11}$$

【例 2-2】 某物流包装项目总成本表达式 $C = 180\,000+150Q-0.02Q^2$，销售净收入表达式 $S = 350Q-0.04Q^2$。试求利润最大时的产量。

盈亏平衡时 $C - S = 0$，由式（2-9）可知

$$200Q - 0.02Q^2 - 180\,000 = 0$$

$$Q_1^* = 1\,000, \quad Q_2^* = 9\,000$$

当 $1\,000 \leqslant Q \leqslant 9\,000$ 时，即物流包装项目年包装件数为 $1\,000 \sim 9\,000$ 件时盈利，$Q<1\,000$ 或 $Q>9\,000$ 时，即年包装件数小于 $1\,000$ 或大于 $9\,000$ 件时亏损。

$$Q_{利润最大} = \frac{200}{2 \times 0.02} = 5\,000 \text{（件）}$$

最大利润 $= 200 \times 5\,000 - 0.02 \times 5\,000^2 - 180\,000 = 32$（万元）

盈亏平衡分析是对拟建物流项目进行不确定性分析的方法之一，它可以对物流项目的一些主要参数，如产量、售价和成本等做出决定。此外，对于不易确定的经济数据可以用盈亏平衡分析对高度敏感的产量、售价、成本和利润等因素进行分析，有助于了解物流项目可能承担的风险。

盈亏平衡分析是建立在产量等于销售量的基础上，即要求产品全部销售完无积压。此外，它所使用的数据是某一正常年份的数据，但是物流项目是一个长期的过程，所以用盈亏平衡分析很难得到一个全面的结论。但是由于其计算方法简单，仍被广泛使用。

2.5.3 敏感性分析

敏感性分析是指从众多不确定性因素中找出对物流项目经济效益指标有重要影响的敏感性因素，并分析、测算其对物流项目经济效益指标的影响程度和敏感性程度，进而判断项目承受风险能力的一种不确定性分析方法。

敏感性分析具有以下几个目的。

（1）找出影响项目经济效益变动的敏感性因素，分析敏感性因素变动的原因，并为进一步进行不确定性分析（如概率分析）提供依据。

（2）研究不确定性因素变动（如引起项目经济效益值变动的范围或极限值），分析判断项目承担风险的能力。

（3）比较多方案的敏感性大小，以便在经济效益值相似的情况下，从中选出不敏感的投资方案。

敏感性分析一般包括以下几个步骤。

（1）确定分析的经济效益指标。评价项目的经济效益指标主要包括净现值、内部收益率、投资利润率、投资回收期等。

（2）选定不确定性因素，设定其变化范围。一般来说，投资额、产品价格、产品产量、经营成本、项目寿命期、折现率和原材料价格等因素经常会被作为影响财务评价指标的不确定性因素。一般选取不确定性因素变化的百分率，通常选择 ±5%、±10%、±15%、±20% 等。

（3）计算不确定性因素变动对物流项目经济效益指标的影响程度。

（4）确定敏感性因素，做出物流项目风险情况的大致判断。

（5）绘制敏感性分析图，求出不确定性因素变化的极限值。

第 2 章
物流项目前期策划

根据不确定性因素每次变动数目的多少，敏感性分析可以分为单因素敏感性分析和多因素敏感性分析。

1. 单因素敏感性分析

每次只变动一个因素而其他因素保持不变时所做的敏感性分析，称为单因素敏感性分析。

【例 2-3】G 公司有一投资项目，其基本数据见表 2-3。假定投资额、年收入、折现率为主要的敏感性因素。试对该投资项目净现值指标进行单因素敏感性分析。

表 2-3 敏感性分析基本数据

项目	投资额	寿命期	年收入	年费用	残值	折现率
数据	100 000 元	5 年	60 000 元	20 000 元	10 000 元	10%

（1）敏感性因素与分析指标已经给定，我们选取±5%、±10%作为不确定性因素的变化程度。

（2）计算敏感性指标。首先计算决策基本方案的净现值（net present value，NPV），然后计算不同变化率下的 NPV，见表 2-4 和表 2-5。

$$NPV = -100\,000 + (60\,000 - 20\,000) \times (P/A, 10\%, 5) + 10\,000 \times (P/F, 10\%, 5) = 57\,840.68$$

表 2-4 不确定性因素变化后的取值

变化率	投资额/元	年收入/元	折现率
-10%	90 000	54 000	9%
-5%	95 000	57 000	9.5%
0	100 000	60 000	10%
5%	105 000	63 000	10.5%
10%	110 000	66 000	11%

表 2-5 不确定性因素变化后的 NPV

变化率	不确定性因素变化后的 NPV/元		
	投资额	年收入	折现率
-10%	67 840.68	35 095.96	62 085.36
-5%	62 840.68	46 468.32	59 940.63
0	57 840.68	57 840.68	57 840.68
+5%	52 840.68	69 213.04	55 784.33
+10%	47 840.68	80 585.40	53 770.39

（3）计算临界值。

投资临界值。设投资额的临界值为 I，则

$$NPV = -I + (60\,000 - 20\,000) \times (P/A, 10\%, 5) + 10\,000 \times (P/F, 10\%, 5) = 0$$

得 $I=157\,840$。

收入临界值。设年收入的临界值为 R，则

$$NPV = -100\,000 + (R - 20\,000) \times (P/A,10\%,5) + 10\,000 \times (P/F,10\%,5) = 0$$

得 $R=44\,741.773$。

折现率临界值。设折现率的临界值为 i，则

$$NPV = -100\,000 + (60\,000 - 20\,000) \times (P/A,i,5) + 10\,000 \times (P/F,i,5) = 0$$

得 $i=30.058\%$。实际上，i 的临界值就是该项目的内部收益率。

（4）列出敏感性分析表，见表2-6。

表2-6 敏感性分析表

序 号	不确定性因素	变化率	NPV/元	临界值
	基本方案	0	57 840.68	
1	投资额	−10%	67 840.68	157 840 元
		−5%	62 840.68	
		+5%	52 840.68	
		+10%	47 840.68	
2	年收入	−10%	35 095.96	44 741.773 元
		−5%	46 468.32	
		+5%	69 213.04	
		+10%	80 585.40	
3	折现率	−10%	62 085.36	30.058%
		−5%	59 940.63	
		+5%	55 784.33	
		+10%	53 770.39	

（5）绘制敏感性分析图，如图2.9所示。与横坐标相交角度最大的曲线对应的因素就是最敏感的因素。

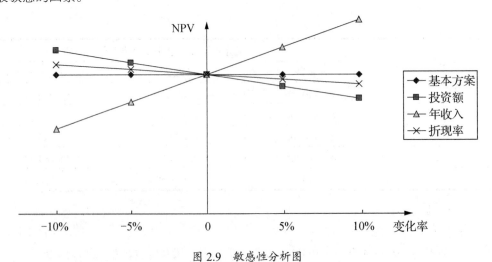

图2.9 敏感性分析图

还可以在图中做出分析指标的临界曲线。对于净现值指标而言，横坐标为临界曲线（NPV=0）；对于内部收益率指标而言，以基本方案的内部收益率为 Y 值绘制出的水平线为基准收益率曲线（临界曲线）。各因素的变化曲线与临界曲线的交点就是其临界变化百分率。从敏感性分析表和敏感性分析图可以看出，净现值指标对年收入的变化最敏感。

2. 多因素敏感性分析

多因素敏感性分析是指在假定其他不确定性因素不变的条件下，计算分析两种或两种以上不确定性因素同时发生变动，对物流项目经济效益值的影响程度，确定敏感性因素及其极限值。多因素敏感性分析一般是在单因素敏感性分析基础上进行，且分析的基本原理与单因素敏感性分析大体相同。但需要注意的是，多因素敏感性分析需进一步假定同时变动的几个因素都是相互独立的，且各因素发生变化的概率相同。

【例 2-4】某物流项目投资 170 000 元，寿命 10 年，残值 20 000 元，基准利率为 13%，预计现金流入和流出分别为 35 000 元和 3 000 元。试对现金流入和流出进行双因素敏感性分析。

设 x 和 y 分别为年现金流入和流出的变化率，则净现值为

$$\begin{aligned}
NPV &= -170\,000 \times (A/P, 13\%, 10) + 3\,500 \times (1+x) - 3\,000 \times (1+y) + 20\,000 \times (A/F, 13\%, 10) \\
&= -170\,000 \times 0.184 + 3\,500 \times (1+x) - 3\,000 \times (1+y) + 20\,000 \times 0.054 \\
&= 1\,757 + 3\,500x - 3\,000y
\end{aligned}$$

只要 NPV>0，即 $y > 0.586 + 11.67x$，物流项目就可行，如图 2.10 所示。

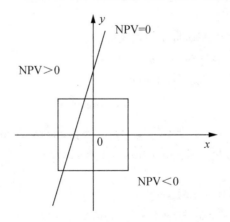

图 2.10 双因素敏感性分析图

由图 2.10 可知，在直线 $y=0.586+11.67x$ 上时，NPV=0；在直线上方 NPV>0，物流项目可行；在直线下方 NPV<0，物流项目不可行。

敏感性分析是一种动态不确定性分析，是项目评估中不可或缺的组成部分。它用以分析物流项目经济效益指标对各不确定性因素的敏感程度，找出敏感性因素及其最大变动幅度，据此判断项目承担风险的能力。但是，这种分析尚不能确定各种不确定性因素发生不同变动幅度的概率，因而其分析结论的准确性就会受到一定的影响。实际生活中，可能会出现这样的情形：敏感性分析找出的某个敏感性因素在未来发生不利变动的可能性很小，引起的项目风险不大；而另一因素在敏感性分析时表现出不太敏感，但其在未来发生不利

变动的可能性很大，进而会引起较大的项目风险。为了弥补敏感性分析的不足，在进行项目评估和决策时，需要做进一步概率分析。

2.5.4 概率分析

概率分析又称风险分析，是通过研究各种不确定性因素发生不同变动幅度的概率分布及其对物流项目经济效益指标的影响，从而对物流项目可行性和风险性做出判断的一种不确定性分析法。概率分析通过计算项目目标值（如净现值）的期望值及目标值大于或等于零的累积概率来测定项目风险大小，为投资者决策提供依据。概率分析常用于对大中型项目的评估和决策之中。

1. 概率分析的分类

（1）主观概率与客观概率。

主观概率是由决策者或专家对事件的概率做出一个主观估计。它是用较少信息量做出估计的一种方法。主观概率是根据对某事件是否发生的个人观点用一个 0~1 的数值来描述此事发生的可能性，此数即为主观概率。

客观概率的计算方法有两种：一种是根据大量实验，用统计的方法进行计算；另一种是根据概率的古典定义，将事件分解为基本事件，用分析的方法进行计算。用这两种方法得到的数值都是客观存在的，不以计算者或决策者的意志而转移，称为客观概率。计算客观概率需要足够的信息、数据及对事件深入了解和分析。

（2）三种估计。

① 客观估计：用客观概率对风险进行分析。

② 主观估计：用主观概率对风险进行分析。

③ 第三种估计：介于主观估计与客观估计之间。

2. 概率分析的方法

进行概率分析具体的方法主要有期望值法（expectancy method）、效用函数法（utility function method）和模拟分析法（simulation analysis method）等。

（1）期望值法。

期望值法在项目评估中应用最为普遍，是通过计算项目净现值的期望值和净现值大于或等于零时的累计概率，来比较方案优劣、确定项目可行性和风险程度的方法。

（2）效用函数法。

所谓效用，是对总目标的效能价值或贡献大小的一种测度。在风险决策的情况下，可用效用来量化决策者对待风险的态度。通过效用这一指标，可将某些难以量化、有质的差别的事物（事件）给予量化，将要考虑的因素折合为效用值，得出各方案的综合效用值，再进行决策。效用函数反映决策者对待风险的态度。不同的决策者在不同的情况下，其效用函数是不同的。

（3）模拟分析法。

模拟分析法就是利用计算机模拟技术，对项目的不确定性因素进行模拟，通过抽取服从项目不确定性因素分布的随机数，计算分析项目经济效果评价指标，从而得出项目经济效果评价指标的概率分布,以提供项目不确定性因素对项目经济指标影响的全面情况。

上述方法中期望值法在项目评估中应用最为普遍,所以对期望值法进行详细介绍。

3. 期望值法

采用期望值法进行概率分析一般有以下几个步骤。

(1) 选用净现值作为分析对象,并分析选定与之有关的主要不确定性因素。

(2) 按照穷举互斥原则,确定各不确定性因素可能发生的状态或变化范围。

(3) 分别估算各不确定性因素每种情况下发生的概率。各不确定性因素在每种情况下的概率必须小于等于1、大于等于零,且所有可能发生情况的概率之和必须等于1。这里的概率为主观概率,是在充分掌握有关资料的基础之上,由专家学者依据其自己的知识、经验经系统分析之后,主观判断得出的概率。

(4) 分别计算各可能发生情况下的净现值。各年净现值期望值、整个项目寿命周期净现值的期望值。各年净现值期望值的计算公式为

$$E(\text{NPV}) = \sum_{i=1}^{m} X_{it} P_{it}$$

式中:$E(\text{NPV})$ 为第 t 年净现值期望值;

X_{it} 为第 t 年第 i 种情况下的净现值;

P_{it} 为第 t 年第 i 种情况下发生的概率;

n 为发生的状态或变化范围数。

整个项目寿命周期净现值的期望值的计算公式为

$$E(\text{NPV}) = \sum_{i=1}^{m} \frac{E(\text{NPV}_t)}{(1+i)^t}$$

式中:$E(\text{NPV})$ 为整个项目寿命周期净现值的期望值;

i 为折旧率;

m 为项目寿命周期长度;

$E(\text{NPV}_t)$ 为第 t 年净现值的期望值。

项目净现值期望值大于零,则物流项目可行;否则,不可行。

(5) 计算各年净现值标准差、整个物流项目寿命周期净现值的标准差或标准差系数。各年净现值标准差的计算公式为

$$\delta_t = \sqrt{\sum_{i=1}^{n} [X_{it} - E(\text{NPV}_t)]^2 P_{it}}$$

式中:δ_t 为第 t 年净现值标准差,其他符号意义同前。

整个物流项目寿命周期净现值的标准差计算公式为

$$\delta = \sqrt{\sum_{i=1}^{m} \frac{\delta_t^2}{(1+i)^t}}$$

式中:δ 为整个物流项目寿命周期净现值的标准差。

净现值标准差反映每年各种情况下净现值的离散程度和整个物流项目寿命周期各年净现值的离散程度,在一定程度上能够说明物流项目风险的大小。但由于净现值标准差的大小受净现值期望值影响甚大,两者基本上呈同方向变动。因此,单纯以净现值标准差大小

衡量物流项目风险高低,有时会得出不正确的结论。为此需要消除净现值期望值大小的影响,利用下式计算整个物流项目寿命周期的变异系数。

$$V = \frac{\delta}{E(\text{NPV})} \times 100\%$$

式中:V 为变异系数。

一般地,V 越小,物流项目的相对风险就越小;反之,物流项目的相对风险就越大。依据净现值期望值、净现值标准差和标准差系数,可以选择投资方案。判断投资项目优劣的标准是:期望值相同、标准差小的项目为优;标准差相同、期望值大的项目为优;变异系数小的项目为优。

(6)计算净现值大于或等于零时的累计概率。累计概率值越大,物流项目所承担的风险就越小。

(7)对以上分析结果进行综合评价,说明物流项目是否可行及承担风险性大小。

【例 2-5】 某公司以 2.5 万元购置一台设备,寿命为 2 年,第一年净现金流量可能为 2.2 万元、1.8 万元和 1.4 万元,概率分别为 0.2、0.6 和 0.2;第二年净现金流量可能为 2.8 万元、2.2 万元和 1.6 万元,概率分别为 0.15、0.7 和 0.15,折现率为 10%。试问购置设备是否可行。

$$E(\text{NPV}_1) = 2.2 \times 0.2 + 1.8 \times 0.6 + 1.4 \times 0.2 = 1.8$$
$$E(\text{NPV}_2) = 2.8 \times 0.15 + 2.2 \times 0.7 + 1.6 \times 0.15 = 2.2$$
$$E(\text{NPV}_3) = E(\text{NPV}_1)/(1+i) + E(\text{NPV}_2)/(1+i)^2 - 2.5 \approx 0.9543$$
$$\delta_1 \approx 0.253,\quad \delta_2 \approx 0.3286,\quad \delta_3 \approx 0.3559$$
$$V = \delta/E(\text{NPV}) \times 100\% \approx 37.33\%$$

通过计算可知购置设备是可行的,且风险较小。

本 章 小 结

物流项目的前期策划阶段是指一个物流项目从构思到批准正式立项的过程。其主要工作是根据物流需求识别、构思物流项目,寻找并确立项目目标、定义项目,并对项目进行详细的技术经济论证,使整个项目建立在可靠的、坚实的、优化的基础之上。

物流项目的识别和物流项目的构思这两个阶段是物流项目前期策划的首要工作。物流项目识别有一个过程,它起始于需求、问题或机会的产生,结束于需求建议书的发布;物流项目构思是针对客户的需求,提出各种各样的实施设想,向客户推荐最佳方案。

可行性研究是在具体实施某一项目前,对项目方案是否可行及潜在的效果进行分析、论证和评价的工作。而物流项目的可行性研究是指在物流项目投资决策之前,对于拟建物流项目有关的经济、技术等各方面进行深入细致的调查研究,对各种可能采用的技术方案和建设方案进行认真的分析和比较论证,对项目建成后的经济效益进行科学的预测和评价。

在物流项目可行性研究中,可行性研究报告的编制是一项十分重要、严肃而又非常复杂的工作。可行性研究报告的大纲包括一般性物流项目所涉及的普遍内容,对于具体物流项目的可行性研究,应针对该项目本身的特点进行,做到具体问题具体分析。

物流项目不确定性分析也是物流项目可行性研究的重要工作。通过物流项目不确定性分析可以预测在物流项目实施过程中不确定性因素对物流项目经济效益影响的程度，从而尽量避免企业亏损。物流项目不确定性分析的方法有盈亏平衡分析、敏感性分析和概率分析。

 **关键术语**

可行性研究（feasibility study）　物流项目可行性研究（feasibility study on logistics project）　项目识别（project identification）　项目构思（project conception）

知识链接

物流项目可行性研究通常由特别组成的专家小组来负责，这个小组包括了与项目有关的各方面人员。进行物流项目可行性研究的人员应以客观、公正的态度对项目进行论证，为了搞好可行性研究工作，达到预期目标，必须注意以下几个关键点。

（1）站在咨询的立场上，从与项目有不同利害关系的人的观点出发，对项目进行调查分析，而不偏袒于任何一种观点。

（2）以中立的观点导出结论，要防止以偏概全。

（3）要有多种替代方案，并对它们进行经济性比较，从而选择最优方案。

（4）决定投资时机和投资规模，也就是要对该项目进行经济分析论证，将项目与费用、利益联系起来，从而获得有关最佳投资时机和投资规模方面的方案。

（5）要提出可能采取的具体措施，分析物流项目盈利的途径和方法，选出可行的方案。

（6）对于改扩建物流项目，要把原来资源的有效利用放在中心位置。

综 合 练 习

一、选择题

1. 需求建议书是（　　）项目意向的一种表现形式。它是从客户的角度出发，全面、详细地向承约商陈述为了满足其某种特定的需求应做哪些准备工作，这些将是（　　）进行项目构思的主要依据。

　　A. 客户　　　　　B. 承约商　　　　　C. 咨询公司

2. 投资前时期的可行性研究工作主要包括4个阶段：（　　）阶段、（　　）阶段、（　　）阶段、（　　）阶段。

　　A. 机会研究　　　　　　　　B. 初步可行性研究
　　C. 详细可行性研究　　　　　D. 评价和决策
　　E. 投资前时期　　F. 投资时期　　G. 运营时期

3. 一个令客户满意的项目的构思不是一蹴而就的，而是一个逐渐发展的递进过程，一般可以分为（　　）阶段、（　　）阶段和（　　）阶段3个阶段。

　　A. 准备　　　　　B. 投资前时期　　　C. 酝酿
　　D. 投资时期　　　E. 运营时期　　　　F. 调整完善

4. 物流项目不确定性分析包括（　　）。
   A. 盈亏平衡分析　　　　　　　　B. 敏感性分析
   C. 概率分析　　　　　　　　　　D. 市场价格分析

二、判断题

1. 所谓项目构思，就是针对承约商的需求，提出各种各样的实施设想，向客户推荐最佳方案。（　　）
2. 物流项目建设的全过程一般分为3个主要时期：投资前时期、投资时期和运营时期。（　　）
3. 项目建议书实际上是客户对项目构思的具体而详细的书面表达。（　　）
4. 物流项目可行性研究的结果一般要回答以下5个方面的问题：要干什么？为什么要建？何时建为宜？由谁来承担？在何处建？（　　）

三、简答题

1. 什么是物流项目前期策划？其主要工作内容有哪些？
2. 物流项目可行性研究对物流项目的实施有哪些重要的作用？
3. 什么是项目构思？项目构思有哪些方法？
4. 什么是物流项目可行性研究？物流项目可行性研究由哪些阶段构成？
5. 物流项目可行性研究报告的编写有哪些注意事项？

实际操作训练

课题： 物流项目可行性研究报告。
实训项目： 物流项目可行性研究报告的编写。
实训目的： 学习如何编写物流项目可行性研究报告。
实训内容： 各小组通过资料收集与市场调研，选定某一物流项目，依据可行性研究报告的大纲，进行必要工作内容的实施。通过调查、汇总、研究、讨论等过程，确定报告相关内容，完成该项目可行性研究报告的编写。报告编写完成之后，各小组进行评比，讨论、交流报告编写过程中遇到的问题、注意事项等。
实训要求： 将参加实训的学生划分成若干工作小组，任命其中一名组员为组长即项目经理，由其对该组组员进行分工，开展可行性分析的相关工作，如市场供需分析、场址选择、技术、设备和工程方案制订等，完成选定物流项目可行性研究报告的编写。报告完成后，各小组开展评比活动，交流、探讨报告编写过程中遇到的问题及解决方案，使学生熟练掌握物流项目可行性研究报告的编写要领及可能遇到问题的解决方法。

案例分析

根据以下案例所提供的资料，试分析以下问题。
（1）针对该项目，其可行性研究是从哪些角度开展的？
（2）哪些方面的论据论证了该项目的可行性？

现代商贸物流中心项目可行性研究报告

1. 前言

本项目的主要任务及目的是建设大型商贸物流中心，加强与省内外发达地区商贸流通业的对接步伐，推进商贸物流现代化。现代商贸物流中心项目的建设，对南屿镇的工业、物流业、建筑业、服务业的发展具有极大的促进作用。

2. 项目建设地点概况

根据《福州市南屿南通新城区总体规划》，南屿南通新城区规划面积为68平方千米，位于福州中心城的西侧，旗山脚下，北靠大学城，东临乌龙江，西、南为旗山和五虎山，大樟溪从中穿过。高新区产业基地北起316、324国道连接线，东至大樟溪，与城区仅一江之隔，拥有闽江、乌龙江、大樟溪水运之便利；福银高速公路、沈海高速公路、316国道、324国道、101省道穿境而过；外福铁路、温福铁路途经县境57.8千米，至长乐国际机场35千米，至福州港57千米。随着洪塘大桥、金上大桥、浦上大桥和湾边大桥等重大交通基础设施的建设，南屿南通区域与福州中心城的联系更加紧密，具备了开发建设的基本条件，成为未来几年内福州市中心城重点开发建设的区域之一。伴随着福州鳌峰洲的蔬菜、果品、副食品、家禽四大批发市场陆续迁址闽侯县南通镇，诸多政策倾斜必然使该区域成为各类物资集散基地。

3. 项目提出的背景及建设必要性

（1）突破发展瓶颈。A公司是福州市乃至福建省综合实力较强的企业之一，历经多年的精心经营，A公司的综合实力取得了长足的发展与提升。尽管各分支机构运行良好，但仍感不足：一方面，A公司客户近年发展迅猛，纷纷抢滩各地市场，对作为供应商的贸易机构要求越来越高，并导致业界整合，一些规模较小、适应能力弱的公司惨遭淘汰出局；另一方面，A公司各机构独立运营，经营品牌及渠道不一，无法整合并共享各机构间的资源，规模效应难以实现，加上现有的物流体系相对落后，难以实现各机构统一调度、统一配送、节约能耗、降低运营成本的目标。根据A公司的发展规划，决定组建集团公司，建立集团营销中心，统一制定营销战略、统一各机构的步调，集中各机构资源，提升A公司在业界的影响力。

（2）项目建设的必要性。建设大型商贸物流中心，加强与省内外发达地区商贸流通业的对接步伐，推进商贸物流现代化。新型商贸流通业态的介入将会极大地提升南屿商贸流通业的层次。现代商贸物流中心项目的建设，对南屿镇的工业、物流业、建筑业、服务业的发展具有极大的促进作用。

4. 项目建设方案

（1）建设内容。

该项目为现代商贸物流中心建设项目。现代商贸物流中心主要分集团总部、研发中心、物流调度中心、信息中心和仓库5个部分。现代物流中心规划总占地面积50~60亩，项目分两期建设。

一期项目占地面积40亩，主要包括集团总部、综合楼、仓储一区、物流调度中心、信息中心等，还包括道路和绿化。集团办公大楼一幢，建筑面积6 280平方米；配电房一幢，建筑面积50平方米；综合楼一幢，建筑面积2 560平方米；信息中心与物流调度中心楼一幢，建筑面积2 240平方米；停车场一排，建筑面积1 170平方米；仓储一区包括仓储综合楼一幢，建筑面积2 600平方米，普通仓库两幢，建筑面积12 820平方米。

二期项目占地面积20亩，主要包括研发中心和仓储二区。研发中心楼一幢，建筑面积1 250平方米；仓储二区包括综合服务楼一幢，建筑面积2 165平方米，普通仓库两幢，建筑面积11 120平方米。

（2）设计指导思想。

建立科学、完整的物流体系，提高流通效益，减少流通环节，把本项目建设成档次高、功能全、辐射面广、对区域性经济有影响和带动作用的物流中心。

5. 经济评价

（1）营业收入、营业税金和附加估算。

集团公司成立首年预计实现年营业额 5 亿元，其中 A 公司将实现年营业额 2 亿元。集团将实现增值税约 600 万元，城市建设维护税约 42 万元，教育费附加约 24 万元。

集团公司第 3 年计划年营业额 7 亿元，其中 A 公司将实现年营业额 3.2 亿元。集团将实现增值税约 750 万元，城市建设维护税约 53 万元，教育费附加约 30 万元。

5 年后，集团公司将实现年营业额 15 亿元，其中 A 公司将实现年营业额近 8 亿元。集团将实现增值税约 1 650 万元，城市建设维护税约 115.5 万元，教育费附加约 66 万元。

（2）财务评价结论。

通过对项目从筹建到投产经营全过程各项评价指标的测算，项目虽然投资较大，但投产后效益较好，项目建成投产后，税后财务内部收益率为 16.86%，高于设定的 12%基准收益，投资回收期为 7.36 年（含建设期），银行借款偿还期为 5 年（含建设期），能满足银行要求。从敏感性分析来看，项目有一定的抗风险能力；从项目的资产负债情况来看，项目的财务负债正常，不存在财务风险，项目在财务上是可行的。

6. 结论

（1）南屿镇区位优势明显，建设商贸物流中心是很适宜的。项目社会效益显著，经济效益明显。

（2）投资方为民营企业主，具有较强的实力和经验，有能力做好这一项目。

（3）项目建设符合国家产业发展规划，符合国家发展政策，投产后，能够充分发挥辐射区的人力资源优势，调整产业结构，促进企业经济健康、协调、可持续发展。

通过以上分析，本报告认为该项目具备了技术上的先进性、经济上的合理性、实施上的可行性，因此是切实可行的。

资料来源：百度文库.

第3章
物流项目组织与人力资源管理

【学习目标】

通过本章的学习,了解项目组织的概念、物流项目组织的特征及类型,明确项目经理及物流项目经理的概念,掌握物流项目经理的职责、能力及权限,掌握项目团队的含义、物流项目团队的概念及其组建过程,并能够了解项目人力资源管理的含义,掌握物流人力资源管理的概念及其主要内容。

【学习要求】

知识要点	能力要求	相关知识
物流项目组织的基本知识	了解项目组织的概念; 了解物流项目组织的特征、类型; 能够合理选择物流项目组织形式	项目组织的概念; 物流项目组织的特征,物流项目组织的几种基本类型及其优缺点; 物流项目组织形式的选择
物流项目经理的相关知识	明确项目经理及物流项目经理的概念; 掌握物流项目经理的职责、能力及权限	项目经理及物流项目经理的概念; 物流项目经理的主要职责、应具备的能力及其具有的权限
物流项目团队管理	掌握项目团队及物流项目团队的含义; 熟练掌握物流项目团队的组建过程	项目团队的定义、特征; 物流项目团队的发展阶段、人员选定及其组成
物流项目人力资源管理	掌握项目人力资源管理及物流人力资源管理的含义; 掌握物流项目人力资源管理的主要内容	物流项目人力资源管理的概念及其与组织人力资源管理的区别; 物流项目人力资源管理的规划、招聘、激励、绩效评价及培训与开发

【导入案例】

某公司 T 项目组织结构的选择

某计算机公司拟开展 T 项目。该项目的目标是设计、制造、销售多任务便携式计算机，具有 64 位处理器、32GB 内存，至少 1TB 的硬盘，4.7GHz 以上的处理速度，16 英寸显示器，使用时间至少 4 小时的电池。机器的售价约 25 000 元。

根据 T 项目的目标，相关负责人列出了该项目的关键任务及组织单元，见表 3-1。

表 3-1　T 项目的关键任务及组织单元

编号	项目的关键任务	相关的组织单元
A	制定规范	营销部、研发部
B	设计硬件，做初步测试	研发部
C	进行工程设计	工程部、制造部
D	建立生产线	工程部、制造部
E	进行小批量生产及质量和稳定性测试	制造部、质检部
F	编写操作系统	软件部
G	测试操作系统	质检部
H	编写应用系统	软件部
I	测试应用软件	质检部
J	编写说明书及维修和用户手册	技术说明部
K	设立提供手册和零件的服务系统	服务部、营销部
L	制订营销计划	营销部
M	准备营销说明	营销部

根据上述内容，项目的关键任务主要有四个方面：①设计、制造和测试硬件；②设计、编写和测试软件；③建立生产、服务和维修系统；④开展营销活动。

基于以上分析，项目还需要下面一些支持子系统：①硬件和软件的设计团队；②硬件和软件的测试团队；③硬件生产系统的工程团队；④营销计划的设计团队；⑤文件和手册的编写团队；⑥综合管理团队。这些子系统涉及公司的五六个部门。设计硬件和编写操作系统的团队必须紧密配合开展工作。测试部门可以独立地开展工作，但如果能与软硬件的设计人员共同合作效果会更好。

该计算机公司拥有开展这一项目的人力。依目前的工艺水平，可以设计出符合要求的软硬件，但是要以约 25 000 元的价格零售，则需要在工艺上改进设计。

问题：针对 T 项目，该公司的管理者应该采用什么类型的项目组织结构？

当代的项目管理已深入各行各业，特别是随着近年来物流业的迅猛发展，物流项目正以不同的类型、不同的规模存在于物流业的各个角落。由于物流项目管理有其行业特殊性，如何选择合适的物流项目组织形式、选择具备何种素质及能力的物流项目经理、如何组建物流项目团队、如何进行成功的物流项目人力资源管理成为确保物流项目顺利实施、物流项目目标成功实现的关键。

3.1 物流项目组织

1. 项目组织的概念

项目组织是为完成特定的项目任务而建立起来的从事项目具体工作的组织。项目组织同一般组织一样,具有相应的组织领导(项目经理)、规章制度(项目章程)、配备人员(项目团队)及组织文化等。

项目管理作为一种新型的管理方式,由于其自身具有一次性、临时性等特征,决定了项目实施过程中其组织管理与传统的组织有所不同,最大的区别在于项目管理更强调项目负责人的作用,强调团队的协作精神,其组织形式具有更大的灵活性。项目活动能否有效地展开,项目目标是否能实现,在很大程度上取决于该组织是否选择了合适的组织形式来满足该项目的管理要求。

2. 物流项目组织的特征

虽然物流项目因项目性质(工程类/非工程类)、投资规模与复杂程度不同,可能采取的项目形式各异,但也具有一般项目组织的特征。

(1)目的性。任何组织都有其目的,这样的目的既是这个组织产生的原因,也是组织形成后使命的体现。例如,为了参与物流项目的竞标,物流公司组建了项目小组,显然争取项目中标是该组织的工作目标。项目小组无论是组长(项目经理)还是组员(工程师、会计师、融资顾问等),大家都认可"争取项目中标"的组织目标。

(2)专业化分工。组织是在分工的基础上形成的,组织中不同的职务或职位承担不同的组织任务,专业化分工符合处理工作的复杂性及人的生理、心理等有限性特征的矛盾,便于积累经验及提高效率。

(3)周期性。项目组织最显著的特征就是它的周期性。项目组织的发展周期与项目的生命周期基本同步,包括组建阶段、磨合阶段、正规阶段、成效阶段和解散阶段。

(4)依赖性。组织内部的不同职务或职位并非孤立的而是相互联系的。

(5)等级制度。任何组织都存在上下级关系。下属有责任执行上级的指示,而上级不可以推卸组织下属活动的责任。项目组织的层次视项目的大小和复杂性而不同,一般在项目前期层次少,随着项目实施工作的展开,会产生一些新的分支。

(6)开放性。所有的项目组织都与外界环境存在资源及信息交流。

(7)环境适应性。项目组织本身是一个系统,然而它又存在于整个社会和经济的更大的环境系统中。具有环境适应性的项目组织才能够生存和发展。

3. 物流项目组织形式的类型

常见的项目组织形式有职能式、项目式、矩阵式,而物流项目具有一般项目的特点,因此,对于物流项目而言,这几种组织形式也同样适用。

(1)职能式组织形式。

职能式组织形式(functional organization)是通过在实施项目的公司内部建立一个由各

个职能部门相互协调的项目组织来完成某个特定的项目目标。在这种类型的组织形式中：高层管理者处于组织的最顶层，中、低层管理者逐步向下分布，组织按照职能划分为生产、研发、营销等若干个职能部门。职能式组织形式主要承担内部项目，较少承担外部项目。职能式组织形式如图 3.1 所示。

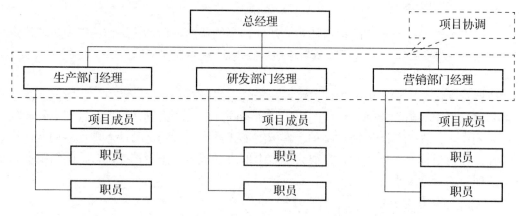

图 3.1 职能式组织形式

职能式组织形式具有以下优点。

① 有利于提高企业技术水平。职能式组织是以职能的相似性划分部门的，部门中的人员（包括项目组之外的人员）交流方便，有利于积累经验并提高业务水平。这可使项目获得部门内所有的知识和技术支持，对创造性地解决项目的技术问题非常有帮助。

② 资源应用具有灵活性。充分利用公司内部的资源，人员使用灵活，可避免人员和设备的重复设置，可根据项目需要动态分配资源，从而降低了成本。

③ 项目管理具有连续性。当有人员离开项目组甚至公司时，职能部门可作为保持项目技术连续性的基础。同时，将项目作为部门的一部分还有利于在过程、管理和政策等方面保持连续性。

职能式组织形式具有以下缺点。

① 协调难度大。由于项目组织中没有明确项目负责人，项目的职能是分解到各个部门的。因此，不可避免地会产生局部利益矛盾，这样就会影响项目整体目标的实现。

② 项目成员责任淡化。由于项目成员只是临时从职能部门中抽调而来，有时工作重心还在职能部门。因此，很难树立积极承担项目责任的意识，项目责任难以落实，加大了项目的风险。

（2）项目式组织形式。

项目式组织形式（project organization）是按照项目来设置组织机构的，每个项目是一个相对独立的机构，都有自己的项目经理及其下属的职能部门。项目经理全权管理项目，享有高度的权力和独立性，能够配置项目所需的全部资源，并对项目成员有直接的管理权力。所有的项目成员都是专职的，当一个项目结束后，团队通常就解散了，团队中的成员可能会被分配到新的项目中去。项目式组织中通常还设有项目管理办公室来为各个不同的项目提供服务。项目式组织形式最突出的特点就是"集中决策，分散经营"。也就是说，公司的总部控制着所有部门的重大决策，各部门分别独立完成其承担的项目，这也体现了组织领导方式由集权向分权的转化。项目式组织形式如图 3.2 所示。

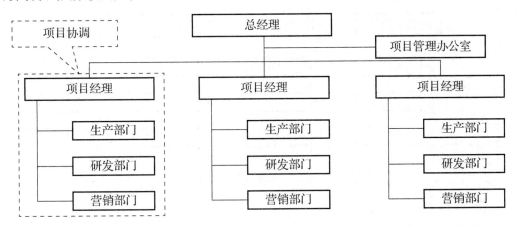

图 3.2　项目式组织形式

项目式组织形式具有以下优点。

① 在项目式组织形式中，项目成员不像职能式组织形式中那样具有双重身份，通常都是专职人员。因此，项目组织较为稳定，而且每个项目成员都有明确的责任，便于项目经理进行统一指挥和管理。

② 每个部门都是基于项目而组建的，其首要目标就是圆满地完成项目的任务，项目成员都能够明确理解并致力于项目目标，团队精神得以充分发挥。

③ 项目经理享有最大限度的决策自主权，可以统一协调整个组织的管理工作，而且对客户的需求和公司高层的意图可以做出快捷的响应，从而保证了项目的成功实施。

④ 项目经理可以避开职能部门直接与高层管理人员沟通，避免沟通中信息失真与延误。

项目式组织形式具有以下缺点。

① 每个独立的项目组织都设有自己的职能部门，不利于资源共享，同时由于项目各阶段的工作重点不同，且项目组之间的人力资源又不能相互协调，这样会使项目成员的工作出现忙闲不均的现象，影响了员工的工作积极性，导致管理成本较高，资源配置效率低下。

② 各项目团队的技术人员往往只注重自身项目中所需的技术，不同的项目团队之间很难共享知识，不利于项目成员技术水平的提高。

③ 项目一旦结束，项目成员就有可能失去工作，使得他们缺乏事业上的保障。由于他们担心项目结束后的生计问题，项目的收尾工作可能会因此被推迟。

（3）矩阵式组织形式。

矩阵式组织形式（matrix organization）是为了最大限度地利用组织中的资源而发展起来的，它是由职能式组织形式和项目式组织形式结合而成的一个混合体。它在职能式组织的垂直结构中叠加了项目式组织的水平结构，兼有职能式组织形式和项目式组织形式的特征。矩阵式组织形式在职能式组织形式和项目式组织形式之间找到最佳耦合，在一定程度上避免了上述两种组织形式的缺陷，并且能发挥它们的优势。矩阵式组织形式如图 3.3 所示。

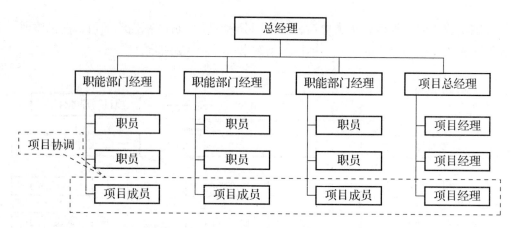

图 3.3 矩阵式组织形式

矩阵式组织形式具有以下优点。
① 矩阵式组织形式较为灵活，能够对客户和项目的要求做出较快的响应。
② 项目经理负责管理整个项目，具有从职能部门抽调所需人员的权利。
③ 当多个项目同时进行时，公司可以对各个项目所需的资源、进度和成本等方面进行总体协调和平衡，保证每个项目都能实现预定的目标。
④ 当项目结束时，项目成员可以回到原来的职能部门，不必担心生计问题。
⑤ 项目团队中有来自公司行政管理部门的人员，他们能保证项目的规章制度与公司章程一致，从而增加公司高层管理者对项目的信任。

矩阵式组织形式具有以下缺点。
① 矩阵式组织形式对项目经理的要求较高，项目经理不仅要处理资源分配、技术支持和进度安排等方面的问题，还要懂得如何与各职能部门进行协调和分配。
② 项目成员可能会接受多重领导，即项目经理和职能部门经理的领导等。当他们的命令发生冲突时，就会使项目成员无所适从。
③ 项目经理可能会只关心所负责项目的成败，而不以公司的整体目标为努力方向。
④ 项目经理和职能部门经理之间存在分歧和矛盾，或他们对各自成员的影响力不同，都可能影响项目进度和职能部门的日常工作。

4. 物流项目组织形式的选择

由前文介绍可知，职能式、项目式和矩阵式 3 种项目组织形式各有其优点和缺点，但同时这 3 种项目组织形式之间存在着内在联系，其内在联系如图 3.4 所示，它们都有其适用的场合和条件。因此人们在进行物流项目组织形式设计时，要采取具体问题具体分析的方法，选择合适的项目组织形式。项目组织形式的选择是决定项目实施与公司日常业务工作的关系问题。3 种项目组织形式及其对项目的影响见表 3-2，3 种项目组织形式对影响项目因素的适应程度见表 3-3。

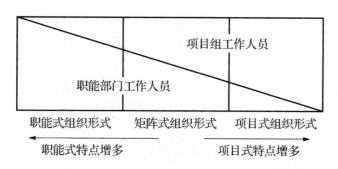

图 3.4 3 种项目组织形式的内在联系

表 3-2 3 种项目组织形式及其对项目的影响

形式特征	项目组织形式		
	职 能 式	矩 阵 式	项 目 式
项目经理的权限	很少或没有	小到中等	很高,甚至集权
全职工作人员的比例	几乎没有	15%~60%	85%~100%
项目经理投入时间	半职	全职	全职
项目经理的常用头衔	项目协调员	项目经理	项目经理
项目管理行政人员	兼职	半职	全职

表 3-3 3 种项目组织形式对影响项目因素的适应程度

形式特征	项目组织形式		
	职 能 式	矩 阵 式	项 目 式
不确定性	低	高	高
所用技术	标准	高	高
复杂性	低	高	高
持续时间	短	中等	长
规模	小	中等	大
重要性	低	中等	高
客户类型	各种各样	中等	单一
对内部依赖性	弱	中等	强
对外部依赖性	强	中等	弱
时间限制性	弱	中等	强

物流项目内外环境较一般项目更为复杂,这就增加了物流项目组织形式选择的难度,常常依赖于物流项目管理者的经验。针对物流项目,项目组织形式的选择主要受到 3 个关键因素的影响:①新项目的发生频率;②项目的规模和工期;③项目的复杂程度。物流项目组织形式选择的因素如图 3.5 所示。

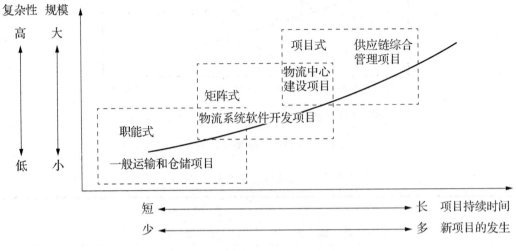

图 3.5　物流项目组织形式选择的因素

▶ 阅读案例3-1 ◀

欣隆公司的项目组织结构管理

欣隆科技有限公司（简称欣隆公司）是一家中型中日合资企业，主要生产电子元器件、机电设备，以及手机电池和蓄电池等。按照不同的产品类型欣隆公司成立了3个产品分部，3个分部经理直接向执行副总裁汇报工作。这3个产品分部厂房比较集中，分布在以公司总部办公大楼为中心方圆3km的整体厂区范围内。总部办公大楼是公司的神经中枢，公司总裁、副总裁、人力资源部门及财务部门等都集中在此。各产品分部经理分别对利润负责，而且各自拥有独立的生产设施、内部营销机构等。3个产品分部的产品有所不同，但基本用料都是类似的共同性物料，尤其是一些化工原料和工装模具，而且消耗量都很大。但由于采购方面职权的分散，一直以来3个产品分部都是独立进行采购运作，从没有过协商，甚至还出现过一起和供应商进行抬价的情况，结果损失的却是公司的整体利益。

电池分部是欣隆公司生产手机电池和蓄电池的产品分部，其组织结构如图3-6所示。按照业务流程，该产品分部的生产部门有3个生产车间，分别是电极制造车间、化成车间和装配车间，另外设备部和采购部也归属在生产部门的管理之下。

采购部内部的业务分工基本上是按照采购产品的类型进行的，分别是原材料采购员、设备采购员、仪器采购员、维修及事务用品采购员。而供应商调查、选择和评价、订单跟踪等工作都是谁的业务由谁一条龙负责到底。这样的分工有利于培养采购员的专业化和明确采购责任。

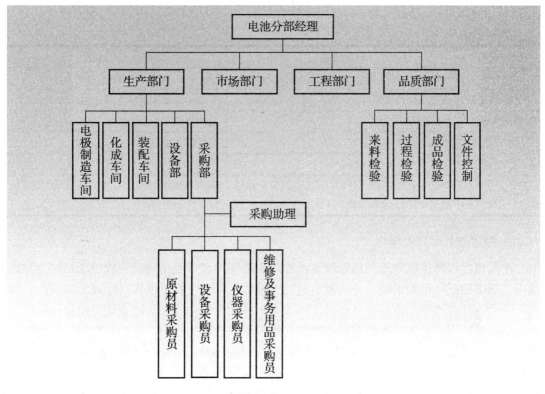

图 3-6 欣隆公司电池分部组织结构

资料来源：百度文库。

3.2 物流项目经理

1. 项目经理的概念

项目经理是项目的负责人，也称项目管理者或项目领导者，负责项目的组织、计划及实施的全过程，以保证项目目标的成功实现。他是项目的最高责任者、组织者和管理者，在现代项目管理中起着关键的作用，是决定项目成败的关键。

由于项目通常都是在一个比项目组织本身更高一级的组织背景下产生的，因此人们习惯将项目管理定位为中层管理。由于项目管理及项目环境的特殊性，一方面，项目经理所行使的"中层管理"与职能部门主管所行使的"中层管理"在管理职能上有所不同，通常项目经理的决策职能有所增强而控制职能有所淡化，且行使控制职能的方式也有所不同；另一方面，在长期固定的组织背景下，由于项目组织的临时性特点，项目经理通常是"责大权小"。为便于理解项目经理所扮演的角色及其在组织中的作用和地位，将其与职能部门主管这一角色进行比较，见表 3-4。

表 3-4　项目经理与职能部门主管角色的比较

比较项目	项目经理	职能部门主管
扮演角色	"帅"——为工作找到适当的人去完成	"将"——直接指导他人完成工作
知识结构	通才——具有丰富经验和广博知识的通才	专才——某一个技术专业领域的专家
管理方式	目标管理	过程管理
工作方法	系统的方法	分析的方法
工作手段	个人实力——责大权小	职位实力——权责对等
主要任务	规定项目任务何时开始、何时达到最终目标及分配项目任务经费	规定谁负责任务、技术工作如何完成及分配任务经费

2. 物流项目经理的概念

物流项目经理也称物流项目管理者或物流项目领导者，是指在某一物流项目的生命周期内，负责物流项目的组织、计划及实施的全过程，以保证物流项目目标成功实现的负责人。一个成功的物流项目往往是许多部门（人）成功合作的成果。除了优良设备和先进技术，更重要的因素是人。物流项目经理作为物流项目管理的基石，他的管理能力、组织协调能力、知识素质、经验水平，甚至个人性情都对物流项目管理的成败起着决定性的作用。成功的物流项目无一不反映了物流项目经理的卓越管理才能；而失败的物流项目同样也说明了物流项目经理的重要性。物流项目经理在物流项目及物流项目管理过程中起着关键的作用，有人称物流项目经理是物流项目组织中的"灵魂"。

一般情况下，在一个物流项目立项之后，在进行各项工作之前，首先要任命物流项目经理，并以他为中心开展各项工作。

3. 物流项目经理的基本职责

物流项目经理的基本职责可分为对内和对外两大类。

（1）对内承担的责任。

① 对所属上级组织的责任。对所属上级组织的责任包括资源的合理利用、及时准确的通信联系、认真负责的管理工作。主要表现在以下几个方面。

a. 保证物流项目目标符合上级组织的目标。一家企业往往同时进行着多个项目，各具体项目仅是从属于企业的一部分。项目需要与企业的其他工作一起配合协调才能实现企业的总体目标。例如，物流企业管理信息化项目是企业实现战略升级、增强市场竞争力的重要举措。然而，如果没有企业各从事物流生产业务的下属部门（或子公司）提供信息来源、业务流程和客户服务的要求，该项目也难以成功完成。

b. 充分利用上级分配给物流项目的资源。组织的资源是有限的，保证资源的有效利用是所有管理者的目的。例如，一家大型物流集团具有许多物流资源（如仓库、车辆、船舶、作业人员等），当采用矩阵式组织形式时，如何实现项目之间对物流资源的最佳共享是物流项目经理能力和水平的重要体现。

c. 及时与上级就物流项目进展信息进行沟通。物流项目情况与上级组织目标的实现息息相关，及时将项目的进展信息（如进度、成本、质量等）向上级汇报，让企业主管了解项目未来可能发生的情况，有利于企业从宏观角度进行项目群的管理，同时可以取得上级对本项目的各方面支持。例如，某一特种物流服务项目因市场发生了变化，再实施下去就会出现较大的亏损，项目经理就必须向上级准确而及时地报告，决不能报喜不报忧，以避免给企业带来更大的风险。

② 对所管理的物流项目团队的责任。项目团队就像一个运动队，项目经理是教练，项目成员是运动员。项目经理协调和指挥项目成员的活动，使他们成为一个和谐的整体，履行各自的职责。物流项目经理是通过对物流项目进行计划、组织、控制来领导物流项目工作的，决不可大权独揽，应让项目成员参与进来，使他们为圆满地完成项目工作做出更大的贡献。

a. 计划。在明确了物流项目的目标之后，项目经理应与项目团队就这一目标进行充分的沟通和交流，对完成项目目标所应做的工作达成共识。项目经理作为带头人，领导项目成员一起制订实现项目目标的计划，共同参与使得计划更能切合实际，具有可操作性。

b. 组织。对于那些应由项目组内部成员承担的工作，项目经理应根据各人的特质及工作难度等在项目成员中分配职责，授予权力。前提条件是这些人能够在给定的预算和时间内完成任务，并要求执行人员对项目经理做出承诺。组织工作的目的是营造一种和谐的工作氛围和环境，使得所有项目成员能信心十足地努力工作。

c. 控制。为了实施对物流项目的有效监控，物流项目经理需要设计一套物流项目管理信息系统或引进成熟的物流项目管理信息系统，跟踪实际工作进程并将其与计划安排的进程进行比较。物流项目经理通过物流项目管理信息系统可了解哪些工作对完成目标有意义，哪些是劳而无功的，从而及时进行计划的调整或修改；项目成员掌握其所承担任务的工作进程，定期提供有关工作进展、时间进度及成本的相关资料，定期召开项目工作会议，并对以上资料加以补充。如果实际工作进程落后于计划进程，或者发生意外事件，项目经理应立即采取相应的措施。相关的项目成员要向项目经理就有关的纠正措施及项目重新调整的计划提出建议并提供信息；项目经理应当及早发现问题（甚至是潜在问题），以便采取行动。

（2）对外承担的责任。

项目经理对外承担的责任指对所服务的客户承担的责任。主要表现在以下几个方面。

① 物流项目经理需要就物流项目目标与客户达成一致意见，并运用各种方法和手段争取客户的最大满意度。

② 协调各方面的关系，最大限度地争取物流项目可利用的资源，营造有利于物流项目进展的外部环境。

③ 负责物流项目的对外谈判和合同管理。对于承约商完成的工作，物流项目经理应尽力对其工作范围做出清楚的划分，并与每一位承约商达成协议。

④ 负责收取客户支付的物流项目费用并合理地分配和使用在物流项目实施的各项支出。

4. 物流项目经理应具备的能力

物流项目管理的实践表明，对于一个成功的物流项目，项目经理是不可或缺的因素。并非任何人都能成为合格的物流项目经理。除了在项目的计划、组织、控制方面发挥领导作用，项目经理还应具备杰出的领导能力、人才开发的能力、沟通能力、人际交往能力、处理压力的能力、解决问题的能力、创新能力、决策能力等，这样才能激励下属发奋工作，赢得客户的信赖。

（1）领导能力。

项目经理就是通过项目团队取得工作成果的。项目经理应善于设想和勾画出项目结构和利益的蓝图，采取参与和顾问式的领导方式，设计出一种富于支持和鼓励的工作环境（如给予项目成员展示和发表自己的才艺和意见的机会；通过不定期地组织社会活动创造项目成员之间的友谊，经常对每个项目成员的工作表示认同和奖励等），激励项目成员齐心协力地工作，以成功地完成计划并实现项目目标。例如，在传统的运输企业改制成现代物流企业的项目中，项目经理必须将市场的机遇与挑战分析透彻，将转型后可能给企业及个人带来的利益解释明白、表达清楚，消除项目成员怕被淘汰的心理负担。当项目成员想到项目的美好结果时，就会更加热情地投入工作，积极配合运输生产流程的改造和资源布局的调整，提高作业效率，促进项目任务的圆满完成。

（2）人才开发的能力。

项目经理应有意识地对项目成员进行训练和培养，使他们将项目视为能使自身技能得到提高的一次良好机会，从而在项目结束时拥有比项目开始时更丰富的知识和岗位竞争能力。现代物流在我国正处于起步和上升期，大多数人缺乏对物流全面的了解。因此，更需要项目经理创造一种学习与成长环境，使项目成员能从他们所从事的工作或从培训及研讨活动中获得知识。在开始分配项目任务时，应鼓励他们根据自己的任务扩展其知识和技能，并且创造各种机会，让有发展前途的项目成员在沟通交流、解决问题、领导谈判和管理时间等方面获得更多的锻炼。

（3）沟通能力。

项目经理一定要是一个良好的沟通者，他需要与项目团队，以及承约商、客户及上级领导定期交流与沟通。经常进行有效的沟通可以保证项目顺利进行，及时发现潜在问题，征求到改进项目工作的建议，提高客户的满意度。尤其在项目工作早期，更需要进行非常完善的沟通，让项目团队建立起一个良好的工作关系，并使客户对项目的预期目标有一个清晰的理解。

（4）人际交往能力。

良好的人际交往能力是项目经理必备的技能，它常常建立在庄重的形象、自信的态度、有说服力和流畅的语言表达等因素之上。对于客户，项目经理富有逻辑、条理清晰、充满诚意的语言表达会给客户带来好感，增加客户对项目成功的信心；对于项目成员，项目经理会通过各种途径（如项目会议、工作餐会、个别约见等）让团队成员参与制订项目计划，使他们了解每个人所承担的工作任务和预期目标，以及如何将这些任务结合起来。一些物流服务性项目往往需要不同岗位的人员共同参与项目方案的设计，才能制订出既符合客户要求又满足企业发展的项目建议书或项目实施计划。

（5）处理压力的能力。

当项目陷入困境，或者因成本超支、计划延迟，以及设备、系统的技术问题等而无法实现目标，或者因客户要求变更工作范围或团队内就某一问题的适宜解决方案产生争议时，工作的压力就会增大，工作节奏会被打乱。项目经理应具备应对不断变化的局势的能力。

即使有精心制订的计划，项目也会遇到不可预见的情况（如某一投资方因运作的问题，中途停止对项目的投入），从而导致项目突然地震荡。此时，项目经理更要保持镇定和冷静，想方设法（如与其他投资商洽谈增加投入的可能性）在项目团队、客户和公司上级管理层之间起缓冲作用。如果客户或公司上级管理层对项目进程不是十分满意，项目经理要勇于承担责任，以免使项目团队受到打击。参与项目的成员有时也会抱怨客户的不妥要求或不愿做出变更，这时同样需要项目经理充当缓冲器，"消化"这些埋怨，然后将其转化为团队成员奋斗的动力。

（6）解决问题的能力。

项目经理应是问题解决专家。富有经验和能洞察全局的项目经理能及早发现问题（如项目进展落后于计划的苗头），从而为项目团队赢得充裕的时间来设计出完善的解决方案，并能预计到解决方案对项目其他部分的影响，以减少解决问题的成本。

（7）创新能力。

由于项目具有一次性特点，因此在面对激烈的市场竞争时，项目经理必须具备一定的创新能力。这就要求项目经理敢于突破传统的束缚，尽量将最新的管理理念和方法纳入项目管理的实践活动中去。传统的运输企业在开拓现代物流市场时，项目经理更需要有创新意识，要以满足客户物流供应链式管理需求为目标，重新设计项目的业务流程和信息管理系统。

（8）决策能力。

项目在实施过程中会面临各种各样的决策，项目经理必须有果断的决策能力，敢于为项目航行掌舵，同时由于项目目标具有多重性（如项目的时间目标、成本目标及质量目标），因此在进行决策时，项目经理必须根据项目所处阶段的特点，权衡各项目目标的轻重，再做决策。

5. 物流项目经理的权限

一定的权限是确保项目经理承担相应责任的先决条件，也是项目管理取得成功的保证。为了履行项目经理的职责，项目经理必须被授予应有的权利，并用制度和合同具体确定下来。物流项目经理一般应具有以下权利。

（1）用人权。

项目经理应有权决定项目管理班子（包括项目副经理）的组成、选择、聘任，有权对项目成员进行监督、考核、奖惩乃至辞退。

（2）财权。

在财务制度允许的范围内，项目经理应有权根据项目需要和计划安排，动用资金、购置和使用固定资产，有权对项目管理班子的薪酬和分配做出决策。

（3）进度计划权。

项目经理应有权根据项目进度总目标和阶段性目标的要求，对项目进度进行检查、调整，分配资源。

（4）技术质量决定权。

项目经理应有权批准有关技术方案和技术措施，必要时可召开论证会，把好技术和质量关，防止技术失误。

（5）物资采购权。

项目经理应有权对采购方案和到货要求乃至由此引起的重大问题做出决策，以确保项目成功。

3.3 物流项目团队管理

3.3.1 物流项目团队的概念

1. 项目团队的定义

团队是指在工作中紧密协作并相互负责的群体，他们拥有共同的目的、绩效目标及工作方法，且以此自我约束。团队是为实现一个共同目标而协同工作的一组成员，团队工作就是团队成员为实现这一共同的目标所做出的共同努力。

项目团队又称项目组，是为了保证项目有效实施而建立的团队。项目团队的具体职责、组织形式、人员构成和人员配备等方面因项目性质、复杂程度、规模和持续时间等方面的不同而异。

项目团队不仅是指被分配到某个项目中工作的一组人员，它更是指一组互相有关联的人员齐心协力地进行工作，以实现项目目标，满足客户需要。而要使这些人员发展成为一个有效的团队，一方面需要项目经理做出努力，另一方面也需要项目团队中的每位成员积极地投入团队中去。一个有效率的项目团队不一定能取得项目的成功，但一个效率低下的项目团队则注定会使项目失败。

2. 项目团队的特征

项目团队是为实现项目的目标而共同合作的若干成员组成的正式组织，一般包括项目经理、项目办公室人员及专业人员等。项目团队具有以下特征。

（1）项目团队具有明确的目标。项目团队的使命是完成项目的任务，实现项目目标。

（2）项目团队是一个临时性组织。在项目任务完成后，项目团队的使命即告终结，项目团队即可解散。

（3）项目经理是项目团队的领导。在一个项目团队中，项目经理是最高的决策者和管理者。一般来说，项目的成败与项目经理能力的大小有着密切的关系。

（4）项目团队强调合作精神。项目团队是一个整体，它按照团队作业的模式来实施项目，这就要求团队成员具有高度的合作精神，相互信任，相互配合。

（5）项目团队成员的增减具有灵活性。项目团队在组建的初期，其成员可能较少，随着项目进展的需要，项目团队会逐渐扩大，而且团队成员的人选也会随着项目的发展而进行相应的调整。

（6）项目团队建设是项目成功的组织保障。项目团队建设包括对项目团队成员进行培训、绩效考核及激励等，这些都是项目成功的保障。

3.3.2 物流项目团队的组建

1. 物流项目团队的发展阶段

项目团队的发展一般经历 5 个阶段，即形成阶段、磨合阶段、正规阶段、成效阶段和解散阶段。

（1）形成阶段。这一阶段是团队发展过程中的起始阶段。项目团队成员从不同的部门或岗位集中到一起，大家开始相互认识。在这个阶段中，团队成员总体上有一个积极的愿望，急于开始工作。这时，要靠项目经理来指导和构建团队。项目经理向团队成员介绍项目背景及其目标，然后搭建团队内部框架（如项目团队的任务、目标、角色、规模、人员构成、规章制度、行为准则等），使每个成员都能了解项目的目标、质量标准、进度计划等，并为每个成员分配任务或角色。

（2）磨合阶段。项目目标明确后，团队成员开始运用技能着手执行分配到的任务，开始推进项目工作。各项目团队成员在任务执行中发现现实和预想有差距，预定的进度计划完成有困难，团队成员之间因任务的差异忙闲不均等，从而不可避免地会发生工作和思想上的冲突，部分团队成员会产生怨愤或对立的情绪，以致对项目任务采取消极应对的态度，士气低下。这时，项目经理要接受并容忍团队成员的任何不满，要允许团队成员表达他们的观点。项目经理要做好疏导工作，致力于解决矛盾，努力为大家创造一个和谐的、相互理解、相互宽容的工作环境，减少团队震荡对项目的不利影响。

（3）正规阶段。磨合后稳定了的项目团队就进入了发展的正规阶段。项目团队成员之间也较为熟悉，相互信任，建立起了相互帮助与合作的关系。绝大部分个人矛盾已得到解决。项目团队接受了这个工作环境，项目规程得以改进和规范化。部分控制及决策权从项目经理移交给了项目团队，凝聚力开始形成。

在正规阶段，项目经理应尽量减少指导性工作，给予项目团队更多的支持和协助。随着工作进展的加快，项目经理对项目团队所取得的进步应予以肯定。

（4）成效阶段。经过前一阶段的工作，项目团队确立了行为规范和工作方式，团队成员积极工作，急于实现项目目标。这一阶段的工作绩效很高，团队成员有集体感和荣誉感，信心十足，能开放、坦诚、及时地进行沟通。在这一阶段，项目团队根据实际需要，以团队、个人或临时小组的方式开展工作，团队成员之间相互依赖度高，能感觉到高度的授权，而且经常合作。随着工作的进展并得到肯定，团队成员会获得满足感，会看到为项目工作的成果，使他们真正获得职业上的成就感。

在成效阶段，项目经理应将注意力集中于进度计划及项目业绩。相互理解、高效沟通、密切配合、充分授权所体现的宽松的环境增加了团队成员的工作热情，形成了本阶段的团队合力。所以，成效阶段也是项目出效率、出成果、实现创新的关键阶段。

（5）解散阶段。项目团队完成了预定的任务并交付项目成果后，一般项目团队即告解散。当预见项目准备解散时，团队成员开始感到不安，考虑自身今后的发展，有些团队成员会回到原先的岗位，有些可能会加入一个新的项目团队，开始新项目的工作。

项目实施过程中，在项目团队的不同发展阶段，士气和工作效率各不相同，如图 3.7 所示。

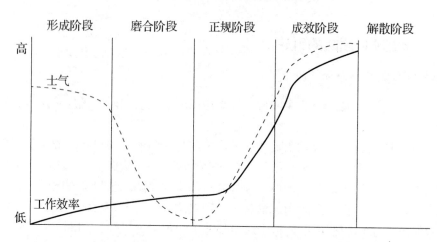

图 3.7 项目团队在不同发展阶段的士气和工作效率

2. 项目团队成员的选定

挑选项目团队成员时，应考虑以下条件。
（1）具有与项目任务相关的知识与技能。
（2）对项目任务有兴趣。
（3）能分出足够的时间参与项目工作。
（4）具有团队精神，喜欢与他人合作。
（5）具有诚信的品质和稳定的心理素质。

3. 物流项目团队的组成

不同的物流项目对项目团队成员的要求是不一样的。下面用两个例子来解释物流项目团队成员的组成和他们的主要职能。

（1）工程类物流项目。对于一个中等规模的物流工程项目（如建设一个物流配送仓库），项目团队一般由以下关键成员组成。

① 项目经理：包括业务组项目经理、设计单位项目经理和实施单位项目经理。

② 项目工程师：主管仓库及相关的设备设计，负责配送仓库功能分析、仓库布置说明、设备选型、图纸绘制、费用估算、质量控制、工程变更及技术文档准备。

③ 技术工程师：组织有效的土建施工和设备安装等生产活动。

④ 现场经理：为仓库的施工管理，以及设备、装置等现场安装、调试提供支持。

⑤ 合同管理员：负责项目的所有正式书面文件的保管，以及对其他授权给项目的关于合同方面的事务保持跟踪。

⑥ 项目管理员：负责记录项目的日常收支情况，包括成本变化、劳务费用、日常用品及设备状况等；负责项目信息的管理，定期做一些报表，与项目经理和公司领导保持密切联系。

⑦ 支持服务经理：负责项目需要的材料与设备的外采或分包给其他供应商。

（2）非工程类物流项目。劳务型或咨询类的物流项目的项目团队需要的人员相对要少。例如，仅提供配送（第三方）的物流项目，由以下成员组成即可。

① 项目经理：包括委托人（生产企业）的项目经理和物流公司的项目经理。

② 项目工程师：负责企业产品的配送流程设计、运输方式与载运工具类型选择、运输路径的方案设计及相关物流服务成本的估算。

③ 信息管理员：负责项目的所有正式文件（包括项目合同、会议纪要、来往公函等）和其他相关信息的记录、整理、保管和传达。

3.4 物流项目人力资源管理

3.4.1 基本概念

1. 项目人力资源管理的定义

项目人力资源管理是指为确保所有项目参与者的能力及积极性得到有效发挥而做的一系列工作。项目人力资源管理就是根据实施项目的要求，任命项目经理，组建项目团队，分配相应的角色并明确团队中各成员的关系，建设高效项目团队，并且对项目团队进行绩效考评的过程，目的是确保项目团队成员的能力得到有效发挥，进而能高效、高质量地实现项目目标。

项目人力资源管理包括一些程序，要求充分发挥参与项目的人员的作用，包括所有与项目有关的人员——项目负责人、客户、为项目做出贡献的人及其他人员。项目人力资源管理的主要程序如图 3.8 所示。

图 3.8 项目人力资源管理的主要程序

> 阅读案例3-2

项目管理中的人力资源管理

纵观项目管理的发展史，项目经理在管理项目时一贯参照3条标准：成本、进度和质量。项目经理认为其他的考虑都是次要的。实践证明：无论用上述3条标准中的哪一条标准去衡量，这种项目管理方法都不是很成功。大多数行业中的项目经常延期几个月，甚至几年的时间，而且预算大大超支。

另外，各条标准之间似乎也无法协同一致。满足项目进度计划要求常常意味着放弃成本预算和质量要求。严格执行成本预算则经常要以牺牲项目的质量和进度计划为代价。而确保项目质量会导致预算严重超支和拖期。尽管项目经理拥有一整套由其支配的工具和技术，但以上这些问题还是发生了。那么，用上述3条标准来衡量，为什么结果并不令人满意？

问题的答案在于，只有进度、成本和质量这3条标准是不够的。另外一条很重要的标准被忽略了，那就是人力因素。许多项目经理正是忽略了这个问题：他们如何组织人力资源会直接影响项目的最终成果。事实上，项目经理对人力因素的忽略或错误管理会直接影响项目的进度、成本和质量。因此，人力资源在项目管理中与成本、进度和质量一样重要。事实上，人力因素可以在项目管理中的其他3条标准之间架起协同一致的桥梁。人力因素在保证低成本、快速度和高质量地完成项目的过程中发挥着重要的整合作用。项目管理中的人力资源管理把人力当作完成项目的一个核心因素，同时管理人力因素不能采用机械的、程式化的方式。人力因素并不比项目管理中的硬件更重要，项目经理必须认识到二者的同等重要性。这就要求在项目管理传统的成本、进度和质量3条标准之中增加一条标准——人力。

对于项目而言，人力资源就是所有同项目有关的人的能力。项目团队成员属于内部人力资源，其他则为外部人力资源。项目人力资源管理与一般企业和事业单位的人力资源管理的不同之处在于项目寿命周期各阶段任务变化大，人员变化也大；相同之处在于都要对人力资源进行外在和内在因素的管理。对人力资源外在因素进行量的管理主要是根据项目的进展情况进行人员调配，使人力资源及时地满足项目的实际需要，在数量上做到不多也不少。要做到这种程度，项目人力资源管理就要同项目管理的其他方面如项目进度管理紧密结合起来。对人力资源内在因素进行管理主要指对人力资源进行心理和行动的管理。这就需要运用科学的方法了解项目团队成员和其他利害关系者的心理，进行必要的教育和引导，对其行为进行矫正、控制和协调，充分调动他们的主观能动性、积极性和创造性，进而保证项目目标的实现。这也就是我们平常所说的激励。

人力资源管理是项目管理的核心内容，主要涉及以下一些问题：领导艺术、沟通、激励；团队建设、冲突管理；人员招收、聘任、业绩评估、劳资关系、健康和安全；其他与人力资源管理有关的问题。项目人力资源管理包括3个前后联系的方面：组织规划、建立项目团队和进行项目团队建设。

1. 组织规划

组织规划就是确定项目管理需要的角色，各角色应负的责任，以及诸角色之间的从属关系。

（1）组织规划的依据。制定项目团队的组织规划要从项目的具体情况出发，综合考虑以下一些因素。一是项目同其他组织的联系。项目总是处于一定环境之中，项目团队必然要同环境发生各种联系。从项目管理的角度可以将这些联系分为三大类：组织联系、技术联系和个人间的联系。组织联系指项目组与利益相关方之间的信息沟通和请示汇报关系；技术联系指项目各阶段不同技术专业之间的联系和项目各阶段之间的技术衔接；个人间的联系包括正式的职责关系和非正式的私人关系。二是对项目成员的要求。这些要求包括性别、年龄、品德、性格、学历、专业技术水平、工作能力、责任心等。三是限制和约束组织规划的各方面情况。组织规划工作受到各种客观条件的限制：项目上级组织的组织结构、劳动人事方面的法律法规、上级组织的规章制度、项目成员的工作习惯及将来合作共事的对象。

（2）组织规划的理论和方法。组织理论是关于组织应当采取什么样的组织结构才能提高效率的理论。组织理论是人类长期实践的总结，现已相当成熟，是进行项目团队组织规划的指导理论。组织理论认为项目组织形式一般采取矩阵式。项目的组织规划还可以借鉴以前做过的特别是那些成功项目的组织规划成果，同时必须遵守公司的方针、政策、原则和程序。

（3）组织规划的成果。组织规划工作应当有形成文字的可见成果，这些成果是实施项目人力资源管理的根据，应当包括下列主要内容：线性责任图，说明角色和责任的分派结果；人员配备计划，说明何时和如何增加或减少项目团队人数；组织结构图；文字说明。文字说明的主要内容有：组织规划付诸实施时将对上级组织产生何种影响；按任务逐一说明对项目成员在知识、技能、经验、责任、权限、物质条件等方面的要求；说明在项目成员不具备必要的知识和技能时应怎样进行培训。

2. 建立项目团队

从各种来源物色项目团队成员，同有关负责人谈判，将合乎要求的人编入项目团队，将组织规划阶段确定的角色连同责任分配给各个成员并明确他们之间的配合、汇报和从属关系，这就是建立项目团队的工作内容。这项工作要以人员配备计划为依据。项目团队成员可从组织内部和外部招收。考虑内部来源时，项目团队成员人选除了满足人员配备计划的要求，至少还要考虑以下几点：以前的经验、兴趣、性格和爱好。从组织内部的其他单位调人进来是很复杂的事，一般要征求多方面的意见，这就要求负责组建项目团队的人一定要耐心进行解释、说服和动员，争取他人的支持。从外部招收项目团队成员有多种方式：兼职、借调、咨询、承包等。人员配备计划要求的项目团队成员全部到任投入工作之后，项目团队才算组建完毕。

3. 项目团队建设

项目团队建立之后一般不能马上形成有效的管理，中间要有一个熟悉、适应和磨合的过程。一般经历组建、磨合、规范和进入正轨4个阶段。项目团队建设就是培养、改进和提高项目团队成员个人及项目团队整体的工作能力，使项目团队成为一个特别有能力的整体，在项目管理过程中不断提高能力，改善业绩。项目团队建设要从实际出发，项目计划、人员配备计划、项目的进展报告和外部反馈信息是进行项目团队建设的依据。项目经理的领导方法对于项目团队建设将产生巨大的影响。其管理风格能够戏剧性地影响项目成员对项目经理和项目的态度。有效地领导项目团队涉及两个相互关联的方面：一方面，项目经理必须处理好个性化团队成员；另一方面，项目经理必须把团队控制成为一个统一的整体。因此，项目经理还必须找到一种方式协调这两个方面。当领导团队成员时，项目经理会考虑以下方面。

（1）选择合适的人员。虽然精通技术是很重要的，但是这不是唯一需要考虑的因素，还必须考虑其他3个方面的因素：教育、经历、性格。

（2）知道使用何种激励手段。培训、提供富有挑战性的工作任务及允许个体参与决策都是积极的激励手段。物质补偿通常作为项目成员在高强度下工作了很长时间的回报，而赞誉则提供了另一种积极激励。对于消极激励，项目经理应有节制地使用，因为积极激励比消极激励趋向产生持续的影响。但也不能过于频繁地使用积极激励以免冲淡效果。

（3）对付问题人员。第一，识别问题的来源；第二，私下找人员沟通并且使用有效倾听的技巧；第三，诚实并且正直；第四，使用积极或消极的激励；第五，尽量少用消极激励；第六，利用舆论的压力。

（4）鼓励个性化团队成员发挥创造力。委派一项有足够自主权的工作是一个有效的方法；采取措施隔离来自外部环境的压力；形成一种鼓励创新的氛围；项目经理还必须化解鼓励成员创新与满足项目及客户商务需求之间的矛盾。

（5）有效地委托和派遣。授权应明确范围；将任务委派给有能力、有经验的人，并且还要考虑他的个性；对授权要进行跟踪和控制。

资料来源：百度文库。

2. 物流项目人力资源管理的定义

物流项目人力资源管理就是在对物流项目目标、规划、任务、进展情况及各种内外因变量进行合理有序的分析、规划和统筹的基础上，采用科学的方法对物流项目过程中的所有人员，包括物流项目经理、物流项目其他成员、项目发起方、投资方、物流项目业主等项目相关人员进行有效的协调、控制和管理，使他们能与项目团队紧密配合，在思想、心理、行为等方面尽可能地符合项目的发展需求，激励并保持项目成员对项目的忠诚度，最大限度地挖掘项目团队的人才潜能，充分发挥项目成员的主观能动性，最终实现物流项目的战略目标。

物流项目人力资源是一个涵盖甚广、较为抽象化的概念，涉及物流项目管理层、策划实施层、合作者及项目受益者等诸多层面的不同人员。人力资源管理应体现多维性和动态调适性，这既是一个复杂的过程，也是物流项目管理的一个难点。

3. 物流项目人力资源管理的内容及其与组织人力资源管理的区别

物流项目人力资源管理是对人力资源的获取、培训、保持和利用等方面所进行的计划、组织、指挥和控制活动。其主要包括以下内容。

（1）人力资源规划。这是指物流项目为了实现其目标而对所需人力资源进行预测，并为满足这些需要而预先进行系统安排的过程。

（2）工作分析。工作分析指收集、分析和整理某种特定工作信息的一个系统性程序。工作分析要具体说明每一个人的工作内容、必需的工作条件和员工的资格是什么，以成功地完成该项工作。工作分析信息被用来规划和协调几乎所有人力资源管理活动。

（3）员工招聘。根据物流项目任务的需要，为实际或潜在的职位空缺找到合适的候选人。

（4）员工培训和开发。为了使员工获得或改进与工作有关的知识、技能，提高员工的绩效以及员工对物流项目目标的贡献，物流项目组织所做的有计划的、系统的各种努力。培训聚焦于目前的工作，而开发则是针对员工未来可能做的工作。

（5）报酬管理。通过建立公平合理的薪资系统和福利制度，以起到吸引、保持和激励员工努力完成工作的作用。

（6）绩效考评。绩效考评是对工作行为的测量过程，即用制定的考评标准来比较工作绩效并将绩效评估的结果反馈给员工的过程。

物流项目人力资源管理是组织人力资源管理的具体应用，但由于组织的长期性、稳定性、目标多变性与物流项目的短期性、突发性和目标固定性的不同，物流项目人力资源管理在内容上有自己的侧重点，在方法上也有一定的特殊性，它们的区别见表3-5。

表3-5 物流项目人力资源管理与组织人力资源管理的区别

序号	内容	物流项目人力资源管理	组织人力资源管理
1	人力资源规划	只为满足人力资源的近期需求，需求的预测相对简单得多	不但要考虑近期的需求，而且要考虑组织长远发展对人力资源的需求，因此要有不同层次的规划，对人力资源需求的预测有比较高的要求
2	人才获取	经常会采用非常规的程序寻找合适的人选，在项目结束时也会采取非常规的方法直接解聘	一般按照规范的程序来进行招聘、考试和录用
3	人员工作安排	为了项目进度的需要，可能会给员工分配高强度的工作，加班较为常见	平均工作强度
4	人员培训	主要针对项目任务需求进行特定的技能培训	要同时考虑到员工、工作和组织三方面的需求，培训内容既有基础教育又有专业技能，培训目标既可能强调岗位职责，也可能是加强企业文化
5	绩效考评	通常只进行短期考核，考核指标以业绩为主	一般是中、长、短分阶段考核，考核指标较复杂，内容多
6	工作激励	对于因急需而临时招聘来的人员，大多以物质激励为主	采用多种激励手段，如加薪、升职、提高福利待遇等

3.4.2 物流项目人力资源管理的规划

物流项目人力资源管理的规划实际上就是物流项目管理者通过对未来物流项目人员供需关系和调配关系的预测，确定项目的人力资源管理目标，制定短期或中长期物流项目人员管理策略,以及科学的人力资源获取、利用、保持和开发策略,以确保物流项目对人力资源在数量和质量上的需求,保障物流项目战略目标实现的谋划过程。

物流项目人力资源规划主要包括以下几个阶段。

(1)调查分析阶段(准备阶段)。首先要进行必要的调查与研究,取得规划所需的基础信息资料,如项目涉及的专业、职能部门,需要哪些领导和相关部门的支持,当前企业内外所需的人员的供需关系(包括人员的酬金成本)等。不但要了解现状,还应对项目战略目标和内外环境的变化趋势有所了解。当前,我国物流系统中的策划与管理的高级人才非常缺乏,项目经理的人选往往是项目决策人关注的重点。

(2)预测阶段。这是物流项目人力资源规划中较具技术性的部分。预测是在分析所有收集来的人力资源信息的基础上,依据物流项目管理者的主观经验判断和采取一些其他技术方法来预测物流项目对人力资源的需求量和相对应的项目管理工作。对于有些简单的物流项目(如运输服务类项目),项目管理者凭借经验即可对人力资源需求量做出较为准确的判断与估计。

(3)制定规划阶段。根据项目管理的总规划与要求,制订各项具体的业务和人员分配计划,以便在项目管辖范围内形成统一的管理体系。物流项目人力资源规划在该阶段的工作比较具体细致,如根据项目工作分解结构图,确定出各个相对独立、内容单一、易于成本核算和检查的工作单元,以及完成该工作单元的人员需要具备的资格,即定岗定人。

(4)规划实施、评估与修订阶段。本阶段是物流项目人力资源规划的最后阶段。物流项目管理者将人力资源的总规划与各项业务计划付诸实施,并根据实施的结果进行物流项目人力资源规划的评估,并及时根据评估的结果修订物流项目人力资源规划。

3.4.3 物流项目人员招聘

对于采用项目式组织形式的物流项目,需要根据人力资源规划确定物流项目人员的数量和质量(即资格与能力),通过一定的途径组建物流项目团队,以保证物流项目的顺利开展。

物流项目团队由核心人员和应急人员组成。核心人员一般指被物流项目组织长期雇用的人员;应急人员指那些虽然为物流项目组织工作,但基本上属于临时"租借"的人员。在项目中经常会有一些特别的技术要求,因此招聘应急人员较为常见。

物流项目人员的招聘可通过内部招聘和外部招聘两种渠道,它们的招聘渠道与优缺点见表3-6。

表3-6 内部招聘和外部招聘的招聘渠道和优缺点

项 目	内部招聘	外部招聘
招聘渠道	(1)查阅组织档案; (2)主管推荐; (3)工作张榜	(1)雇员推荐; (2)社会公开招聘; (3)校园招聘; (4)委托代理机构

续表

项 目	内部招聘	外部招聘
优点	（1）雇主已经很熟悉内部候选人的资格； （2）内部招聘花费少； （3）内部招聘能很快填补工作空缺； （4）内部候选人更熟悉组织的情况，因此需要较少的培训	（1）容易控制固定雇员的成本，非核心人员数目可根据工作变化而增减； （2）减轻了项目人力资源管理的负担，可委托代理机构寻找应急人员； （3）节约人力资源成本，一般而言，应急人员的成本低于核心人员成本，因为代理机构支付了某些管理费
缺点	（1）影响一部分人的工作积极性，当一个空缺职位多人相求时，被否决者可能会产生怨恨； （2）会带来新的人际关系矛盾，特别是受聘项目经理，在过去的同事之间扮演领导角色困难较大	（1）雇员的来源不确定，如登出招聘广告，难以预料何时招到需要的人员； （2）有时要花费较高的代价，如在校园招聘专业人才或委托猎头公司选拔物流项目高级人才，可能要耗费较长时间，而且这类人才往往开价较高

一般情况下，物流项目人员以内部招聘为主。有些第三方物流企业面临现代物流的挑战，在新的物流项目管理中需要通过外部招聘的渠道，更新管理的理念，创新管理方法，补充物流项目组织缺乏的某个特殊岗位。

3.4.4 物流项目人员激励

1. 物流项目人员激励的概念

所谓物流项目人员的激励，是指激发物流项目人员的积极性，鼓励物流项目人员向所期望的方向努力的一种对精神力量或状态加以调节的手段。它是物流项目人力资源管理的重要内容。科学研究和管理实践的经验表明，人的行为或工作动机产生于人的某种需要、欲望或期望。这是人的共性，是人的能动性的源泉和动力。因此，在物流项目管理中，应解决好将人员的动机和项目所提供的工作机会、工作条件和工作报酬紧密结合起来的问题。

2. 激励的方法与技巧

在物流项目管理中，可采用以下激励方法与技巧。

（1）荣誉激励。马斯洛的需要层次理论将人的需要划分为生理的、安全的、社会的、尊重的、自我实现的 5 个层次，当下一级层次的需要获得基本满足后，追求上一级层次的需要就成了驱动力。荣誉激励可以满足项目人员的第四层心理需要，即尊重的需要。

（2）成就激励。麦克里兰的成就动机理论认为，一个人在从事自认为重要的工作、任务时，会产生追求成功的动机。成就动机强的人对工作和学习非常积极，对事业有冒险精神，有强大的动力。物流项目管理者要善于发现那些有强烈的成就需要者，满足他们的特别需求，引导他们为物流项目目标服务。

（3）报酬奖励。亚当斯的公平理论认为，工作报酬分配合理与否会对员工的工作积极性产生重要影响。员工的工作动机不仅取决于其所得到的绝对报酬，而且受相对报酬的影响。在市场经济环境中，报酬是一种最为直接的物质激励手段。公平的报酬制度（如按物流项目任务的重要度和工作量制定报酬分配制度）有利于提高物流项目人员的满意度，促进物流项目人员的工作积极性。

（4）挫折激励。在物流项目人员从事某一活动遇到挫折后，物流项目管理者应对挫折给人带来的影响予以足够的重视，帮助分析挫折的原因，肯定其有效的工作，激励物流项目人员在挫折中坚持正确的行为方向。

3.4.5 物流项目人力资源的绩效评估

物流项目人力资源的绩效评估是以工作目标为导向，以工作标准为依据，是对员工行为及其结果的综合管理，其目的是确认员工的工作成就，改进员工的工作方式，奖优罚劣，提高工作效率和经济效益。物流项目人力资源的绩效评估可按物流项目团队、物流项目小组或物流项目员工等不同层次进行，其中，员工个体的绩效评估是物流项目人力资源管理的基本内容。

物流项目人力资源的绩效评估主要包括以下步骤。

1. 建立业绩标准

绩效评估的标准必须准确化、具体化、定量化。一方面，标准的建立要以分析工作信息为依据；另一方面，这些标准要足够清楚和客观，以便被理解和测量。物流项目管理者要明确对员工的期望，以便能够与员工进行有效的沟通。

2. 将业绩期望告知员工

这种交流是双向的，不但要将标准告知员工，而且要对反馈信息进行收集和分析。

3. 测量实际业绩

选择标准和测算方法，收集有关数据和信息（如分配任务完成情况），测量每位员工或小组的工作业绩。其中，标准的选择尤其重要，它取决于物流项目的目标和当前的努力方向。一旦选错了标准，很可能挫伤员工的积极性，导致项目组织紊乱和进展受阻。

可选用的物流项目人力资源绩效评估方法有直接排序法、关键事件法、量表评价法、等级分配法和目标管理法等。

4. 比较实际业绩和标准

这部分主要是关注实际业绩和标准之间的差异。

5. 与员工讨论评估结果

物流项目管理者需要向员工说明评估结果，并使员工以建设性姿态接受对他的评估。这是一项困难的工作，因为一旦评估失去公允，将对员工的自尊心和以后的工作积极性产生较大的负面影响。

6. 必要时进行矫正

一旦发生绩效评估偏差，就必须及时矫正。成功的物流项目管理者应清楚，他必须抽出时间去分析偏差，并在经济核算的前提下消灭导致偏差的原因。

3.4.6 物流项目人力资源的培训

人力资源的培训是指为提高员工技能、增强员工的工作能力，从而提高员工现在和未来工作业绩所做的努力。有计划地培训能提高员工的工作能力并减少项目关键人员的流失。

物流项目人力资源的培训主要包括以下几个步骤。

1. 确定培训目标

当项目组织认为有必要对员工进行培训时，就需要设计和确定培训目标。例如，确定一个物流园区的规划项目时，首先，需要向项目成员普及现代物流的理念；其次，在统一理念下展开各项规划与设计工作，这样就会少走弯路。有些培训目标是以增加员工的一些特殊的技能为目的的。例如，为了在整个项目团队推行项目信息管理计算机化，就需要在项目开始阶段对负责项目信息处理的人员进行项目信息管理软件使用的短期培训。培训目标还可以被用来判断培训方案的有效性，即作为评估培训效果的依据。

2. 选择培训对象

根据不同的培训目标，在不同的时间段需要选择不同的员工参与某一种培训，以满足项目对某项特殊、急需人才的需求。

3. 选择培训方法

根据不同的培训目标，可以选择以下适当的培训方法。

（1）内部培训。内部培训是最普遍的培训方式，其最大的优点是经济。物流项目组织不必支付培训费用或专门设立培训机构，而且员工学习时所处的环境与他们在实际工作中的环境相同，工作上手快。

（2）工作指导培训。培训者首先讲解并演示任务，然后让受训者逐步执行任务，必要时给予纠正性反馈。当受训者能够连续两次执行任务而无须给予纠正性反馈时，培训结束，如项目信息管理软件的使用采用工作指导培训最适合。

（3）讲授法。讲授法就是课程学习，它最适合于以简单地获取知识为目标的情形。讲授法的优点是效率高，一个培训者同时可以培训很多员工（如向新雇员集中进行项目目标的描述）。由于它是一种被动的学习方法，因此不容易双向沟通。有些技能的培训还需要与其他方式相结合才能取得成效。

（4）工作模拟培训。工作模拟培训能够提供几乎真实的工作环境，同时又不失去对培训过程的有效控制，从而为受训者创造一个较好的学习条件。这种方法适合于对项目管理人员进行培训，以提高管理人员的认知技能、决策能力和处理人际关系的能力。工作模拟可以运用适当的技术设备（如计算机仿真系统），还可以开展十几个人的群体模拟活动，以此来考察学员在一定范围内对环境变化的应对能力。

4. 评估培训效果

评估培训效果是指在培训过程中受训者所获得的知识、技能等应用于工作的程度。积极的培训效果表现为员工的工作绩效得到提高。如果工作绩效没有提高甚至下降，则反映了培训没有实现原定的目标，而且造成了培训时间和经费的浪费。

本 章 小 结

项目组织是为完成特定的项目任务而建立起来的从事项目具体工作的组织。项目组织同一般的组织一样,具有相应的组织领导(项目经理)、规章制度(项目章程)、配备人员(项目团队)及组织文化等。常见的项目组织形式主要有职能式、项目式、矩阵式及三者的混合形式。

物流项目经理也称物流项目管理者或物流项目领导者,是指在某一物流项目的生命周期内,负责物流项目的组织、计划及实施的全过程,以保证物流项目目标成功实现的负责人。

项目团队又称项目组,是为了保证项目的有效实施而建立的团队。项目团队的具体职责、组织形式、人员构成和人员配备等方面因项目性质、复杂程度、规模和持续时间的不同而异。物流项目团队的发展一般经历 5 个阶段,即形成阶段、磨合阶段、正规阶段、成效阶段和解散阶段。

物流项目人力资源管理就是在对物流项目目标、规划、任务、进展情况及各种内外因变量进行合理有序的分析、规划和统筹的基础上,采用科学的方法对物流项目过程中的所有人员,包括物流项目经理、物流项目其他成员、项目发起方、投资方、物流项目业主等项目相关人员进行有效的协调、控制和管理,使他们能与项目团队紧密配合,在思想、心理、行为等方面尽可能地符合项目的发展需求,激励并保持项目成员对项目的忠诚度,最大限度地挖掘项目团队的人才潜能,充分发挥项目成员的主观能动性,最终实现物流项目的战略目标。

关键术语

项目组织(project organization)   物流项目组织(logistics project organization)
项目经理(project manager)   物流项目经理(logistics project manager)   项目团队(project team)   物流项目团队(logistics project team)   项目人力资源管理(project human resource management)   物流项目人力资源管理(logistics project human resource management)

知识链接

作为物流项目的领导者,"懂行"是对物流项目经理最基本的要求,他必须了解诸如货物运输、仓库布局、库存分析、订单处理、成本分析等物流业务知识,才能满足工作的需要。物流项目经理在实际工作中不仅要管理物流项目工作,而且要对项目管理、生产营销、战略运营及相关领域的知识有所了解;另外,物流项目经理还应该知晓物流相关法规。

组建高效物流项目团队也是十分重要的,高效物流项目团队具有以下特征。

(1)具有很强的核心价值观。这些价值观决定着每一个项目成员的态度与行为,并与项目团队的目标保持一致。

(2)把总的目标转变成各种具体的绩效指标。把总的目标分解成数量化的、可测量的指标,更能激励与评估项目成员的业绩。

（3）项目成员具有多种技能组合，如技术能力、问题解决与决策能力、沟通能力等。

（4）具有高度创造力。项目团队常常利用项目成员的创造力来提高生产效率，以及开发新产品、新服务、新市场。

综 合 练 习

一、选择题

1. 最为机动灵活的项目组织形式是（　　）。
   A. 项目式　　　　B. 职能式　　　　C. 矩阵式　　　　D. 混合式
2. 项目式组织形式适用于哪种情况？（　　）
   A. 项目的不确定性因素较多，同时技术问题一般
   B. 项目的规模小，但是不确定性因素较多
   C. 项目的规模大，同时技术创新性强
   D. 项目的工期较短，采用的技术较为复杂
3. 项目经理在哪种组织形式中权力最大？（　　）
   A. 职能式　　　　B. 项目式　　　　C. 矩阵式　　　　D. 混合式
4. 对于跨专业的风险较大、技术较为复杂的大型项目应采用（　　）组织形式来管理。
   A. 职能式　　　　B. 项目式　　　　C. 矩阵式　　　　D. 混合式
5. 项目经理在（　　）组织形式中的角色是兼职的。
   A. 职能式　　　　B. 项目式　　　　C. 矩阵式　　　　D. 混合式
6. 物流项目人力资源规划主要包括调查分析阶段（准备阶段）、预测阶段、制定规划阶段和（　　）4个阶段。
   A. 员工招聘　　　　　　　　　　B. 员工培训和开发
   C. 绩效考评　　　　　　　　　　D. 规划实施、评估与修订阶段

二、判断题

1. 在项目式组织形式中，其部门是按职能进行设置的。（　　）
2. 项目经理是项目的核心人物。（　　）
3. 一般来说，职能式组织形式不适用于环境变化较大的项目。（　　）
4. 项目团队一般经历4个阶段，即形成阶段、磨合阶段、成效阶段和解散阶段。
   （　　）
5. 物流项目人力资源绩效评估的主要步骤包括建立业绩标准、将业绩期望告知员工、测量实际业绩、比较实际业绩和标准、与员工讨论评估结果和必要时进行矫正。（　　）
6. 项目式与职能式组织形式类似，其资源可能实现共享。（　　）

三、简答题

1. 物流项目组织具备哪些特征？
2. 什么是物流项目经理？物流项目经理有哪些主要职责？

3. 一名合格的物流项目经理应具备哪些素质和能力?
4. 物流项目人力资源管理的内容有哪些?它与组织人力资源管理有哪些区别?
5. 物流项目人员的激励可采取哪些方式?

 实际操作训练

课题: 物流项目团队和物流项目经理。

实训项目: 物流项目团队的组建和物流项目经理的选择。

实训目的: 掌握物流项目团队组建及物流项目经理选择的基本原则和要领。

实训内容: 以一个中等物流项目为例,如建设一个物流配送仓库,依据该项目市场调研、技术等方面的需要组建物流项目团队及选择物流项目经理。

实训要求: 组织参加实训的学生了解、分析此项目的相关信息,根据项目技术等方面的需要,结合成员的特征和优势,合理组建物流项目团队,并进行有效分工,明确职责,并根据物流项目经理应具备的素质和能力及选择原则,选择能带领团队高效完成该项目的物流项目经理。

 案例分析

根据以下案例所提供的资料,试分析以下问题。

(1) 图 3.9、图 3.10 和图 3.11 分别是哪种项目组织形式?这 3 种项目组织形式有哪些优缺点?

(2) 试分析该公司项目组采用哪种项目组织形式更为合适。

M 公司项目组织形式的选择

项目描述: M 公司是一家以国防装备设计及科研开发为主的大型国有企业,其前身为某研究所。该公司的主要业务是对国际上尖端的及国防事业需求的高科技武器装备进行科研开发,同时还负责一些国家重点科研项目。由于这些高科技武器装备的生产工艺要求高,因此相应的成本也较高,且各种产品之间没有什么共同点。公司拥有自己的生产部门。公司副总裁和各项目部门经理负责确认哪些项目是有较大需求和开发价值的,然后由总裁做出决策是否投入开发设计。如果投入,就把它分到项目组中去。产品开发出来后,自行生产制造。该公司的人员工资和开发设备的费用都来自国家拨款,其项目的经费预算主要是项目成员的工资和硬件设备的使用费。该公司的管理者及各机构具有以下职能。

总裁: 协调公司与上级领导部门的关系,以及公司的日常行政工作,受工业和信息化部领导并对其负责。

副总裁: 统筹和协调各项目组工作,接受国家指派的项目和根据市场热点自行立项,并把各项目分派到项目组,同时协调公共资源的使用(主要是人力资源)。他实际上是领导各项目组进行开发工作的核心人物。

项目经理: 实际领导各项目组进行项目开发,分配和协调各项工作,对项目工作进行控制,行政上对副总裁负责。

研究开发部门: 负责实际的产品开发。

工程设计部门: 负责产品的工程设计。

生产制造部门: 负责产品的实际生产制造。

人事行政部门: 负责公司内的人员调动。

目前该公司研发生产和制造 D 产品采用的项目组织形式如图 3.9 所示。由于其存在一些弊端，正在考虑是否转换为新的项目组织形式，如图 3.10 和图 3.11 所示。

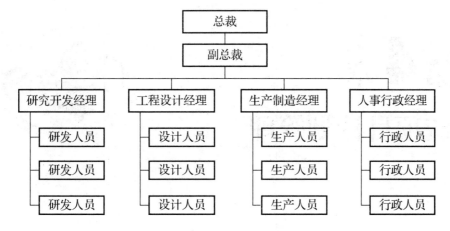

图 3.9　研发生产和制造 D 产品的项目组织形式

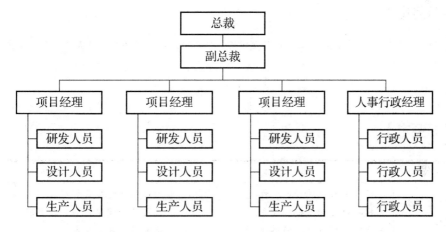

图 3.10　新的项目组织形式 1

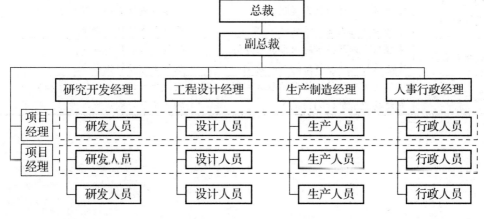

图 3.11　新的项目组织形式 2

资料来源：百度文库。

第 4 章
物流项目计划管理

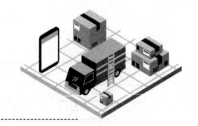

📦【学习目标】

通过本章的学习,了解物流项目目标的确定过程,明确物流项目范围规划的基本内容,掌握物流项目分解结构的基本内容。

📦【学习要求】

知识要点	能力要求	相关知识
物流项目目标的确定	了解项目目标的确定过程; 掌握项目目标系统的建立; 熟悉物流项目目标的描述	项目目标的特点; 项目目标确定的意义和要求; 确定项目目标因素
物流项目范围规划	了解对项目范围进行阐述; 掌握对阐述进行辅助说明; 掌握项目范围管理计划的制订	项目范围规划的输入; 项目范围规划的工具和技术; 项目范围规划的输出
物流项目分解	掌握应用分解技术对项目进行分解; 掌握项目工作分解结构图的绘制	项目工作分解的依据; 项目工作分解技术
物流项目计划	了解物流项目计划管理的基本问题; 熟悉物流项目计划的编制	物流项目计划编制的依据和原则; 物流项目计划过程和内容

第4章
物流项目计划管理

【导入案例】

物流中心项目管理规划

1. 项目概况

（1）项目名称：物流中心项目。

（2）建设规模：项目占地面积约 100 035 平方米，车辆停放场地约 55 690 平方米（驳运车停放场地约 40 500 平方米、商品车停放场地约 15 190 平方米）、房屋建筑面积约 4 067 平方米（综合楼约 3 987 平方米）、门卫室（监控室、物流管理登记办公室）约 80 平方米，及其他附属设施。

（3）建设投资估算额：本工程投资额约 6 900 万元。

（4）资金来源：企业自筹及银行贷款。

（5）建设地点：××市。

（6）计划开竣工时间：预计项目施工开始日期为 2023 年 10 月 8 日，预计竣工投入运行日期为 2025 年 3 月。

2. 项目管理工作范围及目标

（1）项目管理工作范围。

本工程项目全过程的项目管理工作，包括设计、勘察、施工前准备、方案和扩初设计、施工图设计、施工预算、施工招标、施工管理、调试、试运行、竣工验收、移交、总结、财务竣工结算等工作。

（2）项目管理的目标。

① 质量目标：建筑安装工程一次验收合格率100%，无重大质量责任事故。

② 进度目标：工程项目按计划进度按时完成，无工期延误。

③ 环境目标：工程项目施工过程中"施工三废"达标排放，无重大投诉。

④ 安全目标：工程施工中无重大人员伤亡责任事故；达到建设工程施工现场安全文明施工要求。

⑤ 成本控制目标：工程总投资不超经批准的设计概算。

⑥ 项目管理服务质量目标：

a. 客户满意度≥95%；

b. 合同履约率100%；

c. 反馈意见处理率100%；

d. 项目管理服务无重大差错。

3. 项目组织管理

（1）项目组织结构。

项目组织结构如图4.1所示。

（2）项目管理工作计划。

① 项目管理实施细则。

a. 在项目开始实施前，项目经理负责组织编制项目管理实施细则，经业主批准后，作为本项目管理工作的指导性文件。

b. 在项目实施过程中，项目经理应检查项目管理实施细则的落实情况，并根据项目的实际情况对项目管理规划进行必要的修订和补充（报业主批准），以保证项目实施过程中的安全、质量、进度、投资等各项工作均处于受控状态。

c. 项目经理应组织项目管理人员学习贯彻项目管理实施细则，将工作和责任落实到人。

② 进度计划。
a. 在项目开始实施前,项目经理负责组织编制本项目总进度控制计划,并报业主批准后加以贯彻实施。
b. 项目经理负责组织审核施工单位编制的施工总进度计划,施工总进度计划必须符合本项目总进度控制计划的要求。
c. 在项目实施过程中,总进度控制计划、施工总进度计划的修改和补充,均必须取得业主的批准。
③ 质量控制计划。
a. 项目管理工程师负责编制本专业的质量控制计划,并报项目经理批准后加以实施。
b. 各个专业的质量控制计划可分阶段进行编制,但必须保证覆盖施工全过程。
c. 质量控制计划编制后,应与监理单位进行沟通和协调,以保证监理实施细则与质量控制计划的内容相符合,保证现场施工质量符合相关质量验收规范和合同约定的要求。
d. 质量控制计划要向施工单位交底。
④ 安全管理计划。
a. 项目安全管理工程师负责编制本工程施工过程中的安全管理计划,并报项目经理批准后加以实施。
b. 安全管理计划编制后,应与监理单位进行沟通和协调,以保证安全监理实施细则与安全管理计划的内容相符合,保证现场安全符合相关安全和文明施工规范和合同约定的要求。
c. 安全管理计划要向施工单位交底。

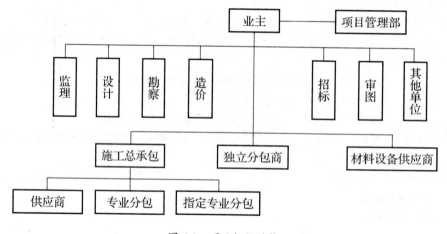

图 4.1 项目组织结构

资料来源:原创力文档。

问题:(1)该物流项目的计划制订流程是什么?
(2)在进行该物流项目计划时需要考虑哪些因素?

为了顺利地推动项目的实施,需要在项目启动之前明确项目涉及的多个方面的问题,如项目要达到什么目标、需要投入多少资源、要求在什么时间完成、要求达到什么样的质量等。如果项目发起人或委托人是由多个人或组织构成,由于对项目的目的、内容、范围和行动方案等方面的认识存在差异,在很多情况下各自的想法或期望很难完全一致,有时甚至彼此冲突、相互矛盾。因此,需要通过项目系统分析、项目目标设计和项目范围界定来统一项目发起人和委托人之间的认识,协调相互之间的关系,为项目的推进铺平道路。

4.1 物流项目计划管理概述

4.1.1 物流项目目标

物流项目目标是指实施项目所要达到的期望结果。其中,期望结果可能是所期望的一类产品,也可能是所希望得到的一项服务。目标管理的中心思想就是让具体化展开的组织目标成为组织中每个成员、每个层次、每个部门的行为的方向,同时又使其成为评价组织每个成员、每个层次、每个部门的工作绩效的标准,从而使组织能够有效运作。物流项目组织要取得项目的成功,必须要有明确的项目目标。

1. 物流项目目标的特点

物流项目目标具有多目标性、优先性和层次性 3 个基本特点。

(1)多目标性。

对一个项目而言,项目目标往往不是单一的,而是一个多目标系统,组织希望通过实施一个项目,实现一系列的目标,满足多方面的需求。但是很多时候不同目标之间存在冲突,实施项目的过程就是多个目标协调的过程,有同一层次目标的协调,也有不同层次目标(如总项目目标和子项目目标、项目目标和组织战略等)的协调。

项目的基本目标主要有 3 个,即时间、成本、技术性能(或质量标准)。实施项目的目的就是充分利用可获得的资源,使得项目在一定时间内,在一定的预算基础上,获得期望的技术成果,然而这 3 个目标之间往往存在冲突。例如,通常时间的缩短要以成本的提高为代价,而时间及成本的投入不足又会影响技术性能的实现,因此三者之间要进行一定的平衡。再如,第三方物流企业在承接物流配送服务性项目时,其目标无外乎是:保证服务质量、降低物流成本、增加物流收入和减少资源消耗等。其中服务质量对于物流服务对象(即客户)最为关键。比如,承诺在规定的时限内货物的可得率不低于 95%(或缺货率不超过 5%)。然而项目运行费用(即物流成本)往往与服务质量矛盾。货物的按时送达是物流服务质量的核心指标之一。在当前多变的市场环境下,货物配送时间性要求强,但货物的单件配送成本远高于批量配送成本,而批量配送又会恶化配送的时间性指标,并且作为物流企业还需要取得必要的经济效益。因此,这些目标之间的协调往往是项目目标设计的重要内容,它包括在同一层次的多个目标之间的协调、总项目目标与子项目目标之间的协调等。

(2)优先性。

项目是一个多目标的系统,不同目标在项目的不同阶段根据不同需要,其重要性也不一样,如在启动阶段可能更关注技术性能,在实施阶段更关注成本,在验收阶段更关注时间进度。对于不同的项目,关注的重点也不一样,如单纯的软件项目可能更关注技术性能。当项目的 3 个基本目标发生冲突时,成功的项目管理者会采取适当的措施来权衡,进行优选。当然项目目标的冲突不仅限于 3 个基本目标,有时项目的总体目标系统之间也会存在协调问题,都需要项目管理者根据目标的优先性进行权衡和选择。

（3）层次性。

项目目标的层次性是指对项目目标的描述需要有一个从抽象到具体的层次结构。即一个项目目标既要有较高层次的战略目标，也要有较低层次的具体目标。通常明确定义的项目目标按其意义和内容表示为一个递阶层次结构，层次越低的目标描述得应该越清晰具体。上层目标是下层目标的目的；下层目标是上层目标的手段。上层目标一般表现为模糊的、不可控的；下层目标则表现为具体的、明确的、可测量的。这里需要注意的是，各个层次的目标需要具有一致性，不能自相矛盾。

2. 项目目标确定的意义和要求

确定项目目标的意义体现在以下几个方面。

（1）明确项目及项目组成员共同努力的方向。

作为各方沟通的方式，这种沟通体现在项目组成员之间，大家为了一个共同目标走进一个项目组，明确了项目目标也就明确了自己该做什么。这种沟通还体现在项目组与母公司之间，由于项目目标与母公司目标之间有内在的联系，因此项目组成员一开始就应清楚项目是为实现组织的什么目标服务的。另外，沟通还体现在项目与客户之间，项目的目标实质上就是满足客户的具体要求，通过目标的确定，项目与客户之间达成了统一。

（2）产生激励作用。

这种激励具体表现为对项目组成员的激励，每个项目组成员都有一定的个人目标，然而无论是在自觉的或不自觉的，还是在明确的或含蓄的状态下，项目组成员总是根据项目目标来调整自己的努力程度。因此项目目标的确定可以促使项目组成员调整个人目标，使个人目标与项目目标一致，因此在一定程度上可以激励项目组成员为实现项目目标而努力。

（3）为制订项目计划打下基础并为项目计划指明方向。

实际上，项目计划就是为实现项目目标而服务的，它又是项目组成员的行动指南。

（4）作为评价项目成功的依据。

如果没有明确的项目目标，项目的有关利益人员将不清楚项目是否处在通向成功的道路上；如果没有明确的项目目标，将很难评估项目的结果是否与期望相符；如果没有明确的项目目标，个人目标将难以与项目整体目标相联系。

项目目标要起到以上作用，必须具备一些基本条件，如所确定的项目目标应该被所有项目组成员及组织中各个层次的管理者所了解。不同类型的项目在项目的初始阶段，项目目标确定的难度也不相同。为了协调好各方的利益，项目目标的确定往往需要经历一个过程。例如，对于一个新产品的开发项目，一开始项目的目标往往难以非常清晰具体地描述；有些项目还会在项目实施过程中，根据遇到的新问题和新情况对项目中间成果进行分析、判断、审查，探索新的解决办法，逐渐明确并不断修改目标，最终得到一个清晰的项目目标。

项目目标一般由项目发起人或项目委托人（项目经理）确定。完成的项目目标内容将写入项目建议书中。理想状况下，项目经理是项目建议书的最佳起草人。因为项目经理是项目执行的重要主体，他对项目目标的理解和定义正确与否很大程度上也决定了项目的成败。

项目目标需要加以具体描述。项目目标的描述应力求反映项目本质目标，应该清楚明确。描述项目目标应遵循以下基本准则。

(1) 能定量描述的目标，不定性描述。
(2) 尽量使目标具体化，使项目组中的每个成员都有可依据的明确工作目标。
(3) 目标应该是经过努力可以实现的，而不是理想化的。
(4) 目标的描述应尽量简洁、明确。

3. 物流项目目标的确定过程

物流项目目标的确定过程是从一个模糊到清晰的过程。从项目的背景情况分析开始，通过开展定义问题、提出目标因素、构成目标系统、研究目标系统各因素的关系等各项工作，完成项目目标的最终定义。

(1) 项目情况分析。

目标是以环境和系统上层状况为依据确定的。情况分析是在项目构思的基础上对环境和上层系统状况进行调查、分析、评价，它是目标设计的前导工作。项目实践证明，正确的项目目标设计和决策需要良好的计划条件、熟悉环境和掌握大量的信息。情况分析首先要进行大量的环境调查，掌握大量的资料，应该对项目的整体环境进行有效分析，具体工作包括以下几个方面。

① 上层系统。上层系统包括上层系统的组织形式、企业的发展战略、状况及能力，以及上层系统运行存在的问题。项目的实施与管理离不开上层系统的制约。企业从长远战略发展出发，往往注重于项目的总体目标，看重的是项目运行的结果。

② 市场情况。市场研究在项目目标设计中具有十分重要的地位。要在大量历史情况和数据调查与分析的基础上选择适当的理论方法，如趋势分析法、回归分析法、产品份额分析法等，对项目提供给市场的产品或服务需要有一个合理的估计，并对市场竞争的风险有一个初步的评估。

③ 相关干系人的情况。相关干系人的情况包括企业所有者或业主的状况。一个较大的项目往往有较长的建设工期和较大的前期资金的投入。项目发起人的当前状况、经济实力和发展趋势会直接影响未来项目的进展。"胡子工程""烂尾楼工程"项目常常是由于对项目发起人的实力估计不足，当市场发生变化时，其难以支撑项目的开支所造成的结果。另外还有客户、承包商、相关供应商等的情况。对于通过项目融资实施的项目，合资者、资金提供者、设备供应商、工程承包商、产品购买者等各方面的状况，以及合同兑现程度对项目实施的效果会产生较大的影响。

④ 社会经济情况。社会经济情况包括对社会的经济、技术、文化环境，特别是市场问题的分析。在市场经济条件下，一个物流中心的生存价值可能完全取决于它能否提高地区的物流方便性、能否加强不同运输方式之间的协作、能否真正降低物流成本。经济落后地区对物流中心的需求会明显低于经济发达、经济区域化乃至国际化显著的地区。

⑤ 环境调查。环境调查应是系统的，并尽可能定量，即用数据说话。调查可以用调查表进行，主要应着眼于历史资料和现状，并对将来状况进行合理预测。

(2) 项目问题界定。

对项目情况分析后，发现是否存在影响项目开展的因素和问题，并对问题分类、界定。分析得出项目问题产生的原因、背景和界限。

对问题的定义必须从上层系统全局的角度出发，要抓住问题的核心。项目问题界定包括以下基本步骤。

① 对上层系统问题进行罗列、结构化，即明确上层系统有几个大问题，一个大问题又可能由几个小问题构成。根据问题之间的逻辑关系，采用层次分析法构造出问题的层次结构关系。

② 对原因进行分析，可应用因果关系分析法，将症状与背景、起因联系在一起进行分析。例如，造成第三方物流企业利润下降的原因可能是：燃油涨价、工人工资上涨、货物装卸作业工艺落后等造成生产成本上升；由于装卸作业工具落后，装卸中货损率上升，使得生产质量下降，营业外赔偿费用增加；由于落后的运输工具不能满足客户的要求，需要新置或租赁新型车辆，旧车的闲置也会增加物流生产成本等。

③ 分析这些问题将来发展的可能性和对完成目标的影响。有些问题会随着时间的推移逐渐减轻或消除，而有的问题却会逐渐严重。例如，"冷冻运输"曾经是我国副食品运输的主导模式，一些城市建有大容量的冷冻仓库。但随着人民生活水平的提高，人们在食品消费方面更注重"营养"和"保鲜"。海鲜和水果等"保鲜"运输正成为"冷冻运输"的替代模式，形成中国新的特种物流市场需求，上海、广州、北京等大城市正形成航空（飞机）—公路（汽车）—保鲜库的特种物流链。对冷藏仓库的品种与功能的调整需要针对该城市的产品生产和消费情况来进行。因为项目要在建成后才会发挥效用，所以必须分析和预测项目未来运行时的状况，即未来的问题。

【拓展视频】

（3）确定项目目标因素。

根据项目当前问题的分析和定义，确定可能影响项目发展和成败的明确、具体、可量化的目标因素，如项目风险大小、资金成本、项目涉及领域、通货膨胀、回收期等。具体应该体现在项目论证和可行性分析中。

常见的项目目标因素通常包括以下几类。

① 问题解决的程度。问题解决的程度指项目建成后所实现的功能或所达到的运行状态。其包括：产品的市场占有率；产品的年产量或年增加量；新产品开发达到的销售量、生产量、市场占有率、产品竞争力；物流中心仓库的面积利用率；拟达到的服务标准或质量标准等。

② 项目自身（与建设相关）的目标。项目自身的目标主要有：生产能力目标，指项目所能达到的生产能力规模，如物流仓储中心的仓储容量、一定包装加工流水线的日包装能力、物流综合配载中心的停车场泊车位数量等；经济性目标，指项目投资规模、投资结构、效用、运营费用及其比例、项目投产后的产值目标和利润目标、该项目的投资收益率等，如物流仓储单位面积建设成本、吨货存储收益与成本；时间性目标，包括短期（建设期）、中期（产品生命期、偿还期或投资回收期）、长期（厂房或企业设施的生命期）等目标。

③ 其他目标因素。其他目标因素主要有：工程的技术标准与水平；劳动生产率提高的水平；人均产值或利润额；生产成本降低水平；生产机械化、自动化提高水平；增加就业人数；对自然和生态环境的影响；事故的防止；对企业或当地其他产品、部门、国民经济等的连带影响。

（4）建立项目目标系统。

通过项目目标因素确定项目相关各方面和各层次的目标，并对项目目标的具体内容和重要性进行表述。项目目标系统的建立是按照目标因素的性质不同进行分类、排序、归纳、选择、分解和结构化，形成协调一致的目标系统，如图4.2所示。

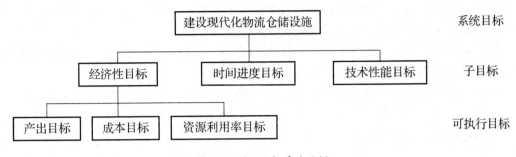

图4.2　项目目标系统示例

对于大型、复杂项目，其目标系统可划分为3个层次。

①系统目标。系统目标是对项目总体目的的确定，一般由项目的上层系统（发起人或决策部门）决定，具有普遍的适用性。它可分为功能目标、技术目标、经济目标、社会目标和生态目标等。

②子目标。子目标通常由系统目标分解得到，有时一个系统目标的实现需要数个子目标来支持。或是指系统目标的补充，或是边界条件对系统目标的约束。例如，当设定"建设现代化物流仓储设施"为系统目标时，可以设定经济性目标、时间进度目标和技术性能目标3个子目标来支持。3个子目标使系统目标具体化，也为下一步目标的细化提供了依据。

③可执行目标。可执行目标决定了项目的详细构成，它们是由子目标分解得到的。可执行目标经常与解决方案（技术设计或实施方案）相联系。例如，图4.2中的经济性目标，可细化为产出目标、成本目标和资源利用率目标3个可执行目标。

（5）各目标的关系确认。

确认哪些是必然（强制性）目标，哪些是期望目标，哪些是阶段性目标，不同的目标之间有哪些联系和矛盾，便于对项目的整体把握和推进项目的发展。

4.1.2　物流项目计划概述

物流项目计划是项目组织根据项目目标，对项目实施的各项工作做出周密安排。物流项目计划围绕物流项目目标的完成系统地确定项目的工作、安排工作的进度、编制完成工作所需的资源预算等，从而保证项目能够在合理的工期内，以尽可能低的成本和尽可能高的质量完成。

1. 物流项目计划的目的及作用

制订物流项目计划是为了便于高层管理者与项目经理、职能经理、项目成员及项目委托人、承包商之间的交流沟通，项目计划是沟通的最有效工具。因此，从某种程度上说，项目计划是为了方便项目的协商、交流及控制而设计的，而不仅仅在于为参与者提供技术指导。

项目计划的作用主要有以下4个方面。

（1）可以确定完成项目目标所需的各项工作范围，落实责任，制定各项工作的时间表，明确各项工作所需的人力、物力、财力并确定预算,保证项目顺利实施和目标实现。

(2)可以作为进行分析、协商和记录项目范围变化的基础,也是约定时间、人员和经费的基础。这样就为项目的跟踪控制过程提供了一条基线,可用来衡量进度、计算各种偏差及决定预防或整改措施,便于对变化进行管理。

(3)可以确立项目团队各成员及工作的责任范围和地位,以及相应的职权,以便按要求去指导可控制项目的工作,减少风险。

(4)可以促进项目团队与各方的沟通与交流,从而增加客户的满意度和项目成功的概率。

2. 物流项目计划的形式

项目计划阶段位于项目批准之后,项目实施之前,作为项目管理的一个职能,贯穿于整个项目的全过程。项目计划按计划制订的过程可分为概念性计划、详细计划和滚动计划3种形式。

(1)概念性计划。概念性计划通常称为自上而下的计划。概念性计划的任务是确定初步的工作分解结构图,并根据图中的任务进行估计,从而汇总出最高层的项目计划。在项目计划中,概念性计划的制订规定了项目的战略导向和战略重点。

(2)详细计划。详细计划通常称为由下而上的计划。详细计划的任务是确定详细的工作分解结构图,该图需要详细到为实现项目目标必须做的每一项具体工作。然后由下而上再汇总估计,成为详细计划。在项目计划中,详细计划的制订提供了项目的详细范围。

(3)滚动计划。滚动计划的制订是在已经编制出的项目计划的基础上,再经过一定阶段,根据变化了的项目环境和计划实际执行情况,从确保实现项目目标出发,对原项目计划进行主动调整。而每次调整时,保持原计划期限不变,而将计划期限顺序逐期向前推进一个滚动期。

▶ 阅读案例4-1 ◀

某市电子政务信息系统工程项目计划流程

1. 项目背景

某市电子政务信息系统工程,总投资额约500万元,主要包括网络平台建设和办公应用系统开发,通过公开招标,确定工程的承建单位是A公司,按照《中华人民共和国民法典》的要求与A公司签订了工程建设合同,并在合同中规定A公司可以将机房工程这样的非主体、非关键性子工程分包给具备相关资质的专业公司B,B公司将子工程转手给了C公司。

在随后的办公应用系统建设过程中,监理工程师发现A公司提交的需求规格说明书质量较差,要求A公司进行整改。此外,机房工程装修不符合要求,要求A公司进行整改。

项目经理小丁在接到监理工程师的通知后,对于第二个问题拒绝了监理工程师的要求,理由是机房工程由B公司承建,且B公司经过了建设方的认可,要求追究B公司的责任，而不是自己公司的责任。对于第一个问题，小丁把任务分派给程序员老张进行修改，此时，系统设计工作已经在进行中，程序员老张独自修改了已进入基线的程序，小丁默许了他的操作。老张在修改了需求规格说明书后采用邮件通知了系统设计人员。

合同生效后，小丁开始进行项目计划的编制，并启动项目。由于工期紧张，甲方要求提前完工，总经理比较关心该项目，询问项目的一些进展情况，在项目汇报会议上，小丁向总经理递交了进度计划，总经理在阅读进度计划后，对项目经理小丁指出任务之间的关联不是很清晰，要求小丁重新处理。

新的计划出来了，在计划实施过程中，由于甲方的特殊要求，需要项目提前2周完工，小丁更改了项目进度计划，项目最终按时完工。

2. 项目计划过程

项目计划是项目管理的基础，项目管理中最重要的工作就是项目计划的制订，项目计划是一个综合概念，凡是为实现项目目标而进行的活动都应纳入项目计划。

项目计划的制订是贯穿整个项目生命周期的持续不断的工作，是利用其他计划编制的一份连贯性、一致性的文档，以指导项目实施和项目控制。项目计划过程是一个反复的过程。一个详细的项目计划过程如下。

（1）项目计划的定义，确定项目的工作范围。
（2）确定为执行项目而需要的工作范围内的特定活动，明确每项活动的职责。
（3）确定这些活动的逻辑关系和完成顺序。
（4）估算每项活动的历时时间和资源。
（5）制订项目计划及其辅助计划。

3. 项目计划要素

（1）项目范围管理计划。项目范围管理计划阐述进行这个项目的原因或意义，形成项目的基本框架，使项目所有者或项目管理者能够系统、逻辑地分析项目关键问题及项目形成中的相互作用要素，使项目干系人在项目开始实施前或项目相关文档编写前，能够就项目的基本内容和结构达成一致。项目范围说明应当形成项目成果核对清单，作为项目评估的依据，在项目终止以后或项目最终报告完成以前进行评估，以此作为评价项目成败的依据。项目范围说明还可以作为项目整个生命周期监控和考核项目实施情况的基础和项目其他相关计划的基础。

（2）项目进度计划。项目进度计划是说明项目中各项工作的开展顺序、开始时间、完成时间及相互依赖衔接关系的计划。通过进度计划的编制，使项目实施形成一个有机的整体。项目进度计划是进度控制和管理的依据，可以分为项目进度控制计划和项目状态报告计划。

（3）项目质量计划。项目质量计划针对具体的项目，安排质量监控人员及相关资源，规定使用哪些制度、规范、程序、标准。项目质量计划应当包括和保证与控制项目质量有关的所有活动。

（4）项目资源计划。项目资源计划决定在项目中的每一项工作中用什么样的资源（人、材料、设备、信息、资金等），在各个阶段使用多少资源。项目资源计划包括资源使用计划、费用估算、费用预算。

（5）项目沟通计划。项目沟通计划就是制订项目过程中项目干系人之间信息交流的内容、人员范围、沟通方式、沟通时间或频率等沟通要求的约定。

（6）项目风险计划。项目风险计划是为了降低项目风险的损害而分析风险、制定风险应对策略的过程，包括识别风险、量化风险、编制风险应对策略等过程。

（7）项目采购计划。项目采购计划是确定哪些项目需求应通过从本企业外部采购产品或设备来得到满足。

（8）变更控制、配置管理计划。由于项目计划无法保证一开始就预测得非常准确，在项目进行过程中也不能保证准确有力的控制，导致项目计划与项目实际情况不符的情况经常发生，因此必须有效处理项目的变更。变更控制计划主要是规定变更的步骤、程序，配置管理计划主要是确定项目的配置项和基线，控制配置项的变更，维护基线的完整性，向项目干系人提供配置项的准确状态和当前配置数据。

资料来源：百度文库。

4.2 物流项目的范围和分解

项目目标确定以后，需要对项目的具体工作范围进行定义。范围定义要求对已有的项目工作说明所定义的项目进行进一步的细分，将项目作业划分得更细小、更容易操作和管理，即进行项目结构分解，从而为制订物流项目计划做准备。

4.2.1 物流项目范围规划

1. 物流项目范围的概念

物流项目范围是指为了成功地达到物流项目的目标，项目团队所要完成的任务。所说的范围就是一个界限，该界限规定了哪些工作是项目内必须完成的，哪些工作是不包含在项目工作范围内的。该界限可以通过确定项目的目标和可交付成果来定义。所谓项目可交付成果，是指项目的每个阶段结束后所提供的有形的、可检验的工作成果。

为了真正地理解和掌握项目范围的含义，需要注意区分项目范围和产品范围的关系。

项目范围是指项目的产品范围（即项目业主/客户所要的项目产出物）和项目的工作范围（即项目组织为提交项目最终产品所必须完成的各项工作）的总和。项目范围管理是指对于项目产品范围和工作范围的全面管理，其中最主要的是对项目工作范围的管理。

一个项目的产品范围既包括项目产品或服务的主体部分，也包括项目产品或服务的辅助部分。这些产品或服务的主体与辅助部分之间具有彼此独立又相互依赖的关系，所以在项目范围管理中，必须将它们作为一个整体去管理。项目的工作范围既包括完成项目产出物的主体部分的工作，也包括完成项目产出物的辅助部分的工作，所以项目范围管理的内容既包括对项目主体部分工作范围的管理，也包括对项目辅助部分工作范围的管理。例如，一个物流信息系统项目通常包括 4 个部分——硬件、软件、人员和软硬件的辅助部分，这 4 个部分既彼此独立又相互依存，所以这 4 个部分都是项目范围管理的对象。

任何一个项目都需要对项目范围进行严格的管理，都需要将项目产品范围和项目工作范围很好地结合在一起进行认真的管理,从而确保项目组织能够提供项目业主/客户满意的项目工作成果。

2. 项目范围规划的输入

(1)产品说明。

产品说明应该阐明项目工作完成后所生产出的产品或服务的特征。产品说明通常在项目工作的早期阐述得少,而在项目工作的后期阐述得多,因为产品的特征是逐步显现出来的。

产品说明也应该记载已生产出的产品或服务同商家的需要或别的影响因素间的关系,它会对项目产生积极的影响。尽管产品说明的形式和内容是多种多样的,但是,它应该对以后的项目规划提供详细的、充分的资料。

许多项目都包括一个按购买者的合同进行工作的销售组织。在这种情况下,最初的产品说明通常是由购买者提供的。如果购买者的工作本身就是制定项目,则购买者的产品说明就是对自己工作的一种陈述。

(2)项目证书。

项目证书是正式认可项目存在的一个文件。它对其他文件既有直接作用,也有参考作用。项目证书应该在管理者对项目及项目所需的条件进行客观分析后颁发,它提供给项目经理运用、组织生产资源,进行生产活动的权力。当一个项目按照合同执行时,合同条款通常与项目证书一样,是为销售者服务的。

(3)制约因素。

制约因素是限制项目团队运作的要素。例如,预算是制约项目团队的操作范围、职员调配和进度计划的一个很重要的因素。当一个项目按照合同执行时,合同条款通常是受合同制约的。

(4)假设条件。

为了规划目标的准确性,考虑到的假设因素必须具有科学性、真实性和确定性。如果关键人物的到场日期不能落实,那么项目团队就应该设置一个具体的开始时间。假设通常包含一定程度的风险。

3. 项目范围规划的工具和技术

(1)产品分析方法。

通过对项目产出物的分析,可以使项目业主/客户与项目组织形成对项目产出物的准确和共同的理解,从而指导项目组编制项目范围管理计划。对项目产出物的分析方法包括系统分析方法、价值工程方法、功能分析方法和质量功能配置技术等一系列的方法和技术。只有使用这些不同的方法和技术,从不同的角度对项目产出物进行全面的分析和界定,才能更好地指导项目范围管理计划的制订。

(2)收益/成本分析方法。

收益/成本分析方法是指对不同的项目备选方案进行各种成本和收益的识别与确认,和对项目方案的成本(费用)和收益(回报)的全面评估的方法。其中最主要的是从项目业主/客户的角度出发的项目财务评价方法,它使用净现值、项目投资回报率、投资回收期等财务评价指标去确定备选项目方案的经济性。使用这种方法可以确定出哪个项目备选方案更经济合理，这对编制项目范围管理计划有很重要的指导意义，所以它是项目范围管理计划编制中必要的方法。

（3）提出项目备选方案的方法。

在项目范围管理计划的编制中，首先需要提出各种各样的项目备选方案。有许多方法可以用于提出不同的项目备选方案，其中最常用的方法是头脑风暴法、横向思维法和专家判断法。

① 头脑风暴法。头脑风暴法是一种有利于创造性思维的集体思辨和讨论的会议方法。在典型的头脑风暴讨论会中，一般是 6~12 人围坐在桌旁，一个主持人简单明了地提出问题，让每个人都了解了问题之后，大家在给定的时间内自由发言，尽可能多地想出各种解决问题的方案。在会议过程中，任何人都不得对发言者加以评价和批评，无论是受到别人启发而提出的方案，或者是自己提出的稀奇古怪的方案。所有提出的方案都要记录在案，最后大家一起分析与评价这些方案，从而找出可行的项目备选方案。

② 横向思维法。传统的思维方法多数是纵向思维法。纵向思维法是高度理性化的，是一个逐步深化的思维过程，每一步与前一步都是相互关联、不可分割的。在这一过程中，每一步都必须正确有序。横向思维法则没有这种限制，它不要求人们按照一种模式或程序去思维，而要求人们打破原有的条条框框，重构一种思维模式。它使人们在处理问题时也可以不从初始状态入手（即从分析问题入手），而可以从解决问题的办法入手。例如，一个管理者可以根据项目的工作任务去考虑项目的备选方案，然后再倒推出要实施这一项目备选方案所需的资源和前提条件等。

③ 专家判断法。专家判断法适用于那些定性的决策分析。专家判断法强调由那些具备特定知识或受过专项训练的个人或群体提供"专家判断"，然后人们使用一些定性分析和转化办法做出项目选择与定义的最终判断与决策。在这类方法中，层次分析法是最具有代表性的方法。层次分析法（analytic hierarchy process，AHP）是针对非定量决策所提出的一种评价分析方法。它是 1973 年由美国学者萨蒂最早提出的。因为现实社会中有大量技术、经济和社会问题，包含众多不确定性因素，所以往往很难使用纯定量的方法进行分析和决策，因为许多不确定性因素的分析需要考虑决策者的心理、知识、经验和承担风险能力等因素。层次分析法能够通过建立和使用两两比较判断矩阵的方法，分层次地、逐步地将众多的因素和决策者的个人因素综合起来进行逻辑判断和分析，从而可以实现使一个复杂的决策问题从定性分析判断入手，最终获得一个定量分析的结果。在实际使用中，层次分析法可以将一个复杂问题按照目标层、准则层、指标层等层次进行分层；然后根据决策目标和准则将问题分解为不同层次的构成要素，形成一个层次分析模型，进一步对各层的要素进行对比和分析并按照"比率标度"的方法构造出判断矩阵；最后运用求解判断矩阵的最大特征根及其特征向量得到各要素的相对权重，并使用"和积法"汇总得到项目备选方案的优先序列，根据项目各备选方案的有限序列得分就可以做出项目备选方案的选择和决策了。

4. 项目范围规划的输出

（1）范围阐述。

范围阐述是为制定未来项目决策，进一步明确或开发一个参与者之间能达成共识的项目范围提供的一个纪实基础。作为项目的过程，阐述的这个范围可能需要修改得精确些，从而更好地反映项目范围的变化。范围阐述可以直接进行分析，也可以通过参考其他文件来得出。

① 项目调整——调整商家的既定目标。项目调整要为估算未来的得失提供基础。

② 项目产品——说明产品的简要概况。

③ 工作细目成果——列一个子产品级别概括表，完整的、满意的子产品标志着项目工作的完成。例如，为一个软件开发项目设置的主要子项目可能包括工作所需的电脑代码、工作手册和专门的导师。当这些子产品都完成了，那么这个软件的开发也就结束了。

④ 项目目标。项目目标是指完成项目所必须达到的标准和指标。项目目标必须包括项目成本、项目进度和项目质量等。任何一个项目目标都应该包括其属性（如成本）、计量单位（如人民币元）和绝对或相对的指标值（如少于150万元）。项目目标中那些不可量化的目标（如项目业主/客户满意度等）往往会导致一定的项目风险。具体而言，一个项目的目标主要包括项目产出物的各种属性指标、项目的工期指标与项目阶段性里程碑、项目产出物的质量标准和项目的成本（造价）控制目标等。另外，在一些专业应用领域中，项目产出物本身就被称为项目目标，而项目工期、成本、质量等被称为项目的关键成功因素。在这种情况下，需要特别注意概念的转换，以使项目范围规划意义明确。

为了使项目目标能够有效，项目业主/客户和项目组织及所有的项目风险承担者都必须正式地认同既定的项目目标。通常，由项目经理创建的项目目标文件应该成为项目最重要的文件。在这一文件中，项目目标的界定必须明确，项目目标的指标值必须明确规定，而且必须可行、具体和可度量。不可度量的项目目标会给项目带来各种各样的风险，所以一定要避免模糊不清的项目目标。例如，"建成一所房屋"这个项目目标就太模糊了，因为人们在"建成"的意义上可能会存在不同的理解，究竟是指完成了房子的土建工程，还是包括完成项目的安装工程，还是进一步连房子的装修工程也一起完成。较好的项目目标描述应该是："用150万元，根据第16种型号的楼面布置图和说明书，在6个月之内建成这所房子的土建和安装部分，不包括室内装修。"这样，项目业主/客户与项目组就不会在项目目标问题上产生争议了。

（2）辅助说明。

为项目范围阐述作辅助说明，应该是根据需要记录和编制一些文件，并通过其他项目管理程序，使它易被利用。辅助说明总是包括所有已认定的假设文件和制约因素。辅助说明的数量在不同的领域中会有所不同。

（3）项目范围管理计划。

项目范围管理计划主要描述如何控制项目的范围及如何对项目范围变更进行集成管理。项目范围管理计划还应包括对项目范围变更的期望和确定性评估。例如，项目变更的可能性有多大，如何顺利实现项目的变更，以及变更的幅度有多少等。

项目范围管理计划也应该包括一个关于"如何识别和分类项目范围变更"的说明与描述。当项目产出物的特征还没有考虑成熟和完全定型时，要做到这一点是特别困难的，但是做好这件事情是特别重要的。例如，在一个物流仓储设施项目中，如果客户所要求的设计变更需要花费很少资金（如只需1 000元），项目经理和客户就很容易批准这种变更；但是如果变更需要花费很大，则项目经理和客户必须根据项目成本、资源和其他因素重新评估项目的范围。

一个项目范围管理计划可以是正式的或非正式的,详细的或粗略的,根据项目需求的不同而不同。它是项目集成计划中的一个专项计划文件。一份精心准备的项目范围管理计划可以作为整个项目应急计划的基础和核心。

4.2.2 物流项目分解结构

1. 物流项目分解

将项目整体系统地分解成有内在联系的若干工作任务主要有以下 4 个原因。

(1)当将项目分解成具体的工作任务时,就可以按工作任务的逻辑顺序来实施项目,这有助于制订出一个完美的项目计划。将性质相似的工作任务归成同种工作(即工作包),能够更容易地掌握各项工作任务是如何关联、重叠的,以及如果一项工作任务不能及时完成会怎么影响其他的工作任务。

(2)通过对物流项目的分解可以确定完成项目所需要的技术和人力资源。

(3)通过对工作任务的界定,无须复杂的协调,项目团队成员就能知道自己相应的职责和权利,从而进行有效的沟通。

(4)将物流项目分解成具体的工作任务,项目团队成员会更清楚地理解任务的性质及其要努力的方向。

因此,物流项目分解有助于将多个工作活动(或工作元素)组织起来最终形成一个完善的物流项目计划。如果没有这种项目分解和任务归类,面对众多繁杂项目工作,就无法理出一个头绪,无法决定应该先做什么后做什么。

工作任务又称工作单元或工作包,它是实现项目目标所要完成的相关工作活动的集合。为了准确把握工作任务的含义,需要理解下面的原则。

(1)同一工作任务中只能包括相关的工作活动。

(2)同一工作任务中,所有工作活动应该平行或连续地发生,其间不应该插入不相关的工作活动。

(3)同一工作任务中的大多数工作应当使用相同的项目成员,这能提高项目成员之间的沟通和交流。如果工作的某些地方出现了失误,责任会一目了然,这有助于问题的尽快解决。

2. 分解技术

分解技术是指将项目产出物(或项目目标)逐层细分为更小、更易管理的子项目或项目要素,直到将项目产出物分解得非常详尽,并能够支持下一步的项目活动分析和定义工作为止。换句话说,分解技术是用来建立一个项目的工作分解结构的技术方法。这种技术方法可以不借用项目工作分解结构模板,而是通过对项目目标和要素进行分解而得到项目的工作分解结构。

工作分解结构(work breakdown structure,WBS)是指以可交付成果为导向,对项目要素进行的分解。它归纳定义了项目的整个工作范围,每一层代表对项目工作的更详细的定义,是系统地安排项目工作的一种常用的标准技术。对于一些小型项目,可以将所需的工作列在一张纸上,制作成一份工作活动一览表;而对于一些更大、更复杂的项目,要制作出一份全面的工作活动一览表而又不遗漏某些工作活动是相当困难的,对于这些项目,更好的方法就是建立一个工作分解结构。

工作分解结构常被用作一个新项目工作分解结构的模板，根据新项目的各种情况和条件使用这个模板，通过增删项目工作就可以对新项目的范围做出定义了。虽然每个项目是独一无二的，但是绝大多数同一专业应用领域中的项目都在一定程度上有相似之处，所以许多项目的工作分解结构经常被作为新项目的工作分解结构模板。

项目工作分解结构中的每项工作都应有唯一的负责人。处于项目工作分解结构最底层的工作通常被称为工作包。这些工作包可以在项目时间管理中进一步被分解，从而获得项目实施中需要开展的各种项目活动(项目活动是进一步分解和细化项目工作包得到的)。分解成最基本的工作包后，为了方便使用，适应现代化信息处理的要求，要设计一个统一的编码体系，确定编码规则和方法，有利于网络分析、成本管理、数据存储、分析统计等，且相互要有接口；项目工作分解结构图常采用"父码+子码"的方法编制。

项目分解技术主要包括以下几个步骤。

（1）识别项目主要要素。

一般来说，项目主要要素就是根据项目产出物分解得到的项目管理和项目实施工作。通常，项目主要要素的分解和定义是按照"项目工作实际上将如何开展和管理"的形式来进行的。例如，项目产出物可以作为项目工作分解结构的第一级要素给出，而项目生命周期的各个阶段可以作为项目工作分解结构的第二级要素给出。图 4.3 给出了一个软件开发项目按照项目阶段分解的工作分解结构图示例。当然，项目工作分解结构的层次划分和分解技术的使用对于不同的组织会有所不同。

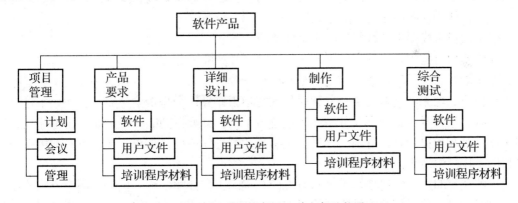

图 4.3 按照项目阶段分解的工作分解结构图示例

图 4.4 给出的是另一种项目的工作分解结构图，这是按照子项目划分去分解一个项目全部工作的示例。

（2）项目构成要素的分解。

为使项目绩效度量容易进行，识别出的项目主要要素需要进一步分解成更为细化和详细的项目构成要素。项目构成要素是使用有形的、可检验的成果来描述的项目要素。与识别和定义项目主要要素的方法一样，项目构成要素的分解和定义工作也应该按照"项目工作实际上将如何开展和管理"的形式来进行。分解出的项目构成要素主要有有形的和可检验的成果，这既可以是一种有形的产品，也可以是一项具体的服务，或者是一项具体的管理工作。例如，"项目计划完成情况报告"就是以"每周计划完成情况报表"这种有形的和可检验的形式给出项目构成要素的。

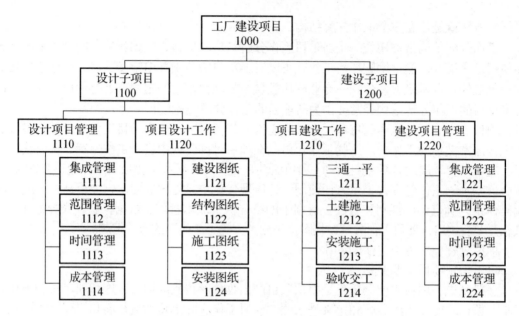

图 4.4　按照子项目划分分解的工作分解结构图示例

项目构成要素分解常受到管理者的工作经验和管理水平的影响与制约。项目的高层管理者切莫在计划初期就试图将项目分解得很细，或仅按自己的主观意图进行分解，应结合项目产品的特点和项目自身的规律，让项目责任人和实施者参与，这样既能利用他们的经验又能方便他们理解和接受分解结果。

（3）项目构成要素分解结果的正确性检验。

在检验项目构成要素分解结果的正确性时，需要回答的问题有：为完成整个项目工作，分解给出的各层次子项目或工作是不是必要和充分的，如果不是，则这些项目构成要素就必须被修改、增删或重新定义；分解得到的每项工作界定得是否清楚完整，如果不是，则必须修改、增删或重新识别、分解和界定这些工作；分解得到的每项工作是否都能列入项目工期计划和预算计划，每项工作是否都有具体的责任单位，如果不是，就必须重新修订项目的工作分解结构。

需要注意的是，任何项目不是只有唯一正确的工作分解结构。例如，两个不同的项目团队可能对同一项目设计两种不同的工作分解结构。决定一个项目的工作分解详细程度和层次多少的因素包括为完成项目工作任务而分配给每个小组或个人的责任和这些责任者的能力，以及在项目实施期间管理和控制项目预算、监控和收集成本数据的要求水平。

通常，项目责任者的能力越强，项目的工作分解结构就可以粗略一些，层次少一些；反之就需要详细一些，层次多一些。而项目成本和预算的管理控制水平越高，项目的工作分解结构就可以粗略一些，层次少一些；反之就需要详细一些，层次多一些。因为项目工作分解结构越详细，项目就会越容易管理，要求的项目工作管理能力就会相对越低。

3. 物流配送中心建设项目工作分解结构示例

（1）背景介绍和项目意义。

第二次世界大战以后，配送中心在许多国家兴起并迅速发展，零售业的多店铺化和连锁化对物流作业的效率提出了更高的要求，原来相互分割、缺乏协作的仓储、运输、批发等传统物流企业无法适应现代物流业的发展。欧美国家和日本为适应经济发展和商品流通的需要，在传统仓储、运输、批发等企业的基础上发展建设了众多形态各异的配送中心。配送中心在现代物流体系中起着十分重要的作用，配送中心的业务几乎涉及物流运作的方方面面，配送中心把进货、储存、装卸搬运、拣选、流通加工、配送等作业有机地结合在一起。配送中心的一般作业流程如图4.5所示。

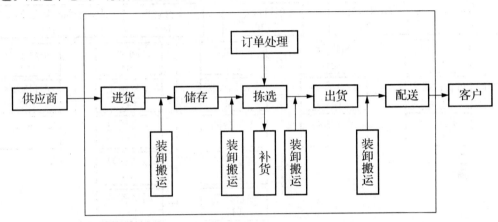

图4.5 配送中心的一般作业流程

著名的沃尔玛公司之所以能取得辉煌的业绩，是因为公司在效率和规模效益方面取得了明显优势，拥有高效运转的物流配送系统是其中一个主要因素。到20世纪80年代末，沃尔玛公司的配送中心已增至16个；20世纪90年代初达到20个，总面积约160万平方米，沃尔玛公司利用全球卫星导航系统更是使其成为全球最有效率的"物流配送公司"。在沃尔玛公司的配送运作中，大宗商品通常经由铁路送达配送中心，再由卡车送到商店。每个商店1周收到约14卡车货物。60%的卡车在返回配送中心的途中又捎回从供应商处购买的商品，这样的集中配送极大地降低了成本。据统计，20世纪70年代初沃尔玛公司的配送成本占销售额的2%，比一般零售公司低了近一半。同时集中配送还为各分店提供了更快捷、更可靠的送货服务，并使公司能更好地控制存货。从以上的介绍可以看出，高效的配送效率使沃尔玛公司一直保持低成本、高效益，业绩不断增长，确保了公司的发展，是公司成功的一个核心竞争力。

在信息化时代，随着物流管理的创新和新技术的不断发展，以网络技术和电子商务为代表的物流配送进入了新的时期。现代物流配送的发展离不开现代物流中心的建设，因此这样的项目在物流界已经呈现出快速发展的势头。

（2）物流配送中心建设项目的目标描述。

① 成果描述：根据现代物流的特点，物流配送中心应该是一种多功能、集约化的物流节点。一个订购量大、集约化的配送中心通常应该包括集散功能、储存功能、流通加工功能、分拣功能、配送功能、信息整合功能和资源回收功能。

② 质量目标：上述功能的实现并通过质量测试。

③ 时间目标：两年。

④ 成本目标：2 000万元。

（3）工作分解结构图。

根据项目范围定义的步骤进行项目结构分解时，可以根据项目运作过程进行分解，绘制出工作分解结构图，如图4.6所示。

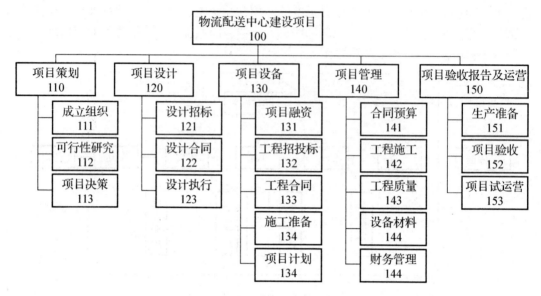

图4.6　物流配送中心建设项目的工作分解结构图

4.3　物流项目计划的制订

4.3.1　物流项目计划管理的基本问题

1. 物流项目计划编制的依据

物流项目计划编制的详细依据应当整理组织起来，以便在项目执行期间使用。物流项目计划编制的详细依据包括以下内容。

（1）在物流项目计划制订过程中产生的辅助信息和文档。

（2）技术文档，如所有要求、规范和概念设计等的历史记录。

（3）早期的项目开发计划编制中的规范。

2. 物流项目计划涉及的工作

（1）计划必须在相应阶段对目标和工作进行精确定义，即计划是在相应阶段项目目标的细化、技术设计和事实上的方案确定后制订出的。

（2）详细的微观项目环境调查，掌握影响计划和项目的一切内外部影响因素，写出调查报告。

（3）项目结构分析的完成。通过项目的结构分析不仅获得项目的静态结构，而且通过逻辑关系分析，获得项目动态的工作流程。

（4）各项目单位基本情况的定义，即将项目目标、工作进行分解，如项目范围、质量要求、工作量计算等。

（5）制订详细的实施方案。为了完成项目的各项工作，使项目经济、安全、稳定、高效率地实施和运行，必须制订详细的实施方案。

3. 物流项目计划制订的原则

物流项目计划作为项目管理的重要阶段，在项目中具有承上启下的作用，因此在制订过程中要按照项目总目标、总计划制订详细计划。在物流项目计划制订过程中一般应遵循以下4个原则。

（1）目的性。任何项目都有一个或几个确定的目标，以实现特定的功能、作用和任务，而任何项目计划的制订正是围绕项目目标的实现展开的。在制订计划时，首先必须分析目标，弄清任务。因此，项目计划具有目的性。

（2）经济性。项目计划的目标不仅要求项目有较高的效率，而且要有较高的效益，所以在计划中必须提出多种方案进行优化分析。

（3）动态性。这是由项目的生命周期决定的，一个项目的生命周期长短不一，在这期间环境处于不断变化中，计划的实施可能会偏离项目基准计划，因此项目计划要随着环境和条件的变化而不断调整和修改，这就要求项目计划要有动态性，以适应不断变化的环境。

（4）系统性。项目计划是由一系列的子计划组成的，各个子计划不是孤立存在的，彼此之间相对独立，又紧密相关，从而使制订出的项目计划也具有系统性。

4.3.2 物流项目计划过程

1. 物流项目计划的确定过程

物流项目计划的确定从开始到最终计划的修订与完善是一个不断发展变化的过程，主要包括以下4个阶段。

（1）项目目标设计阶段。

在物流项目的目标设计和项目定义中，会形成一个总体的计划。它包含了物流项目的规模、作业能力、行动方案、预计的项目建设期和运行期，所需人力、物力等资源数量及其来源。虽然此时的总体计划还是一个非常大而粗的轮廓，但它也属于初步计划，可以避免项目管理者不切实际的错误。

（2）项目可行性研究阶段。

项目可行性研究既是对计划的论证，又包含了项目计划绝大部分内容，如一个物流项目的建设计划、投资计划、筹资方案、年物流生产计划和作业量等。可行性研究报告不仅提供项目总投资和各个分项投资的估算、分年度的项目收支情况，而且还对项目总工期、主要活动和重大事件等时间做出了安排，使它成为项目计划制订的重要依据之一。

（3）项目批准后。

随着物流项目设计的深入，计划也在不断细化，逐渐形成可指导项目实施活动的正式计划文件。

（4）项目实施中。

在物流项目实施中，随着情况不断地变化，随时都应研究是否需要修改、调整原来所制订的计划，并且采用滚动方法，详细地拟订出近期计划。

项目的计划是一个持续的、循环的、渐进的过程。项目计划期（项目批准后，实施前）

的计划是最重要，也是最系统的。

2. 物流项目计划的制订过程

在物流项目的整体结构框架中，物流项目计划的制订过程是很重要的，它是形成计划的书面性和指导性文件的阶段。制订物流项目计划包括以下几个步骤。

（1）定义项目的交付物。这里的交付物不仅指项目的最终产品，而且包括项目的中间产品。例如，一个物流信息系统设计项目的交付物可以是系统需求报告、系统设计报告、项目实施阶段计划、详细的程序说明书、系统测试计划、程序及程序文件、程序安装计划、用户文件等。

（2）确定工作。确定实现项目目标必须做的各项工作，并以工作分解结构图反映。

（3）建立逻辑关系图。建立逻辑关系图是为了搞清各项工作之间的相互依赖关系。

（4）为工作分配时间。根据经验或应用相关的方法给工作分配可支配的时间，确定项目团队成员可支配的时间。可支配时间是指具体花在项目中的确切时间，应扣除正常的假期、教育培训等的时间。

（5）为工作分配资源并进行平衡。通过资源平衡可使项目团队成员承担合适的工作量，还可调整资源的供需状况。

（6）确定管理支持性工作。管理支持性工作往往贯穿项目的始终，具体指项目管理、项目会议等管理支持性工作。

（7）重复上述过程直到完成。

（8）准备计划汇总。

4.3.3 物流项目计划内容

物流项目计划作为项目计划的交付性成果，包括一般内容和辅助资料两部分。

1. 一般内容

一般内容包括以下几个方面。

（1）物流项目许可证和项目章程。这是一个重要的文档，正式承认项目的存在并提供项目的概览。

（2）物流项目管理采取的方法。其包括管理目标、项目控制措施等内容。

（3）物流项目范围说明。其包括项目可交付成果和项目目标。

（4）项目工作分解。这可作为一个基准范围文件。

（5）费用基准计划、进度基准计划。

（6）责任分解与费用基准。

（7）主要里程碑及实现的日期。

（8）人员安排计划。关键的或所需的人员安排及其预期的费用和工作量。

（9）业绩考核和评估制度。

（10）物流项目主要风险。这包括主要风险及针对风险所计划的应对措施和应急措施。

（11）对各个项目的具体要求。

2. 辅助资料

辅助资料一般包括项目各具体计划未考虑的事项、项目规划期间新增的文件或资料、其他技术文件等。

本 章 小 结

物流项目计划管理是物流项目管理的一个重要环节,为了顺利地推动物流项目的实施,项目在启动之前,需要明确物流项目涉及的多个方面的问题,需要通过项目系统分析、项目目标设计和项目范围界定,来统一项目发起人和委托人之间的认识,协调相互之间的关系,为物流项目的推进铺平道路。

本章首先阐述了物流项目目标的概念与特点,从而提出了物流项目目标的确定过程,即项目情况分析、项目问题界定、确定项目目标因素、建立项目目标系统、各目标的关系确认等环节;项目计划的形式、项目范围,以及物流项目范围的相关定义;重点介绍了工作分解结构方面的相关知识;通过介绍编制项目计划的步骤和主要方法,总结了项目计划线路图,用以指导如何运用本章所介绍的各种项目计划的编制方法来完成项目计划的编制。

通过本章的学习,在按照制订物流项目计划步骤的指导下,结合介绍的方法和工具、技术,使学生能进行项目计划的编制,并在综合考虑项目资源和其他制约因素的前提下,优化整个项目的计划。

 关键术语

目标系统(target system)   目标描述(object description)   范围管理(scope management)
范围规划(scope planning)   工作分解结构(work breakdown structure)

知识链接

项目精益管理

1. 项目精益管理的战略思想

项目精益管理的战略思想是,杜绝负价值活动。负价值活动是指消耗了资源而不创造价值的一切人为活动。项目作为实现上级目标的具体手段,其本质目的是为上级目标的实现贡献价值,项目追求的最高目标是"创造价值的最大化",一般从两个方向(提高项目产出功能和降低成本)来实现。由于项目产出的刚性较强,因此其最高目标主要是通过降低成本来实现的。由于项目的单次活动特点及项目治理主体和管理主体的分离,在项目活动中存在大量的无价值活动,这些无价值活动加大了项目的成本,降低了项目的价值。

2. 项目中负价值活动的表现

项目中存在各种各样的负价值活动,可归纳为以下7种:过多功能的负价值活动、功能欠缺的负价值活动、等待的负价值活动、搬运的负价值活动、存货的负价值活动、施工产生不合格品的负价值活动、施

工过程的负价值活动。

过多功能是指项目的产出品提供了过多的功能。例如，某体育场的屋顶设计，其可敞开和闭合功能就属于过多功能。

功能欠缺的负价值活动是指由于项目的设计缺陷而造成项目没能很好地完成项目的使命。例如，某地建设一个高架桥，但是该桥的一个出口刚好处在十字路口前，当十字路口出现红灯时，在高峰时期，大量汽车堵塞在桥出口的下坡，大大降低了汽车的行驶速度，起不到高架桥的快速行驶功能。

项目中还存在其他负价值活动，在此不一一介绍。

3. 项目范围管理的精益原则

（1）JIT 原则。JIT 是 just in time 的缩写，原意是"恰好及时"。在精益生产中引申为"只在需要的时候，按需要的量生产所需的产品"。在项目范围管理中可引申为"项目提供的产品功能刚刚好，项目的工作内容刚刚符合实现这些功能的需要"。

（2）系统化原则。系统化原则是项目产品的功能和工作要形成系统性的结构，这些功能和工作的有机联系可实现项目的系统性目标。

（3）无缝化原则。无缝化原则是指项目范围的管理部门之间、工作任务之间、前一阶段的工作和后一阶段的工作之间应是连贯一体的。

（4）专注于项目的使命。项目的范围管理一定要专注于项目的使命。只有与项目使命一致的功能才是有价值的。设计出工程师自己喜欢但与项目使命不一致的功能就是负价值活动。在施工过程中工作人员的一个活动如果不能为项目带来价值就是负价值活动。从设计、材料采购到工程施工的所有活动都必须将焦点放在项目的使命上。

（5）简化。简化就是在项目范围管理中尽量使工作变得简单、容易。简化是项目成功的关键，项目设计应易于施工、安装及维修。例如，供货商按照看板准确及时地提供材料，所以不需要订单；材料存放在使用点，因此不需要领料单。

（6）变"成批移动"为"单件流动"。成批移动是物料成批地移动，单件流动是物料一件一件地按照工艺流程经过各工作地流动。成批移动是工业社会的特征，随着社会的进步、经济的发展，在当今的信息化社会，单件移动将大大降低项目的负价值活动。

综 合 练 习

一、填空题

1. 项目目标的特点是_____、_____、_____。
2. 对物流项目目标的描述一般从_____、_____、_____3 个方面进行描述。
3. 项目计划按计划制订的过程可分为_____、_____和_____3 种形式。

二、判断题

1. 项目目标一般由项目发起人或项目委托人（项目经理）确定。　　　　（　　）
2. 收益/成本分析法是指对不同的项目备选方案进行各种成本和收益的识别与确认，并对项目方案的成本（费用）与收益（回报）进行全面评估的方法。　　　　（　　）
3. 一个项目单元只能从属于某一个上层单元，能同时交叉从属于两个上层单元。
　　　　　　　　　　　　　　　　　　　　　　　　　　　　　　　　（　　）

4. 在工作分解结构图中，分解的详细程度是用级数的大小来反映的。（ ）

5. 项目合同工作分解结构，它是用来定义项目承包商或分包商向项目业主/客户提供产品和劳务的说明报告。（ ）

三、简答题

1. 确定项目目标的意义体现在哪些方面？
2. 项目范围管理有哪些主要的工作？为什么要开展这些工作？
3. 项目范围管理有哪些主要作用？为什么项目范围管理会有这些作用？
4. 项目工作分解过程中应遵循的原则是什么？
5. 工作分解结构与项目组织分解结构的区别是什么？

 实际操作训练

课题：物流项目计划管理。
实训项目：目标描述和项目工作分解结构。
实训目的：掌握项目目标的描述和工作分解结构的基本方法和基本原则。
实训内容：选定一个项目，收集项目的背景资料，制定项目目标和工作分解结构。
实训要求：将参加实训的学生几个人分成一个工作小组，任命其中一名成员为项目经理，由其进行任务的安排，如安排专人进行资料查询、绘制工作分解结构图等，最后由全体小组成员确定终稿。

 案例分析

根据以下案例所提供的资料，试分析以下问题。
（1）物流实验室建设项目进度需要优化哪些方面？
（2）给出物流实验室建设项目的工作分解结构。

物流实验室项目建设进度管理

校内实验室已经成为当前各高校提升学生实际动手能力的重要场所，为此中央和地方财政曾拨巨资投入高校的校内实验室建设之中。但是由于负责实验室项目的高校教师很多是非项目管理专业，因此在实验室项目进度管理中花费了很大的精力，走了不少弯路。物流实验室建设项目是高校实验室建设中投入资金较大的一类项目，利用项目管理理论对其建设实施优化管理能够节约教师精力，促进实验室项目顺利完成。

1. 实验室项目进度管理的特点

（1）项目团队经验欠缺，进度控制意识较弱。

高校的实验室项目一般是由其所属的教研室负责规划、设计和验收工作。在高校中，由于大多数教研室教师并未进过企业，参与的项目建设较少，因此这些项目团队的成员往往缺乏项目建设经验，对项目的进度控制意识较弱，使得项目的建设效果打了折扣。

（2）项目工期界定较严格，延期的成本高。

高校建设的实验室项目多依托于财政资金的投入。而在当前我国财政资金的调配中，存在到期若资金未被使用就会被财政收回的情况，这就使得项目结算日期较严格。许多高校为了防止资金被财政收回，最

终草草完成项目的竣工验收,使得项目的质量难以保证,建成的实验室项目在后期使用中会暴露出很多问题。

(3) 项目建设管理的层次性较强,管理体系复杂。

高校实验室项目的实际负责人是教研室主任,名义负责人是系领导,学校的教务处、国资处等部门对项目具有监督权力。同时,学校领导和财政厅对项目的资金调动也有控制的职能。在这种管理体制下,高校实验室项目被多层次管理,因此建设项目监管较多。

综上所述,目前高校的实验室项目在建设中存在诸多问题,为了保证项目的施工质量,本案例利用项目管理理论对物流实验室项目的进度进行优化研究,从而解决项目建设中存在的问题。

2. 物流实验室建设项目优化

(1) 物流实验室项目启动阶段管理优化。

① 成立实验室项目团队。物流实验室项目不仅是物流专业的实验场所,同时也为其他相关专业提供实验服务。实验室包含大量的设备,这些设备性能和参数的设定单凭物流教师是无法解决的。因此,在项目团队的构成方面,既要有物流专业教师的参与,也应该有其他专业教师的加入。同时,还应该由专家组为整个项目的建设过程提供咨询。

② 召开项目启动会。为了促进项目组成员的相互了解,做好合适的项目分工,在项目组成员选定以后,项目组将召开实验室项目启动会。在项目启动会上,项目团队主要做以下工作。

a. 向项目组成员介绍项目的目标和项目的重要性。

b. 介绍项目组成员相互认识。

c. 说明项目团队的运行规则。

d. 向项目团队传达项目的实施阶段的注意事项。

e. 确定项目团队的组织管理体系和团队分工。

f. 发布项目建设的里程碑计划表、工作任务分解表、责任矩阵表和进度计划表等,确保对项目进度的控制。

(2) 实验室项目设计阶段管理优化。

本阶段的主要工作是在项目启动后,完成物流实验室项目书的总体设计和项目询价,在项目书被批复后形成项目招标文件。本阶段的工作重点是项目书的设计,在设计中应该按照项目管理理论分析出项目的关键线路,并据此确定项目的关键团队,从而加强对关键团队工作的监督和控制,以提高工作绩效。

(3) 实验室项目招标阶段管理优化。

本阶段的主要工作是发布招标公告、接受投标文件、开标、评标、定标和签订项目合同。为了保证项目的质量,物流实验室项目一般采取委托某招标公司招标的方式。按照项目的进度,项目组在此阶段主要负责以下几项工作。

① 确定招标公司。由于物流实验室项目是中央财政支持项目,涉及金额较大,参与人员较多,为了避免招标中可能存在的腐败问题,高校需委托财政厅选定招标公司。

② 提交标书。物流实验室项目组将标书按要求提交给招标公司。招标书主要包括项目设备名称、设备参数、设备性能、安装和售后要求等,并附标的价格。

③ 开标、评标和定标。开标在负责招标的公司指定的地点进行,需有 3 家以上的公司参与竞标。评标小组对投标公司的投标书进行评比。经过认真的核实与对比,并听取各公司的单独陈述,最终确定中标公司。

④ 签订项目合同。在定标以后,物流实验室项目有关人员与中标公司签署物流实验室项目建设合同。合同明确规定了双方的权利和义务,并确定了施工方式、施工时间和施工要求。

(4) 实验室项目施工阶段管理优化。

物流实验室项目的施工阶段是项目时间最长的阶段,一般需要 10 个月以上的时间。这个阶段的主要工作是中标公司按照项目合同和标书的要求，在项目组的配合下，完成设备的安装和调试工作。具体可以分为以下几个步骤。

① 中标公司绘制项目施工效果图。在施工开始前，中标公司需绘制不同版本的项目施工效果图，将实验室建成后的效果提供给项目组，由项目组来审核，最终确定合适的施工效果图。

② 中标公司进行施工。中标公司根据项目施工效果图和标书的要求，组织力量完成项目施工。在这个过程中，项目组不需要介入，一切交给施工单位完成。在施工过程中，项目组要配合中标公司，满足其提出的一些有利于施工顺利进行的合理要求，确保施工保质、如期、高效地完成。

③ 组织项目配套施工。在项目的施工过程中，会产生对水、电等方面的要求，物流实验室项目组要按照中标公司的要求如期完成水电方面的安装和调试工作。

（5）实验室竣工验收阶段管理优化。

① 物流实验室单项实验项目验收。中标公司在实验室总体项目竣工后，邀请项目组对实验室验收。在物流实验室项目的验收中，项目组采取的是由基础项目团队中各子项目团队分别验收各自设计的实验室子项目的方法。

对于在项目验收中发现的问题，项目组需要与中标公司进行沟通。经过双方的协调沟通，结合标书的要求及项目组提出的新的验收方案，双方共同确认验收方式及最终结算方式，规定一系列设备和文件的最终验收要求，最终完成物流实验室单项实验项目的验收工作。

② 物流实验室整体项目验收。物流实验室项目不仅要保证单项实验项目的顺利运转，而且要保证整个实验室项目的有效衔接。为了保证项目质量，高校需组织学校专家组对物流实验室开展整体项目验收工作。最终，在中标公司进行有限整改的基础上，专家组完成对项目的整体验收工作。

③ 物流实验室资料验收（移交）。实验室验收完毕后，按照标书、合同的规定，以及最终验收协议的要求，双方进行涉及项目投中标、合同缮制、总体设计图、实验室实训方案和设备保养要求等各方面相关资料的收集及移交工作，总体项目符合国家相关制度的管理要求，最终资料得以顺利移交。

（6）实验室项目人员培训阶段管理优化。

项目在交付以后，中标公司需要承担对相关教师的培训工作，以便其更好地利用好实验室。具体培训可以分为以下3个方面。

①实验室管理人员培训。这类培训主要面向的是实验中心的教师。由于实验中心教师承担着实验室的日常维护工作，因此，如何更加了解设备的特点以制定合适的维护策略就显得尤为重要。该培训的内容包括：实验室设备特性培训、实验室设备保养培训和实验室设备简单故障排除培训等，以解决实验室设备的日常管理问题。

②实验室设备操作培训。这类培训主要面向的是授课教师。授课教师在教授学生使用实验室设备时，自己要能够很好地操作设备。该培训的内容包括：实验室设备特性培训、实验室设备操作规程培训和实验室设备简单故障排除培训等，从而保证教师的上课效果。

③实验室实验项目培训。这类培训主要面向的是授课教师。该培训的内容包括：实验项目培训和教学组织培训等。

资料来源：李伟其，赵相忠，秦杰. 物流实验室项目建设进度管理研究[J]. 沿海企业与科技，2012（2）：7-9.

第 5 章 物流项目进度管理

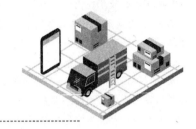

【学习目标】

通过本章的学习,掌握物流项目进度管理的方法,明确进度管理各个阶段的基本内容,掌握进度管理每个阶段的主要业务操作。

【学习要求】

知识要点	能力要求	相关知识
物流项目进度管理的内容	熟悉常见物流项目进度拖延的情况分析	项目进度管理的含义; 物流项目进度管理的影响因素; 物流项目进度管理的内容
物流项目进度计划的制订	了解应用项目活动分解法进行项目活动定义; 熟悉应用前驱图法或箭线图法绘制网络图; 掌握应用三角模拟法进行时间估计; 掌握应用关键线路法、时间压缩法、资源调整法、甘特图法进行进度编制	项目活动定义; 项目活动排序; 项目活动工期估算; 项目进度编制
物流项目进度控制	了解实际进度前锋线比较法; 理解 S 形曲线比较法; 掌握甘特图比较法	项目进度控制的概念和过程; 项目进度控制的依据

第 5 章
物流项目进度管理

📦 【导入案例】

宣曲高速公路项目进度管理

1. 宣曲高速公路项目情况分析

宣曲高速公路项目是国家高速公路网 G56 杭州至瑞丽高速公路进入云南境内的重要路段，由中交第三公路工程局有限公司宣曲高速公路项目部二分部负责，路段位于云南省曲靖市沾益区境内，主线全长 94.392km，项目开工时间为 2015 年 1 月 21 日，完工时间为 2016 年 8 月 31 日。云南喀斯特地貌给宣曲高速公路建设带来了严峻挑战，同时施工范围内房屋、油气管道等较多，该路段成为全线"最难施工段"。这给宣曲高速公路项目带来了一定的难度，尤其是进度管理方面的问题尤为突出。在项目进度管理过程中，出现如部门及人员配置不足、进度计划细化不到位、变化调整不及时等，导致进度计划与实际进度管理脱节的状况。为了保证宣曲高速公路项目的顺利进行，中交第三公路工程局有限公司宣曲高速公路项目部借助进度控制有关工具，在兼顾项目质量和项目投资的同时，利用先进的管理方法进行科学的进度管理。

【拓展视频】

2. 宣曲高速公路项目工作分解结构

根据工作分解结构的制定原则，结合中交第三公路工程局有限公司宣曲高速公路项目部"G56 杭州瑞丽高速公路宣威至曲靖段 G60 连接线项目策划书"的相关内容，确定宣曲高速公路项目的工作分解结构由桥梁工程、路基工程、路面工程及涵洞工程 4 个子项目组成。针对每一个子项目，逐层深入分解，又包括若干个任务或工作包，最终得到一个明确到项目每一个可交付成果的工作分解结构。

3. 宣曲高速公路项目的进度计划制订

根据对宣曲高速公路项目的工作分解得到具体的任务列表，再根据具体实施过程中的层次关系得到项目进度计划表，其中包含任务名称、工期、开始时间、完成时间、前置任务等。

根据各任务之间的关系确定任务的先后顺序，按照实际操作情况进行任务时间的估算。宣曲高速公路项目各任务工作时间的估算依据主要是参考各项工作的详细描述、项目可调用的资源、以往历史建设经验时间等。最后将项目进度计划与资源情况相结合，形成项目进度甘特图。

由于项目进程的控制是一个动态的过程，随着计划的下达及任务的交付，项目的进程应该根据项目的推进不断地修订和变化。

资料来源：https://jz.docin.com/p-2186936503.html。

问题：（1）从该案例中可以获知物流项目进度管理包括哪几项活动？
（2）你认为物流项目的时间管理与普通运输的时间管理有哪些不同点？

本章将全面讨论有关物流项目进度管理的内容、方法和理论。本章将着重讨论物流项目进度管理的基础工作和物流项目工期计划与控制的程序和方法，这包括项目活动的定义、项目活动的排序和项目活动的工期估算，以及项目工期计划的编制程序、编制技术与方法，同时还将深入地讨论物流项目工期计划控制的内容和方法。

5.1 物流项目进度管理概述

5.1.1 项目进度管理的含义

项目进度管理又称项目工期管理，是指在项目实施过程中，对各阶段的进展程度和项目最终完成的期限所进行的管理。项目进度管理是在规定的时间内，制订出合理且经济的进度计划（包括多级管理的子计划），并在执行该计划的过程中要经常检查实际进度是否按计划要求进行，如果出现偏差，便要及时找出原因，采取必要的补救措施或调整、修改原计划，直至项目完成。其目的是保证项目能在满足其时间约束条件的前提下实现总体目标。

项目进度管理是根据项目的进度目标编制经济合理的进度计划，并据此检查项目进度计划的执行情况，如果发现实际执行情况与计划进度不一致，就及时分析原因，并采取必要的措施对原项目进度计划进行调整或修正的过程。项目进度管理的目的就是实现最优工期，多快好省地完成任务。

项目进度管理是项目管理的一个重要方面，它与项目投资管理、项目质量管理等同为项目管理的重要组成部分。它是保证项目如期完成或合理安排资源供应、节约工程成本的重要措施之一。

5.1.2 物流项目进度管理的影响因素

1. 影响物流项目进度管理的因素

现代物流要求物流服务提供者能在恰当的时间、恰当的地点，以恰当的质量为用户提供所需的服务，物流服务也逐渐向用户需求拉动型方向发展。以项目组织方式展开的物流服务的新产品（如专户配送）对于时间有更高的要求，其中某一项活动进度的延误将会对整个物流服务项目产生较大的影响。

不同的物流项目其影响项目进度的因素是不同的。一般物流工程项目的工期目标实现主要有以下几个影响因素。

（1）人的因素。

项目实施的各个阶段对人力资源的需求强度是不同的。及时地调度、招募补充工程需要的专业技术人员和作业人员是项目进度管理的重要内容，它不仅影响项目工期，而且直接影响项目人力资源的成本。

（2）材料和设备的因素。

工程项目所需要的工程材料和设备需要根据项目推进阶段分批分次到位。一旦所订购的工程材料交付延期、开发的物流管理软件出现意外就会造成停工的不利后果。

（3）技术方案与工艺的因素。

项目选定的技术方案与工艺有时也会给项目的完成造成困难，特别是一些基于信息技术自动化的物流仓库，技术含量和集成度高，各技术设备的安装与调试之间关联度高，需要控制任一子项目工作按期完成。

（4）资金因素。

项目资金是项目能否顺利推进的重要因素。工程项目的人、财、物的消耗都需要资金的支持。由于资金不到位而影响项目工期的事件经常会发生。

（5）环境因素。

每个物流项目都具有开放性，都包罗在企业或社会的大系统之中。项目的实施也免不了会受到来自上级领导、市场变化等方面的影响。

2. 常见物流项目进度拖延的情况分析

在实际物流项目的执行过程中，由于项目规模、性质等原因，影响项目进度因素的具体表现形式非常多，比较常见的有以下几种情况。

（1）错误估计了项目实现的特点及条件。

例如：①对于一些科技开发类、技术含量高的物流项目（如区域物流信息管理系统），低估了它们的设计和实施难度；②有些项目还需要进行局部的科研攻关和试验，而这些工作既需要资金又需要时间，还需要项目实施的各参与者之间良好的配合与协调（如系统分析设计人员需要与软件编程开发人员之间保持良好的沟通）；③有些项目因对环境、物资供应条件、市场价格的变化趋势等了解不全面、不深入，以致开工项目不能如期进行下去。

（2）盲目确定工期目标。

例如：在对项目所需时间进行估算时没有充分考虑项目的特点，盲目确定工期目标，使得项目实际进度与预期进度相差甚远，造成项目工期估计过长或过短，不能合理有效地完成项目。

（3）工期计划方面的不足。

例如：①项目设计、材料、设备等资源条件不落实，进度计划缺乏资金的保证，以致进度计划难以执行，进度计划编制质量粗糙，指导性差；②进度计划未认真交底，操作者不能切实掌握计划的目的和要求，以致贯彻不力；③项目经理未考虑项目计划具有可变性或项目计划的编制缺乏科学性，以致计划缺乏贯彻的基础而流于形式；④项目的实施者不按计划执行，凭经验办事，以致编制的项目计划不能发挥应有的控制与协调作用。

（4）项目参与者的工作失误。

项目设计进度拖延或实施中突发事件处理不当或项目各参与者关系不协调等都会造成项目进度拖延。

（5）不可预见事件的发生。

项目实施过程中遭遇了恶劣的气候条件或遇到意外复杂的地质条件等都会造成项目进度拖延。

5.1.3 物流项目进度管理的内容

项目进度管理是为确保项目按时完工所开展的一系列管理活动与过程。物流项目进度管理包括两大部分的内容，即物流项目进度计划的制订和物流项目进度计划的控制。

1. 物流项目进度计划的制订

在物流项目实施之前，必须先制订出一个切实可行的、科学合理的项目进度计划，然后按计划逐步实施。其制订步骤一般包括收集信息资料、进行项目结构分解、估算项目活动时间、编制项目进度计划等几个步骤。

为保证项目进度计划的科学性和合理性，在编制项目进度计划之前，必须收集真实可信的信息资料作为编制进度计划的依据。这些信息资料包括项目背景、项目实施条件、项目实施单位、人员数量和技术水平、项目实施各个阶段的定额规定等。

2. 物流项目进度计划的控制

在物流项目进度管理中，制订出一个科学、合理的项目进度计划只是为项目进度的科学管理提供了可靠的前提和依据,并不等于项目进度的管理就不再存在问题。在物流项目进度管理过程中,必须及时发现问题并解决问题。在项目实施过程中,由于外部环境和条件的变化,往往会出现实际进度与计划进度产生偏差的问题,如不能及时发现这些偏差并加以纠正,项目进度管理目标的实现就会受到影响。所以,必须实行项目进度计划控制。

项目进度计划控制的方法是以项目进度计划为依据,在实施过程中对实施情况不断进行跟踪检查,收集有关实际进度的信息,比较和分析实际进度与计划进度的偏差,找出偏差产生的原因和解决办法,确定调整措施,对原进度计划进行修改后再予以实施。随后继续检查、分析、修正……直至项目最终完成。

▶ **阅读案例5-1** ◀

一个成功的项目管理——三峡工程的进度管理

1. 工程概况

三峡工程是一个具有防洪、发电、航运等综合功能的巨型水利枢纽工程,主要由大坝、水电站厂房、通航建筑物三部分组成。其中,大坝最大坝高181m;水电站厂房共装机26台,总装机容量18 200MW;通航建筑物由双线连续五级船闸、垂直升船机、临时船闸及上下游引航道组成。三峡工程规模宏伟,工程量巨大,主体工程土石方开挖约1亿立方米,土石方填筑约4 000万立方米,混凝土浇筑约2 800万立方米,钢筋46万吨,金属结构安装约26万吨。

【拓展视频】

根据审定的三峡工程初步设计报告,三峡工程建设总工期为17年,工程分三个阶段实施。

(1)第一阶段工程工期为5年(1993—1997年)。

主要控制目标是:1997年5月导流明渠进水;1997年10月导流明渠通航;1997年11月实现大江截流;1997年年底基本建成临时船闸。

(2)第二阶段工程工期为6年(1998—2003年)。

主要控制目标是:1998年5月临时船闸通航;1998年6月二期围堰闭气开始抽水;1998年9月形成二期基坑;1999年2月左岸电站厂房及大坝基础开挖结束,并全面开始混凝土浇筑;1999年9月永久船闸完成闸室段开挖,并全面进入混凝土浇筑阶段;2002年5月二期上游基坑进水;2002年6月永久船闸完成开始调试;2002年9月二期下游基坑进水;2002年11—12月三期截流;2003年6月大坝下闸水库开始蓄水,永久船闸通航;2003年第4季度第一批机组发电。

(3)第三阶段工程工期为6年(2004—2009年)。

主要控制目标是:2009年年底全部机组发电和三峡枢纽工程完建。

2. 进度计划管理

(1)管理特点。

针对三峡工程特点、进度计划编制主体及进度计划涉及内容的范围和时段等具体情况,确定三峡工程进度计划分三大层次进行管理,即业主层、监理层和施工承包商层。通常业主在工程进度控制上要比监理更宏观一些,但鉴于三峡工程的特性,三峡工程业主对进度的控制要相对深入和细致。这是因为三峡工程规模大、工期长，参与工程建设的监理和施工承包商多。参与三峡工程建设的任何一家监理和施工承包商所监理的工程项目和施工内容都仅仅是三峡工程一个阶段中的一个方面或一个部分，而且业主在设备、物资供应及标段交接和协调上的介入，形成了进度计划管理的复杂关系。这里面施工承包商在编制分标段进度计划时，受其自身利益及职责范围的限制，除原则上按合同规定实施并保证实现合同确定的阶段目标和工程项目完工时间外，在具体作业安排上、公共资源使用上是不会考虑对其他施工承包商的影响的。也就是说，各施工承包商的工程进度计划在监理协调之后，尚不能完全、彻底地解决工程进度计划在空间上、时间上和资源使用上的交叉和冲突矛盾。为满足三峡工程总体进度计划要求，各监理单位控制的工程进度计划还需要协调一次，这个工作自然要由业主来完成，这也就是三峡工程进度计划为什么要分三大层次进行管理的客观原因和进度计划管理的特点。

（2）管理措施。

① 统一进度计划编制办法。

业主根据合同要求制订统一的工程进度计划编制办法，在办法里对工程进度计划编制的原则、内容、编写格式、表达方式、进度计划提交、更新的时间及工程进度计划编制使用的软件等做出统一规定，通过监理转发给各施工承包商，照此执行。

② 确定工程进度计划编制原则。

三峡工程进度计划编制必须遵守以下原则。

分标段工程进度计划编制必须以工程承包合同、监理发布的有关工程进度计划指令，以及国家有关政策、法令和规程规范为依据；分标段工程进度计划的编制必须建立在合理的施工组织设计的基础上，并做到组织、措施及资源落实；分标段工程进度计划应在确保工程施工质量，合理使用资源的前提下，保证工程项目在合同规定工期内完成；工程各项目施工程序要统筹兼顾、衔接合理和干扰少；施工要保持连续、均衡；采用的有关指标既要先进，又要留有余地；分项工程进度计划和分标段进度计划的编制必须服从三峡工程实施阶段的总进度计划要求。

③ 统一进度计划内容要求。

三峡工程进度计划内容主要有两部分，即上一工程进度计划执行情况报告和下一步工程进度计划说明，具体如下。

对上一工程进度计划执行情况进行总结，主要包括以下内容：主体工程完成情况；施工手段形成；施工道路、施工栈桥完成情况；混凝土生产系统建设或运行情况；施工工厂的建设或生产情况；工程质量、工程安全和投资计划等完成情况；边界条件满足情况。

对下一步工程进度计划需要说明的主要内容有：为完成工程项目所采取的施工方案和施工措施；按要求完成工程项目的进度和工程量；主要物资材料计划耗用量；施工现场各类人员和下一时段劳动力安排计划，包括物资、设备的订货、交货和使用安排；工程价款结算情况及下一时段预计完成的工程投资额；其他需要说明的事项；进度计划网络。

④ 统一进度计划提交、更新的时间。

三峡工程进度计划提交时间规定如下：三峡工程分标段总进度计划要求施工承包商

在接到中标通知书的35天内提交,年度进度计划在前一年的12月5日前提交。

三峡工程进度计划更新仅对三峡工程实施阶段的总进度计划、三峡工程分项工程及三峡工程分标段工程总进度计划和年度进度计划进行,并有具体的时间要求。

⑤ 统一软件、统一格式。

为便于进度计划网络编制主体间的传递、汇总、协调及修改,首先对工程进度计划网络编制使用的软件进行统一,即三峡工程进度计划网络编制统一使用 Primavera Project Planner for Windows 软件(以下简称 P3 软件)。同时业主对 P3 软件中的工作分解结构、作业分类码、作业代码及资源代码做出了统一规定。通过工作分解结构的统一规定对不同进度计划编制内容的粗细做出具体要求,即三峡工程总进度计划中的作业项目划分到分项工程,三峡工程分标段进度计划中的作业项目划分到单元工程,甚至到工序。通过作业分类码、作业代码及资源代码的统一规定,实现进度计划的汇总、协调和平衡。

(3) 进度控制。

① 贯彻、执行总进度计划。

业主对三峡工程进度的控制首先是通过招标文件中的开工、完工时间及阶段目标来实现的;监理则是在上述基础上对工期、阶段目标进一步分解和细化后,编制出三峡工程分标段和分项工程进度计划,以此作为对施工承包商上报的三峡工程分标段工程进度计划的审批依据,确保工程施工按进度计划执行;施工承包商三峡工程分标段工程总进度计划,是在确定了施工方案和施工组织设计后,对招标文件要求的工期、阶段目标进一步分解和细化编制而成。它提交给监理用来响应和保证业主的进度要求。施工承包商的三峡工程分标段工程年度、季度、月度和周的进度计划则是告诉监理和业主,如何具体组织和安排生产,并实现进度计划目标的。这样的程序可以保证三峡工程总进度计划一开始就可以得到正确的贯彻。

上述过程仅仅是进度控制的开始,还不是进度控制的全部,作为完整的进度控制还需要将进度的实际执行情况反馈,然后对原有进度计划进行调整,做出下一步计划,这样周而复始,才可以对进度及时、有效地控制。

② 控制手段。

三峡工程用于工程进度控制的具体手段是:建立严格的进度计划会商和审批制度;对进度计划执行进行考核,并实行奖惩;定期更新进度计划,及时调整偏差;通过进度计划滚动(三峡工程分标段工程年度、季度、月度及周的进度计划编制)过程的远粗、近细,实现对工程进度计划动态控制;对三峡工程总进度计划中的关键项目进行重点跟踪控制,达到确保工程建设工期的目的;业主根据整个三峡工程实际进度,统一安排而提出的指导性或目标性的年度、季度总进度计划,用于协调整个三峡工程进度。

3. 进度计划编制支持系统

(1) 计算机网络建设。

为提高工作效率、加强联系并及时互通信息,由业主出资在坝区设计、监理、施工承包商和业主之间建立了计算机局域网,选择 Lotus Notes 作为信息交换和应用平台,这些基础建设为进度计划编制和传递提供了强有力的手段。

(2) 混凝土施工仿真系统。

三峡水利枢纽主要由混凝土建筑物组成,其混凝土工程量巨大,特别是二阶段工程中的混凝土施工更是峰高、量大。在进度计划编制安排混凝土施工作业程序时，靠过去的手工编制方法，很难在短时间内得出一个较优的混凝土施工程序。在编制进度计划时，为了能够及时、高效地得到一个较优的混凝土施工程序，业主与电力公司成都勘测设计研究院共同研制三峡二阶段工程厂坝混凝土施工仿真系统和永久船闸混凝土仿真系统，用于解决上述问题。

（3）工程进度日报系统。

要做好施工进度动态控制并及时调整计划部署，就必须建立传递施工现场施工信息的快速通道。针对这样一个问题，业主组织人力利用 Lotus Notes 开发三峡工程日报系统。该系统主要包括实物工程量日完成情况、大型施工设备工作状况、工程施工质量及安全统计结果、物资（主要是水泥和粉煤灰）仓储情况等。利用该系统，业主和监理等有关方就可及时掌握和了解工程进展状况，再通过分析和加工处理，就可为下一步工作提供参考和决策依据。

资料来源：建设工程教育网。

5.2 物流项目进度计划的编制

5.2.1 项目进度计划编制的实施步骤

物流项目进度计划的编制是物流项目管理的重要内容之一。一个项目能否在规定的时间内按规定的要求（或质量标准）完成是衡量项目管理成功与否的重要标志，而项目进度计划一般是在工作分解结构的基础上对项目、活动做出的一系列时间计划，以达到控制和节约项目时间的目的。制订项目进度计划的目的体现在：保证按时获利以补偿已经发生的费用支出；协调资源，使资源在需要时可以利用；预测在不同时间所需的资金和资源的级别，以便赋予项目不同的优先级；满足严格的工期要求。

项目进度计划的编制因项目性质、类型的不同会有所不同，但以下几个实施步骤是必不可少的，见表5-1。

表5-1 项目进度计划编制的实施步骤

实施步骤	输入	工具和方法	输出
（1）项目活动定义	① 工作分解结构； ② 确认的项目范围； ③ 历史资料； ④ 约束和假设	① 项目活动分解法； ② 平台法	① 项目活动清单； ② 详细说明； ③ 工作分解结构更新
（2）项目活动排序	① 活动清单及其详细说明； ② 产品描述； ③ 活动之间的内在相关性和指定相关性； ④ 项目活动的外部依存关系； ⑤ 约束和假设	① 前驱图法； ② 箭线图法； ③ 网络模板法	① 项目网络图； ② 更新后的项目活动清单

续表

实施步骤	输 入	工具和方法	输 出
（3）项目活动时间估计	① 活动清单； ② 约束和假设； ③ 资源需求； ④ 资源质量； ⑤ 历史信息	① 专家评估法； ② 类比估计法； ③ 模拟法	① 活动时间估计； ② 估计的支持细节； ③ 活动目录更新
（4）项目进度编制	① 项目网络图； ② 活动时间估计文件； ③ 资源需求和资源库描述； ④ 日历； ⑤ 约束和假设； ⑥ 提前和滞后	① 数学分析法； ② 时间压缩法； ③ 资源调整法； ④ 甘特图法； ⑤ 项目管理软件	① 项目工期计划书； ② 详细说明； ③ 进度管理计划； ④ 资源需求更新

本节将对表 5-1 中的每个实施步骤进行详细的阐述。

5.2.2 项目活动定义

1. 项目活动定义的概念及其输入信息

项目活动定义是指识别实现项目目标所必须开展的项目活动，定义为生成项目产出物及其组成部分所必须完成的这样一项特定的项目进度管理工作。在项目进度管理中，项目活动定义的主要依据是项目的目标、范围和项目工作分解结构。同时，在项目活动定义过程中，还需要参考各种历史信息与数据，考虑项目的各种约束条件和假设前提条件等。项目活动定义的结果是给出一份项目活动清单，以及有关项目活动清单的支持细节和对于项目工作分解结构的更新。正确地定义一个项目的全部活动必须依据以下信息和资料。

（1）项目工作分解结构。

项目工作分解结构是定义项目活动所依据的最基本和最主要的信息。项目工作分解结构是一个关于项目所需工作的一种有层次性、树状的分解结构及其描述。它给出了一个项目所需完成工作的整体表述。项目活动定义所依据的项目工作分解结构的详细程度和层次多少主要取决于两个因素：一个是项目组织中各个项目小组或个人的工作责任划分及其能力水平；另一个是项目管理与项目预算控制的要求和能力水平。一般情况下，项目组织的责任分工越细，管理和预算控制水平越高，工作分解结构就可以详细一些，并且层次多一些；反之，工作分解结构就可以粗略一些，层次少一些。因此，任何项目在不同的项目组织结构、管理水平和预算限制前提下，都可以找到许多种不同的项目工作分解结构。例如，不同项目团队可能为同一个管理咨询项目做出两种不同的项目工作分解结构，这两种工作分解结构都能够实现这个项目的目标，只是在项目组织管理与预算控制方面会采用不同的模式和方法。因此，在项目活动定义中还必须充分考虑项目工作分解结构的详细程度和不同详细程度的方案对于项目活动定义的影响。

（2）确认的项目目标和项目范围。

项目活动定义的另一个依据是确认的项目目标和项目范围，以及这方面的信息和资料。

实际上，如果一个项目的目标不清楚，或者项目范围不确定，那么就可能在定义该项目活动的过程中漏掉一些项目必须开展的工作与活动；或者将一些与实现项目目标无关的工作定义成为项目的必要活动，从而出现超越项目范围的工作与活动。这些都会给项目进度管理和整个项目管理带来很大的麻烦。所以项目活动定义中必须以引进获得确认的项目范围作为主要依据。

（3）历史信息。

在项目活动定义过程中还需要使用各种相关的项目历史信息，这既包括项目前期工作所收集和积累的各种信息，也包括项目组织或其他组织过去开展类似项目时获得的各种历史信息。例如，在类似的历史项目中究竟曾经开展过哪些具体的项目活动，这些项目活动的内容与顺序如何，这些项目活动有什么经验与教训等，都属于项目的历史信息。

（4）项目的约束条件。

项目的约束条件是指项目所面临的各种限制因素和限制条件。任何一个项目活动都会有一定的限制因素和限制条件。这些限制因素与限制条件也是定义项目活动的关键依据之一，也是定义项目活动所必须使用的重要信息。例如，一个高科技产品开发项目会受到高科技人才资源、资金、时间等各种因素和条件的限制，这些限制都是在定义这一项目的活动中所必须考虑的重要因素。

（5）项目的假设前提条件。

这是指在开展项目活动定义的过程中，对于那些不确定的项目前提条件所给出的假设，这些假设的前提条件对于定义一个项目的活动来说是必需的，否则就会因为缺少条件而无法定义项目活动。因为到项目活动定义时，项目的某些前提条件仍然无法确定，所以就需要根据分析、判断和经验，假定出这些具体的项目前提条件，以便作为项目活动定义的前提条件使用。需要注意的是，项目假设前提条件存在一定的不确定性，会给项目带来一定的风险。

上述这些都是在项目活动定义工作中所需要的依据和信息。另外，在进行项目活动定义时，还要考虑进一步分析、修订和更新项目的范围、历史信息、各种项目限制条件和假设前提条件，以及各种可能发生的项目风险等要素。

2. 项目活动定义的工具和方法

如果要完成一个项目，首先就要确定究竟需要通过开展哪些活动才能够实现项目目标。项目活动定义的结果就是给出这样一份包括所有项目活动的清单。准备这样一份项目活动清单可以采用各种不同的方法，一种方法是让项目成员利用"头脑风暴法"，通过集思广益去生成一份项目活动清单，这种方法主要适合定义较小的项目活动，对于大型和较复杂的项目，则需要使用项目工作分解结构，依据下面的方法去定义项目活动和给出项目活动清单。

（1）项目活动分解法。

项目活动分解法是指为了使项目便于管理，通过进一步分解和细化项目工作任务，从而得到全部项目具体活动的一种结构化、层次化的项目活动分解方法。这种方法将项目任务按照一定的层次结构逐层分解成详细、具体和容易管理控制的一系列具体项目活动，从而更好地进行项目的进度管理。项目活动分解法有助于完整地找出一个项目的所有活动。

使用项目活动分解法最终得到的是关于项目活动的定义，而不是对于项目产出物的描述，这种项目活动定义的结果是为项目进度管理服务的，而不是为项目质量管理服务的（项目产出物的描述主要是为项目质量管理服务的）。

（2）项目活动定义的平台法。

项目活动定义的平台法也称原型法，它使用一个已完成项目的活动清单（或该活动清单中的一部分）作为新项目活动定义的一个平台，根据新项目的各种具体要求、限制条件和假设前提条件，通过在选定平台上增减项目活动来定义出新项目的全部活动，从而得到新项目的活动清单。这种方法的优点是简单、快捷、明了，但是可供使用的平台或原型（已完成项目的活动清单）的缺陷和缺乏会对新的项目活动定义结果带来一定的影响，而且会由于既有平台的局限性而漏掉一些必要的项目活动或额外增加一些不必要的项目活动。

3. 项目活动定义过程的输出

项目活动定义的结果是给出以下信息和文件，以便指导下一步的项目进度管理工作。

（1）项目活动清单。

项目活动定义工作给出的最主要信息和文件是项目活动清单。项目活动清单列出了一个项目所需开展和完成的全部活动。项目活动清单是对项目工作分解结构的进一步细化和扩展，项目活动清单中列出的活动与给出的工作包相比更为详细、具体和具有可操作性。对于一份项目活动清单的具体要求有两条：其一是要包含一个项目的全部活动内容；其二是不能包含任何不属于本项目的活动内容，即与实现项目目标无关的任何活动。

（2）详细说明。

这是指用于支持和说明项目活动清单的各种细节文件与信息，既包括对给定的项目假设条件和各种项目限制因素的说明与细节描述，也包括对项目活动清单的各种解释和说明的细节信息与文件等。这些相关的支持细节信息都必须整理成文件或文档材料，以便在项目进度管理中能够很方便地使用。它们通常需要与项目活动清单一起使用。

（3）更新后的工作分解结构。

在使用项目活动分解法定义一个项目的活动过程中，项目管理人员会发现原有的项目工作分解结构中的一些遗漏、错误和不妥的地方，这就需要对原有项目工作分解结构进行必要的增删、更正和修订，从而获得一份更新后的项目工作分解结构，这也是项目活动定义工作的结果之一。当出现这种情况时，还需要同时更新其他相关项目管理文件。特别是在项目活动定义过程中，如果决定采用新的技术或方法，或者采用新的组织结构与管理控制方法时，就必须进行这类项目工作分解结构的更新工作；否则会造成项目活动定义文件与项目其他管理文件的脱节现象，从而使项目管理陷入混乱。

5.2.3 项目活动排序

1. 项目活动排序的概念

项目活动排序是通过识别项目活动清单中各项活动的相互关联与依赖关系，并据此对项目各项活动的先后顺序进行合理安排的项目进度管理工作。为制订项目进度（工期）计划就必须科学合理地安排一个项目各项活动的顺序关系。一般较小的项目或一个项目阶段的活动排序可以通过人工排序的方法完成，但是复杂项目的活动排序大多数要借助计算机信息系统来完成。为了制订项目进度（工期）计划，必须准确和合理地安排项目各项活动的顺序，并依据这些活动顺序确定项目的各种活动路径及其构成的项目活动网络。这些都属于项目活动排序工作的范畴。

2. 项目活动排序过程的输入

项目活动排序过程的输入主要包括以下几个方面的信息。

（1）项目活动清单及其详细说明。

这些是项目活动定义阶段的工作成果。其中，项目活动清单列出了项目所需开展的全部活动，项目活动清单的支持细节文件说明和描述了项目活动清单的相关细节、依据与假设前提条件。它们都是项目活动排序工作非常重要的依据。

（2）项目产出物的说明与描述。

项目产出物是开展项目活动的最终结果，也叫项目的产品。项目产出物的专业特性和管理特性会直接影响项目活动顺序的确定。对于项目产出物的特性分析可以帮助人们确定项目活动的顺序，通过对照项目产出物的描述，人们可以审查项目活动排序的正确性。所以项目产出物描述也是项目活动排序的重要依据之一。

（3）项目活动之间的内在相关性。

内在相关性是指所做工作中各活动间固有的依赖性，通常由客观条件限制造成。例如，一个物流仓库的建设项目在地基完成前先进行仓库的建设是不可能的；一个物流信息系统的开发项目只有在原型完成后才能对它进行测试。因此，项目活动之间的内在相关性也称为项目活动的"硬逻辑"关系，这是一种不可违背的逻辑关系。所以它也是项目活动排序的重要依据之一。

（4）项目活动之间的指定相关性。

指定相关性是指由项目管理团队所规定、确定的相关性，应小心使用指定相关性并加以充分陈述，因为承认并使用这样的相关性进行排序会限制以后进度计划的选择。指定相关性通常发生在以下情况：在一个特定应用领域有一个"最好的做法"，有时即使有几种可接受的排序，但因某种原因偏向采用一个特定的活动排序。指定相关性也可称偏好相关性或软相关性。

（5）项目活动的外部依存关系。

项目活动的外部依存关系是指项目活动与其他组织的活动，以及项目活动与组织所开展的其他活动之间的相互关系。例如，对一个物流仓库建设项目的选址而言，在确定之前可能需要召开由政府组织的环境听证会，并需要获得政府或主管部门的审批才能够开展项目的下一步活动。再如，一个软件项目的测试活动依赖于外部硬件的运作。

（6）项目的约束条件与假设前提条件。

项目的约束条件是指项目所面临的各种资源与环境限制条件和因素，它们会对项目活动的排序造成影响。例如，在没有资源限制的情况下，两种项目活动可能同时开展，但是在有资源限制的条件下，它们就只能依次进行了。项目的假设前提条件是对项目活动所涉及的一些不确定条件的假设性认定，项目的假设前提条件同样也会直接影响项目活动的排序。

3. 项目活动排序的方法

项目活动排序需要根据上述项目活动之间的各种关系、项目活动清单和项目产出物的描述，以及项目的各种约束和假设前提条件，通过反复地试验和优化去编排出项目的活动顺序。通过项目活动排序确定出的项目活动关系需要以网络图或文字描述的方式给出。通常安排和描述项目活动顺序关系的方法有以下几种。

（1）前驱图法。

前驱图法（precedence diagramming method，PDM）也称节点网络图法。这是一种通过编制项目网络图给出项目活动排序的方法，又称单代号网络图法。它用节点表示一项活动，用节点之间的箭头线表示项目活动之间的相互关系。

图 5.1 所示为用前驱图法绘制的简单项目网络图。这种项目活动排序和描述的方法是大多数项目管理使用的方法。这种方法既可以用人工方法实现，也可以用计算机软件实现。

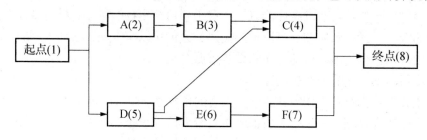

图 5.1　用前驱图法绘制的简单项目网络图

前驱图法有以下 4 种相关的前驱关系。

① 结束→开始：某项活动必须结束，然后另一项活动才能开始。
② 结束→结束：某项活动结束前，另一项活动必须结束。
③ 开始→开始：某项活动必须在另一项活动开始前开始。
④ 开始→结束：某项活动结束前，另一项活动必须开始。

在前驱图法中，"结束→开始"是最常见的逻辑关系，"开始→结束"关系极少使用。对于管理软件，如果用"开始→开始""结束→结束"或"开始→结束"关系会产生混乱的结果，因为很多管理软件编制时并没有对这 3 种类型的相关性加以考虑。

在用节点表示活动的网络图中，每项活动由一个方形或圆形的活动框表示，对活动的描述（命名）一般直接写在活动框内。每项活动只能用一个活动框表示，如果采用项目活动编号则每个活动框只能指定唯一的活动号。项目活动之间的顺序关系则可以使用连接活动框的箭线表示。例如，对于"结束→开始"关系，箭头指向的活动是后序活动（后续开展的活动），箭头离开的活动是前序活动（前期开展的活动）。一项后序活动只有在与其联系的全部前序活动完成以后才能开始，这可以使用箭线连接前后两项活动来表示。例如，在物流信息系统开发项目中，只有完成了"系统设计"活动后，"系统实施"活动才能开始，如图 5.2 所示。

图 5.2　用节点和箭线表示的项目活动顺序示意图

另外，有些项目活动可以同时进行，虽然它们不一定同时结束，但是只有在它们全部结束以后，下一项活动才能开始。例如，在物流信息系统开发项目中，系统设计中的"逻辑设计"和"物理设计"活动可以同时开始，但是不一定同时结束，但是只有在所有设计活动全部完成以后才能够开展项目的"设计评审"和"系统实施"活动。这些项目活动的关系如图5.3所示。

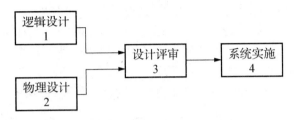

图 5.3 物流信息系统开发项目活动的关系

（2）箭线图法。

箭线图法（arrow diagramming method，ADM）也是一种描述项目活动顺序的网络图方法。这一方法用箭线代表活动，而用节点代表活动之间的联系，又称双代号网络图法。图 5.4 所示为用箭线图法绘制的简单项目网络图。这种方法虽然没有前驱图法流行，但是在一些应用领域中仍不失为一种可供选择的项目活动顺序关系描述方法。在箭线图法中，通常只描述项目活动间的"结束→开始"关系。当需要给出项目活动的其他逻辑关系时，就需要借用虚活动（dummy activity）来描述了。箭线图法同样既可以由人工完成，也可以使用计算机软件完成。

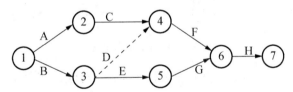

图 5.4 用箭线图法绘制的简单项目网络图

在箭线图中，一项活动由一条箭线表示，有关这一活动的描述（命名）可以写在箭线上方。描述一项活动的箭线只能有一个箭头，箭线的箭尾代表活动的开始，箭线的箭头代表活动的结束。箭线的长度和斜度与项目活动的持续时间或重要性没有任何关系。在箭线图法中，代表项目活动的箭线通过圆圈连接起来，这些连接用的圆圈表示具体的事件。箭线图中的圆圈既可以代表项目的开始事件，也可以代表项目的结束事件。当箭线指向圆圈时，圆圈代表该活动的结束事件；当箭线离开圆圈时，圆圈代表该活动的开始事件。在箭线图法中，需要给每个事件确定唯一的代号。例如，图 5.5 中给出的项目活动网络图中，"系统设计"和"系统实施"活动之间就存在一种顺序关系，二者由事件"2"联系起来。事件"2"代表"系统设计"活动结束和"系统实施"活动开始这样一个事件。

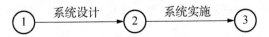

图 5.5 箭线图法中的"活动"与"事件"示意图

项目活动的开始事件（箭尾圆圈）也叫该项活动的"紧前事件"，项目活动的结束事件（箭头圆圈）也叫该活动的"紧随事件"。例如，对于图 5.5 中的项目活动"系统设计"而言，它的紧前事件是圆圈 1，而它的紧随事件是圆圈 2；但是对于项目活动"系统实施"而言，它的紧前事件是圆圈 2，它的紧随事件是圆圈 3。在箭线图法中，需遵守以下几条基本绘制规则。

① 正确描述项目活动之间的逻辑关系。这种逻辑关系包括工艺逻辑关系和组织逻辑关系。工艺逻辑关系又称强制性逻辑关系，这类关系是客观的、固有的，不能随意改变，也是内在的；而组织逻辑关系并不是固定不变的，它只是一种人为的安排。在物流配送项目中，如图 5.6（a）所示的"进货"和"验收"之间的关系是一种工艺逻辑关系；而图 5.6（b）所示的"验收 A"和"验收 B"之间的关系就是一种人为的组织逻辑关系。

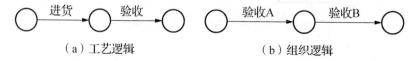

图 5.6　工艺逻辑和组织逻辑关系

② 网络图中不允许出现循环回路（图 5.7），否则整个项目将不可能完成。

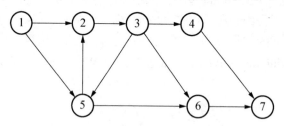

图 5.7　网络图中出现回路

③ 在网络图中不允许出现带有双箭头和无箭头的连线，如图 5.8 所示。

图 5.8　带有双箭头和无箭头的连线

④ 在网络图中不允许出现没有箭尾事件和没有箭头事件的箭线，如图 5.9 所示。

图 5.9　没有箭尾事件和没有箭头事件的箭线

⑤ 在一张网络图中，一般只允许出现一个起点事件和一个终点事件，如图 5.10 所示是错误的。

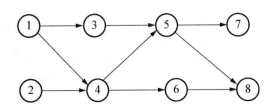

图 5.10 有多个起点事件和多个终点事件的网络图

⑥ 原则上不能从一条箭线上引出另一条箭线,但是当网络图的起点事件有多条外向箭线或终点事件有多条内向箭线时,为使图形简洁,可用母线法绘制,如图 5.11 所示。

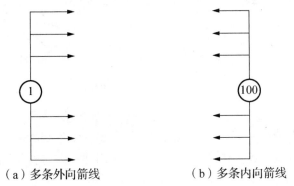

（a）多条外向箭线　　　　　（b）多条内向箭线

图 5.11　母线法

⑦ 图中的每项活动必须由唯一的紧前事件和唯一的紧随事件组合来予以描述。

如图 5.12 所示,活动 A 和活动 B 具有相同的紧前事件(圆圈 1)和紧随事件(圆圈 2),这在箭线图法中是绝对不允许的。

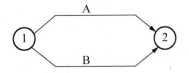

图 5.12　项目活动描述错误的示意图

为了解决图 5.12 中出现的问题,在箭线图法中规定了一种特殊的活动,称为虚活动。这种活动并不消耗时间,所以它在网络图中用一个虚线构成的箭线来表示。虚活动用来描述项目活动之间的一种特殊的先后关系,以满足每项活动必须由唯一的紧前事件和唯一的紧随事件组合来确定的要求。例如,图 5.12 中给出的活动 A 和活动 B,要想合理地描述它们就需要插入一个虚活动,如图 5.13 所示,这样就可以使活动 A 和活动 B 由唯一的紧前事件和唯一的紧随事件组合来描述了。图 5.13 给出了两种描述方法,图 5.13（a）所示为活动 A 由事件 1 和事件 3 的组合来描述,而活动 B 由事件 1 和事件 2 的组合来描述;图 5.13（b）所示为活动 A 由事件 1 和事件 2 的组合来描述,而活动 B 由事件 1 和事件 3 的组合来描述。这两种描述方法都是可行的方法。

⑧ 应尽量避免箭线交叉。当交叉不可避免时,可采用过桥法和指向法表示,如图 5.14 所示。

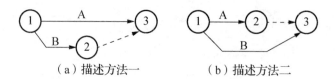

(a)描述方法一　　　　(b)描述方法二

图 5.13　加入虚活动后的箭线图

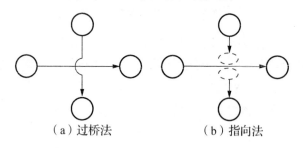

(a)过桥法　　　　　(b)指向法

图 5.14　交叉箭线的处理方法

⑨ 网络图节点编号规则。原则上来说，只要不重复、不漏编，每条箭线的箭头事件编号大于箭尾事件的编号即可。但一般的编号方法是，网络图的第一个事件编号为 1，其他事件编号按自然数从小到大依次安排，最后一个事件的编号就是网络图节点的个数。有时也采用不连续编号的方法以留出备用事件编号。

根据项目活动清单等信息和上述网络图方法就可以安排项目活动的顺序并绘制项目活动的网络图了。这一项目进度管理工作的具体步骤是：首先选择是使用顺序图法还是使用箭线图法描述项目活动的顺序安排；然后按项目活动的客观逻辑顺序和人为确定的优先次序安排项目活动的顺序；最后使用网络图法绘制出项目活动顺序的网络图。在决定以哪种顺序安排项目活动时，需要对每一个项目活动明确回答以下 3 个问题。

① 在该活动可以开始之前，必须完成哪些活动？
② 哪些活动可以与该活动同时开始？
③ 哪些活动只有在该活动完成后才能开始？

通过明确每项活动的这 3 个问题，就可以安排项目的活动顺序并绘制出项目网络图，从而全面描述项目所需各项活动之间的相互关系和顺序。

另外，在决定一个项目网络图的详细程度时，还应考虑下列准则。

① 项目不但需要有工作分解结构，而且必须有明确的项目活动定义。
② 先根据项目工作分解结构绘制一份概括性的网络图，再根据项目活动定义结果把它扩展成为详细的网络图。有些项目只需要概括性的网络图就可以满足项目管理的要求了。
③ 项目网络图的详细程度可以根据项目实施的分工或项目产出物的性质决定。例如，如果一个小组负责装配，另一个小组负责包装，那么就应该将这些任务划分成两项独立的项目活动；如果一项目活动的结果是一个有形的、可交付的产出物，那么该活动就必须被定义为项目的一项活动。

不管最初的项目网络图详细程度如何，项目活动定义应该随着项目的开展逐步细化。因为定义项目近期开展的活动要比定义项目远期将要开展的活动容易得多。所以随着项目的展开，项目网络图需要不断更新，以添加更多细节。

【例 5-1】 根据项目活动的逻辑关系（表 5-2）绘制网络图。

表 5-2 某项目活动的逻辑关系

工作代号	A	B	C	D	E	F	G	H	I	J	K
紧前事件	—	—	—	BC	BC	C	EF	EF	EF	ADG	ADGH
持续时间	2	3	5	4	7	9	5	7	3	4	5

根据已知逻辑关系画网络图的基本思路是：先画没有紧前事件或紧前事件已经画出来的活动，网络图画出来后再仔细检查有没有违背绘制网络图的原则。绘制结果如图 5.15 所示。

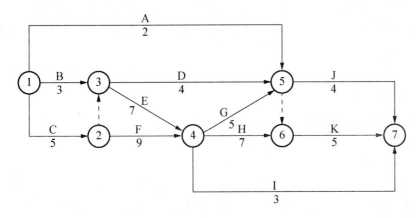

图 5.15 绘制结果

（3）网络图模板法。

在某些情况下，一个项目组织可能给不同的客户做相似的项目，此时新项目的许多活动可能与历史项目活动具有相同的逻辑关系安排。因此，人们有可能用过去完成的项目网络图作为新项目网络图的模板，并通过增删项目活动修订这个模板，从而获得新项目网络图。网络图模板法有助于尽快生成项目网络图，它可以用于对整个项目或某个局部的项目活动排序和网络图的编制。对于有些项目，网络图模板法是非常有效的，如安居工程的民用住宅建设项目就常用此法。

4. 项目活动排序工作的结果

项目活动排序工作的结果是一系列有关项目活动排序的文件，主要有项目网络图和更新后的项目活动清单。

（1）项目网络图。

项目网络图是有关项目各项活动和它们之间逻辑关系说明的示意图。本章在前面已经讨论了绘制项目网络图的两种基本方法。项目网络图既可人工绘制，也可用计算机绘制。它可以包括项目的所有具体活动，也可以只包括项目的主要活动。项目网络图中需附带基本排序符号和活动的简要说明（命名）。

（2）更新后的项目活动清单。

在项目活动定义和项目活动排序的过程中通常会发现项目工作分解结构中存在各种问

题，而在项目网络图的编制过程中也会发现项目活动排序中存在的问题。为了正确反映项目活动间的逻辑关系，就必须对前期确定的项目活动进行重新分解、定义和排序，以解决存在的问题。当出现这种情况时，就需要更新原有的项目活动清单，从而获得更新后的项目活动清单，而且有时还需进一步更新原有的项目工作分解结构等文件。

5.2.4 项目活动工期估算

1. 项目活动工期估算的概念

项目活动工期估算指预计完成各活动所需的时间，可以由项目团队中熟悉该活动特性的个人和小组做出估算，也可以由计算机进行模拟和估算，再由专家审查确认这种估算。对一项项目活动工期的估算通常要考虑项目活动的作业时间和延误时间。例如，"混凝土浇筑"会因为下雨、公休而出现延误。通常在输入各种依据参数之后，绝大多数项目计划管理软件都能够处理这类时间估算问题。

整个项目所需时间也是运用这些工具和方法加以估算的，它是制订项目进度计划的一个结果。

2. 项目活动工期估算的依据

项目活动工期估算的主要依据有以下几个。

（1）项目活动清单。

项目活动清单是在项目活动定义阶段得到的一份计划工作文件。项目活动清单列出了项目所需开展的全部活动，它是对项目工作分解结构进行细化后的项目计划文件。

（2）项目的约束条件和假设前提条件。

这是指项目在工期估算方面的各种约束条件和假设前提条件。其中，约束条件是项目工期计划面临的各种限制因素，假设前提条件是对项目工期估算假定的各种可能发生的情况。

（3）项目资源的数量要求。

绝大多数项目活动工期会受项目所能得到的资源数量的影响。例如，对于两个人工作一整天的项目活动，如果只有一个人作业就需要两天。一般情况下，项目资源数量的多少是决定项目活动工期长短的重要参数之一。

（4）项目资源的质量要求。

绝大多数项目活动的工期还受项目资源质量的影响。例如，一项活动需要两个五级技工工作两天，但是如果只有三级技工则可能需要 4 个人工作两天。一般而言，项目资源质量水平的高低也是决定项目活动工期长短的重要参数之一。

（5）历史信息。

在估算和确定项目活动工期中，还需要参考有关项目活动工期的历史信息。有关各类活动所需时间的历史资料来源于以下方面。

① 项目档案。与这个项目有关的一个或几个组织可能保留有先前项目结果的记录，而这些记录有助于时间估计。在许多应用领域，有的小组成员也会保留这些记录。

② 历史时间估计数据库。过去的一些数据往往是有价值的，当活动所需时间不能由实际工作内容推算时这些数据库特别有用（如混凝土多少时间干、一个政府机构对某种类型

申请的批复需要多少时间)。

③ 项目团队知识。项目团队的个别成员也许记得先前活动的实际或估算数据。虽然这种靠回忆的方法也许有用,但相比项目档案可靠性低得多。

3. 项目活动工期估算的方法

项目活动工期估算主要包括以下几种方法。

(1) 专家评估法。

专家评估法是由项目进度管理专家运用他们的经验和专业特长对项目活动工期做出估计与评价的方法。由于项目活动工期受许多因素的影响(如资源质量的高低、劳动生产率的不同),因此使用计算和推理的方法是很困难的,但专家评估法十分有效。专家会依靠过去资料信息进行判断,如果找不到合适的专家,估算结果则往往不可靠并具有较大风险。

(2) 类比估计法。

类比估计法是利用先前类似活动的实际时间作为估计未来活动时间的基础,在以下情况下常用这种方法估算项目活动工期:只有很有限的关于项目的资料和信息。在以下情况下类比估计法是可靠的:先前活动和当前活动是本质上类似而不仅是表面相似。但是这种方法的结果往往不够精确,一般用于最初的项目活动工期估算。

(3) 模拟法。

模拟法是以一定的假设条件为前提进行项目活动工期估算的一种方法。常见的模拟法有蒙特卡罗模拟、三角模拟等。这种方法既可以用来确定每项项目活动工期的统计分布,也可以用来确定整个项目工期的统计分布。其中,三角模拟法相对比较简单,这种方法具体包括以下做法。

① 单项活动的工期估算。对于活动持续时间高度不确定的项目活动,需要给出活动的3个估计时间:乐观时间 t_o(假设活动所涉及的所有事件均对完成该活动最为有利,在此情况下完成该活动需要的时间)、最可能时间 t_m(一般情况下完成活动所需要的时间,相当于活动时间随机分布的均值)、悲观时间 t_p(假设现实中总是遇到不利因素,使得活动的完成被延误,是活动在最糟的情况下完成所需要的最长时间),以及这些项目活动时间所对应的发生概率。通常对于设定的这3个估计时间,还需要假定它们都服从 β 概率分布。用每项活动的3个估计时间就能确定每项活动的期望(平均数或折中值)工期了。计算项目活动工期期望值(t_e)的公式为

$$t_e = \frac{t_o + 4t_m + t_p}{6}$$

【例 5-2】 假定一项活动的乐观时间为 2 周,最可能时间为 4 周,悲观时间为 6 周,则该项目活动工期的期望值为

$$t_e = \frac{2 + 4 \times 4 + 6}{6} = 4 \text{(周)}$$

② 总工期期望值的计算方法。在项目的实施过程中,一些项目活动花费的时间会比期望工期少,另一些会比它们的期望工期多。对于整个项目而言,这些多于期望工期和少于期望工期的项目活动耗费的时间有很大一部分是可以相互抵消的。因此所有期望工期与实际工期之间的净总差额值同样符合正态分布规律。这意味着在项目活动排序给出的项目网

络图中关键路径（工期最长的活动路径）上的所有活动的总概率分布也是正态分布，其均值等于各项活动期望工期之和，方差等于各项活动期望工期的方差之和。依据这些就可以确定出项目整体工期的期望值了。

【例 5-3】 现有一个项目的活动排序及其估计时间数据如图 5.16 所示。假定项目的开始时间为 0 并且必须在第 40 天之前完成。

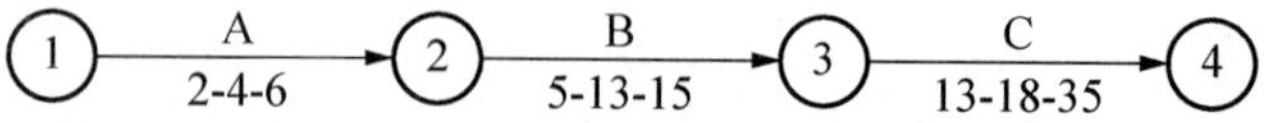

①—A 2-4-6→②—B 5-13-15→③—C 13-18-35→④

图 5.16 项目活动估计时间示意图

图 5.16 中每项活动工期的期望值计算如下。

A 活动　　$t_e = \dfrac{2+4\times 4+6}{6} = 4$（天）

B 活动　　$t_e = \dfrac{5+4\times 13+15}{6} = 12$（天）

C 活动　　$t_e = \dfrac{13+4\times 18+35}{6} = 20$（天）

把这 3 项活动工期的期望值加总，可以得到一个总平均值，即项目整体期望工期 t_e，具体计算参见表 5-3。

表 5-3 项目整体期望工期估算表　　　　　　　　　　单位：天

活　动	乐观时间（t_o）	最可能时间（t_m）	悲观时间（t_p）	期望工期（t_e）
A	2	4	6	4
B	5	13	15	12
C	13	18	35	20
项目整体	20	35	56	36

由表 5-3 可以看出，3 项活动的乐观时间为 20 天，最可能时间为 35 天，悲观时间为 56 天，据此计算出的项目整体期望工期与根据 3 项活动的期望值之和（4+12+20=36）的结果是相同的，这表明对整个项目而言，那些多于期望工期和少于期望工期的项目活动所耗费的时间可以相互抵消，因此项目整体期望工期估算的时间分布等于 3 项活动消耗时间平均值或期望值之和。另外，这一项目工期估算中的方差（δ^2）有以下关系。

活动 A　　$\delta^2 = \left(\dfrac{6-2}{6}\right)^2 \approx 0.444$

活动 B　　$\delta^2 = \left(\dfrac{15-5}{6}\right)^2 \approx 2.778$

活动 C　　$\delta^2 = \left(\dfrac{35-13}{6}\right)^2 \approx 13.444$

由于总概率分布是正态分布，因此它的方差是 3 项活动期望工期的方差之和，即 16.666。总概率分布的标准差（σ）为

$$\sigma = \sqrt{\delta^2} = \sqrt{16.666} \approx 4.08（天）$$

图 5.17 给出了项目的总概率分布曲线与其标准差示意图。

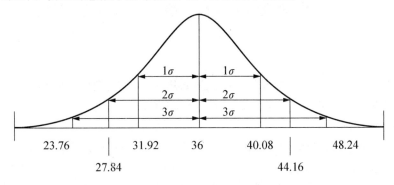

图 5.17 项目的总概率分布曲线与其标准差示意图

图 5.17 所示是一个正态分布曲线，其在 31.92～40.08 天包含总面积的 68%；在 27.84～44.16 天包含总面积的 95%；在 23.76～48.24 天包含总面积的 99%。对于这些概率分布可以解释如下：在 23.76～48.24 天完成项目的可能性为 99%（概率为 0.99）；在 27.84～44.16 天完成项目的可能性为 95%（概率为 0.95）；在 31.92～40.08 天完成项目的可能性为 68%（概率为 0.68）。

4. 项目活动工期估算的工作结果

项目活动工期估算的工作结果包括以下内容。

（1）项目活动时间估计。

项目活动时间估计是对完成一项活动所需时间及其可能性的定量计算，根据项目各项活动的时间估计可以进一步估算出整个项目所需工期。项目活动时间估计应包括对项目活动时间可能变化范围的评估。例如，"项目活动需要 2 周 ± 2 天的时间"，这表示项目活动至少需要 8 天，而且不会超过 12 天，最可能的是 10 天（每周 5 个工作日）。

（2）估计的支持细节。

这是有关项目活动工期估算的依据与支持细节的说明文件。其中，项目活动工期估算的依据给出了项目活动工期估算中所使用的各种约束条件和假设前提条件、各种参照的项目历史信息，以及项目活动清单、资源需求数量和质量等方面的依据资料和文件。项目工期活动估算的支持细节包括所有与项目活动工期估算结果有关的文件与说明。

（3）活动目录更新。

在项目活动工期估算的过程中可能会发现项目活动清单和项目工作分解结构中存在各种问题，因此需要对它们进行修订和更新。此时就需要更新原有的项目活动清单和项目工作分解结构，并且将其作为项目活动工期估算的工作文件，与其他项目活动工期估算正式文件一起作为项目活动工期估算的工作结果而输出。

5.2.5 项目进度编制

1. 项目进度编制的概念

项目进度编制是根据项目活动定义、项目活动顺序安排、各项活动工期估算和所需资源所进行的分析和项目工期计划的编制与安排。项目进度编制要确定项目活动的开始和结束日期，如果开始和结束日期安排得不现实，项目不可能按计划完成。在项目进度编制中，时间估计、成本估计等过程交织在一起，这些过程要反复进行多次，最后才能确定项目进度。

2. 项目进度编制的依据

在开展项目进度编制以前的各项项目进度管理工作所生成的文件及其他项目计划管理所生成的文件都是项目进度编制的依据。其主要有以下几种。

（1）项目网络图。

这是在项目活动排序阶段所得到的各项活动及活动之间逻辑关系的示意图。

（2）项目活动时间估计文件。

这是项目进度管理工作得到的文件，它是对已确定的项目活动的工期估算文件。

（3）项目资源需求和资源库描述。

项目资源需求包括有关项目资源质量和数量的具体要求，以及对项目各活动以哪种形式与项目其他活动共享哪种资源的说明。对于项目进度编制而言，有关什么资源、在什么时候、以哪种方法可供利用是必须知道的。例如，安排共享的资源也许是特别困难的一件事，因为这些资源的可利用性是高度可变的。在资源库描述中，对各种资源的详细程度的要求是变化的。例如，一个咨询项目最初的进度编制仅需知道在某一段时间内有两个咨询人员可供利用，然而同一项目的最终进度编制必须确定使用哪一位特定的咨询人员。

（4）项目作业制度安排。

项目作业制度安排又称项目日历，也会影响项目的进度编制。项目日历表和资源日历表确定了可用于工作的日期。项目日历表对所有资源有影响（如一些项目仅在法定的工作时间内进行，而有的项目需一日三班安排工作），资源日历表只对特定的资源有影响（如项目团队的成员可能正在放假接受培训，某一劳动合同可能限定工作人员一周的工作天数）。

（5）项目作业的各种约束条件。

在编制项目进度时，有两类主要的项目作业约束条件必须考虑。

① 强制性日期。某些工作细目必须按项目资助者、项目客户或其他外界因素的要求在某一特定日期完成。例如，某技术项目的市场窗口；某董事会要求在某日期前完成一个环保项目。

② 关键事件或里程碑事件。项目资助者、项目客户或其他项目相关人员提出在某一特定日期前完成某些工作细目，一旦定下来，这些日期就很难被更改。

（6）项目活动的提前和滞后要求。

任何一项独立的项目活动都应该有关于其工期提前或滞后的详细说明，以便准确地编制项目进度。例如，对于项目中订购和安装设备的活动可能会允许有一周的提前或两周的延期时间。

3. 制订项目工期计划的方法

项目工期计划是项目专项计划中重要的计划之一。项目工期计划的编制需要反复地试算和综合平衡，因为它涉及的因素很多，而且它的计划安排会直接影响项目集成计划和其他专项计划。所以项目工期计划的编制方法比较复杂，主要使用以下几种方法。

(1)数学分析法。

数学分析法用于计算理论上所有活动各自的最早和最迟开始与结束日期,但计算时无须考虑资源限制。这样算出的日期并不是项目的实际进度,而是表示所需的时间长短。考虑活动的资源限制和其他约束条件,把活动安排在上述时间区间内,常用的数学分析法有以下几种。

① 关键线路法(critical path method,CPM),利用项目的网络图和各活动所需时间的估计值,计算每一活动的最早和最迟开始与结束日期。CPM 的关键是计算总时差,这样可以决定哪一项活动有最小时间弹性。CPM 也常应用于其他类型的数学分析。

② 图示评审技术(graphical evaluation and review technique,GERT),对网络结构和活动估计进行概率处理,即某些活动可不执行,某些活动仅部分执行,某些活动可执行多次。

③ 计划评审技术(program evaluation and review technique,PERT),利用项目的网络图和各活动所需时间的估计值(通过加权平均得到的),计算项目总时间。PERT 与 CPM 的不同之处主要在于,PERT 利用期望值而不是最可能的活动所需时间估计。PERT 如今很少应用。

本节将通过一个例子介绍最常用的 CPM。

【例 5-4】 某项研制新产品工程的各活动所需时间及活动之间的相互关系见表 5-4。要求编制该项工程的项目工期计划。

表 5-4 各活动所需时间及活动之间的相互关系

工 序	活动代号	所需时间/天	紧后活动
产品设计与工艺设计	a	60	b,c,d,e
外购配套件	b	45	l
下料、锻件	c	10	f
工装制造 1	d	20	g,h
木模、铸件	e	40	h
机械加工 1	f	18	l
工装制造 2	g	30	k
机械加工 2	h	15	l
机械加工 3	k	25	l
装配调试	l	35	—

要编制项目工期计划,首先需绘制网络图。网络图是由节点、弧及权所构成的有向图,即有向的赋权图。根据网络图的绘制规则和例 5-4 的已知条件绘制的网络图如图 5.18 所示。

下面介绍用 CPM 确定项目工期计划。

CPM 一般有比较线路长度法、计算时差法、标号法和破圈法。先介绍比较线路长度法。

在网络图中,从起点开始,按照各活动的顺序,连续不断地到达终点的一条通路称为线路。在图 5.18 中,共有 5 条线路,5 条线路的组成及各线路所需要的时间见表 5-5。

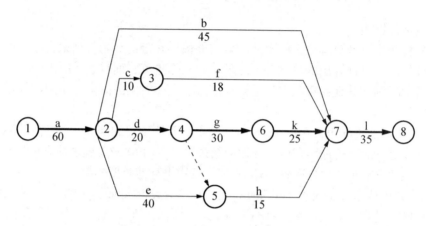

图 5.18 例 5-4 的网络图

表 5-5 5 条线路的组成及各线路所需要的时间

线路编号	线路的组成	各线路所需要的时间/天
1	①→②→⑦→⑧	60+45+35=140
2	①→②→③→⑦→⑧	60+10+18+35=123
3	①→②→④→⑥→⑦→⑧	60+20+30+25+35=170
4	①→②→④→⑤→⑦→⑧	60+20+15+35=130
5	①→②→⑤→⑦→⑧	60+40+15+35=150

各条路线所需要的时间是不相等的。其中，需要时间最长的线路称为关键线路，或称主要矛盾线，在图中用粗线表示。在表 5-5 中，线路 3 就是关键线路，组成关键线路的活动称为关键活动。如果能够缩短关键活动所需的时间，就可以缩短工程的完工时间。而缩短非关键线路上的各活动所需的时间却不能使工程的完工时间提前。即使在一定范围内适当地延长非关键线路上各活动所需的时间，也不至于影响工程的完工时间。编制网络计划的基本思想就是在一个庞大的网络图中找出关键线路。对各关键活动，要优先安排资源，挖掘潜力，采取相应措施，尽量压缩所需的时间。而对非关键线路上的各活动，只要在不影响工程完工时间的条件下，可抽出适当的人力、物力等资源用在关键活动上，以达到缩短工程工期、合理利用资源的目的。在执行计划过程中，可以明确工作重点，对各关键活动加以有效控制和调度。

关键线路是相对的，不是一成不变的。在采取一定的技术措施之后，关键线路有可能变为非关键线路，而非关键线路也有可能变为关键线路。

当网络图所包含的活动比较少时，通过上述方法确定关键线路是可行的，但是当项目比较复杂时，所有线路不容易全部精确地找到并计算出来，这种方法就有局限性，这时可以选用计算时差法。

为了编制项目工期计划并找出关键线路，要计算网络图中各事件及各活动的有关时间，称这些有关时间为网络时间。

网络时间包括作业时间（T_{ij}，即为完成某一活动所需要的时间）、事件时间和活动时间 3 类。

事件时间包括以下几个。

① 事件最早时间。如果事件为某一活动的箭尾事件时，事件最早时间为各活动的最早可能开始时间；如果事件为某一或若干活动的箭头事件时，事件最早时间为各活动的最早可能结束时间。通常是按箭头事件计算事件最早时间，用 $T_E(j)$ 表示，它等于从始点事件起到本事件最长路线的时间长度。计算事件最早时间是从始点事件开始，自左向右逐个事件向前计算。假定始点事件的最早时间等于零，即 $T_E(1)=0$。箭头事件的最早时间等于箭尾事件最早时间加上作业时间。当同时有两个或若干个箭线指向箭头事件时，选择各活动的箭尾事件最早时间与各自活动作业时间之和的最大值。即

$$T_E(1)=0$$
$$T_E(j)=\max\{T_E(i)+T(i,j)\} \quad (j=2,\cdots,n)$$

式中：$T_E(j)$ 为箭头事件的最早时间；

$T_E(i)$ 为箭尾事件的最早时间。

例如，在网络图 5.18 中，各事件的最早时间为

$T_E(1)=0$

$T_E(2)=T_E(1)+T(1,2)=0+60=60$

$T_E(3)=T_E(2)+T(2,3)=60+10=70$

$T_E(4)=T_E(2)+T(2,4)=60+20=80$

$T_E(5)=\max\{T_E(2)+T(2,5),T_E(4)+T(4,5)\}$
$\quad\quad\quad=\max\{60+40,80+0\}=100$

$T_E(6)=T_E(4)+T(4,6)=80+30=110$

$T_E(7)=\max\{T_E(2)+T(2,7),T_E(3)+T(3,7),T_E(6)+T(6,7),T_E(5)+T(5,7)\}$
$\quad\quad\quad=\max\{60+45,70+18,110+25,100+15\}=135$

$T_E(8)=T_E(7)+T(7,8)=135+35=170$

② 事件最迟时间，用 $T_L(i)$ 表示，是指箭头事件各活动的最迟必须结束时间，或箭尾事件各活动的最迟必须开始时间。

为了尽量缩短工程的完工时间，把终点事件的最早时间，即工程的最早结束时间作为终点事件的最迟时间。事件最迟时间通常按箭尾事件的最迟时间计算，从右向左反顺序进行。箭尾事件的最迟时间等于箭头事件的最迟时间减去该活动的作业时间。当箭尾事件同时引出两条以上箭线时，该箭尾事件的最迟时间必须同时满足这些活动的最迟必须开始时间。所以在这些活动的最迟必须开始时间中选一个最早（时间值最小）的时间，即

$$T_L(n)=T_E(n)\quad（n\text{ 为终点事件}）$$
$$T_L(i)=\min\{T_L(j)-T(i,j)\}\quad(i=n-1,\cdots,2,1)$$

式中：$T_L(i)$ 为箭尾事件的最迟时间；

$T_L(j)$ 为箭头事件的最迟时间。

例如，在网络图 5.18 中，各事件的最迟时间为

$T_L(8)=T_E(8)=170$

$T_L(7)=T_L(8)-T(7,8)=170-35=135$

$T_L(6)=T_L(7)-T(6,7)=135-25=110$

$T_L(5)=T_L(7)-T(5,7)=135-15=120$

$T_L(4) = \min\{T_L(6) - T(4,6), T_L(5) - T(4,5)\} = \min\{110 - 30, 120 - 0\} = 80$

$T_L(3) = T_L(7) - T(3,7) = 135 - 18 = 117$

$T_L(2) = \min\{T_L(7) - T(2,7), T_L(3) - T(2,3), T_L(4) - T(2,4), T_L(5) - T(2,5)\}$
$\quad\quad = \min\{135 - 45, 117 - 10, 80 - 20, 120 - 40\} = 60$

$T_L(1) = T_L(2) - T(1,2) = 60 - 60 = 0$

活动时间包括以下几个。

① 活动最早开始时间。任何一个活动都必须在其紧前活动结束后才能开始。紧前活动最早结束时间即为活动最早可能开始时间，简称活动最早开始时间，用 $T_{ES}(i,j)$ 表示。它等于该活动箭尾事件的最早时间，即

$$T_{ES}(i,j) = T_E(i)$$

例如，在网络图 5.18 中，各活动的最早开始时间为

$T_{ES}(1,2) = 0$

$T_{ES}(2,3) = T_{ES}(2,4) = T_{ES}(2,5) = T_{ES}(2,7) = 60$

$T_{ES}(3,7) = 70$

$T_{ES}(4,6) = 80$

$T_{ES}(5,7) = 100$

$T_{ES}(6,7) = 110$

$T_{ES}(7,8) = 135$

② 活动最早结束时间，用 $T_{EF}(i,j)$ 表示，是指活动最早可能结束的时间。它等于活动最早开始时间加上该活动的作业时间，即

$$T_{EF}(i,j) = T_{ES}(i,j) + T(i,j)$$

例如，在网络图 5.18 中，各活动的最早结束时间为

$T_{EF}(1,2) = 0 + 60 = 60$

$T_{EF}(2,3) = 60 + 10 = 70$

$T_{EF}(2,4) = 60 + 20 = 80$

$T_{EF}(2,5) = 60 + 40 = 100$

$T_{EF}(2,7) = 60 + 45 = 105$

$T_{EF}(3,7) = 70 + 18 = 88$

$T_{EF}(4,6) = 80 + 30 = 110$

$T_{EF}(5,7) = 100 + 15 = 115$

$T_{EF}(6,7) = 110 + 25 = 135$

$T_{EF}(7,8) = 135 + 35 = 170$

③ 活动最迟结束时间。在不影响工程最早结束时间的条件下，活动最迟必须结束的时间，称为活动最迟结束时间，用 $T_{LF}(i,j)$ 表示。它等于活动箭头事件的最迟时间，即

$$T_{LF}(i,j) = T_L(j)$$

例如，在网络图 5.18 中，各活动的最迟结束时间为

$T_{LF}(7,8) = 170$

$T_{LF}(6,7) = T_{LF}(5,7) = T_{LF}(3,7) = T_{LF}(2,7) = 135$

$T_{LF}(4, 6) = 110$

$T_{LF}(2, 5) = 120$

$T_{LF}(2, 4) = 80$

$T_{LF}(2, 3) = 117$

$T_{LF}(1, 2) = 60$

④ 活动最迟开始时间。在不影响工程最早结束时间的条件下，活动最迟必须开始的时间，称为活动最迟开始时间，用 $T_{LS}(i, j)$ 表示。它等于活动最迟结束时间减去活动的作业时间，即

$$T_{LS}(i, j) = T_{LF}(i, j) - T(i, j)$$

例如，在网络图 5.18 中，各活动的最迟开始时间为

$T_{LS}(1, 2) = 60 - 60 = 0$

$T_{LS}(2, 3) = 117 - 10 = 107$

$T_{LS}(2, 4) = 80 - 20 = 60$

$T_{LS}(2, 5) = 120 - 40 = 80$

$T_{LS}(2, 7) = 135 - 45 = 90$

$T_{LS}(3, 7) = 135 - 18 = 117$

$T_{LS}(4, 6) = 110 - 30 = 80$

$T_{LS}(5, 7) = 135 - 15 = 120$

$T_{LS}(6, 7) = 135 - 25 = 110$

$T_{LS}(7, 8) = 170 - 35 = 135$

⑤ 活动总时差。在不影响工程最早结束时间的条件下，活动最早开始（或结束）时间可以推迟的时间，称为该活动的总时差（即活动的完工期可以推迟的时间），用 TF(i, j) 表示，即

活动总时差 = 最迟开始 − 最早开始　　[TF(i, j)= $T_{LS}(i, j) - T_{ES}(i, j)$]

活动总时差 = 最迟结束 − 最早结束　　[TF(i, j)= $T_{LF}(i, j) - T_{EF}(i, j)$]

活动总时差越大，表明该活动在整个网络中的机动时间越大，可以在一定范围内将该活动的人力、物力资源利用到关键活动上去，以达到缩短工程结束时间的目的。

⑥ 活动单时差。在不影响紧后活动最早开始时间的条件下，活动最早结束时间可以推迟的时间，称为该活动的单时差，用 FF(i, j) 表示，即

$$FF(i, j) = T_{ES}(j, k) - T_{EF}(i, j)$$

式中：$T_{ES}(j, k)$ 为活动 $i \rightarrow j$ 的紧后活动的最早开始时间。

活动总时差、单时差，及其紧后活动的最早开始时间、最迟开始时间的关系如图 5.19 所示。

总时差为零的活动，开始和结束时间没有一点机动的余地。由这些活动所组成的线路就是网络中的关键线路，这些活动就是关键活动。用计算活动总时差的方法确定网络中的关键活动是确定关键线路最常用的方法。在表 5-6 中，活动 a、d、g、k、l 的总时差为零，由这些活动组成的线路就是图 5.18 中的关键线路。

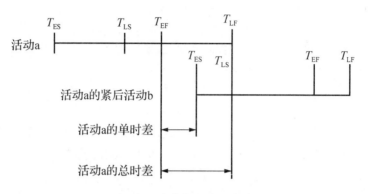

图 5.19　各参数之间的关系

表 5-6　项目工期计划表　　　　　　　　　　　　　单位：天

活动代号	持续时间	$T_{ES}(i,j)$	$T_{EF}(i,j)$	$T_{LS}(i,j)$	$T_{LF}(i,j)$	TF(i,j)	FF(i,j)
a（1-2）	60	0	60	0	60	0	0
b（2-7）	45	60	105	90	135	30	30
c（2-3）	10	60	70	107	117	47	0
d（2-4）	20	60	80	60	80	0	0
e（2-5）	40	60	100	80	120	20	0
f（3-7）	18	70	88	117	135	47	47
g（4-6）	30	80	110	80	110	0	0
h（5-7）	15	100	115	120	135	20	20
k（6-7）	25	110	135	110	135	0	0
l（7-8）	35	135	170	135	170	0	0

通过上述项目工期计划各时间参数的计算过程可以看出，计算过程具有一定的规律和严格的程序，既可以用计算机进行计算，也可以用表格法或矩阵法计算。

（2）时间压缩法。

工期与费用是两个相互关联的要素，要缩短工期就必须加快进度，或采取一些措施，这样就会增加费用。同样，项目费用的降低也会影响项目的工期。项目的工期与费用的优化就是将两个要素进行集成管理。

项目的费用由直接费用（包括材料费、人工费、机械设备费等）和间接费用（包括管理人员的工资、办公费、房屋租金等）构成。直接费用随工期的缩短而增加，因为工期越压缩则增加的额外费用越多；间接费用与工期成正比关系，即工期越长则花的费用也越多。费用与工期的关系如图 5.20 所示。

由于项目总成本是直接费用与间接费用之和，因此在工程项目总成本曲线上有一个成本最低点 P_1，就是费用最低的最优方案，它对应的工期 D_1 就是最优工期。如果知道了规定工期 D_2，也可以很容易地找到与之对应的总成本 P_2。

项目的时间与费用曲线有多种形式，但单一的连续直线型是一种近似求法，已被广泛采用。如图 5.21 所示，把正常时间点 N 与加快时间点 C 连成一条直线，直线中间各点代表

N、C 之间的工期对应的费用。对于不同的项目，它的直接费用的增加情况也是不一样的，可用单位时间内的费用增加率 ΔC（即赶工成本斜率）来表示。如果正常时间点 N 的正常时间为 D_N，相应的正常费用为 C_N，加快时间点 C 的加快时间为 D_C，相应的加快费用为 C_C，则费用增加率 ΔC 为

$$\Delta C = \frac{C_C - C_N}{D_N - D_C}$$

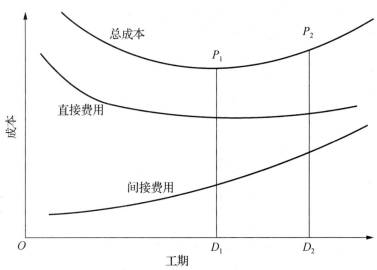

图 5.20 费用与工期的关系

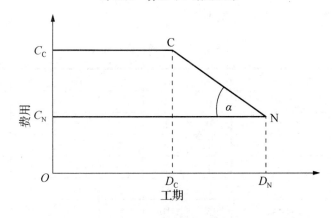

图 5.21 费用增加率的计算

通过费用增加率可以看出哪项活动在缩短工期时花费最低，需要时即优先加快该项活动。

以成本的观点来分析问题，目的就是使整个项目的总成本最低，具体需要解决以下问题。
① 在规定工期的条件下，求出项目的最低成本。
② 如果需要进一步缩短工期，则应考虑如何使所增加的成本最小。
③ 要求以最低成本完成整个项目计划时，如何确定它的最优工期。
④ 如果可以增加一定数量的费用来缩短项目工期，它可以比原计划缩短多少天。

（3）资源调整法。

使用数学分析法制订项目工期计划的前提是项目的资源充足，但是在实际中多数项目都存在资源限制，因此有时需要使用资源调整法来编制项目工期计划。这种方法的基本指导思想是"将稀缺资源优先分配给关键线路上的项目活动"。使用这种方法编制的项目工期计划常常比使用数字分析法编制的项目工期计划的工期要长，但是更经济实用。这种方法有时又称基于资源的项目工期计划方法。

【例 5-5】 图 5.22 所示为一个项目的网络图，箭线上的数字为工作持续时间，括弧内的数字为工作资源强度。假如每天只有 10 名工人可供使用，如何安排工作时间使工期达到最短？

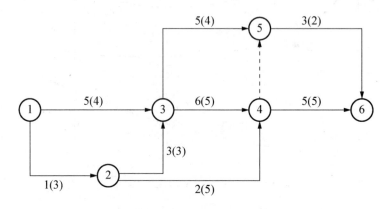

图 5.22 例 5-5 的网络图

第一步：计算网络时间参数，见表 5-7。

表 5-7 网络时间参数计算

工作	持续时间	工作资源程度	T_{ES}	T_{EF}	T_{LS}	T_{LF}	TF	FF	关键工作
1-2	1	3	0	1	1	2	1	0	
1-3	5	4	0	5	0	5	0	0	*
2-3	3	3	1	4	2	5	1	1	
2-4	2	5	1	3	9	11	8	8	
3-4	6	5	5	11	5	11	0	0	*
3-5	5	4	5	10	8	13	3	1	
4-5	0	0	11	11	13	13	2	0	
4-6	5	5	11	16	11	16	0	0	*
5-6	3	2	11	14	13	16	2	2	

第二步：绘制时标网络图，计算每日资源需要量并绘出资源需求线，如图 5.23 所示。

第三步：逐日由前往后检查资源量是否满足要求。

从图 5.23 的资源需求线上可以看出，第 2 天和第 3 天超出了 10 人的限制；从时标网络图上可以看出，第 2 天和第 3 天有 1-3、2-3、2-4 这 3 项活动在进行，而 1-3 是关键活动，活动 2-3 的时差只有一天，所以只能考虑把活动 2-4 安排在活动 2-3 结束后才开始。调整后的情况如图 5.24 所示。

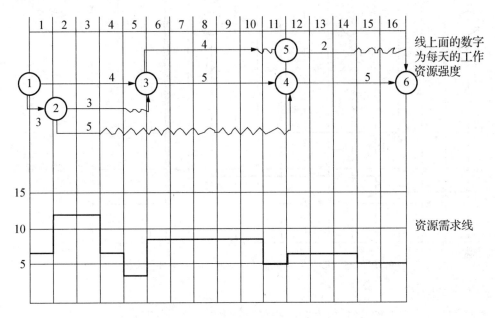

图 5.23　时标网络图和资源需求线

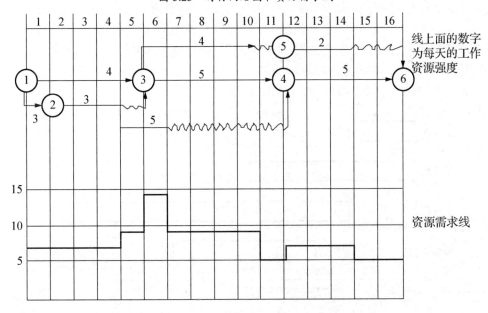

图 5.24　第一次调整后的时标网络图和资源需求线

　　从图 5.24 的资源需求线上可以看出，在第 6 天的时候超出了 10 人的限制，所以可以考虑把活动 3-5 向后推一天。调整后的情况如图 5.25 所示。

　　从图 5.25 中可以看出，资源需求线经过两次调整后变得比较均衡，而且所需资源没有一天超过 10 人的限制。

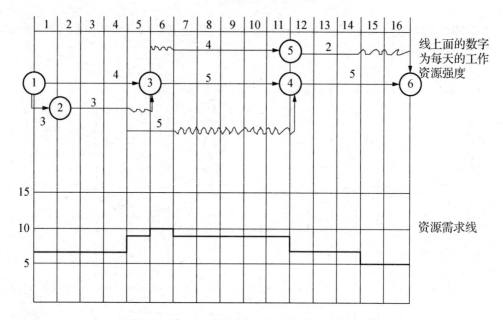

图 5.25　第二次调整后的时标网络图和资源需求线

（4）甘特图法。

甘特图法是由美国学者甘特发明的一种使用条形图编制项目工期计划的方法，是一种比较简便的工期计划和进度安排方法，也叫横道图法。这种方法是在 20 世纪早期发展起来的，因为它简单明了，所以到今天仍在广泛使用。甘特图把项目工期和实施进度安排两种职能组合在一起，项目活动纵向排列在图的左侧，横轴则表示活动与工期时间。每项活动预计的时间用线段或横棒的长短表示。另外，在甘特图中也可以加入一些表明每项活动由谁负责等方面的信息。简单项目的甘特图如图 5.26 所示。

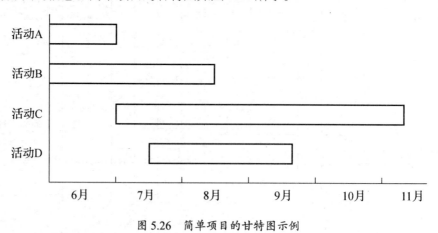

图 5.26　简单项目的甘特图示例

甘特图具有以下特点。

① 表达方式直观，容易看懂计划编制的意图。
② 工序间逻辑关系不易表达清楚。
③ 适用于手工编制计划。
④ 不能确定计划的关键活动、关键线路与时差。

⑤ 计划调整工作量大。

⑥ 难以适应大的进度计划系统。

（5）项目管理软件法。

项目管理软件法是广泛应用于项目工期计划编制的一种辅助方法。项目管理软件可自动进行数学计算和资源调整，可迅速对许多方案加以考虑和选择，还可显示或打印出计划编制的结果。这对于优化项目工期计划是非常有用的。当然，尽管使用了项目管理软件，但最终决策还是需要由人来做出。

4. 项目工期计划制订工作的结果

项目工期计划制订工作的结果是给出一系列的项目工期计划文件。

（1）项目工期计划书。

通过项目工期计划制订而给出的项目工期计划书至少应包括每项活动的计划开始日期和计划结束日期等信息。一般在项目资源配置得到确认之前，这种项目工期计划只是初步计划，在项目资源配置得到确认之后才能够得到正式的项目工期计划。

项目进度可用简略形式或详细形式表示，虽然可用表格形式表示进度，但通常以图的形式来表示，具体包括以下几种。

① 有日期信息的项目网络图。这些图能显示出项目间前后次序的逻辑关系，同时也显示了项目的关键线路与相应的活动。

② 条形图，也称甘特图（图5.26）。这种图显示了活动的开始和结束日期，也显示了期望活动时间，但图中显示不出相关性。条形图容易阅读，通常用于直观显示上。

③ 重大事件图（图5.27）。这种图类似于条形图，又称里程碑事件图，可列出主要事件（又称里程碑事件）的开始和完成时间。

④ 有时间尺度的时标网络图（图5.23）。它是项目网络图和条形图的一种混合形式。这种图显示了项目的前后逻辑关系、活动所需时间和进度方面的信息。

事件（里程碑事件）	1月	2月	3月	4月	5月	6月	7月	8月
分包合同签订			△▼					
规格书完成			△	▽				
设计审核					△			
子系统测试						△		
第一单元提交							△	
全部项目完成								△

注：△表示开始；▽表示未完成；▼表示已完成。

图 5.27　重大事件图

（2）项目工期计划书的详细说明。

这是关于项目工期计划书各个支持细节的说明文件，包括所有已识别的假设前提条件和约束条件说明、具体计划实施措施的说明等。说明文件因应用领域而异。例如，对于一项建筑项目，说明文件也许包括资源的直方图、现金流量的预测、订货与交货计划；对于一项电子工程,说明文件也许只有资源的直方图。

说明文件中提供的资料信息通常包括(但不局限于)以下内容。

① 不同时间阶段对资源的需求,经常以资源直方图的形式表现。

② 替代的进度计划(在最好或最坏情况下,资源可调整或不可调整情况下,有规定或无规定日期情况下)。

③ 计划进度余地或进度风险估计。

(3)项目进度管理的计划安排。

项目进度管理的计划安排是有关如何应对项目工期计划变更和有关项目实施的作业计划管理安排。这一部分内容既可以整理成正式的项目进度计划管理文件,也可以作为项目工期计划正式文件的附件,或者只是进行大体上的框架说明即可。但是无论使用哪种方式,它都应该是整个项目工期计划的一个组成部分。

(4)更新后的项目资源需求。

在项目工期计划制订过程中会出现对项目资源需求的各种改动,因此需要对所有的项目资源需求改动进行必要的整理,并编制成一份更新后的项目资源需求文件。该文件将替代旧的项目资源需求文件,并在项目工期计划管理、集成管理和资源管理中使用。

5.3 物流项目进度控制

5.3.1 项目进度控制的概念和过程

项目进度控制是对项目工期计划的实施与项目工期计划的变更所进行的管理控制工作。项目进度控制的主要内容包括对于项目工期计划影响因素的控制(事前控制)、对于项目工期计划完成情况的绩效度量、对于项目实施中出现的偏差采取纠偏措施,以及对于项目工期计划变更的管理控制等。项目开始实施以后就必须严格控制项目的进程,以确保项目能够按项目工期计划进行和完成。在这一工作中,必须及时、定期地将项目实施的情况与项目进度计划进行比较并找出二者的差距,一旦发现这种差距超过了控制标准就必须采取纠偏措施,以维持项目进度的正常发展。项目经理必须根据项目实际进度并结合其他发生的具体情况,定期地改进项目的实际工作或更新项目工期计划,最终实现对整个项目工期的全面和有效控制。项目进度控制过程如图 5.28 所示。

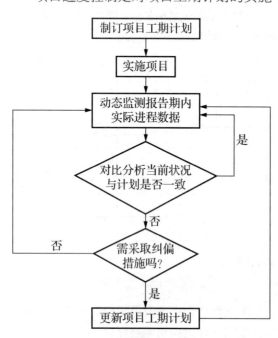

图 5.28 项目进度控制过程

5.3.2 项目进度控制的依据

项目进度控制主要依据以下资料。

1. 项目工期计划文件

项目工期计划文件是项目工期计划控制最根本的依据。该文件提供了度量项目实施绩效和报告项目工期计划执行情况的基准和依据。

2. 项目工期计划实施情况报告

该报告提供了项目工期计划实施的实际情况及相关的信息。例如，哪些项目活动按期完成了，哪些未按期完成，项目工期计划的总体完成情况等。通过比较项目工期计划和项目工期计划实施情况报告可以发现项目工期计划实施的问题和差距。

撰写项目工期计划实施情况报告需要进行项目进度观测和进度记录。

项目进度观测的方法有日常观测法和定期观测法。日常观测法是指在项目执行过程中，不断观测和记录项目工期计划中所包含的每一项工作的实际开始时间、实际完成时间、目前状况等内容，为项目管理者提供进度控制和调整的依据。定期观测法是指每隔一定时间对项目工期计划执行情况进行一次较为全面、系统的观测和检查。间隔的时间因项目的类型、规模、特点和对项目工期计划执行要求的不同而异，如周、旬、半月、月、季、半年等都可定为一个观测周期。对于规模大、周期长的项目常采用定期观测法。

项目进度记录的方法有实际进度前锋线记录法、图上记录法和报告表法等。

（1）实际进度前锋线记录法。在带有时间坐标的网络图中，将某一时刻各项工作的实际进度点连接起来，形成实际进度前锋线，以此记录各项工作的实际进度情况，如图 5.29 所示。实际进度前锋线与计划时间日历线的偏差表达了该项工作是按计划推进，还是工期被拖延了或缩短了。

绝对坐标	1	2	3	4	5	6	7	8	9	10	11	12	13	14	15	16
日历坐标	11	12	13	14	15	17	18	19	20	21	23	24	25	26	27	28
星期坐标	三	四	五	六	一	二	三	四	五	六	一	二	三	四	五	六

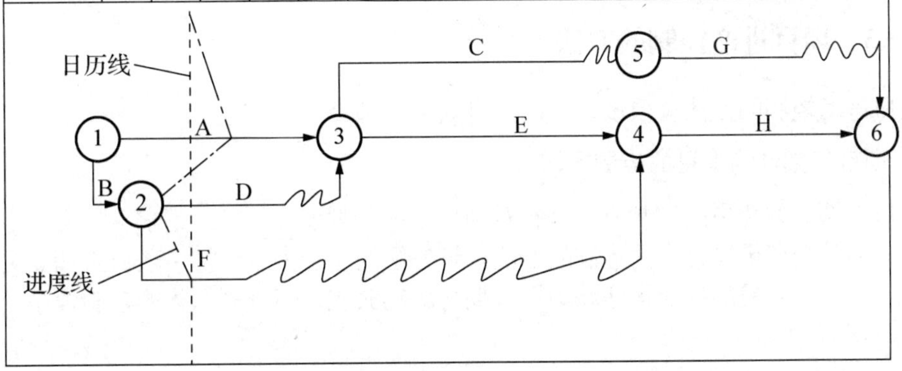

图 5.29 实际进度前锋线

（2）图上记录法。对于非时标的网络图，可用文字或符号直接在图上记录工作的实际进度。图 5.30 所示为用点画线表示实际进度情况。从图 5.30 中可以看出，在第 8 天的时候，

C 工作计划应该完成 3 天的工作量，而实际只完成了 2 天的工作量，拖延了 1 天，而 E 工作计划应该完成 3 天的工作量，而实际已经完成了 4 天的工作量，提前了 1 天，F 工作计划如期完成了。

（3）报告表法。报告表法是用表格形式反映实际进度状况的方法。

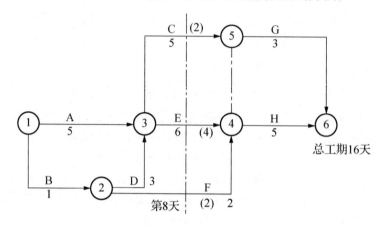

图 5.30　用点画线表示实际进度情况

3. 项目变更的请求

项目变更的请求是对项目计划任务所提出的改动要求。它可以是由业主或客户提出的，也可以是由项目实施组织提出的，或者是法律要求的。项目变更可能会要求延长或缩短项目的工期，也可能会要求增加或减少项目的工作内容。但是，无论哪一方面的项目变更都会影响项目工期计划的完成，所以项目变更的请求也是项目工期计划控制的主要依据之一。

4. 项目进度管理的计划安排

项目进度管理的计划安排给出了如何应对项目工期计划变动的措施和管理安排，包括项目资源方面的安排、应急措施方面的安排等。这些项目进度管理的安排也是项目工期计划控制的重要依据。

5.3.3　项目进度控制的方法

项目进度控制的方法有很多，常用的有以下几种。

1. 项目工期计划变更的控制方法

项目工期计划变更的控制方法是针对项目工期计划变更的各种请求，按照一定的程序对项目工期计划变更进行全面控制的方法。该方法的主要内容包括：项目工期变更的申请程序、项目工期变更的批准程序和项目工期变更的实施程序等一系列的控制程序及相应的方法。

2. 项目进度实施情况的度量方法

项目进度实施情况的度量方法是一种测定和评估项目实施情况、确定项目进度实际完成情况与计划要求的差距大小与幅度的管理控制方法，它是项目工期计划控制中使用的重要方法之一。该方法的主要内容包括定期收集项目实施情况的数据、将项目实际完成情况与计划要求进行比较、报告项目进度实施情况存在的偏差和是否需要采用纠偏措施。该方法要求有固定的项目进度实施情况报告期,并定期和不定期地度量和报告项目进度的实施情况。在一个报告期内,需要为项目进度的控制而收集的数据或信息包括项目实施情况的数据、项目各种变更的信息等。特别要注意这些数据和信息的收集必须及时、准确,以便为更新项目工期计划服务。例如,如果项目报告期是一个月,这些数据和信息就应该在到月末之前收集完毕,这样才能保证信息的及时和有效;反之,如果数据和信息已经过时或不准确,就会引起项目工期计划和控制方面的决策失误。一般从对项目的控制角度来看,这种报告的报告期越短,越有利于及早发现问题并采取纠偏措施。特别是当项目的不确定性因素较多、风险较大或项目出现问题时,一定要缩短报告期,增加报告的频率,直到项目进度恢复正常为止。例如,对于一个工期为 5 年的项目而言,其报告期可以是一个月,但是当出现偏离项目工期计划或超出项目预算等情况时,就应该立即将这一项目的报告期缩短至一周,以便更好地控制项目进度的实施。

通过测量和记录项目进度实施的情况,对项目进度进行比较分析是实现项目进度控制的重要过程。项目进度比较分析的方法主要有甘特图比较法、实际进度前锋线比较法、S 形曲线比较法、"香蕉"形曲线比较法。

(1)甘特图比较法。

甘特图比较法是将在项目进展中通过观测、检查而收集到的工作进展信息,经整理后直接用不同宽度或颜色的横线并列标于原计划的横线下来进行直观比较的方法。其实施步骤如下。

① 标出检查日期。
② 标出已经完成的工作。
③ 将实际进度与计划进度进行对比。
④ 分析是否出现进度偏差。
⑤ 分析偏差对后续工作及工期的影响。
⑥ 分析是否需要调整进度。
⑦ 采取进度调整措施。
⑧ 实施调整后的进度计划。

如图 5.31 所示,分析第 9 天后的进度实施情况,可以看出第 3 段挖土按照计划实施 3 天,实际实施 1 天,推迟了 2 天,第 1 段基础还没有开始实施,按照计划应该是实施 1 天,因此整个 9 天后的计划都要重新调整,如图 5.31 中虚线所示,这样整个项目都需延后 1 天,即 25 天才能完成。

(2)实际进度前锋线比较法。

实际进度前锋线比较法是从计划检查时间的坐标点出发,用点画线依次连接各项工作的实际进度点,最后到计划检查时间的坐标点为止,形成前锋线。根据前锋线与工作箭线交点的位置判断项目实施进度与计划进度偏差。其实施步骤如下。

① 标出检查日期。
② 标出实际进度前锋线。
③ 将实际进度与计划进度进行对比,分析是否出现进度偏差。
④ 分析偏差对后续工作及工期的影响。
⑤ 分析是否需要调整进度。

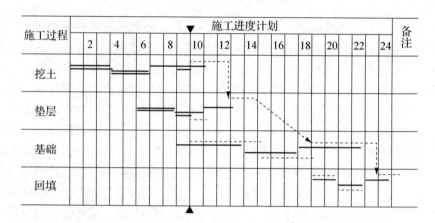

图 5.31 甘特图比较法示例

⑥ 采取进度调整措施。
⑦ 实施调整后的进度计划。

如图 5.32 所示,在第 14 天末,I 工作按计划应该完成,而实际只完成了一天,所以推迟了一天;J 工作两天的工作量按计划应该完成,而实际还未开始。I 工作属于关键工作,I 工作推迟了一天,会使整个工期推迟一天;J 工作所在线路有一天的时差,所以总的来说也会使整个工期推迟一天。如图 5.33(a)所示,这样整个工期变成了 25 天,关键线路变成了两条,即 10-11-13-15-16-17 和 9-12-14-16-17,要使整个工期仍然控制在 24 天之内,就必须同时缩短这两条线路。如图 5.33(b)所示,把 M 工作和 R 工作同时压缩一天,使整个工期又变回原来的 24 天。

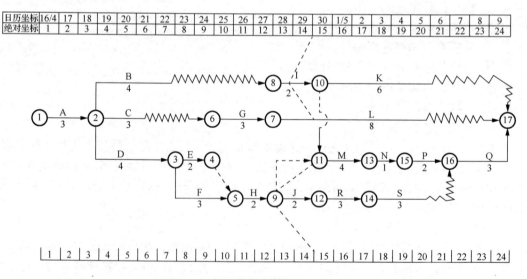

图 5.32 实际进度前锋线比较法示例

(3)S 形曲线比较法。

S 形曲线比较法是以横轴表示进度时间,纵轴表示累计完成工作量,而绘制出一条按计划时间累计完成工作量的 S 形曲线(表 5-8 和图 5.34),将项目的各检查时间实际完成的工作量与 S 形曲线进行实际进度与计划进度相比较的一种方法。它反映了随时间进展累计完成工作量的变化情况。

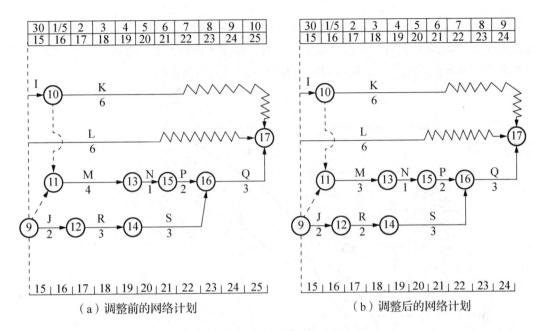

(a) 调整前的网络计划　　　　　　(b) 调整后的网络计划

图 5.33　网络计划调整前后比较示例

表 5-8　完成工作量汇总表

时间/天	j	1	2	3	4	5	6	7	8	9	10
每天完成工作量/m²	q_j	200	600	1 100	1 500	1 600	1 600	1 500	1 100	600	200
累计完成工作量/m²	Q_j	200	800	1 900	3 400	5 000	6 600	8 100	9 200	9 800	10 000
每天完成百分比/%	U_j	2	8	19	34	50	66	81	92	98	100

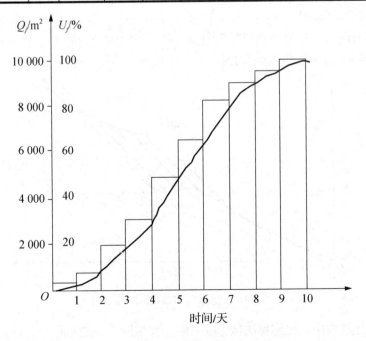

图 5.34　S 形曲线示例

如图 5.35 所示，在 a 点实际累计完成工作量高于计划累计完成工作量，工期提前了 ΔT_a；而在 b 点，实际累计完成工作量却低于计划累计完成工作量，工期拖延了 ΔT_b。按照实际进度表预测 S 形曲线的走向，可以预测出整个工期可能拖延 ΔT。

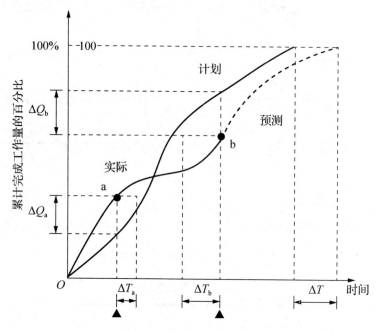

图 5.35　S 形曲线比较法示例

（4）"香蕉"形曲线比较法。

对于一个项目的网络计划，虽然有唯一的时间起点和终点，但在理论上存在工作最早和最迟两种开始和完成时间序列。如果按最早时间和最迟时间分别绘制出两条 S 形曲线，就形成了一闭合曲线，称为"香蕉"形曲线。以最早时间绘制的 S 形曲线称为 ES 曲线；以最迟时间绘制出的 S 形曲线称为 LS 曲线，如图 5.36 所示。

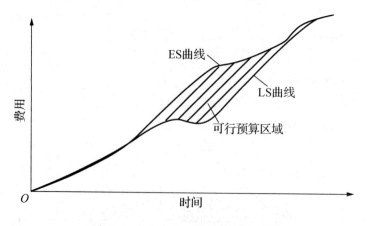

图 5.36　"香蕉"形曲线比较法示例

在项目实施过程中，根据每次检查的各项工作实际完成的工作量，计算出不同时间实际完成工作量的百分比，并在"香蕉"形曲线的平面内绘制出实际进度曲线，从而进行完成工作量的比较和所需时间的比较。显然，当实际进度曲线超出了 ES 曲线和 LS 曲线所包括的范围，意味着项目肯定有问题。如果实际进度曲线高于 ES 曲线，表明项目推进速度过于迅速，要深入检查项目的质量是否得到了保证；如果实际进度曲线低于 LS 曲线，表明项目工期被严重地拖延，要从项目组织和资源调配上去寻找问题的根源，及时予以纠正。

3. 追加计划法

在整个项目的实施过程中，很少有项目能完全依照项目工期计划实施。一些项目活动会提前完成，而另一些项目活动则会延期完成。实际项目进度无论快还是慢都会对项目的最终完工时间产生影响。因此，项目进度控制方法中还有一种追加计划法，或称附加计划法。这种方法可以根据可能出现的项目工期计划变化去修订项目活动的工期估算、项目的活动排序和整个项目的工期计划。在整个项目实施的过程中可能发生的各种变更也会对项目进度产生影响，这也要求对项目的范围、预算或工期计划进行修改。这些都需要使用项目进度控制的附加计划法。追加计划法包括 4 个步骤：首先分析项目实施进度并找出存在的问题；其次确定应采取哪些具体的纠偏措施；再次修订项目工期计划并将纠偏措施列入计划中；最后重新安排项目工期，估算和评价采取纠偏措施的效果并编制出项目工期的追加计划。这种方法需要重点分析两种活动：一种是近期需要开展的项目活动；另一种是所需时间较长的项目活动。因为积极控制正在进行或随后即将开展的项目活动的工期比控制很久以后开始的项目活动的工期要有效得多。同时，如果能够减少所需时间较长的项目活动的工期，显然要比在所需时间较短的项目活动身上想办法有用得多。有多种方法可以用于缩短项目工期，其中最直接的方法是投入更多的资源。例如，分派更多的人来完成同一项活动，或者要求工作人员增加每天的作业时间来缩短项目工期。另外，缩小项目的范围或降低项目的质量要求也是缩短项目工期的常用方法。在一些非常情况下，甚至可以取消一些项目活动来缩短项目工期。当然，通过改进项目工作方法来提高劳动生产率才是缩短项目工期的最佳方法。

4. 项目工期管理软件法

对于项目进度的管理控制而言，运用项目工期管理软件也是很有用的方法。这种方法可以用来追踪和对比项目实际实施情况与项目工期计划要求的差距，预测项目工期计划的变化及影响，调整、更新与追加项目工期计划。

5.3.4 项目进度控制的结果

项目进度控制的结果主要包括以下几个方面。

（1）更新后的项目工期计划。这是根据项目进度实施中的各种变化和纠偏措施，对项目工期计划进行修订以后所形成的新的项目工期计划。它是对原有项目工期计划进行全面修订后给出的结果。

（2）项目工期管理中要采取的纠偏措施。这里的纠偏措施是指为纠正项目进度实施情况与项目工期计划要求之间的偏差所采取的具体行动方案。在项目工期管理中需要采取各种纠偏措施以保证项目按时完工，所以项目工期管理中要采取的纠偏措施也是项目进度控制的重要工作结果之一。

（3）可供吸取的经验教训。在项目实施过程中，有关项目进度控制方面的各种可供吸取的经验教训也是项目进度控制工作的结果之一。这方面的内容包括有关项目工期计划变动的原因、采取纠偏措施的理由，以及项目进度失控的经验和教训等。

（4）项目进度实施结果的改善。这是项目进度控制工作最主要的结果，正是由于项目进度控制工作的开展才使得项目进度的实施结果得以提高和改善，才使得项目实施工作能够按照计划（包括最初的和更新后的计划）去完成。

本 章 小 结

物流项目进度管理是项目管理的重要内容，本章全面讨论了物流项目进度管理的内容、方法和理论。本章着重讨论了项目进度管理的基础工作和项目工期计划与控制的程序和方法。这包括项目活动的定义、项目活动的排序和项目活动的工期估算，以及项目工期计划的编制程序、编制技术与方法；同时还深入讨论了项目工期计划控制的内容和方法。

本章深入探讨了项目网络图的绘制方法、利用项目网络图进行时间压缩、资源调整等，以及利用甘特图比较法、实际进度前锋线比较法、S 形曲线比较法、"香蕉"形曲线比较法等方法进行项目进度实施情况的度量和分析。

进度管理（schedule management） 活动定义（activities definition） 活动排序（activities sequencing） 进度控制（progress control）

知识链接

IT 项目进度管理的影响因素分析

1. IT 项目进度管理和影响因素的概念

项目是由一组有起止时间、相互协调的受控活动所组成的特定过程，该过程要达到符合规定要求的目标，包括时间、费用和资源的约束条件。项目管理是以项目为对象，由项目组织对项目进行高效率的计划、组织领导、控制和协调，以实现项目目标的过程。项目管理的主要内容有范围管理、进度管理、费用管理、质量管理、人力资源管理、风险管理、沟通管理、采购管理和综合管理等。其中进度管理是为了确保项目按时完成而对所需的各个过程活动进行管理。进度管理的过程和内容主要有：工作界定——为完成各种项目的交付成果确定必须进行的各项具体活动；工作安排——识别项目工作清单中各项活动的相互关联与依赖关系，并据此对各项工作的先后顺序进行安排；工作持续时间估算——对项目确定的各项工作的时间长短进行估算；编制进度计划——根据项目工作顺序、工作时间和所需资源编制项目进度计划；进度计划控制——对项目进度计划实施与项目进度计划变更所进行的管理控制工作。

1997 年，高德拉特提出了约束理论（theory of constraints，TOC），主要阐述约束理论在制造业中的运用，指出在流水线中，决定产出的是该流水线中的某一台机器，被称为该流水线的"瓶颈"。为了提高该产出，就必须而且只需提高瓶颈的产出。理论看似浅显，却是管理理论的一次革命，它使人们更注重影响项目的主要因素，更注重从整体上全面地看待一个项目。因此应该找出影响进度的主要因素，并对整个

第 5 章
物流项目进度管理

项目的各方面进行调配，使项目处在一个协调的环境下。IT 项目不同于其他项目，它有其自身的特点，在此探讨影响 IT 项目进度的 4 个主要因素，即进度计划、项目需求的分析、项目团队管理和进度控制。

2. 进度管理中主要因素的分析

（1）进度计划。

进度计划是项目管理人员根据工作的持续时间和工作之间的逻辑关系制订的工作计划。好的进度计划是成功的一半，而不合实际的进度计划会给项目带来巨大的负面影响。错误的进度计划主要是由以下两个原因造成的。

① 工期估计过长。进度超期的首要原因是每个工序的计划时间过长，使项目最后没有足够的余地（或称缓冲区），如果有阻碍因素产生就很难按时完成项目。造成工期估计过长的原因为：由于不确定性因素的影响，任务完成者为了确保任务完成，一般会考虑安全因子，做出最悲观的时间估计。任务完成的概率分布可以认为近似正态分布。

② 工期估计过短。IT 项目的工期估计一般要客观地综合考虑员工的工作效率、工作复杂度和历史经验，使工期的估计更合理、更接近现实情况。项目管理人员单凭主观的估计不可能得出好的结果，容易导致项目处于混乱状态。IT 项目的工期估计过短一般由两个方面的原因造成：一是由于同行竞争，为了中标压缩了项目的时间；二是设计者对问题估计过于乐观，没有从技术方面做一个具体全面的分析，只是凭借经验估计。

（2）项目需求的分析。

IT 项目的主要风险来自不准确的需求。没有清晰的项目需求，导致在开始就没有找准项目的范围，范围不对就很难按时完成任务。造成这个问题的主要原因有两个：一是计算机程序设计人员缺乏项目所在行业的专业知识，不能准确地理解客户的需求，造成需求偏差；二是客户在开始时没有清晰完整的项目目标。为了了解准确、完整的需求，就要对 IT 项目的需求做细致的调研。实际上有很多 IT 项目常常是在对项目没有很好了解的基础上，就急于和客户进行正式的谈判。合适的做法是，在和客户沟通前，先收集一些反映客户业务的资料和相关书籍，有针对性地阅读，弄清客户的业务流程及每一步要达到的目的。如果对某些费解的术语和业务流程的具体细节不是很清楚，可以让客户带领参观业务流程。这样在准备工作做完以后，再进行正式的洽谈，从而提出具有针对性的问题或关键的问题，客户也能轻松、准确地回答你所提出的问题。作为有益补充，还可以用无记名问卷的方式进行调查，因为在无压力的情况下需求更接近真实。但在调查过程中可能由于各个部门只强调本部门，导致不能得到一个系统的、完整的认识。这时需要综合分析所得到的调查资料，找出它们之间的关系。

（3）项目团队管理。

① 项目是由项目团队成员共同协作完成的，因此建立高效的项目团队也是项目成功的关键。除了通常的一些制度管理，树立个人的挑战意识、建立良好的沟通、增强团队的凝聚力也是提高团队效率的有效途径。要让项目团队成员知道项目的价值、完成项目所具有的意义。通常人们都有实现自身价值的欲望，并为之接受挑战，这就是一种挑战意识。管理要做的工作就是鼓励这种意识，让团队成员明白通过完成项目来体现自身价值，从而将个人与事业紧密地联系起来。项目团队成员会因为完成了具有挑战性的任务、实现了自身价值而感到自豪，同时为了不断获得这种自豪感，他们会接受新的挑战并更努力地工作，从而形成一个良性循环。

② 建立良好的沟通。良好的沟通是协调各方面的润滑剂。项目经理制订了一个很好的计划，但不与团队成员沟通，使得团队成员不会对计划积极响应，或是按自认为对的方法去做，这都可能导致项目很难继续下去。比较合适的做法是，了解项目成员的想法，再找到合适的沟通方式，进行及时有效的沟通。

③ 增加团队的凝聚力。凝聚力实际上就是一种团结协作的精神。例如，做某项工作的 A 遇到了困难，而 B 可以轻松解决这个问题，但 B 不愿出力，导致项目出现问题，这就是缺乏凝聚力带来的后果。要让项目团队成员像一个整体一样工作，互相帮助、互相尊重。项目团队成员应有团队观念，也就是有共同的责任、共同的利益，以及只有协作才能完成任务的意识。

（4）进度控制。

在此讨论一种进度控制的新技术——关键链技术。这种技术不但考虑了子任务之间的逻辑关系，而且考虑了人力资源约束时间最长的路径。关键链技术主要考虑以下几个方面。

① 削减安全因子，设置项目缓冲区。有人统计过，安全因子是项目延期的主要原因之一。因此为了按时完成项目必须对影响工期的安全因子进行削减。

② 不能让非关键链上的工序制约关键链上的工序，设置供应缓冲区。在实际的项目中，大部分影响关键线路的问题并不发生在关键链上，而是发生在供应线路上。解决办法是在供应线路和关键链交汇处引入一个供应缓冲区。

③ 为了保证关键链上的工序，设置资源缓冲区。资源缓冲区设置在关键链工作的前面，目的是保证当关键链上工作开始执行时需要的资源就绪。在现实中采用资源预报机制，即在关键链上工作的前序工作开始执行前一段时间对相关资源发出通知，以便资源做好关键链工作的准备。

④ 让不能并行的工作串行。由于多任务并行而导致"欲速则不达"，应给这些任务按轻重缓急排一个序，让关键的工序先做，次要的后做，从而解决资源冲突的问题。这是一个具有现实意义的问题，解决方法就是让尽量多的工序并行，否则就串行。

综合练习

一、填空题

1. 影响物流项目进度管理的因素是_____、_____、_____、_____、_____。
2. 项目进度管理的内容有_____、_____。
3. 项目进度计划编制的实施步骤有_____、_____、_____、_____。

二、判断题

1. 项目活动清单是对项目工作分解结构的进一步细化和扩展。（   ）
2. 项目活动排序是通过识别项目活动清单中各项活动的相互关联与依赖关系，并据此对项目各项活动的先后顺序进行合理安排与确定的项目进度管理工作。（   ）
3. 项目活动的内部依存关系是指项目活动与其他组织的活动，以及项目活动与组织所开展的其他活动之间的相互关系。（   ）
4. 在前驱图法中，"开始→结束"是最常见逻辑关系，"结束→开始"关系极少使用。（   ）
5. 图示评审技术可对网络结构和活动估计进行概率处理，即某些活动可不执行，某些活动仅部分执行，某些活动可执行多次。（   ）

三、简答题

1. 项目活动的含义及要输入的信息有哪些？
2. 在决定一个项目网络图的详细程度时应考虑哪些准则？
3. 项目工期计划书的支持细节有哪些主要内容？
4. 项目活动之间的内在相关性和指定相关性有什么区别？
5. 箭线图法的绘制规则有哪些？

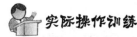 实际操作训练

课题：物流项目进度管理。
实训项目：项目进度计划的编制。
实训目的：掌握项目进度计划的编制方法。
实训内容：选定一个项目，收集项目的背景资料，制定项目目标和工作分解结构，制订项目里程碑计划、甘特图计划和网络图计划。
实训要求：将参加实训的学生按几个人分成一个工作小组，任命其中一名成员为项目经理，由其进行任务的安排，如安排专人进行资料查询、绘制工作分解结构图、制订各种计划等，最后由全体小组成员确定终稿。

 案例分析

根据以下案例所提供的资料，试分析以下问题。
（1）分析工作分解结构在制订项目进度计划时所起的作用。
（2）分析甘特图计划和网络图计划的优缺点。

某啤酒公司改扩建项目进度计划的编制

1. 项目背景

为了进一步扩大啤酒的生产能力，某啤酒公司在兼并了一家啤酒厂后，决定利用该厂一定的存量资产将其改造成年产 8 万吨啤酒的啤酒厂。

工程内容包括 10 000m² 厂房土建和公用系统改造、50 多台主要工艺设备采购和安装、13 000m 工艺管道的铺设等。

项目总投资为 7 800 万元人民币。项目开工日期为 2023 年 8 月初，工程于 2025 年 1 月底试运行完成后正式交付使用。

项目投资大、工期长、工艺复杂、施工单位多。为此，该啤酒公司专门成立了项目管理机构。

2. 项目目标

交付成果：设计改造啤酒公司兼并后的啤酒厂，利用该厂一定的存量资产将其改造成年产 8 万吨啤酒的啤酒厂。工程内容包括 10 000m² 厂房土建和公用系统改造、50 多台主要工艺设备采购和安装、13 000m 工艺管道的铺设等。

工期目标：2023 年 8 月初至 2025 年 1 月底，历时 18 个月。
费用目标：项目总投资为 7 800 万元人民币。
质量目标：工程一次竣工合格率 100%，单位工程优良率 95%，争创国家优质工程，确保用户满意。
安全目标：杜绝重大人身伤亡事故，年轻伤频率低于 8‰。
环境保护：达到国家环保要求，建设绿色工程。

3. 项目工作分解结构（图 5.37）
4. 项目里程碑计划（图 5.38）

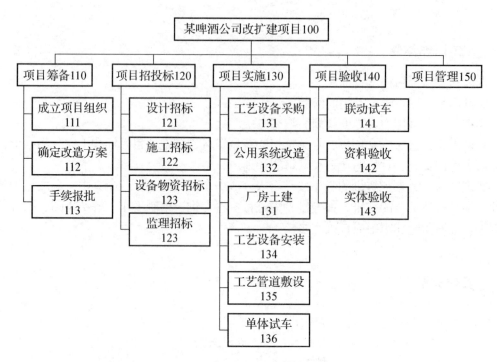

图 5.37 项目工作分解结构

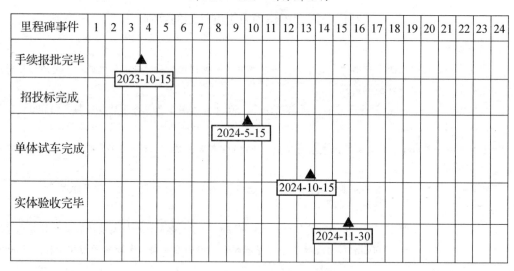

图 5.38 项目里程碑计划

5. 项目工作先后关系表（表 5-9）

表 5-9 项目工作先后关系表 单位：半个月

任务编号	任务名称	工期	紧前工作	搭接关系
111	成立项目组织	1		
112	确定改造方案	4	111	
113	手续报批	2	111、112	SS2

续表

任务编号	任务名称	工 期	紧前工作	搭接关系
121	设计招标	1	113	
122	施工招标	2	113、121	SS1
123	设备物资招标	1	113	
124	监理招标	2	113	
131	工艺设备采购	3	122、123、124	
132	公用系统改造	12	131	SS3
133	厂房土建	8	131	SS3
134	工艺设备安装	3	135	SS1
135	工艺管道敷设	4	132、133	
136	单体试车	2	134、135	
141	联动试车	1	136	
142	资料验收	1	141	
143	实体验收	1	142	
⋮	⋮	⋮	⋮	⋮

6. 项目计划甘特图（图5.39）

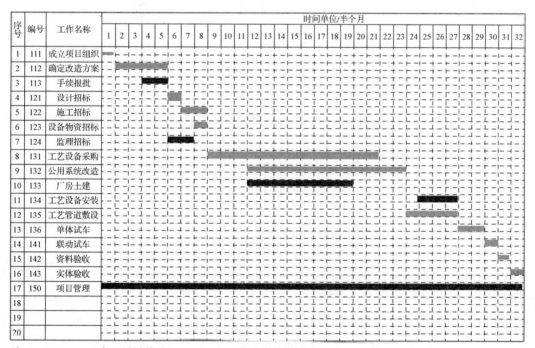

注：■■■ 表示关键线路； ▬▬▬ 表示非关键线路。

图5.39 项目计划甘特图

7. 项目网络计划图（图 5.40）

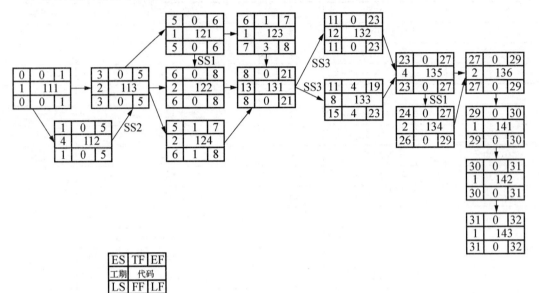

图 5.40　项目网络计划图

第 6 章 物流项目质量管理

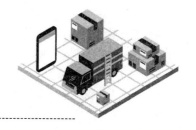

【学习目标】

通过本章的学习,了解物流项目质量管理、质量规划、质量保证及质量控制的概念,明确物流项目质量规划的工具和技术、物流项目质量保证的内容,掌握物流项目质量保证的依据与方法,物流项目质量控制的依据、方法与工具。

【学习要求】

知识要点	能力要求	相关知识
物流项目质量	理解"与物流项目相关的商品质量"的含义; 理解物流服务质量的含义; 理解物流项目工作质量的含义; 理解物流项目工程质量的含义	物流项目质量的概念
物流项目质量管理的职能	掌握物流项目质量管理的职能	物流项目质量管理的概念
物流项目质量规划	理解物流项目质量规划过程中需注意的问题	质量规划的工具和技术、质量规划的结果
物流项目质量保证	掌握物流项目质量保证的内容	物流项目质量保证的依据与方法
物流项目质量控制	理解物流项目质量控制的原则; 掌握物流项目质量控制的依据、方法和工具	物流项目质量控制的概念、结果

【导入案例】

联合包裹服务公司的物流质量管理

美国联合包裹服务公司（United Parcel Service，UPS）拥有 15 万名员工，平均每天将 900 万个包裹发送到美国各地及 180 个国家和地区。为了实现"在邮运业中办理最快捷的运送"的宗旨，UPS 系统地培训员工，使他们尽可能高效率地工作。下面以送货司机的工作为例，介绍其管理风格。

UPS 的工业工程师对每一位送货司机的行驶线路进行时间研究，并对每种送货、暂停和取货活动都设立了标准。这些工程师记录了送货司机等红灯、通行、按门铃、穿过院子、上楼梯、中间休息喝咖啡，甚至上厕所的时间，将这些数据输入计算机，从而给出每一位送货司机每天工作的详细时间标准。

为了完成每天取送 130 件包裹的目标，送货司机必须严格遵循工程师设定的程序。当送货司机到达发送站时，他会松开安全带、按喇叭、关发动机、拉起紧急制动，把变速器推到一挡上，为送货车送货完毕后的启动离开做好准备，这一系列动作严丝合缝。然后送货司机从驾驶室来到地面，右臂夹着文件夹，左手拿着包裹，右手拿着车钥匙，看一眼包裹上的地址并将其记在脑子里，快步走到顾客的门前，先敲一下门以免浪费时间找门铃。送完货后，送货司机在回卡车的路途中完成登录工作。

资料来源：王晓艳，2020. 企业物流管理[M]. 北京：北京大学出版社：329-330.

问题：（1）该案例中应用了哪些企业物流质量管理的思想和方法？
（2）该案例中联合包裹服务公司是如何进行物流质量管理的？

随着质量意识日益深入人心，人们对工程项目质量提出了更高、更严格的要求，而物流项目质量也随物流进入人们实际生活的方方面面，日益受到人们的重视。物流项目质量主要包括与物流项目相关的商品的质量、物流项目服务质量、物流项目工作质量和物流项目工程质量等。物流项目的质量管理是市场经济条件下消费者各种合法权益的保障，是社会可持续发展的重要因素。

6.1 物流项目质量管理概述

6.1.1 物流项目质量概述

1. 物流项目质量的概念

物流项目质量是指物流项目在实现过程中满足相应企业需要和客户消费需要的各个特性的总和。由于物流项目的管理是用系统的观点和方法来指导和处理相关问题的，因此，物流项目的质量是系统性的质量，应该由组成该系统的各相关要素的质量综合体现。具体地说，物流项目质量既包含物流项目的对象质量，又包含物流项目实施手段、物流项目运作方法的质量，还包括物流项目的工作质量，因而是一种全面质量观的系统质量。

2. 物流项目质量的内容

物流项目质量具体包含以下内容。

（1）与物流项目相关的商品质量。

物流的对象是具有一定质量的实体，即有合乎要求的等级、尺寸、规格、性质、外观等。这些质量标准是在生产过程中形成的,物流过程在于转移和保护这些质量,最后实现对客户的质量保证。因此,对客户的质量保证既依赖于生产,又依赖于流通。现代物流过程不仅是积极地保护和转移物流对象,还可以采用流通加工等手段改善和提高商品的质量。因此,物流过程在一定意义上也是商品质量的形成过程。

(2)物流项目服务质量。

物流有极强的服务性质,可以说整个物流项目的质量目标就是其能提供的服务质量。服务质量因不同客户而要求各异,要掌握和了解客户要求、流通加工对商品质量的提高程度、批量及数量的满足程度、配送额度、间隔期及交货期的保证程度、配送和运输方式的满足程度、成本水平及物流费用的满足程度、相关服务(如信息提供、索赔及纠纷处理)的满意程度。

(3)物流项目工作质量。

物流项目工作质量是指物流项目各环节、各工种、各岗位的具体工作质量。物流项目工作质量和物流项目服务质量是两个有关联但又不完全相同的概念。物流项目服务质量水平取决于物流项目各项工作质量的总和。所以,物流项目工作质量是物流项目服务质量的保证和基础,重点抓好物流项目工作质量,物流项目服务质量也就有了一定程度的保证。

(4)物流项目工程质量。

物流项目质量不但取决于工作质量,而且取决于工程质量。将在物流项目管理过程中对物流项目质量发生影响的各种因素(人、体制、设备、工艺方法、计量与测试、环境等)统称为工程。

很明显,提高物流项目工程质量是进行物流项目质量管理的基础工作,能提高物流项目工程质量,就能做好以预防为主的物流项目质量管理。

6.1.2 物流项目质量管理的概念及职能

1. 物流项目质量管理的概念

物流项目质量管理是指为确保物流项目质量达到目标要求而开展的项目管理活动,其根本目的是保证最终交付的物流项目产出物符合质量要求。换句话说,现代物流项目管理中的质量管理就是为了保障物流项目的产出物能够满足项目业主/客户及项目各方相关利益者的需要而开展的对于项目产出物的质量、项目工作质量、项目工程质量等的全面管理工作。物流项目质量管理的概念与一般质量管理的概念有许多相同之处,也有许多不同之处。这些不同之处是由项目的一次性和独特性等特性决定的。物流项目质量管理的基本概念也包括项目质量方针的确定、项目质量目标和质量责任的制定、项目质量体系的建设,以及为实现项目质量目标所开展的项目质量计划、项目质量控制和项目质量保证等一系列的物流项目质量管理工作。

一般情况下,在物流项目质量管理中同样要使用全面质量管理的思想。对于全面质量管理的思想,国际标准化组织认为:所谓全面质量管理,是指以质量为中心,以全员参与为基础,目的在于通过让顾客满意和本组织所有成员及社会受益而达到长期成功的一种质量管理模式。从该定义可以看出,全面质量管理的指导思想分为两个层次:其一是整个组织要以质量为核心;其二是组织的每个成员要积极参与全面质量管理,而全面质量管理的根本目的是使全社会受益和使组织长期成功。确切地说,全面质量管理的核心思想是质量管理的全员性(全员参与质量管理的特性)、全过程性(管理好质量形成的全过程的特性)和全要素性(管理好质量所涉及的各个要素的特性)。现代物流项目管理认为,这种质量管理的思想必须在物流项目质量管理中使用和贯彻,物流项目质量管理必须按照全体成员都参加的模式开展(全员性);物流项目质量管理的工作内容必须是贯穿项目全过程的(全过程性),从物流项目的初期阶段、计划阶段、实施阶段、控制阶段,一直到项目最终的结束阶段;物流项目的质量管理要特别强调对物流项目工作质量、工程质量的管理,强调对项目的所有活动的管理(全要素性),因为物流项目产出物的质量是由项目的工作质量、工程质量等保证的。

专栏 6-1

全面质量管理的贡献

【拓展视频】

全面质量管理(total quality management,TQM)这个名词,最初是由美国著名的质量管理专家菲根堡姆于 20 世纪 60 年代初提出的。它是在传统的质量管理基础上,随着科学技术的发展和经营管理上的需要发展起来的现代化质量管理,现已成为一门系统性的科学。

我国在党的十五届四中全会通过的《中共中央关于国有企业改革和发展若干重大问题的决定》提出,要"搞好全员全过程的质量管理"。其中"全员全过程的质量管理"就是全面质量管理。自 1978 年以来,我国持续推行全面质量管理,从多年深入、持久、健康地推行全面质量管理的效果来看,它有利于提高企业素质,增强国有企业的市场竞争力。

需要说明的是,本章所讨论的物流项目质量管理的基本思想与国际标准化组织在 ISO 9000 和 ISO 10000 系列中的标准和方针是一致的。实际上,现代质量管理与现代物流项目质量管理的基本理念并无大的差异。本章所介绍的物流项目质量管理的一般性方法和其他人提出的质量管理方法,以及近年来备受推崇的全面质量管理、工作的持续改进及其他方法也是一致的。当然,物流项目质量管理的方法与产品质量管理的方法是有很大差别的。这是由物流项目本身所具有的一次性、独特性、创新性等特点所决定的。但是物流项目质量管理和产品质量管理都认为下述理念在质量管理中至关重要。

(1)使客户满意是质量管理的目的。

全面理解客户的需求、设法满足或超过客户的期望是物流项目质量管理和产品质量管理的根本目的。任何项目的质量管理都需要将满足项目业主/客户的要求(项目说明书的规定和对于项目业主/客户需求的实际了解)作为根本目的,因为整个项目管理的目标就是要提供能够满足项目业主/客户需要的项目产出物(产品或服务)。

(2)质量是干出来的而不是检验出来的。

物流项目质量和产品质量都是通过工作和管理形成的结果,而不是质量检验出来的。质量检验的目的是找出不合格的产品或服务,是一种纠正错误的质量管理工作。但是,避免错误的成本通常比纠正错误的成本低得多,所以质量管理要把工作重心放在避免错误方面,对于物流项目的质量管理尤其如此。

（3）质量管理是全体员工的责任。

物流项目质量管理和产品质量管理应该是全体员工的责任，物流项目质量管理的成功尤其需要物流项目全体成员积极努力地工作，需要项目团队的全体成员明确自己的质量责任并积极地承担自己的质量责任。物流项目质量管理的成功所依赖的关键因素是项目团队成员积极参与对项目产出物和项目工作的质量管理。

（4）质量管理的关键是不断地改进和提高。

物流项目质量管理和产品质量管理都遵循"戴明循环"（由戴明博士提出的 PDCA 循环，其中 P 是计划、D 是执行、C 是检查、A 是处理）。这是一种持续改进的思想和方法。这种思想和方法同样是物流项目质量管理的一种指导思想和技术方法。

专栏 6-2

PDCA 循环

PDCA 是由英语单词 plan（计划）、do（执行）、check（检查）和 action（处理）的首字母组合而成的，PDCA 循环就是按照这样的顺序进行质量管理，并且循环往复地进行下去的科学程序。

全面质量管理活动的运转离不开管理上的循环运转，这就是说，改进与解决质量问题，使各项工作达到先进水平，要运用 PDCA 循环的科学程序。不论是提高产品质量还是减少不合格品，都要先提出目标，即要计划质量提高到什么程度、不合格品率降低到多少；这个计划不仅包括目标，而且包括实现这个目标需要采取的措施；计划制订之后，就要按照计划进行检查，看是否实现了预期效果，是否达到预期的目标；通过检查找出问题和原因；最后就要进行处理，将经验和教训制定成标准，形成制度。

PDCA 循环具有以下 3 个特点。

（1）各级质量管理都有一个 PDCA 循环，形成一个大环套小环、一环扣一环、互相制约、互为补充的有机整体。一般在 PDCA 循环中，上一级循环是下一级循环的依据，下一级循环是上一级循环的落实和具体化。

（2）每个 PDCA 循环都不是在原地周而复始运转，而是像爬楼梯那样，每个循环都有新的目标和内容，这意味着质量管理经过一次循环，解决了一批问题，质量水平有了提高。

（3）在 PDCA 循环中，A 是循环的关键。

2. 物流项目质量管理的职能

（1）确定质量方针和目标。

质量方针是物流项目承担实体开展各项质量活动的行动指南，它体现物流项目承担实体就产品质量和服务质量向客户及员工的承诺；质量目标是企业质量方针的具体体现，是企业质量方针得到落实的保证，也是考核企业质量管理水平的基本依据。

制定质量方针是为物流项目承担实体的全体成员在所从事的质量工作中的行动和决策提供一个明确的方向和可靠的依据。质量方针通常由组织的最高管理者制定和发布，质量方针一经发布，将对整个物流项目承担实体所有与质量相关的活动产生影响，决定物流项目承担实体质量活动的总的宗旨和方向。物流项目承担实体质量方针通常涉及以下几个方面：以满足客户的综合物流服务要求为宗旨；全心全意为物流项目承担实体的外部客户和内部客户服务；提高全体员工的质量意识，对员工进行培训，使员工掌握质量管理技能和现代物流技术；遵守质量法规，积极实施质量管理体系标准，建立质量管理体系。

质量目标是物流项目承担实体为提高其持续满足客户需要和期望的能力的结果。物流项目承担实体质量目标通常涉及以下几个方面：物流项目承担实体市场占有率和经营效益方面的目标；所提供物流服务满足客户需要的能力和市场竞争能力方面的目标；有关过程能力、过程的有效性和效率、资源的有效利用和对资源利用的控制程度方面的目标；有关组织的能力、有效性和效率方面的目标；有关员工的技能、积极性和事业发展方面的目标。

（2）制定和组织实施质量管理制度。

制定和组织实施质量管理制度是物流项目承担实体质量管理的重要职能。没有一定的质量规章制度和质量运行规范来制约与控制，物流项目的各项物流服务活动就不能科学、合理、高效地运转。质量管理制度并不在于多，关键在于是否科学，是否适应物流项目承担实体质量活动的实际需要，有无可操作性。质量管理制度是物流企业质量管理的内部规范和管理准则，因此要求质量管理制度要具有权威性和稳定性，一旦确定，则不能随意更改。在制定质量管理制度时，既要明确物流项目的承担实体整体服务质量目标，还应规定具体质量标准。由于物流项目承担实体经营活动有可能涉及库存、运输、加工、配送等很多相关的物流要素，工作的复杂性较高，对物流服务成效、客户满意度等不仅要有定量指标，同时要辅以定性指标。对物流服务过程的每一个环节要规定其质量职责和权限，使人人都清楚在自己的岗位上应该干什么、怎么干、达到什么样的质量标准，将执行质量管理制度作为自觉的行动。

（3）质量控制。

质量控制是质量管理的一部分，目标就是确保产品的质量能满足客户、法律法规等方面提出的质量要求（如适用性、可靠性、安全性等）。质量控制的范围涉及产品质量形成全过程的各个环节，产品的质量受到各阶段质量活动的直接影响，任何环节的工作没有做好都会使产品质量受到损害而不能满足要求。

物流项目承担实体质量控制的工作内容包括专业技术和管理技术两个方面。由于物流项目的作业是多环节作业，因此每一个环节的工作都要保证做好，并对影响其工作质量的因素进行控制，以及对物流质量活动的成果进行分段验证，以便及时发现问题、查明原因，采取相应纠偏措施，以减少经济损失。物流质量控制应贯彻预防为主与事后把关相结合的原则。另外，还需注意质量控制的动态性。由于质量要求随着时间的推移而不断变化，为了满足新的质量要求，就需要进行新的质量控制。应不断提高设计技术水平和工艺水平，不断进行技术改进和改造，研究新的控制方法，以满足不断更新的质量要求。因此，质量控制不能停留在一个水平上，应不断发展、不断前进。

（4）质量保证。

质量保证是质量管理的一部分。质量保证是质量控制的任务，对于一般市场销售，客户不提质量保证的要求，物流项目承担实体仍应进行质量控制，以保证产品的质量满足客户的需要。但是，随着技术的发展，产品越来越复杂，对其质量要求越来越高，产品的不少性能已不能通过检验来鉴定，产品在使用一段时间以后，就逐渐暴露出各种质量问题。这时，客户为了确信物流项目承担实体提供的产品达到了所规定的质量要求，就会要求物流项目承担实体提供设计、运作各环节的主要质量活动，而且有能力提供合格产品的证据，这就是客户提出的质量保证要求。物流项目组织要针对客户的质量保证要求开展外部质量保证活动，就得对客户提出的设计、运作全过程中的某些环节的活动提供必要的证据，以使客户放心。

质量保证的内涵已经不再是单纯地保证质量，而是以保证质量为基础，进一步引申到提供"信任"这一目的。要使客户（或第三方）能"信任"物流项目承担实体，其所属的企业首先应加强质量管理，完善质量体系，对合同产品有一整套完善的质量控制方案、办法，并认真贯彻执行，对实施过程及结果进行分段验证，以确保其有效性。在此基础上，企业应有计划、有步骤地开展各种活动，使客户（或第三方）了解企业的实力、业绩、管理水平、技术水平，以及合同产品在设计、生产各阶段主要质量控制活动和内部质量保证活动的有效性，使客户（或第三方）建立信心，相信企业提供的产品能达到所规定的质量要求。因此，质量保证的主要工作是促使完善质量控制，以便准备好客观证据，并根据客户（或第三方）的要求有计划、有步骤地开展提供证据的活动。质量保证的作用可以分为内部质量保证的作用和外部质量保证的作用。

内部质量保证是为使企业管理者确信本企业所生产的产品能满足质量要求所开展的一系列活动。企业管理者对产品的质量负全责，一旦出现质量事故，要承担法律和经济责任。而产品的一系列质量控制活动是由各职能部门的有关人员去实施的，虽然各职能部门明确了职责分工，也有了一套质量控制的办法、程序，但他们是否严格按程序办事，这些程序是否确实有效，企业管理者需要组织一部分独立人员（也称质量保证人员）对直接影响产品质量的主要活动实施监督、验证和审核，以便及时发现质量控制中的薄弱环节，提出改进措施，促使质量控制能更有效地实施。因此，内部质量保证是企业管理者的一种管理手段。

外部质量保证的作用是从外部向质量控制系统施加压力，促使其更有效地运行，并由产品提供者提供信息，以便及时采取改进措施，将问题在早期解决，以避免更大的经济损失。

（5）质量改进。

单纯的质量控制和保证并不能完全达到质量改进的目的，仅能提供质量符合要求的证据。为此，物流项目承担实体所属企业的质量管理职能部门必须在质量控制和保证的基础上，对企业质量活动中出现的问题加以分析和研究，制定纠正和预防措施，改进现有的质量控制计划或制订新的质量控制计划，经验证后运用到工作中，从而使整个质量控制体系处于一个闭合滚动向上的循环中，达到稳步提高产品和服务质量的目的。著名质量管理专家戴明博士提出的质量管理原则中，第一条就提到：要进行经常性的质量改进活动。这就为人们指明了使物流项目质量管理水平跃上一个新台阶的道路，即质量改进是提高产品和服务质量的有效手段。在整个组织内部采取的旨在提高工作效益与效率的各种措施就是质量改进。质量改进是没有终点的连续性活动，停止就意味着开始倒退；而改进也不是单靠一道命令或一次宣传即可达到的，它是一项系统工程，涉及人们对每件事情的思维方法、行为方式。因此，企业必须认真地研究，有组织地进行改进活动，计划在一定时期内要达到的水平或应取得的成果，并通过定量指标明确表示出来。实施过程中，要不断进行阶段性的总结，找出新问题，提出新要求，从而实现质量改进的目标。

6.2 物流项目质量规划

6.2.1 物流项目质量规划概述

物流项目质量规划也称质量管理规划，它确定哪种质量标准适合本项目并决定通过什么方式来达到这些标准。在物流项目规划中，质量规划是一个非常重要的环节，它是项目程序推进的主要动力之一，也是保证项目成功的过程之一。

物流项目团队应当有规律地执行质量规划，并且与其他项目规划程序结合起来执行。例如，对管理质量的要求可能是对成本或进度计划的调节，对生产质量的要求则可能是对确定问题的风险分析。因此，事先不进行规划，仅仅指望在项目实施过程中靠检查和督促来保证项目质量是行不通的。

物流项目经理在质量规划过程中首先要注意以下问题。

（1）质量策略。质量策略是指项目实施组织领导层就质量问题明确阐明的所有努力和决策，通常称为顶级管理。项目实施组织的质量策略经常能为其下的各个项目团队所采用。然而，如果项目实施组织没有正式的质量策略，或者如果项目中包含了多个实施组织（如合资企业），则项目团队就需要单独为这个项目提出一个质量策略。但是，不管质量策略的理由是什么，或者来自何方，项目经理都有责任确保项目所有相关人员都了解它。

（2）范围阐述和产品说明。范围阐述不仅规定了项目的主要成果，而且也规定了项目的目标，是项目规划的基础依据，同时还规定了什么事项是影响项目质量的因素。虽然产品说明的因素可以在范围阐述中加以具体化，但通常仍需要产品说明来阐明技术要点的细节和其他可能影响质量规划的因素。

（3）标准和规则。项目经理必须考虑可能对该项目产生影响的任何领域的专门标准和规则，考虑这些标准和规则对本项目的质量会带来什么影响，进而为本项目的质量规划所用。

（4）其他过程的结果。除了范围阐述和产品说明外，其他过程也可能与质量规划有一定的联系。例如，采购计划就可能对承包商提出各种质量要求，因此，这些也应该在质量管理规划中有所反映。

▶ 阅读案例6-1 ◀

JC Penney公司的物流质量管理创新

1. 配送中心的基本情况

JC Penney 公司位于美国俄亥俄州哥伦布市的配送中心，每年要处理900万笔订货或每天25 000笔订货。该配送中心为264家地区零售店装运货物，无论是零售商还是消费者，配送中心都能做到48小时之内送达。配送中心占地面积200万平方米，拥有1 300名全日制员工，旺季时有500名兼职雇员。JC Penney 公司接着在其位于密苏里州的堪萨斯城、内华达州的雷诺及康涅狄格州的曼彻斯特的3个配送中心成功地开展了质量创新活动，能够连续24小时为全美90%的地区提供服务。

2. 质量管理创新

JC Penney 公司认为其真正的竞争优势在于优质的服务。其管理部门认为，这种服务的优势应归功于 20 世纪 80 年代中期公司采取的 3 项创新活动，即质量循环、精确至上和激光扫描技术。

（1）质量循环：小改革解决大问题。

1982 年，JC Penney 公司首先启动了质量循环活动，以期维持和改善服务水平。其管理部门担心，质量服务的想法会导致管理人员企图简单地花点钱来"解决问题"。然而，取代这些担心的是经慎重考虑后提出的一系列小改革，真正地解决了工作中存在的一些主要问题，其中包括创建中央工具库，用以提高工作效率和工具的易获得性。

（2）精确至上：不断消除物流过程的浪费。

精确至上的创新活动旨在通过排除收取、提取和装运活动中存在的缺陷，以提高服务的精确性。因此，提供精确的客户信息和实现订货承诺被视为头等大事。显然，在该层次上讲求服务的精确性，意味着公司随时可以说出某个产品是否有现货，并且当有电话订货时，便可以告知对方何时送货上门。公司需要提高的另一个精确性与提取产品有关。为了确保产品在质量和数量上的正确，JC Penney 公司针对每次装运中的某个产品，进行质量控制和实际数量检查。如果存在差异，将对订货进行 100% 的检查。

与此同时，对 2.5% 的装运进行审核。订货承诺的完成需要将主要精力放在提高精确度上，为此公司配送中心的经理 Cookman 说："我们曾一直在犯错误，想在商品预付给客户之前就能够进行精确的检查，但问题是，在质量循环中是否已找到解决办法，或者是否能够对该过程进行自动化。"对此，Cookman 称："只有依赖计算机，人们才有能力进行精确的检查。"于是，JC Penney 公司开始利用计算机系统进行协调，把已订购商品转移到"转送提取"区域，以减少订货提取者的步行时间。

（3）激光扫描技术：用科技改进质量管理。

第三项质量管理创新活动是应用激光扫描技术，以 99.9% 的精确度跟踪 230 000 个存货单位的存货。JC Penney 公司最初的配送中心是用手工处理各种产品的储存和跟踪，之后开始用计算机替代手工操作，这一举动使产品的精确度达到了近 80%。而扫描技术则被视为既能提高记录精度，又能提高记录速度的手段。

但是，刚开始启动扫描技术时的结果并不理想，因为一系列的扫描过程需要精确地读取每一个包装盒子上的信息。在某些情况下，甚至需要扫描 4 次才能读取到 1 次信息。这使得 JC Penney 公司考虑开发一种系统，能够以 3 次/秒的速度，从任何角度读取各种包装上的产品信息。公司内部的系统支持小组优化了硬件和软件，实现了这一目的。

资料来源：管理者之家网站。

6.2.2 物流项目质量规划的工具和技术

1. 成本收益分析

物流项目质量规划程序必须考虑成本收益平衡。如果某个物流项目达到了质量标准，首先是减少了返工，这就意味着提高了生产效率，降低了成本，并提高了项目相关人员的满意度。而为达到质量标准，付出的最重要的成本是与项目质量管理活动有关的费用。但在实际工作中，质量管理的经验表明收益比成本更重要。

2. 基本水平标准

基本水平标准就是将实际的物流项目或计划项目的实施情况与其他项目的实施情况相比较，通过比较启发改善项目质量管理的思路，并给出检测项目绩效的标准。其中所说的"其他项目"，可能在项目实施组织的工作范围之内，也可能在项目实施组织的工作范围之外；可能属于同一应用领域，也可能属于其他应用领域，应该根据具体的情况进行区分。

3. 流程图

流程图是显示系统中各要素之间的相互关系的图表，它能够帮助物流项目小组预测可能发生哪些质量问题，在哪个环节发生，因此使解决问题的手段更为有效。在质量管理中常用的流程图包括以下两种。

（1）因果图，又称鱼刺图，用于说明各种直接原因和间接原因与所产生的问题和影响之间的关系。图 6.1 所示为因果图示例。

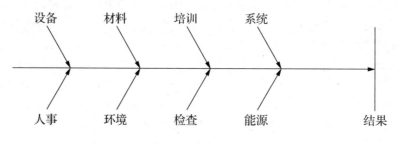

图 6.1　因果图示例

（2）系统流程图，用于显示一个系统中各组成要素之间的相互关系。图 6.2 所示为系统流程图示例。

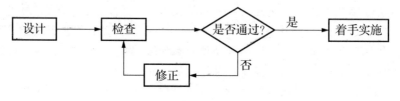

图 6.2　系统流程图示例

4. 实验设计

实验设计可以说是一种分析技术，它有助于鉴定哪些变量是对整个项目产生影响的最主要的因素。这种技术最常应用于项目生产的产品。例如，汽车设计者可能希望决定哪种刹车系统与轮胎的组合能具有最令人满意的运行特性，而成本又比较合理。

6.2.3　物流项目质量规划的结果

项目经理在质量规划结束后，应该得到以下结果。

1. 质量管理计划

质量管理计划用来说明项目管理团队如何具体执行质量策略。根据 ISO 9000 中的术语描述，质量体系是组织结构、责任、工序、工作过程及具体执行质量管理所需的资源。质量管理计划为整个项目计划提供了输入资源，并必须兼顾项目的质量控制、质量保证和质量提高。

2. 实施说明

实施说明是用非常专业的术语描述各项操作的实际内容，以及如何通过质量控制程序对它们进行检测。例如，仅仅把满足计划时间进度作为质量管理的检测标准是不够的，项目经理还应指出是否每项工作都应准时开始，还是只要准时结束即可，以及是否要检测个人的工作，还是仅仅对特定的子项目进行检测。在这些标准确定之后，项目经理还要明确哪些工作或哪些工作报告需要检测。

3. 核对单

有关核对单的具体内容因行业的不同而不同。它通常是工业或专门活动中的管理手段，用以证明需要执行的一系列步骤是否已经得到贯彻实施。核对单可以很简单，也可以很复杂。核对单中常用的句式有命令式如"完成工作"，或者询问式如"你完成这项工作了吗？"，许多组织都提供标准化的核对单，以确保对常规工作的要求保持前后一致。在一些应用领域中，核对单可能会由专业协会或商业服务机构来提供。

6.3 物流项目质量保证

6.3.1 物流项目质量保证的概念与内容

物流项目质量保证是在执行物流项目质量计划的过程中，经常性地对整个物流项目质量计划执行情况所进行的评估、核查与改进等工作。这是一项确保物流项目质量计划能够得以执行和完成，使物流项目质量能够最终满足项目质量要求的系统性工作。物流项目质量保证既包括物流项目工作本身的内部质量保证，也包括为物流项目业主/客户和其他物流项目利益相关主体提供的外部质量保证。为了保证物流项目的质量，所需要开展的物流项目质量保证工作主要有以下几个方面。

1. 清晰的质量要求说明

没有需要达到什么样的质量的清晰概念，物流项目组织就无法开展项目质量保证工作，就没有物流项目质量保证的方向和目标。对于物流项目来说，质量保证的首要工作是提出项目的质量要求，既要有清晰的项目最终产出物的质量要求，又要有清楚的项目中间产出物的质量要求。这些物流项目中间产出物既包括项目各个阶段的具体活动，又包括项目具体活动生成的可交付中间产品。对于物流项目中间产出物的质量要求越详细、越具体，物流项目的质量保证就会越周密、越可靠。

2. 科学可行的质量标准

物流项目质量保证工作还需要进行科学可行的质量管理标准设计，这是根据以前的经验和各个国家、地区、行业的质量标准设计出的适合具体物流项目质量保证的项目工作和项目产出物的质量标准。物流项目环境和一般运营企业的环境有很大差别，一般运营企业当天的工作都可以作为制定第二天工作标准的依据，而在物流项目环境中，许多工作都是一次性的，但是物流项目同样需要根据各种资料和信息制定出具体的科学可行的质量标准，这对于物流项目的质量保证来说是至关重要的一项工作。

3. 组织建设物流项目质量体系

这是一项物流项目质量保证中的组织工作，该工作的目标是建立和健全一个物流项目的质量体系，并通过该质量体系去开展物流项目质量保证的各项活动。一般说来，任何物流项目的质量保证如果没有一套健全的质量体系，都是无法实现的。因此在物流项目质量保证中重要的工作之一就是建立和不断健全项目的质量体系。物流项目质量体系是由实施物流项目质量管理的组织结构、工作程序、工作过程等所需各种资源所构成的一个整体。一个物流项目组织只有建立了有效的质量体系，才能够全面地开展物流项目质量管理活动。因为质量体系是质量管理的基础，是质量管理工作的组织保证。

4. 配备合格与必要的资源

在物流项目质量保证中需要使用各种各样的资源，包括人力资源、物力资源和财力资源等。因此，物流项目质量保证的另一项工作内容就是为物流项目质量保证配备合格与必要的资源。如果物流项目聘用的人员不熟悉物流项目的专业工作，不管是缺乏经验还是缺少培训（因为物流项目的一次性特点，所以物流项目的培训较少），都会给物流项目的质量带来问题。同样，如果缺少足够的资金和必需的设备，物流项目质量管理人员就无法开展项目质量的保证和控制活动，这也会给物流项目的质量造成问题。所以在物流项目质量保证工作中必须配备合格与必要的资源。例如，不管是对于专业人员（如工程师、研究人员及管理人员），还是对于技术工人（如电工、机械工），在他们承担物流项目工作之前，必须经过严格的考核，对于各种物料和设备在投入使用之前必须进行严格的测试。

5. 持续开展有计划的质量改进活动

物流项目质量保证是为了保证项目产出物能够满足质量要求，通过质量体系所开展的各种有计划和有系统的活动。物流项目质量保证的一项核心工作，是持续开展一系列有计划的、为确保物流项目产出物质量的项目实际质量的审核、评价的改进工作。其中，最重要的是持续的质量改进工作。质量改进是为向物流项目组织及项目业主/客户提供更多的收益，而在物流项目组织内部所采取的旨在提高项目活动的效果和效率的各种措施。实际上物流项目质量改进是一个持续改进与完善的项目组织活动，包括对于物流项目工作和物流项目产出物的持续改进和完善，对于物流项目实施作业与作业方法的持续改进与完善，以及对于物流项目管理活动的持续改进与完善。

6. 物流项目变化全面控制

要开展物流项目质量保证并实现规定的项目质量，必须开展对物流项目变化的全面控制。这并不是说所有的物流项目的变化都应该避免相互消杀。有些物流项目变化可以更好地提高项目质量，更好地满足物流项目业主/客户的实际需求和潜在需求，这种物流项目变化是可取的。但是有些物流项目变化却会严重影响项目的质量。例如，物流项目范围的缩小、物流项目资源的降级替代、物流项目预算的削减、物流项目工期的缩短等，都会对物流项目质量产生不利的影响，都需要进行全面的控制。对于物流项目的每种变化需要仔细定义其目的，仔细分析它对项目质量的影响，设计相应的质量保证对策，这些都是物流项目质量保证的重要工作。

6.3.2 物流项目质量保证的依据与方法

1. 物流项目质量保证的依据

物流项目质量保证的依据主要包括以下几个方面。

（1）物流项目质量计划。

物流项目质量计划工作的结果是有关物流项目质量保证工作的目标、任务和要求的说明文件，它是物流项目保证工作最根本的依据。

（2）物流项目实际质量的度量结果。

物流项目实际质量的度量结果是有关物流项目质量保证和控制工作情况、绩效的测试与度量结果，这是一种给出与实际质量情况相应的事实分析与评价的报告，它也是物流项目质量保证工作的依据。

（3）物流项目质量工作说明。

物流项目质量工作说明是指对物流项目质量管理具体工作的描述，以及对物流项目质量保证与控制方法的说明，它是物流项目质量保证工作的具体依据。

2. 物流项目质量保证的方法

物流项目质量保证主要包括以下几种方法。

（1）质量核查方法。

质量核查方法是用于质量保证的一种结构化审核方法。质量核查的目标是找出可改进物流项目质量的问题，从而开展物流项目质量的改善与提高工作。物流项目质量核查可以定期进行，也可以随机抽查；可以由物流项目组织内部人员实施核查，也可由第三方（如质量监理组织、质量管理咨询公司等）或专业机构完成，然后将结果通知物流项目组织，以便开展物流项目质量的持续改进和提高工作。物流项目质量核查方法主要用于项目所用材料、半成品和配件质量的核查，项目各项工作和工序质量的核查，项目产出物或中间产出物的质量核查，项目质量控制方法的核查，项目各种管理与技术文件的核查等方面。

（2）质量改进与提高的方法。

物流项目质量改进与提高的方法可以提高物流项目的效率和效果，给物流项目组织和项目业主/客户带来更多的收益。质量改进与提高的方法包括质量改进建议和质量改进行动两个方面的方法。物流项目质量改进建议是通过要求和倡导项目团队成员提出物流项目质量改进建议，从而更好地保证物流项目质量的一种方法。一般的物流项目质量改进建议至少应包括以下主要内容：目前存在的物流项目质量问题及其后果、目前物流项目质量问题所处的状况、发生物流项目质量问题的原因分析、进行物流项目质量改进的建议目标、进行物流项目质量改进的方法和步骤、进行物流项目质量改进所需的资源、物流项目质量改进成果的确认方法等。物流项目质量改进与提高的行动方法大多数是根据物流项目质量改进建议而确定的具体工作方法。在物流项目质量保证工作中，物流项目质量改进建议是一项非常重要的物流项目质量保证方法。这种方法的原理与全面质量管理中的质量小组活动方法的原理是一致的。

阅读案例6-2

云南白药集团物流质量管理

云南白药集团与北京英克科技公司合作，引进知识与资源管理系统，重组企业业务流程，加强供应链管理，使事关企业长远发展的关键性问题取得了突破性进展，公司运营质量、管理水平和发展后劲得以全面提升。云南白药集团原有的物流管理在采购、销售、配送、仓储管理等方面存在很多问题。云南白药集团采用北京英克科技公司的ERP系统，其主要由以下四大基本模块组成：生产物流管理系统、生产管理系统、物流调配系统、销售业务系统。采用以上系统，对云南白药集团产生了以下影响。

（1）加强了企业生产的计划性。通过ERP系统的实施，杜绝了手工生产计划模式下的排产随意性，而变为制造中心按集团内部订单安排生产任务单，车间见生产任务单进行生产，使得公司的生产更加贴近市场的需要。

（2）提高企业采购的针对性，降低了原材料的库存。

（3）提供严格的物料消耗手段，有效降低了车间的物料消耗。

（4）规范了公司各业务的流程。

（5）单品核算。通过采用销售业务系统，基于计算机强大的计算功能以及信息传递的及时性和准确性，现已做到单品核算，更精确地计算出单品成本、毛利等，便于统计公司销售业绩。

（6）提供决策支持。实现企业经营业务、财务数据的全面收集和综合统计分析，及时为管理者提供真实的经营数据以支持决策。

（7）提高了企业的市场应变能力。

质量管理一直以来是我国广大企业关注和重视的问题，创造了许多行之有效的管理方法。但是，质量管理是无止境的发展过程，需要企业在经营活动中不断追求。云南白药集团管理创新的方法和经验就值得我们学习：第一，质量管理是日常管理工作，需要关注小的地方，认真对待每一个问题，坚持天天改造，实现天天改进；第二，质量管理需要有不断更新的观念和方法，面对新环境和新的需要，企业质量管理会有新的改变，只有更新思想，创新方法，才能实现企业质量管理目标；第三，积极探索和引用现代化技术来推动企业质量管理的发展；第四，协调企业内部各部门、各环节、各种资源要素之间的关系，形成企业高效有序的质量管理运行机制，协调企业外部的相关关系，为企业质量管理创造良好的发展环境。

资料来源：刘伟，徐旭，2011. 现代物流概论[M]. 北京：人民邮电出版社：103-104.

6.4 物流项目质量控制

6.4.1 物流项目质量控制的概念

物流项目质量控制是指对于项目质量实施情况的监督和管理。该项工作的主要内容包括物流项目质量实际情况的度量、物流项目质量实际情况与项目质量标准的比较、物流项目质量误差与问题的确认、物流项目质量问题的原因分析和应采取的纠偏措施、消除物流项目质量差距与问题等一系列活动。这类活动是贯穿项目全过程的一项项目质量管理工作。

物流项目质量控制与物流项目质量保证既有联系又有区别。两者的联系是：两者的目标都是使物流项目质量达到规定要求，因此，在物流项目质量管理过程中，两者相互交叉、重叠。两者的区别是：物流项目质量保证是一种从物流项目质量管理组织、程序、方法和资源等方面为项目质量保驾护航的工作，而物流项目质量控制是直接对物流项目质量进行把关的工作；物流项目质量保证是一种预防性、提高性和保证性的质量管理活动，而物流项目质量控制是一种过程性、纠偏性和把关性的质量管理活动。

6.4.2 物流项目质量控制的原则与步骤

1. 物流项目质量控制的原则

（1）质量第一原则。

要确立质量第一原则，必须摆正质量和数量、质量和进度之间的关系。不符合质量要求的数量和进度都失去意义，没有任何实际价值，而且数量越多，进度越快，带来的损失也将越大，因此，好中求多、好中求快、好中求省，才符合质量管理所要求的质量水平。

（2）预防为主原则。

对于物流项目的质量，人们长期以来采取事后检验的方法，认为严格检查就能保证质量，实际上这是远远不够的。应该从消极防守的事后检验变为积极预防的事先管理。因为好的项目是好的设计、好的实施所产生的，不是检查出来的。必须在项目管理的全过程中，事先采取各种措施，消灭种种不合项目要求的因素，以保证项目质量。如果各质量因素预先得到保证，物流项目的质量就有了可靠的保障。

（3）为客户服务原则。

实施物流项目是为了满足客户的要求，尤其要满足客户对质量的要求。真正好的质量是客户完全满意的质量。进行质量控制，就是要把为客户服务的原则作为物流项目管理的出发点，贯穿到各项工作中去。同时，要在项目内部树立"下道工序就是客户"的思想。各个部门与各种工作都有前、后的工作顺序，在自己手里的这道工序的工作一定要保证质量，凡工作成果达不到质量要求的不能交给下道工序，一定要使"下道工序"这个"客户"感到满意。

（4）用数据说话原则。

质量控制必须建立在有效的数据基础上，必须依靠能够确切反映客观实际的数字和资料，否则就谈不上科学的管理。一切用数据说话，就需要用数理统计方法对项目实体或工作对象进行科学的整理和分析,从而研究项目质量的波动情况,寻求影响项目质量的主次原因,采取改进质量的有效措施,掌握保证和提高项目质量的客观规律。

在很多情况下人们评定物流项目质量时,虽然也有一些数据是按规范和标准进行检测计量的,但是这些数据往往不完整、不系统,没有按数理统计要求积累数据、抽样选点,所以难以汇总分析,有时只能统计加估计,导致抓不住质量问题,不能体现项目的内在质量状态,也不能有针对性地进行质量教育,提高企业素质。所以必须树立起"用数据说话"的意识,从积累的大量数据中找出控制质量的规律性,以保证物流项目的优质建设。

2. 物流项目质量控制的步骤

物流项目质量控制贯穿于物流项目质量管理的全过程,主要按照下列步骤开展工作。

(1)选择控制对象。这可以是项目生命周期中的某个环节、某个工作、某个工序,以及项目的某个里程碑或某个项目阶段成果等与项目质量有关的要素。

(2)度量控制对象质量的实际情况。

(3)将控制对象质量的实际情况与相应的质量标准进行比较。

(4)识别物流项目存在的质量问题和偏差。

(5)分析物流项目质量问题产生的原因。

(6)采取纠偏措施消除物流项目存在的质量问题。

6.4.3 物流项目质量控制的工作内容

物流项目质量控制围绕每一阶段的工作,应对影响项目质量的因素进行控制,对质量活动的成果分阶段验证,对工序的质量进行控制,及时发现问题,查明原因,采取相应的纠偏措施,防止质量问题的再次发生,并使质量问题在早期得以解决,以减少经济损失。

1. 质量因素的控制

影响物流项目质量的因素主要有人、机械设备、材料、方法、环境,对这5方面因素的控制,是保证物流项目质量的关键。

2. 物流项目不同阶段的质量控制

(1)物流项目决策阶段的质量控制。该阶段的质量控制依靠项目的可行性研究和项目决策等进行。

(2)物流项目规划阶段的质量控制。项目规划阶段是影响项目质量的决定性环节,没有高质量的规划就没有高质量的项目。针对物流项目的特点,根据决策阶段已确定的质量目标和水平,使其具体化,实现的主要方法是方案优选和价值工程等。

(3)物流项目实施阶段的质量控制。物流项目实施是一个从输入转化为输出的系统过程。物流项目实施阶段的质量控制也是一个从对投入品的质量控制开始,到对产出品的质量控制为止的系统控制过程,如图6.3所示。

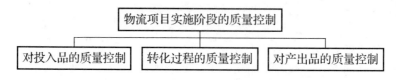

图 6.3 物流项目实施阶段的质量控制过程

在物流项目实施阶段的不同环节，其质量控制的工作内容也有所不同。根据物流项目实施的不同阶段，可以将物流项目质量控制分为事前质量控制、事中质量控制和事后质量控制。

① 事前质量控制。这是指物流项目实施前所进行的质量控制，其重点是做好实施的准备工作。

② 事中质量控制。这是指物流项目实施过程中所进行的质量控制，策略是全面控制实施过程，重点控制工序或工作质量。其具体措施包括：工序交接有检查、质量预控有对策、项目实施有方案、质量保证措施有交底、动态控制有方法、配制材料有试验、隐蔽工程有验收、项目变更有手续、质量处理有复查、行使质量控制有否决、质量文件有档案等。

③ 事后质量控制。一个物流项目、工序或工作的完成形成成品或半成品的质量控制称为事后质量控制。其重点工作是进行质量检查、验收和评定。

（4）物流项目最终完成阶段的质量控制。在此阶段主要进行全面的质量检查与评定，判断项目是否达到其质量目标。对于工程类物流项目，主要是组织竣工验收。

3. 工序质量控制

工序质量控制的内容包括：一是控制工序活动条件的质量，使每道工序投入品的质量符合要求；二是控制工序活动效果的质量，使每道工序形成的产品或结果达到质量要求或标准。采用数理统计的方法，通过对工序样本数据进行统计、分析，判断整个工序质量的稳定性。

工序质量控制点是指在不同时期工序质量控制的重点，可能是材料、操作环节、技术参数、设备、作业顺序、自然条件、项目环境等，主要视其对质量特征的影响程度及危害程度来定。

4. 合格控制

合格控制是保证和提高项目质量的必要手段，可分为抽查、全检、合格证检查、抽样验收检查。

6.4.4 物流项目质量控制的依据与方法

1. 物流项目质量控制的依据

物流项目质量控制的依据有一些方面与物流项目质量保证的依据是相同的，而有一些是不同的。物流项目质量控制的主要依据有以下几个。

（1）物流项目质量计划。

这与物流项目质量保证的依据是一样的，是在物流项目质量计划编制中所生成的工作成果。

（2）物流项目质量工作说明。

这也与物流项目质量保证的依据相同，是在物流项目质量计划编制中所生成的工作成果。

（3）物流项目质量控制标准与要求。

这是根据物流项目质量计划和物流项目质量工作说明所制定的具体项目质量控制的标

准。物流项目质量控制标准与物流项目质量目标和计划的指标是不同的，因为物流项目质量目标和计划给出的是项目质量的最终要求，而物流项目质量控制标准是根据这些最终要求所制定的控制依据和参数。通常这种参数要比物流项目质量目标和计划更严格、更具操作性，因为如果不严格就会经常出现物流项目质量的失控现象，就会经常需要采用项目和质量恢复措施，从而形成较高的质量成本。

（4）物流项目质量的实际结果。

物流项目质量的实际结果包括项目实施的中间过程结果和项目产出物的最终结果，同时还包括物流项目工作本身质量的结果。物流项目质量实际结果的信息是物流项目质量控制的重要依据。因为只有有了这类信息，人们才可能与物流项目的质量要求和控制标准进行对照，从而发现物流项目存在的质量问题，并采取项目质量纠偏措施，使项目质量保持在受控状态。

2. 物流项目质量控制的方法

物流项目质量控制的方法与一般运营管理的质量控制方法在许多方面是相同的。物流项目质量控制主要有以下几种方法。

（1）核检清单法。

核检清单法是物流项目质量控制中的一种独特的结构化质量控制方法。这种方法主要是使用一份用于检查物流项目各个流程、各项活动和各个活动步骤中所需核对和检查的科目与任务的清单，并对照这一清单，按照规定的核检时间和频率去检查物流项目的实施情况，按照清单中给出的工作质量标准要求确定物流项目质量是否失控、是否出现系统误差、是否需要采取措施，最终给出相关核查结果及相应的应对措施决策。

（2）质量检验法。

质量检验法是指那些测量、检验和测试等用于保证工作结果与质量要求相一致的质量控制方法。质量检验法可在物流项目的任何阶段使用（如可以检验项目的单项活动，也可以检验项目的最终产品），质量检验法也可以在物流项目的各个方面使用（如对物流项目工作、物流项目资源、物流项目产出物等应用质量检验法）。对于物流项目工作和物流项目产出物的质量检验法又可分为自检（自己对自己的工作和工作结果不断进行检验的方法）、互检（团队成员相互检验对方的工作和工作结果的方法）和专检（由专门的质量检验和监督人员对工作和工作结果进行检验的方法）3 种不同的质量检验法。对一个物流项目活动而言，在必需的检验及必要的检验文件未完成且项目阶段成果未取得认可、接收或批准之前，后续工作均不能进行。物流项目的质量检验法要求每次检验结果应分别做记录，并由委任的合格人员进行评定，决定接受与否，因为物流项目是不可重复的一次性工作，如果不能按照这种检验方法去做，不但会造成各种责任纠纷，而且会出现由于物流项目的某个中间环节存在质量问题而使整个项目的最终结果全部报废的严重后果。

（3）控制图法。

控制图法是用于开展物流项目质量控制的一种图示方法。控制图中给出关于控制界限、实际结果、实施过程的图示描述。它可用来确认物流项目过程是否处于受控状态，图中上/下控制线表示变化的最终限度。当在连续的几个设定间隔内变化均指向同一方向时，就应分析和确认项目是否处于失控状态。当确认物流项目过程处于失控状态时，就必须采取纠偏措施，调整和改进项目过程，使项目过程回到受控状态。控制图法是建立在统计质量管理方法基础之上的，它利用有效数据建立控制界限，如果物流项目过程不受异常原因的影响，从物流项目运行中观察得到的数据将不会超出这一界限。控制图法示意图如图 6.4 所示。

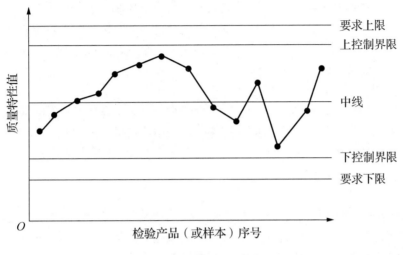

图 6.4 控制图法示意图

（4）帕累托图法。

帕累托（Pareto）图法是表明"关键的少数和次要的多数"的一种统计图表，它也是质量控制中经常使用的一种方法。帕累托图又称排列图，它是将有关质量问题的要素进行分类，找出"重要的少数"（A 类）和"次要的多数"（C 类），从而对这些要素采取 ABC 分类管理的方法。帕累托图法示意图如图 6.5 所示。图中有两条纵轴，左边的表示频数（n），右边的表示频率（f），二者等高。图中横轴以等分宽度表示质量要素（或质量影响因素），需要标明序号和要素名。图中按质量要素等分宽度，沿纵轴画出表示各要素的频数和频率的矩形。累计各矩形代表的频数和频率，得到排列图，并从中找出"重要的少数"，划分出 ABC 三类要素，以便对质量的 ABC 三类要素进行分类控制。

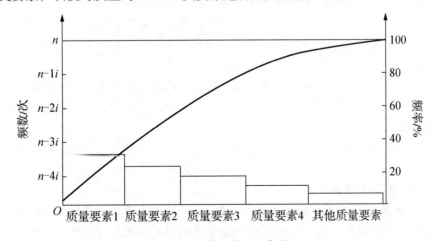

图 6.5 帕累托图法示意图

（5）统计样本法。

统计样本法是指选择一定数量的样本进行检验，从而推断总体的质量情况，以获得质量信息和开展质量控制的方法。这种方法适用于大批量生产的质量控制。因为样本比总体少许多，所以可以减少质量控制的成本。虽然统计样本法在一般运营的质量管理中广泛使用，是重要的质量控制方法之一，但是在物流项目质量控制中使用得不多，因为物流项目多数是一次性、单件性（相对于项目最终产出物而言）的，因此只有在某些项目零件的生产中使用这种方法。例如，一辆高速列车的实质是一个项目，高速列车所需的某些零件是大批量生产的，此时可以使用统计样本法。

（6）流程图法。

流程图法原理和内容在前面已经进行了介绍和描述。流程图法在物流项目质量管理中是一种非常有用和经常使用的质量控制方法，这是由物流项目的过程性所决定的。这种方法主要用于分析在物流项目质量控制中质量问题发生在项目流程的哪个环节，造成这些质量问题的原因和这些质量问题发展与形成的过程。

（7）趋势分析法。

趋势分析法是指使用各种预测分析技术来预测物流项目质量的未来发展趋势和结果的一种质量控制方法。这种质量控制方法所开展的预测工作都是基于物流项目前期的历史数据的。趋势分析法常用于物流项目质量的监控，这种方法的原理是统计分析和预测，包括回归分析、相关分析、趋势外推分析等一系列的统计分析预测方法。

▶ 阅读案例6-3 ◀

青岛啤酒物流质量管理：外包物流保鲜速度

【拓展视频】

"我们要像送鲜花一样送啤酒，把最新鲜的啤酒以最快的速度、最低的成本让消费者品尝"。青岛啤酒提出了如是口号。为了实现这一目标，青岛啤酒与香港招商局共同出资组建了青岛啤酒招商物流有限公司（简称招商流），双方开始了物流领域的全面合作。有趣的是，尽管是合作，青岛啤酒却得以完全从自己并不在行的领域里抽身而出。青岛啤酒将自己的运输配送体系"外包"给香港招商局。因为香港招商局与青岛啤酒合作，仅输出管理，先后接管了青岛啤酒的公路运输业务和仓储配送业务，并无任何硬件设施的投资。

据悉，自从合作以来，青岛啤酒运往外地的速度比以往提高了30%以上，山东省内300千米以内区域的消费者都能喝到当天的啤酒，300千米以外区域的消费者也能喝到出厂一天的啤酒，而原来则需要3天左右。

业内人士指出，这一合作，对青岛啤酒而言，实际是将物流业务外包，这是国企中"第一个吃螃蟹的人"；对招商物流而言，该项目是第三方物流服务的典型案例，在合作形式、合作技术上具有挑战性。

2002年4月，青岛啤酒与香港招商局正式确定合作关系，共同出资200万元组建招商物流。该公司将通过青岛啤酒优良的物流资产和招商物流先进的物流管理经验，全权负责青岛啤酒的物流业务，提升青岛啤酒的输送速度。

双方协议，组建公司除拥有香港招商局专业物流管理经验和青岛啤酒优质的物流资产以外，还拥有基于 Oracle 的 ERP 系统和基于 SAP 的物流操作系统提供信息平台支持。招商物流两年内由青岛啤酒公司持股 51%，两年后由招商物流公司持股 51%。

招商物流首先对青岛啤酒的公路运输业务进行试运营。由于此前青岛啤酒自营运输业务，拥有许多物流固定资产，如车辆、仓库等，因此在试运营期间，招商物流通过融资租赁的方式，租用青岛啤酒的车辆及仓库，以折旧抵租金，同时输出管理，以整体规划、区域分包的一体化供应链来提升青岛啤酒的输送速度。

招商物流自运营以来，青岛啤酒在物流效率的提升、成本的降低、服务水平的提高等方面成效显著。据透露，青岛啤酒运送成本每个月下降了 100 万元。原来属于青岛啤酒的车队司机的月收入也拉开了档次，最大的时候相差达 3 500 元。

另外，与招商物流的合作，使青岛啤酒固化在物流上的资产得以盘活。据介绍，自 1997 年开始，青岛啤酒就开始进行物流提速的投资，先后在 4 年间共斥巨资 4 000 多万元进口大型运输车辆 40 余部，以保证向全国客户按时供货。但是青岛啤酒并不具备自营运输业务的优势，这支车队每年有近 800 万元的潜亏。因此，青岛啤酒早就有了物流外包的意图。

在国内企业大多热衷于自建物流体系，很少向外寻求物流服务的时候，青岛啤酒却将物流从主业中剥离，在招商物流的配合下，小心却又决然地迈出了一步。

资料来源：豆丁网。

本 章 小 结

物流项目质量管理是指为确保物流项目质量目标要求而开展的项目管理活动，其根本目的是保证最终交付的物流项目产出物符合质量要求。其职能主要有：确定质量方针和目标；制定和组织实施质量管理制度；质量控制；质量保证；质量改进。

在物流项目规划中，质量规划是一个非常重要的环节，它是项目程序推进的主要推动力之一，也是保证项目成功的过程之一。物流项目团队应当有规律地执行质量规划，并且与其他项目规划程序结合起来一起执行。

物流项目质量保证是在执行物流项目质量计划的过程中，经常性地对整个物流项目质量计划执行情况所进行的评估、核查与改进等工作。需开展的物流项目质量保证工作主要有以下几个方面的工作：清晰的质量要求说明；科学可行的质量标准；组织建设物流项目质量体系；配备合格与必要的资源；持续开展有计划的质量改进活动；物流项目变化全面控制。

物流项目质量控制是指对于项目质量实施情况的监督和管理。在物流项目所开展的工作和活动中，质量控制和质量保证二者是有交叉和重叠的，只是方法和工作方式不同而已。在物流项目建设过程中，对其质量控制应遵循质量第一原则、预防为主原则、为客户服务原则和用数据说话原则。

关键术语

物流项目质量管理（logistics project quality management） 质量规划（quality planning） 质量保证（quality guarantee） 质量控制（quality control）

知识链接

全面质量管理

全面质量管理是指在全社会的推动下，企业中所有部门、所有组织、所有人员都以产品质量为核心，把专业技术、管理技术、数理统计技术集合在一起，建立起一套科学、严密、高效的质量保证体系，控制生产过程中影响质量的因素，以优质的工作和最经济的办法提供满足客户需要的产品的全部活动。

全面质量管理强调为了取得真正的经济效益，管理必须始于识别客户的质量要求，终于客户对其手中的产品感到满意。全面质量管理就是为了实现这一目标而指导人、机器与信息的协调活动。

全面质量管理的基础包括以下几点。

（1）系统工程与管理（系统工程）。

（2）完善的技术方法（控制工程）。

（3）有效的人际关系（行为工程）。

全面质量管理的工作包括以下内容。

（1）新设计的控制。

（2）进厂材料的控制。

（3）产品的控制。

（4）专题研究。

综 合 练 习

一、填空题

1. 物流项目质量具体包含与物流项目相关的商品的质量、_____、_____、物流项目服务质量。

2. 戴明博士提出的 PDCA 循环，其中 P 是计划、D 是_____、C 是_____、A 是处理。

3. _____的目标就是确保产品的质量能满足客户、法律法规等方面提出的质量要求。

4. _____是在执行物流项目质量计划的过程中，经常性地对整个物流项目质量计划执行情况所进行的评估、核查与改进等工作。这是一项确保物流项目质量计划能够得以执行和完成的工作。

5. 提高物流项目工程质量是进行物流项目质量管理的基础工作，能提高物流项目工程质量，就能做好_____的物流项目质量管理。

二、判断题

1. 物流项目质量和产品质量都是通过工作和管理而形成的结果,是质量检验出来的。（ ）
2. 因果图,又称鱼刺图,用于说明各种直接原因和间接原因与所产生的问题和影响之间的关系。（ ）
3. 统计样本法是指选择一定数量的样本进行检验,从而推断总体的质量情况,以获得质量信息和开展质量控制的方法。这种方法适用于大批量生产的质量控制,在物流项目质量控制中使用较多。（ ）
4. 物流项目质量控制和物流项目质量保证的区别在于：物流项目质量控制是一种从物流项目质量管理组织、程序、方法和资源等方面为项目质量保驾护航的工作,而物流项目质量保证是直接对物流项目质量进行把关的工作。（ ）

三、简答题

1. 物流项目质量包括哪些内容?
2. 物流项目质量管理的职能有哪些?
3. 物流项目质量规划的常见工具和技术有哪些?
4. 物流项目质量保证的工作主要有哪些?
5. 物流项目质量控制和物流项目质量保证的关系是什么?
6. 物流项目质量管理的原则是什么?

四、名词解释

物流项目质量管理   物流项目质量规划   物流项目质量保证   物流项目质量控制
全面质量管理

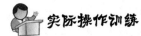

课题：物流项目质量管理体系。
实训项目：物流项目ISO质量管理体系的构建。
实训目的：学习如何建立物流项目ISO质量管理体系。
实训内容：物流项目质量管理推行ISO质量管理体系认证的必要性和紧迫性；实施ISO质量管理体系认证的过程及应注意的事项。
实训要求：将参加实训的学生分成若干小组,分别讨论物流项目质量管理体系的相关内容,并写出一份实施ISO质量管理体系的计划书。

根据以下案例所提供的资料,试分析以下问题。
（1）白沙物流从哪些方面提高质量管理?
（2）怎么推动企业质量管理创新?

白沙物流专业经营成就核心竞争力

深圳白沙物流公司（以下简称白沙物流）在2007年6月公司开展的外部客户满意度调查中，白沙物流业务服务的总体客户综合满意度高达95.62%，后勤业务服务总体客户综合满意度为85.36%，均较去年下半年有所提高。

2008年6月，白沙公司收到TCL公司对配送服务供应商的质量考核报表，结果显示，在其国内51家配送供应商名录中，白沙物流的服务质量由2008年4月的第40名上升到5月的第2名，获得了TCL公司的优质服务质量奖和奖金。"我们是非常重视来自客户的评价，这份报表是对我们公司的高度肯定！"白沙物流的负责人说。

1. 调整定位，以专业经营赢得市场

2006年年底，合并重组后的湖南中烟工业公司成为白沙物流的股东，湖南中烟工业公司明确提出，要将白沙物流建设成为湖南中烟工业公司原辅料进口的周转基地、成品卷烟二次配送的区域配送中心。虽然，白沙物流有着优越的地理位置，有着十多年市场化的运作经验，仓库供不应求，但为更好满足湖南中烟工业公司在华南乃至全国的配送和进出口业务的发展，白沙物流毅然对自身定位进行了调整。

白沙物流旨在利用深圳、湖南两地经济合作的优势，利用湖南中烟工业公司的雄厚资金和深圳特殊的经济地理位置，建立一个湖南中烟工业公司乃至整个湖南的对外窗口，为湖南中烟工业公司迈向跨国集团行列创造条件，为湖南中烟工业公司降低成本、减少环节，保障货物进出口通畅，提高履约能力，争取获得更高的经济效益和社会效益。

在经营方向上，白沙物流以"诚信经营、科学管理、先进技术"为宗旨，以"为全国客户提供优质的物流服务"为使命，最终打造以"区域配送与运输业务为支柱、具备现代化物流管理模式与经营理念"的综合型知名现代物流企业。白沙物流将利用大规模的网点布局，为烟草主业发展提供优质专业的物流服务，发展成为湖南中烟工业公司在华南地区的重要窗口与物流基地。

"按此部署，我们为实现发展战略，已扩大了经营范围，开办了国际货运代理业务。目前，公司正积极开展物流专业英语和报关业务知识培训，为发展做好充分的人力资源储备"，白沙物流的负责人说。事实证明，这些调整带来的是变革、活力和效益。

2006年年底，湖南中烟工业公司和深圳烟草在考察白沙物流后，即达成合作意向，白沙物流承接湖南中烟工业公司烟草辅料运输项目于2007年3月正式启动。与此同时，深圳烟草配送服务商都市物流也进驻白沙物流仓库，每天早上40多台烟草配送车辆在白沙物流和深圳各区的香烟专卖店往来穿梭，车水马龙，公司上下一片繁忙，白沙物流已成为深圳烟草配送的第二个基地。

2. 苦练内功，以优质服务彰显品牌

围绕湖南中烟工业公司的最新定位，2007年白沙物流市场战略转移到"稳健发展珠三角、华南区域配送业务，积极拓展中南线货代运输"。2008年上半年，运输配送业务稳步增长，运作效率和服务质量也明显提高。白沙物流有关部门负责人介绍说，在仓储方面，公司拟订了建多层仓的方案，继续按照"精品仓储"路线提高仓储管理服务水平，还顺利承接了湖南中烟工业公司辅料仓储管理和深圳烟草成品烟仓储的中转业务，目前，仓库销售比较稳定，顺利实现了客户转仓和调仓的协调工作。在运输配送方面，白沙物流增加了国际货运代理业务，发展了中南运输精品线路，承接了湖南中烟工业公司运输项目，同时开展了华南城市配送业务，成功引进TCL、华为等大项目，设立了长沙网点，目前各网点业务增长前景良好。

"我们开展了目标客户的市场调查，狠抓流程优化和服务质量，客户满意度明显提高"，白沙物流的负责人说。在内部管理上，顺利通过了深圳市认证中心ISO 9001和OHSAS 18001双体系的外部审核，进一步落实了各部门的目标管理和绩效考核，改善了员工福利，开展了物流专业类课程的培训，提高了员工的素质和公司的凝聚力。

"品牌打造是我们不变的追求"，白沙物流总经理说，"白沙的品牌建设，是在以往中国百强物流企业、中国诚信物流企业和深圳最具竞争力品牌等基础上的更高追求"。

资料来源：百度文库。

第 7 章
物流项目的采购与合同管理

【学习目标】

通过本章的学习,了解物流项目采购规划的内容、物流项目合同管理的概念与特征、物流项目合同签订的注意事项,理解物流项目合同终止、解除与变更的区别及物流项目合同纠纷的处理途径,明确物流项目招标程序与要点、物流项目投标步骤与要点、物流项目合同管理工作过程,掌握物流项目货物采购规划技术、合同价格的确定方法。

【学习要求】

知识要点	能力要求	相关知识
物流项目的采购	了解物流项目采购规划的内容; 掌握物流项目货物采购规划技术	采购的定义、项目采购计划、物流咨询服务的内容、平衡点分析法、咨询服务采购与工程采购的区别
物流项目的合同管理	了解物流项目合同管理的工作过程; 掌握合同价格的确定方法	合同、物流项目合同管理的概念,项目合同的特点与类型
物流项目的招投标	掌握物流项目招标程序与要点; 掌握物流项目投标步骤与要点	招标、投标、物流项目招标的概念,物流项目招标公告形式

【导入案例】

首钢的现代物资采购之路

降低经营成本和竞争成本始终是企业追求的目标。因此,电子商务的应用也就成为企业发展的选择。在市场发展方面,只有大型企业的电子商务化才能确立电子商务的市场地位,因为交易量毕竟具有基础性的作用。上海的宝钢集团(简称宝钢)和北京的首钢集团(简称首钢)均进行了电子商务化转型的尝试,突破口选择为物资采购的电子招标。就交易额而言,宝钢超过首钢,但从项目进程来看,首钢对传统商务的改造模式更好。

1. 尝试网上招标

选择在网上采购是首钢材料处网上招标采购的开始。标准化的产品和非控产品是首先考虑的问题;其次要考虑符合业务简单化的特点;再次要考虑为招标单位节约费用;最后应选择符合中国国情的操作模式。

首钢首次网上招标的物资有铝粉、铝线、润滑油等六大类14个品种规格的材料,总标的1 500万元。

2. 选择操作模式

目前,中国企业实现真正意义上的办公自动化的不多,业务电子化更是少见。为保证第一次就操作成功,首先要实现招标程序的电子化,即标书上网,异地下载,然后通过邮寄方式回寄标书。此次试验不仅节省了供应商的时间、人力和费用,更重要的是让供应商接受网上招标的模式,为第二次网上招标成功奠定基础。

经过周密的准备,半年后材料处组织了第二次网上招标,并决定把网上招标作为未来的业务方式,对于能在网上采购的物资以后不再按传统方式采购。本次招标全部实现电子化,从标书的上网,供应商异地下载,供应商标书加密后网络回传,招标方、投标方和网络服务商定时全盘开标,网上公布招标结果,开标过程历时50分钟。从经济效果来说,电子招标的操作成本只有传统招标的10%,而无形成本节约得更多。

3. 网络收费

支付信用一直是电子商务发展的瓶颈,尤其是涉及三角债问题对企业的信誉更是一种否定,但可以暂时避开这个问题,等到国家对企业信用有了比较完善的管理时,再加入此项内容。首钢此次采取的方法是限定竞标方的范围,事先按传统的方式对供应商进行严格的资质审核,符合条件者才给予网络授权,参与竞标。

网络服务商的收益定位也是要考虑的问题。目前,电子商务基本上是将网络服务商定位为供需媒介。至于作为第四媒介的价值目前尚不能体现,所以收费必须考虑实际情况,避免合作谈判不成功。首钢的收费模式是撇开网络服务商的经营成本,并对与自己利益相关的采购商采用免费方式。这样,网络服务商、招标方和竞标方均获利益,都比较满意。

首钢材料处本次改革最基本的原则是,在确保安全稳妥的条件下进行改革,否则首钢的材料供应将受到影响。立足现有技术条件是取得成功的保证,因为对于采购方和供应商来说首先要考虑的是以最小的投资取得最大的收益。而对于企业来说,规避投资风险的重要性远大于对投资收益的考虑。

资料来源:申纲领,2019. 物流案例与实训[M]. 3版. 北京:北京大学出版社:20-21.

问题:(1)上述案例中首钢采用了何种采购方式?
(2)按方式不同采购可以分为几种类型?分别是什么?

党的二十大报告指出,"构建高水平社会主义市场经济体制"。物流的发展对市场经济的发展是非常重要的,关系到我国经济体制改革的成败,关系到企业的生存和发展。物流市场合理运行要用合同来明确，物流项目的实施离不开物流项目的采购与合同管理。物流项目的采购与合同管理在物流管理中起着极其重要的作用，是物流项目管理的重要组成部分。

7.1 物流项目的采购

7.1.1 采购规划概述

1. 采购的定义

采购是从系统外部获得货物、工程和咨询服务等（以下统称产品）的完整的采办过程。货物采购是指购买项目建设所需的投入物（如机械、设备、材料等）及与之相关的服务；工程采购是指选择工程承包单位及其相关的服务；咨询服务采购主要是指聘请咨询公司或咨询专家。

物流项目缺少不了采购。项目的采购工作是项目实施中的重要一环。要做好物流企业的中长期战略规划，采购专业公司的咨询服务是完全必要的；建设一个现代化的物流配送中心必须慎重地选择工程的承包商；而立体自动化物流仓库还需要大量地采购可调整货架、专用装卸货小车、辊式输送机、条码印刷机、信息采集机、射频传输设备等；企业物流业务的"外包"更需要挑选理想的战略合作伙伴。这些都属于采购规划要解决的问题。因此，在物流项目实施过程中，有必要选择适当的采购方式。如果采购的产品不符合项目设计的要求，将直接影响项目质量，严重时会导致项目的失败。因此，规范物流项目采购可以有效地降低物流项目成本，促进物流项目的顺利实施和按期完成。

2. 采购方式

采购按方式不同可以分为招标采购和非招标采购。

（1）招标采购。

由需方提出招标条件和合同条件，由许多供应商同时投标报价。通过招标，需方能够获得价格更为合理、条件更为优惠的供应。对受客观条件限制和不易形成竞争的项目还可以采取协商议标的方式。

（2）非招标采购。

需方直接与某供应商按协议价格采购，可以分为询价采购和直接采购等。

① 询价采购。即比价方式，一般习惯称作"货比三家"。先收集来自多个供应商（至少3家）的报价，然后对报价进行比较，其目的是确保价格具有优势。这种方式无须正式的招标文件，具体做法同一般的对外采购区别不大，只不过是要向多个供应商询价来进行比较，最后确定采购的厂家。它适用于采购时即可直接取得产品的现货采购，或者价值较小的、属于标准规格的产品采购。

② 直接采购。直接采购是指在特定的采购环境下不进行竞争而直接签订合同的采购方法。它主要适用于不能或不便进行竞争性招标或竞争性招标优势性不大的情况。例如，有些产品具有专卖性质，只能从一家制造商或承包商处获得；在招标时没有一家供应商愿意投标等。

3. 物流项目采购规划的内容

物流项目采购规划是在考虑了买卖双方之间的关系之后,从采购者的角度考虑物流项目的哪些需要可以通过从物流项目实施组织外部采购来得到满足。物流项目采购规划一般要对下列事项做出决策。

(1)通过一家总承包商采购所有或大部分所需要的产品。

例如,某物流企业可以选择一家系统集成公司来构架物流企业的计算机网络和开发物流管理信息系统软件。在这种情况下,从询价到合同终止的各个采购过程只需要实施一次。

(2)不采购产品。

对于研究型开发项目(如物流企业内部管理体制改革、作业流程优化等),从询价到合同终止的各个采购过程都不必实施。

(3)向多家供应商采购需要的产品。

对于物流配送中心建设的工程类项目,需要在实施过程中不断向不同供应商采购材料和设备。此时,在从询价到合同终止的各个采购过程,每一个采购活动都要实施一次。对于采购量大的项目,需要引入一定的订货策略或咨询采购专家。

7.1.2 物流项目咨询服务采购

1. 物流项目咨询服务的内容

(1)物流项目投资前研究。

对于投资规模较大的项目(如物流中心的选址与建设),在项目确定之前必须进行必要的市场调查与项目可行性研究。将项目委托给专业的咨询公司有利于减少外界的不良影响,依靠科学的分析方法和手段,从实际出发,对项目进行全面、客观、公正的评价,以减少可能的投资失误或项目失败。

(2)项目准备性服务。

项目准备性服务指为了充分明确项目内容和准备实施项目所需的技术、经济和其他方面的服务,如项目建议书拟定、工程项目设计(包括投资概算与运营费估算)、物流中心的配送方案策划、招投标代理等。有时还包括与编制采购文件有关的服务,如确定保险要求、预审专利人和承包人的资格、分析投标书、提出投标建议等。

(3)执行项目采购。

执行项目采购指工程监理和项目管理方面的服务,包括检查和督促工作、审核供应商出具的发票、应与合同文件的解释有关的技术性服务,还包括协助采购并且协调同一项目的不同供应商的服务,以及提供项目在开始和运营阶段的各种设施的服务。

(4)技术援助。

技术援助指其他支持项目管理方面的咨询服务,如物流开发计划、企业重组规划、人员技术培训等。

2. 咨询服务采购与工程采购的区别

(1)业主提出的任务范围不同。

咨询服务采购的业主在邀请之初提出的任务范围不是已确定的合同条件,只是合同谈判的一项内容，咨询公司和供应商可以而且往往会对其提出改进建议；而工程采购的内容则是正式的合同条件，投标者无权更改，只能在必要时按规定予以澄清。

（2）选聘的条件不同。

咨询服务采购的选聘应当以技术方面的评审为主，选择最佳的被委托人，有时不以价格最低为主要标准；而工程采购一般是以技术达到标准为前提，通常将合同授予报价最低的投标者。

（3）对业主的投标书的处理方式不同。

咨询服务采购中，被委托人可以对业主的任务大纲提出修改意见；而工程采购的投标书必须以招标书规定的采购内容和技术要求为标准，达不到标准的即为废标。

（4）公布结果的方式不同。

对于咨询服务承包商的选聘可以不进行公开招标，不宣布应聘者的报价，对于那些晚于规定期限送到的建议书，也不一定宣布无效而退回；而工程采购则要求公开招标，宣布所有投标者的报价，迟到的投标书作为废标。

7.1.3 物流项目货物采购规划技术

项目实施组织对需要采购的货物拥有一定的选择权，对于物流项目所涉及的货物的采购，通常运用以下技术进行选择。

1. 自购还是外租分析

对于项目中需要使用的一些独立的设备（如可移动式机械、车辆等），既可以采取自购长期使用，也可以针对项目一次性、临时性特点，采用短期租借的方式，以节省项目成本。例如，一家第三方物流企业在承揽一项配送业务时，车辆运力不足或车辆种类不符带来的运力补充或调剂的问题，可用管理技术中常用的平衡点分析法来解决。

【例 7-1】 A 物流企业承接了某配送物流项目。根据 3 年的合同要求，必须用 4t 的冷藏货车送货，而 A 物流企业尚未配置此类货车。如果为此项目购置冷藏货车，购置费为 25 万元/辆，年运营成本为 3.5 万元/（辆·年）；如果考虑到项目合同期的长短，采用租车方案，年租车费用约 8.5 万元/（辆·年）。试问该企业如何根据项目的寿命期进行决策？

单纯从成本有利的角度，分析两者的项目寿命平衡点。

设 n 为项目寿命期的年份数，就单个冷藏货车而言，如果存在寿命平衡点 n_0 则有

$$25+3.5 n_0 = 8.5 n_0$$

解得 $n_0 = 5$（年）

由寿命平衡点（图 7.1）可得出以下两点结论。

（1）当项目寿命期 $n < n_0$ 时，宜采用租车方案，以减少投资的风险。由题意，A 物流企业首次进入冷藏货运市场，经验不足。当签订的合同仅为 3 年，而且合同执行中达不到客户的要求时，随时可能终止合同的执行。因此采用保守的决策，即租车方案。

（2）当项目寿命期 $n > n_0$ 时，可采用购车方案，为企业的发展奠定基础。当前 A 物流企业正在积极努力改制，以适应物流市场发展。以此为契机，通过改善项目的运作体制，为客户提供满意的服务，很有可能续签合同。因此，从发展和竞争的角度，可选择购车方案。

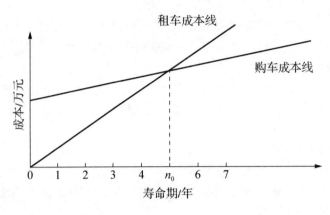

图 7.1 寿命平衡点分析图

2. 短期租赁或长期租赁分析

当某些项目短期需要用到某种设备时，专门购置会造成浪费，因此可从市场上去租赁。至于是短期租赁还是长期租赁，通常取决于财务上的考虑。根据项目对某租赁品的预计使用时间、租金来分析短期租赁与长期租赁的成本平衡点。

【例 7-2】 某专项运输项目因承担特大物件运输项目而外租某台特殊设备，如果短期租赁，租金为每天 150 元；也可以长期租赁，租金为每天 90 元，但需额外交纳固定手续费 6 000 元。试问如何选择？

设预计租期为 X 天时，长短期租赁费用相等，则有 $90X+6\,000=150X$，解得 $X=100$（天）。

从节约租赁成本的角度考虑，如果预计租用设备不超过 100 天，应选择短期租赁；如果预计租用设备超过 100 天，则选择长期租赁更经济。

7.2 物流项目合同管理概述

7.2.1 物流项目合同管理的概念

物流项目合同管理离不开法律的支撑，物流项目合同管理是指以《中华人民共和国民法典》为依据，更新合同管理观念，做到"机构、人员、制度"三落实，运用科学理论和现代科学技术，提高物流企业效益，以服务企业根本利益为目的，依法进行订立、变更、解除、转让、履行、终止，以及审查、监督、控制等一系列行为的总称。

7.2.2 物流项目合同管理的特征

1. 物流项目合同管理是现代管理观念和现代管理手段相结合的管理

企业与企业之间既相互竞争又相互依赖，因此合同管理的重大作用凸显。合同管理是现代企业管理中不可或缺的部分，贯穿于企业经、技、贸交往，合资、联营、兼并、承包、租赁经营，以及劳动分工之中。物流项目合同管理的内容更具有广泛性，包括合同订立、履行、变更、解除、处理争议等各项内容，与企业计划、原材料采购、产品质量、技术、物流及成本核算等管理相融合。所以，企业必须树立科学的现代管理观念，运用现代化管理手段，否则企业将难以驾驭和适应日益激烈的市场竞争和快速的社会进步。

2. 物流项目合同管理是物流企业发展的自我管理

物流项目合同管理是物流企业集经济手段、行政手段、法律手段于一体，对企业自身签订合同进行的自我审查、自我监督、自我控制，达到自我约束、自我保护、自我发展的目的。

7.2.3　物流项目合同签订的注意事项

现代物流不是简单的代理、运输、仓储、保管、报关等合同的签订，它所出售的是一个按一定流程管理的设计方案，该方案要解决企业的各种疑难问题，达到简化程序、降低成本、提高管理水平、提高企业经济效益和市场竞争能力的效果，合同涉及的环节多、时间长、要求复杂，所以企业在签订物流项目合同时应注意以下几点。

1. 所签合同要合理

物流项目合同中要考虑双方的利益，达到双赢的目标，这点很重要。如果只考虑一方赚钱，而使另一方无利可图，这样的合同即使签下来，履约中也会出现各种问题。实践证明，如果双方的理念一致，且所签合同的目标相同，履约中一般不会产生什么问题，即使有问题也较容易解决。

2. 所签合同要完善

物流商与客户签订合同是一个非常复杂的过程，任何一方如果在签约前考虑不周或准备不足，都有可能在未来执行合同的过程中出现问题。此外，合同的执行标准及衡量标准是物流商与客户在签约时首先应协商解决的问题，但在实践中，大量的合同根本未对此作出规定，导致双方在执行合同时对所提供的服务标准产生争议。许多合同只规定双方交易的主要条款，却忽略了双方各自应尽的责任和义务，特别是违约应承担的责任。这样，无形中等于为双方解除了应负的责任，架空了合同或削减了合同的约束力。

3. 明确双方当事人的签约资格

物流项目合同是具有法律效力的法律文件。因此，要求签订物流项目合同的双方都必须具有签约资格，否则即使签订合同，也是无效的合同。在签约时，要调查对方的资信情况，应该要求当事人提供有关法律文件，证明其合法资格。一般来讲，重要的谈判，签约人应是董事长或总经理。有时，虽在具体业务谈判中出现的签约人不是上述人员，但也要检查签约人的资格，如了解对方提交的由法人开具的正式书面授权证明，常见的有授权书、委托书等。了解对方的合法身份和权限范围能保证合同的合法性和有效性。

4. 明确服务范围、条款

许多物流商往往忽视了服务范围的重要性。物流商与客户第一次签订合同时，一定要对服务范围给予一个明确的界定，包括如何为客户提供长期的物流服务、服务的具体内容、服务到哪种程度及服务的期限等，总之，要对服务到哪种程度有一些具体的规定。否则，物流商不清楚要干什么，而客户也不清楚支付的是什么服务费用。服务范围应详细描述有关货物的物理特征，所有装卸、搬运和运输的需要，运输方式，信息流和物流过程中的每一个细节。同时，合同中的条款应明确无误，不能出现前后矛盾的情况。例如，我国某物流企业与外商签订了一份合同，在价格条款中有这样一条规定"上述价格包括卖方装到船舱的一切费用"，而在交货条款中却又出现了这样的规定"买方负担装船费用的 1/2，凭卖方费用单据支付"，这种前后矛盾的条款，最容易被人钻空子。

5. 不要误导客户

物流商不要为了争取客户而使其产生误解，将物流服务视为灵丹妙药，认为物流商可将客户所有的问题都解决。应让客户认识到，没有一个物流方案能十全十美地解决企业的全部问题，即使要解决某一方面的问题，也需要有详尽的策划、充足的时间，以及付诸实施这样一个过程，最终才能见效。

6. 避免操之过急

许多企业在尚未做好准备的情况下就去寻求物流商的帮助，并对物流商寄予过高的期望而匆匆签约，或许这些企业有许多迫在眉睫需要解决的问题，但这样做的结果往往会带来忙中出错的后果。

7. 确保合同具有可行性

专业性较强的企业在签约前应向有关专家咨询，甚至请他们参与谈判，分析企业生产、管理的特殊性、特别要求及需要注意的问题，避免造成难以弥补的损失。而对于物流商来说，经过努力仍无法做到的事情，千万不要轻易承诺。

8. 合同文字不要含糊不清、模棱两可

有些物流项目合同条款写得含糊不清、模棱两可，导致在执行过程中争议纷纷，甚至后患无穷。例如，某一合同中有这样一条"合同生效后不得超过 45 天，乙方应向甲方缴纳××万美元的履约保证金……如超过两个月未能缴纳，则合同自动失效。"这里"两个月"究竟从哪一天开始算起，是从合同生效之日开始算还是合同生效 45 天以后开始算，写得不明确。

9. 必须考虑经济性

物流商接受和签订协议的项目是最终能产生效益的项目，而适当水平的物流成本开支必然与所期望的服务表现有关。要获得在物流业的领导地位，关键是要使自己的能力与关键客户的期望和需求相匹配，对客户的承诺是形成物流战略的核心。一个完善战略的形成需要具有对所选方案的服务水平所需成本的估算能力。

7.2.4 物流项目合同变更、解除与终止

1. 物流项目合同变更

合同的变更通常是指由于一定的变化而改变合同的内容和标的的法律行为。当事人双方协商一致，可以变更合同。合同变更应符合合同签订的原则和程序。

2. 物流项目合同解除

合同解除是指消灭既存的合同效力的法律行为。其主要特征包括：一是合同当事人必

须协商一致,二是合同当事人应负恢复原状之义务,三是其法律后果是消灭原合同的效力。合同解除有以下两种情况。

(1)协议解除。协议解除是指当事人双方通过协议解除原合同规定的权利和义务关系。有时是在订立合同时在合同中约定了解除合同的条件,当解除合同的条件成立时,合同就被解除;有时在履行过程中,当事人双方经协商一致同意解除合同。

(2)法定解除。法定解除是指合同成立以后,没有履行或没有完全履行以前,当事人一方行使法定解除权而使合同终止。为了防止解除权的滥用,相关法律规定了十分严格的条件和程序。有下列情形之一的,当事人可以解除合同。

① 因不可抗力因素致使合同无法履行,或不能实现合同目的。
② 在履行期满之前,当事人一方明确表示或以自己的行为表明不履行主要义务。
③ 当事人一方拖延履行主要义务,经催告后在合理期限内仍未履行。
④ 当事人一方迟延履行义务或有其他违约行为,致使不能实现合同目的,而使原签订的合同成为不必要。
⑤ 法律规定的其他情形。

由此可见,只有在不履行主要义务、不能实现合同目的,也就是在根本违约的情况下,才能依法解除合同。如果只是合同的部分目的没有实现,或者部分违约,如延迟或部分质量不合格,一方不能解除合同,而应当按违约来处理,可以要求违约方继续履行、采取补救措施、支付违约金或赔偿损失。

实行合同解除程序时,若当事人一方依照规定要求解除合同应当通知对方,对方有异议的,可以请求人民法院或仲裁机构确认解除合同的效力。如果按法律法规规定解除合同需要办理批准、登记等手续,则应当按规定办理。

合同的权利和义务终止,并不影响合同中结算和清理条款的效力。

3. 物流项目合同终止

当事人双方依照合同的规定,履行其全部义务之后,合同即行终止。合同签订以后,是不允许随意终止的。根据我国的现行法律和有关司法实践,合同的法律关系可因下列原因而终止。

(1)合同因履行而终止。合同的履行,就意味着合同规定的义务已经完成,权利已经实现,因而合同的法律关系自行消灭。所以,履行是实现合同、终止合同的法律关系的最基本的原因。

(2)合同因当事人双方混同为一人而终止。法律上将权利人和义务人合为一人的现象,称为混同。既然发生合同当事人合并为一人的情况,那么原有的合同义务无履行的必要,因而自行终止。

(3)合同因不可抗力而终止。合同不是由于当事人的过错,而是由于不可抗力,致使合同义务不能履行的,应当终止合同。

(4)合同在当事人双方协商一致之后终止。当事人双方通过协议而解除或免除义务人的义务,也是合同终止的方式。

(5)仲裁机构裁决或法院判决终止合同。

合同解除是一种特殊情况的合同终止。合同变更与解除属于两种法律行为,但也有共同之处,即都是经合同当事人双方协商一致,改变原合同法律关系。所不同的是合同变更将产生新的法律关系,而合同解除是消灭原合同关系,并不再建立新的法律关系。

7.2.5 物流项目合同纠纷的处理途径

合同纠纷通常表现为合同当事人双方对合同规定的义务和权利理解不一致,或是合同当事人一方故意不按合同约定履约,或是由于其他原因,最终导致对合同的履行或不履行的后果和责任分担产生争议。物流项目合同纠纷的解决通常有以下4种途径。

1. 协商

当事人双方在自愿、互谅的基础上,通过谈判达成解决纠纷的协议。该方法具有简单易行、不伤和气的优点。

2. 调解

在第三方(如上级主管部门、合同管理机关等)的参与下,以事实、合同条款和法律为依据,通过对当事人的说服,使合同当事人双方自愿、平等、合理地达成纠纷解决协议。

3. 仲裁

由仲裁机构对合同纠纷进行裁决。我国实行一裁终局制,在裁决做出后,合同当事人如果不能达成纠纷解决协议,则不再裁决,双方须在规定的期限内履行仲裁机构的裁决,如果一方不履行,另一方可以申请法院强制执行。

4. 诉讼

诉讼指司法机关和合同当事人在其他诉讼参与人的配合下为解决争议依法定诉讼程序所进行的全部活动。

7.3 物流项目的招投标

招投标是市场竞争的重要方式之一。当前,物流外包越来越多地使用招投标方式进行,而且招标、投标已从企业扩展到政府、非营利单位。企业应充分运用招投标方式获取物流服务。

7.3.1 招投标概述

1. 招投标的定义

招投标是在市场经济条件下进行大宗货物的买卖、工程建设项目的发包与承包,以及服务项目的采购与提供时所采用的一种交易方式。

2. 招投标的原则和程序

(1) 招投标的原则。

招投标活动应当遵循公平、公正、公开和诚实守信的原则。招标人不得向他人透露已获取招标文件的潜在投标人的名称、数量，以及可能影响公平竞争的有关招投标的其他情况。对于招标人设有标底的，标底必须保密。投标人不得相互串通投标报价，不得排挤其他投标人，不得损害招标人或其他投标人的合法权益。投标人不得与招标人串通投标，损害国家利益、社会公共利益或他人的合法权益。投标人不得以低于成本的报价竞标，也不得以他人名义投标或以其他方式弄虚作假，骗取中标。

（2）招投标的程序。

招投标的一般程序可归结为招标、投标、开标、评标、中标、签约。

① 招标。招标是一种特殊的交易方式和特殊的订立合同程序，分为公开招标和邀请招标。

a. 公开招标是指招标人以招标公告的方式邀请不特定的法人或其他组织投标。采用公开招标方式的招标人应当发布招标公告，依法进行招标项目的招标公告，应当通过国家指定的报刊、信息网络或其他媒介发布。

b. 邀请招标是指招标人以投标邀请书的方式邀请特定的法人或其他组织投标。招标人采用邀请招标方式的，应当向3个以上具备承担招标项目的能力、资信良好的特定的法人或其他组织发出投标邀请通知书。投标邀请通知书应当载明招标人的名称和地址，招标项目的性质、数量、实施地点和时间，以及获取招标文件的办法等事项。

招标人应当根据招标项目的特点和需要编制招标文件。

② 投标。投标是指投标人（指响应招标、参加投标竞争的法人或其他组织）接到招标文件后，根据招标文件的要求编写投标文件，并将其送交给招标人的行为。

投标文件通常可分为商务文件、技术文件和价格文件。

a. 商务文件。这类文件是用以证明投标人履行了合法手续及招标人了解投标人商业资信、合法性的文件。一般包括投标保函、投标人的授权书及证明文件、联合体投标人提供的联合协议、投标人所代表的公司的资信证明等，如有分包商，还应出具资信文件供招标人审查。

b. 技术文件。如果是建设项目，则包括全部施工组织设计内容，用以评价投标人的技术实力和经验。技术复杂的项目对技术文件的编写内容及格式均有详细要求，投标人应当认真按照规定填写。

c. 价格文件。这是投标文件的核心，全部价格文件必须完全按照招标文件的规定格式编制，不允许有任何改动，如有漏填，则视为其已经包含在其他价格报价中。

③ 开标。开标应当按照招标文件规定的时间、地点和程序以公开方式进行。

开标由招标人或招投标中介机构主持，邀请评标委员会成员、投标人代表和有关单位代表参加。投标人检查确认投标文件密封后，由有关工作人员当众拆封、验证投标资格，并宣读投标人名称、投标价格，以及其他主要内容。投标人可以对唱标作必要的解释，但所作的解释不得超过投标文件记载的范围或改变投标文件的实质性内容。开标应当作记录，存档备查。

④ 评标。评标应当按照招标文件的规定进行。

招标人或招投标中介机构负责组建评标委员会。评标委员会由招标人的代表及其聘请的技术、经济、法律等方面的专家组成，总人数一般为5人以上的单数，其中受聘的专家不得少于总人数的2/3。与投标人有利害关系的人员不得进入评标委员会。评标委员会负责评标。评标委员会对所有投标文件进行审查,对与招标文件规定有实质性不符的投标文件,应当决定其无效。评标委员会可以要求投标人对投标文件中含义不明确之处进行必要的澄清,但澄清不得超过投标文件记载的范围或改变投标文件的实质性内容。

⑤ 中标。评标委员会应当按照招标文件的规定对投标文件进行评审和比较,并向招标人推荐1~3个中标候选人。招标人应当从评标委员会推荐的中标候选人中确定中标人。中选的投标者应当符合下列条件之一:满足招标文件各项要求,并考虑各种优惠及税收等因素所报投标价格最低;最大满足招标文件中规定的综合评价标准。

⑥ 签约。招标人或招投标中介机构将中标结果书面通知所有投标人,招标人与中标人按照招标文件的规定和中标结果签订书面合同。

3. 招投标中有关文书的基本格式和要求

(1)投标邀请通知书。

投标邀请通知书一般由以下几个部分组成。

① 标题。即"投标邀请通知书"。

② 称谓。抬头顶格写邀请单位名称。

③ 正文。用以说明招标目的、依据及招标具体事项。如果另有招标公告或招标启示,则不需要就招标事项进行详细说明,只需声明随函邮寄即可。如果没有招标公告或招标启示,则应将其内容列入投标邀请通知书。

④ 署名署时。写明招标单位全称、地址、联系人、电话、时间等。

▶ 阅读案例7-1 ◀

西门子公司的全球采购策略

过去很长一段时间里,西门子公司的通信、交通、医疗、照明、自动化与控制等各个产业部门根据各自的需求独立采购,随着西门子公司的发展,采购部门发现不少的元件需求是重叠的,如通信产业需要订购液晶显示元件,而自动化和控制分部也需要购买相同的元件,购买数额有多有少,选择的供应商、产品质量、产品价格与服务差异也非常大。

西门子公司很快就发现了沉淀在这里的"采购成本",于是西门子公司设立了一个全球采购委员会,来协调全球的采购需求,把各个产业部门所有的采购需求汇总起来,这样,西门子公司可以用一个声音同供应商进行沟通,大订单在手,就可以吸引全球供应商进行角逐,西门子公司在谈判桌上的声音就可以响亮很多。

对于供应商来说,这也是一件好事情。以前一个供应商可能要与西门子公司的多个不同产业部门打交道,而现在只需与一个部门谈判,只要产品、价格和服务过硬,就可以拿到西门子的全球订单,当然也省下了不少时间和精力。

西门子公司的全球采购委员会直接管理材料经理,每位材料经理负责特定材料领域的全球性采购,寻找合适的供应商,达到节约成本的目标,确保材料的充足供应。

> 西门子公司的采购系统还有一个特色，就是在采购部门和研发部门之间有一个高级采购工程部门，作为一座架在采购部门和研发部门之间的桥梁，高级采购工程部门的作用是在研发设计的阶段就用采购部门的眼光来看问题，充分考虑到未来采购的需求和生产成本上的限制。
>
> 有了这些充分集权的中央型采购战略决策机构，还需要反应灵活的地区性采购部门来进行实际操作。由于产业链分布在各个国家，西门子公司在各国的采购部门的角色很不一样，西门子公司采购部门的角色类似于一个协调者。例如，由于掌握着核心技术，日本的供应商如东芝公司和松下公司直接参与了西门子公司手机的早期开发。西门子公司需要知道哪些需求在技术上是可行的，哪些是不可行的，而东芝和松下等企业也要知道西门子公司想要得到什么产品，因此，采购部门的主要工作就是与日本供应商的研发中心进行技术研发方面的协调和沟通。

资料来源：申纲领，2019. 物流案例与实训[M]. 3版. 北京：北京大学出版社：23.

（2）招标申请书。

招标申请书是招标单位在发布招标公告之前，向招投标主要部门报送进行招标的请求文件。

（3）招标公告。

向社会公开招标可以采用招标公告方式。招标公告由招标人设立的招标委员会发布，其内容主要包括：招标委员会的名称，招标采购产品或服务项目的主要性能、规格、数量、方式，投标人资格预审要求，索取招标书的时间、地点、手续。招标公告必须经招标委员会主席签字方可予以公布。

（4）投标资格预审文件。

在招标过程中，凡愿参加投标的单位必须领取或购买投标资格预审文件，以提供相关资料供招标委员会或招标单位审核，同时应呈交申请书，而投标资格预审文件清单也应一起附上。

（5）投标申请书。

投标申请书是投标单位按照招标公告在规定的时间内递交的要求参加投标的申请书，以供各招标单位审定招标资格用。通常只有在投标申请获准后才能拟写投标书。

投标申请书的组成要素

投标申请书一般由以下几个部分组成。

①标题，写上"投标申请书"；②称谓，抬头顶格写明招标单位名称；③正文，用以说明参加投标的意愿和保证；④署名署时，写明投标单位全称、联系人、时间等。

（6）投标书。

投标书简称标书，是投标者按照招标的要求向招标单位报送的文书。标书应按一定次序装订成册，装订成册的标书应配以封皮。封皮应有招标单位的名称、附以简要文字（如"现送上×××投标书正本一份，请审核"）、投标单位名称和负责人、投标日期等。

7.3.2 物流项目招标程序与要点

物流项目招标是指招标人(又称业主)对自愿参加某一特定项目的投标人(承包商)进行审查、评比和选定的过程。对于物流工程项目的招标,业主要根据建设目标对特定工程项目的建设地点、投资目的、任务数量、质量标准及工程进度等予以明确,以发布公告或发出邀请函的形式使自愿参加投标的承包商按业主的要求投标。业主对承包商的投标报价、技术水平、人员素质、施工能力、工程经验、财务状况及企业信誉等方面进行综合评价,全面分析,择优选择中标者并与之签订合同。

1. 物流项目招标的程序

具备了物流项目招标条件的单位一般按图 7.2 所示的程序开展工作。

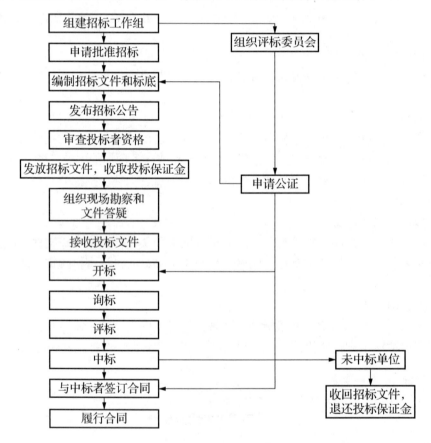

图 7.2 项目招标程序

2. 工作要点

(1)组建招标工作组。

对于已列入投资计划并且相关的设计文件、项目建设资金等均有着落的项目即可组建招标工作组,并向上级主管部门申请批准招标。建设工程项目招标工作组的成员应包括以下人员:

① 业主单位法人代表或其委托代理人。
② 有与工程规模相适应的技术、预算、财务和工程管理人员。
③ 具有对投标单位进行资格评审能力的人员。

对于不具备上述条件的业主，可由其上级主管部门帮助组建招标工作组，或者以合同方式委托专业招投标公司或具有法人资格的咨询服务单位代理招标工作。

物流业是一个以提供服务为主的行业，因此非工程类建设项目居多。在现代物流发展过程中，很多制造商、加工企业、商业连锁经营企业都希望由实力强、经验丰富、网络齐全的第三方物流企业为其提供物流服务，结成战略合作伙伴。这类服务型物流项目也可以采取招标的方式挑选最佳的合作者，降低企业物流成本支出，提高企业物流质量和客户满意度，从而达到综合提高市场核心竞争力的目标。与服务类项目的招标条件相比，工程类项目要简单得多。例如，当企业已将物流系统改造列入企业近期的工作计划，且相关的改造和资金方案已经企业决策机构讨论通过时，即可转入招标的程序，招标工作组除应有企业主管物流的领导参加外，还应有物流部、财务部、采购部等相关部门的人员参加。

（2）编制招标文件和标底。

招标文件是标明招标工程数量、规格、要求和招投标双方责、权、利关系的书面文件。项目招标首先要有一份内容明确、考虑细致周密、兼顾招投标双方权益的招标文件。招标文件的作用首先是向投标人提供招标信息，以指导承包商根据招标文件提供的资料进行投标分析与决策；其次，招标文件又是承包商投标和业主评标的依据；最后，招标、投标文件是业主和承包商签订合同的主要组成部分。因此，招标文件的编制是招标工作中非常重要的部分，它影响项目的质量甚至成败，必须加以足够的重视。

物流招标文件的内容和篇幅与物流项目的规模和类型有关。一般而言，物流服务项目的招标文件简单一些，工程建设项目的招标文件复杂一些，特别是大型物流园区或中心综合性建设项目，其招标文件的篇幅可能长达数千页，不仅内容全面而且要求前后连贯。

① 工程类物流项目。对于不同工程类物流项目的招标文件，内容虽有繁简、详略之别，但招标文件一般都包括以下主要内容：a.招标邀请书、投标人须知；b.合同的通用条款、专用条款；c.业主对工程方面的要求一览表（格式）、技术规格（规范）、图纸；d.投标书格式、资格审查需要的报表、工程量清单、报价一览表、投标保证金要求及其他补充资料表；e.双方签署的协议书格式、履约保证金格式、预付款保函格式等。

② 非工程类物流项目。非工程类物流项目的招标文件内容与工程类物流项目有所不同。例如，物流咨询项目根据咨询任务的具体要求，招标文件一般包括以下主要内容：a.咨询任务简介；b.咨询的工作大纲、合同草案、背景资料、当地相关法律法规等；c.项目的评选方法与程序；d.关于预期工作量按人数表示的说明；e.要求咨询公司提供费用估算的资料；f.投标书编制使用的语言、提交份数和截止日期；g.合同谈判与工作开始日期；h.关于咨询承包商访问业主机构、实地考察的说明；i.关于业主提供的支持、生活设施和服务等说明。

标底又称底价，是招标人对招标项目所需费用的自我测算的期望值，它是评定投标价可行性的重要依据，也是衡量招投标活动经济效果的依据。工程类项目标底的构成一般包括3个部分：项目成本（含主体工程费用、临时工作费用及其他工程费用）、投标者合理利润和风险系数。我国规定工程类项目标底不得超过经批准的工程概算或修正概算。物流服务项目的标底视其提供服务的内容与范围而定，涉及人员、机构、资源的调整时，还需要包括人员和资产处置产生的相关费用。非工程类项目劳务的时间成本、资料收集与处理费用及对项目研究中创造性劳动的"奖励"等是构成标底的主体。标底直接关系到招标人的经济利益和投标者的中标率，应严加保密。如有泄密，应对责任者严肃处理，并对其追究法律责任。

（3）发布招标公告。

招标文件编制好后即可根据既定的招标方式在主要报刊上刊登招标公告或发布投标邀请通知书。见报日期至投标截止日期至少要 20 天，国际招标要 30～60 天。

招标公告和投标邀请通知书的主要内容包括项目名称，项目建设地点，项目内容概述，投资来源，招标内容和数量，工期要求，发放招标文件的日期和地点，招标文件的价格，投标地点，投标截止日期（必须具体到年、月、日、时）和开标时间（一般与投标截止日期一致），招标单位的地址、电话号码、电子邮箱或网址等。

物流项目的招标公告形式与一般工程项目相近，但由于招标业主不同、项目的性质不同，招标公告的差异较大，尚未形成统一的范本或格式。

阅读案例7-2

××汽车2022年备件末端配送运输项目招标公告

1. 项目名称

××汽车 2022 年备件末端配送运输项目

2. 项目概况与招标范围

（1）项目概况。

为了全面提升和改善××汽车售后备件运输质量和服务质量，本着"公平、公正、公开"的原则，××汽车集团下属的售后备件业务现向全国物流公司公开招标。

（2）招标范围。

本次招标范围组成如下。

① 济南区域库末端配送。

标段 1：汽车备件济南区域库至京、津、冀、晋服务商、经销商配送运输业务。

标段 2：汽车备件济南区域库至鲁、豫、苏北（徐州、连云港、宿迁、淮安地区）服务商、经销商配送运输业务。

② 成都区域库末端配送。

标段 3：汽车备件成都区域库至川、渝、藏、云（昭通地区）服务商、经销商配送运输业务。

标段 4：汽车备件成都区域库至云（除昭通地区）、贵服务商、经销商配送运输业务。

3. 投标人资格要求

（1）中国境内注册、具有独立核算能力的法人企业，各项证件齐全，具备道路运输许可资质，并有开具运输业增值税专用发票资质。

（2）注册资金不低于（含）500万元人民币。

（3）投标方车辆资源丰富，拥有4.2~17.5米各类货运车辆，车辆规格符合国家GB 1589—2016规范，配备在途跟踪监控系统或设备，且有整合社会运输资源能力，货运车型、数量能满足项目业务需求，自有车辆不少于20辆（中标后需投入本项目）；需提供车辆行驶证复印件及车辆规格（提供车辆及规格清单，供招标方备查）；投标方提供的运输车辆必须符合国家相关法律法规要求，具备合法运营资质。

（4）近三年内国内汽车整车生产企业售后零部件运输合作履历，并提供有效的商务合同或往来资金结算证明材料。

（5）行业信用信誉良好，无违约行为，近三年内无重大质量问题及其他合同纠纷。

（6）投标单位财务状况良好，具有良好的垫资能力。

（7）具有完善的公司管理制度及组织架构，对业务运营及日常管理制度化、流程化、规范化。

（8）需要有可进行危险品运输的合作资源。

（9）中标后项目不能转包、分包。

（10）不接受联合体投标。

4. 投标报名

（1）报名方式。

凡有意参加报名的投标人，请到电子招标平台注册并报名，准备好报名资料后扫描件上传至该平台，未按照此方式报名的，视作无效报名。

（2）报名截止时间：2022年3月4日。

（3）报名资料。

以下报名资料需在报名时上传到电子招标平台，包含以下但不限于：

① 营业执照副本；

② 道路运输许可证；

③ 提供类似项目业绩证明材料（合同、发票等）；

④ 企业概况及履约能力说明（自有车辆证明）；

⑤ 最近两年财务报表资料。

5. 招标书的获取

（1）报名截止后，招标方组织对所有报名单位进行资格初审，初审合格后招标方发放电子版招标文件。

（2）招标文件每套售价200元，售后不退。

6. 发布公告的媒介

本次招标公告在电子招标平台上发布。

7. 联系方式

招标人：××汽车有限公司备件中心。

报名及商务联系人：张三，手机号码12345678901，电子邮件abc@mail.com。

注：无论投标结果如何，投标人自行承担所有与参加投标活动有关的全部费用。

××汽车有限公司备件中心

2022年2月21日

（4）审查投标者资格。

资格审查是对申请投标的单位进行资质审核，以确保招投标活动按预期要求进行。投标者都是有实力、有信誉的法人。通过预审筛选掉一部分不合格者，也可减少开标、评标的工作量。资格预审的主要内容有：投标者的法人地位、资产财务状况、人员素质、各类技术力量及技术装备状况、企业信誉和业绩等。

（5）组织现场勘察和文件答疑。

对于建设工程项目，业主在招标文件中要注明投标人进行现场勘察的时间和地点。通常招标人组织投标人统一进行现场勘察并对工程项目作必要的介绍。投标人现场勘察的费用将由投标人自行承担。按照国际惯例，投标人提出的标价一般是在审核招标文件后并在现场勘察的基础上编制出来的。

标前会议是业主给所有投标人提供的一次质疑机会。在勘察现场前，投标人应消化招标文件中提到的各类问题，并整理成书面文件寄往招标单位指定地点要求答复，或在答疑会上要求澄清。业主在回答问题的同时，应展示工程勘探资料，供投标单位参考。对于答疑会上提出的问题和解答的概要情况，应做好记录，如有必要可以作为招标文件的补充部分发给所有投标人。

7.3.3 物流项目投标步骤与要点

1. 物流项目投标步骤

针对物流项目招标，物流企业需决定是否进行投标。在投标之前，物流企业将决定该项目对自身而言是否有意义，并成立一个专门小组来评估项目，该小组将研究项目目标是否与本企业的发展战略与发展方向相符，本企业是否有足够的实力来完成该项目。评估后，如果决定投标，则物流企业应成立一个投标小组来开发该项目，把项目分成几个部分，有人负责研究运输部分，有人负责研究仓储部分，还有人负责研究先进的技术和完善的系统等。另外，物流企业还可以参观招标方企业的具体流程，与之正面接触，以便获得更多的信息。

物流企业的物流项目投标可按以下几个步骤进行：参加资格预审、组织投标小组、购买标书及有关资料、制订编标工作计划、确定投标方针、市场调查、研究标书和现场调查、参加标前会议、编制投标文件，以及签署、加封、送出投标文件。

（1）参加资格预审。

资格预审是投标方投标的第一关。资格预审文件通常包括投标方的组织机构、承接同类项目的经验、拥有的资源（包括技术人员、管理人员、施工人员、施工设备等）、财务状况和信誉 5 个方面。如果招标项目规模大、涉及范围广，而本企业实力有限，则还需要及时寻找信誉良好的其他企业联合参加资格预审，共同编制资格预审文件。

（2）组织投标小组。

如果通过资格预审，则需要组织投标小组。投标小组的成员要根据物流项目的性质和规模而定，一般应包括熟悉投标程序和合同管理的业务开发人员、有管理经验的项目组织人员及精通业务的预算人员等。要由既有经验又有经营决策权的领导担任投标组长，还要有担任未来项目经理的人员参加。

（3）购买标书及有关资料。

通过资格预审后招标方将通知投标方，并告之购买标书的时间和地点、标书价格和交标时间。投标方要及早购买标书，然后确定编标需要的有关资料，如标书条文涉及的有关法律、技术规范或标准。

（4）制订编标工作计划。

这一步是投标人在规定的时间内完成市场调研、标价计算、研究决策、编制标书的工作，必须制订严格的工作计划，各部门分工协作，按照统一的编标进度和质量要求严格执行。

（5）确定投标方针。

投标方针是指某次投标的指导思想和策略。它首先体现出本企业对该地区的战略开发和部署上，并且要结合当地的市场情况和该物流项目的特点确定具体策略，包括报价水平和资源投入。对于需要尽快开发并且准备长期开发的市场，一旦遇到有利于本企业的物流项目，应采取积极争取的方针，可以在成本预算中对某些固定资产采取减少摊入、降低利润率或保本报价等措施降低报价水平，把获利寄希望于以后的物流项目，另外要加强对竞争对手的了解。对于该地区发展前景没有把握或项目隐蔽部分较多、风险较大的物流项目，特别是不了解竞争对手情况时，不能盲目降价，可以采取较高报价争取名列第二、三标，以便取得参加评比的权利，然后再采取必要的行动。

（6）市场调查。

① 商业市场调查。这主要是对构成项目成本的各因素的市场价格和支付条件进行调查，如购买所需工程材料、机械设备、配件的成本，油耗成本，运输成本等。

② 劳务市场调查。了解当地可能雇到的劳务工种、工人的素质、雇用的手续、薪酬待遇等。

③ 竞争调查。它着重于当时的市场动态，调查本次投标的竞争形势。调查内容包括以下几方面：了解和分析有几家公司参加本次投标；分析主要竞争对手及其可能采取的策略；搜集以往的报价资料，估算报价水平。

④ 金融市场调查。对于国外项目，应调查国家银行、当地银行和外国银行分行的资信和资金融通条件及利率、保函手续费等。经过调查选择资信好、融通条件优惠的银行作为在当地的开户银行并委托其转开保函等手续。

（7）研究标书和现场调查。

① 认真研究合同条件，包括：对工期的规定及延误的惩罚；报价方式和支付条件；关于税收；其他方面。

② 认真研究技术条件和报价项目内容。

③ 进行项目现场调查。

（8）参加标前会议。

标前会议往往与现场调查相结合，投标方可就标书及现场的有关问题向招标方代表提问。对于一些问题，招标方会在会议上澄清，对于带有共性的问题或招标文件中的不明确之处，招标方将用书面形式通知投标方。

（9）编制投标文件。

① 编制物流项目规划。

② 比较方案的编制。

③ 标价的计算。
④ 其他文件的填报。

（10）签署、加封、送出投标文件。

投标文件全部签署完毕后，按投标要求的清单及份数，把投标方的资格文件和投标报价文件包装好，外包装袋上只写招标机构的项目名称，不准写投标方名称，以示保密。投标文件一经送出，在投标有效期内对于投标方就具有法律效力，不能反悔，不能以任何理由修改或取消。如果招标方接受了投标方的报价和条件，就会发出中标通知书。

2. 物流项目投标要点

（1）选择与组织投标项目。

随着我国物流市场的发展，具有明显对外服务特征的第三方物流企业将会遇到许多投标机会。正确地选择投标项目将直接影响企业的利益、信誉、生存和发展。因此，针对本企业的设施与设备条件、技术管理水平和经济实力进行投标可行性评价，确定选择哪一个项目参加投标竞争，是投标前期的一项重要工作。项目投标选择依据的原则是：它能发挥本企业优势，能给企业带来一定的利润，并且本企业有能力使项目保质、保量按期完成。

投标项目选定后，就需要组织专门的人员对投标的全部活动过程进行组织和跟踪。投标小组一般由3类人才组成。

① 管理类人才，指专门从事经营管理，制订和贯彻经营方针与规划，具有决策水平的人才。这类人才也是投标小组的领军人物，往往是企业决策层领导。

② 技术专业类人才，指与项目有关的各类技术人员，如土木工程师、电气工程师、机械工程师、软件工程师、物流师等。这类人才具有较强的实战能力，掌握本行业最新的技术与发展动态，并从技术可行的角度制订项目的实施方案。

③ 商务金融类人才，指具有金融、贸易、税法、保险、采购、索赔等专业知识的人才。这类人才还将从经济和风险角度为实施方案的制订把关。

在投标过程中，要跟踪项目的动态，摸准招标方对招标项目的特殊要求和意向，研究招标项目所在国家和地区的法律、税务和相关环境，及时了解其他投标方的竞争力和动向。在与招标方交往中应积极主动向对方宣传介绍本企业的优势，使招标方全面了解本企业的技术、管理、质量、服务、资信等方面的实力，以提高中标的概率。

（2）申请投标与购买投标文件。

投标方一旦决定了投标目标，就要向招标方提出投标申请，报送资格预审表，并提供一套可以证明投标资格的相关资料，如营业执照、企业资质证书、企业简历、企业经营状况等。

（3）编制投标文件。

投标文件是承包商参与投标竞争的重要凭证，是对招标文件提出实质性要求和条件的响应，也是日后评标、决标和订立合同的依据。因此，需要精心、严格地按招标文件中规定的内容、式样和评标原则进行编制和装订。不仅内容要翔实、全面，资料齐全，而且要尽可能详尽地介绍本企业在资金、技术、管理、服务上的优势。

不同类型的物流项目的投标文件，其具体内容有所不同，但一般包括以下基本内容。

① 法人代表授权委托书和营业执照副本。

② 根据招标文件提供的格式填写的投标书（包括附件）。
③ 各种证明文件，如证明投标者具备投标资格并有能力履行合同的文件。
④ 根据招标文件提供的格式填写的报价单和投标保证书。
⑤ 投标者认为有必要说明的事项等。

对于物流服务项目，应答的投标书一般可由以下几个部分组成。
① 项目目标与要求综述。
② 本企业承包此项目的优势和对项目的理解。
③ 作业流程和单据流程设计。
④ 项目管理组织结构及质量指标承诺和保障措施。
⑤ 分地区的配送报价表。

（4）合理报价。

投标书中的报价是核心问题。报价由项目成本（标价）、风险费和预期投标利润3个部分组成。报价的高低程度取决于投标者的投标目的。如果本次投标的目标是赢利，相对应的报价取高限；如果本次投标的目标是抢占市场、扩大影响、提高声誉，为今后扩大生产经营规模打基础，报价可相对偏低，但不得低于合理的预算工程成本价，以避免骗标之嫌。第三方物流企业承包配送物流项目时，其配送报价应包括运输（仓储）成本和预期利润，其中合理测算运输成本是关键。

（5）询标答辩。

在评标过程中，招标小组或评标委员会通常会要求投标方对投标文件中的技术、报价计算等问题进行澄清和答辩。投标者如果能充分利用这次机会，不仅能圆满回答招标方的问题，还可以利用答辩的机会主动弥补投标文件的不足，做最后一搏。

一方面，答辩小组成员应根据开标记录和项目跟踪时收集的情报，认真研究竞争对手的报价、特点、优势，预测招标方可能提出的问题，思考本企业投标文件中是否存在欠缺，拟订答辩提纲；另一方面，要挑选业务精通、知识面广，而且随机应变能力强、口齿伶俐的人做主答，力求压倒竞争对手，博得招标方的好感。

"细小项目"莫大意

在制作投标书时，要注意细节，有时稍一疏忽就会影响全局，导致全盘皆输。这些细节主要有以下几个方面。

（1）投标书未按照招标文件的相关要求封记。
（2）未全部加盖法人或委托授权人印鉴，如未在投标书的每一页上签字盖章，或未在所有重要汇总标价旁签字盖章，或未将委托授权书放在投标书中。
（3）投标单位名称或法人姓名与登记执照不符。
（4）未在投标书上填写法定注册地址。
（5）投标保证金未在规定的时间内缴纳。
（6）投标书的附件资料不全，如设计图纸漏页、有关表格填写漏项等。
（7）投标书字迹不端正、无法辨认。
（8）投标书装订不整齐，或投标书上没有目录、页码，或文件资料装订前后颠倒等。

7.4 物流项目的合同管理

合同管理贯穿于物流项目管理的整个过程,并与项目的其他管理职能相协调。物流项目合同管理的主要工作过程如图 7.3 所示。

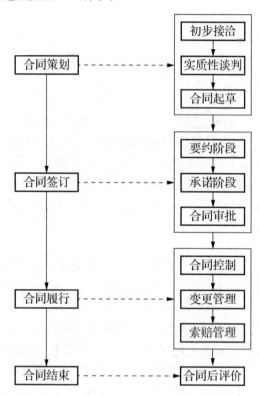

图 7.3 物流项目合同管理的主要工作过程

7.4.1 物流项目合同策划

物流项目合同策划主要包括以下几个方面。

1. 初步接洽

项目中标后,双方当事人就可以进行初步接洽。为达到预期的效果,双方就各自最感兴趣的事项向对方提出问题。这些问题一般包括项目的规模、内容和所要达到的目标与要求;项目是否已列入年度投资计划或具有实施的许可和条件(重点在于物资方面);双方的主体性质;双方主体的资质状况与信誉等。当双方了解的资料及信息同各自所要达到的预期目标相符时,即可进入下一阶段的实质性谈判。

2. 实质性谈判

实质性谈判是双方在取得相互了解的基础上举行的,主要是双方就项目合同的条款进行具体商谈。物流项目谈判的主要内容包括物流工程项目承包的价格、履行和质量验收方式、违约责任等条款；物流服务项目则重点关注服务的酬金、质量与数量的要求（如按时、按量送达货物）、违约的惩罚（如货物延误送达给委托方造成直接或间接的经济损失）等。

3. 合同起草

被委托人根据谈判的结果，按照招标文件和合同格式的要求提出合同的草案。合同主要包括以下内容。

（1）明确合同当事人，即签订合同并享有权利和义务的各方主体。

（2）合同的标的物。项目不同，合同的标的物也不同，它可能是实物（如物流工程项目中的仓库、综合楼等）、行为（如物流配送项目中的加工、配送计划等）或服务性工作（如培训项目中的人数、期数、内容等）。

（3）标的物的数量和质量。标的物的数量（如建设仓库）一般以度量衡作为计算单位（如平方米），以数字作为衡量标的物的尺度；标的物的质量（如物流配送服务）是指质量标准、功能、技术要求、服务条件等（如保证售货点不断货、不积压）。没有标的物数量和质量的定义，合同是无法生效和履行的。

（4）合同价款或酬金。合同价款或酬金即取得标的物（物品、劳务或服务）的一方向对方支付的代价，作为对方完成合同义务的补偿。合同中应写明价款数量、付款方式和结算程序。

（5）合同期限、履行地点和方式。合同期限指履行合同的期限，即从合同生效到合同结束的时间。合同履行地点指合同标的物所在地，如以承包某超市物流配送为标的物的合同，其履行地点就是超市或配送中心的所在地。合同方式是指合同当事人依法就合同内容达成一致的形式，可以采用书面方式、口头方式、公证方式、批准方式、鉴定方式和登记方式等。合同当事人意思表示一致后，通过各种方式来表现合同内容。

（6）违约责任。即合同一方或双方因过失不能履行或不能完全履行合同而侵犯了另一方权利时应负的责任。违约责任是合同的关键条款之一。没有规定违约责任的合同对双方难以形成法律约束力，难以确保合同圆满地履行，发生争执也难以解决。

（7）解决争执的方法。这是项目合同必须具备的条款。

不同类型的项目合同按需要还可以增加其他内容。

7.4.2 物流项目合同签订

合同谈判结束后，就可以依据谈判的结果签订合同。合同一经双方法人（或其代表）签字同意，对签约双方都具有法律效力，成为双方履行各自职责、保证项目顺利实施并圆满完成的有力保证。合同签订通常要经历要约和承诺两个阶段。

1. 要约阶段

要约指订约的提议，是当事人一方向另一方提出订立合同的建议。要约对合同当事人不产生任何权利和义务。

2. 承诺阶段

承诺指当事人一方对另一方提出的要约做出的完全同意的表示，它代表合同权利和义务的形成，合同当事人对此都比较慎重。因此，在物流项目合同洽谈中，承诺往往要经过当事人数次反复协商和讨价还价才能最后确定。

3. 合同审批

项目合同在履行之前还必须完备必要的法定手续——合同审批。项目合同一般要经过国家有关主管部门和项目合同的当事人的审批，才完成法律程序上的批准和承认，使之具有法律效力。

7.4.3 物流项目合同履行

物流项目合同的履行要求合同当事人根据项目合同的规定在适当的时间、地点，以适当的方法全面完成自己所承担的义务。其主要包括以下内容。

1. 合同控制

物流项目的实施过程实质上是项目相关的各个合同的执行过程。要保证项目按计划、高效率地实施，必须保证各个合同能得到实际履行或适当履行。对于业主（委托方）的项目管理者，需要指派专门人员（如合同工程师）负责监督、协调各个合同的执行，即合同实施控制。合同实施控制主要包括以下工作。

（1）给项目经理、各职能人员、所属承包商在合同关系上予以帮助，解释合同，做工作指导，对来往信件、会谈纪要、指令等进行合同法律方面的审查。

（2）协助项目经理正确行使合同规定的各项权力，防止产生违约行为。

（3）对项目的各个合同执行予以协调。

（4）对合同实施档案管理，记录工程范围变更、商务及法律条款变更，以及因此导致的成本、进度计划的变更；记录对合同的修订，保存客户的批准、通知等文件，保存谈判纪要和来往信件。

（5）对合同实施过程进行监督，对照合同监督的各工程小组、各承包商的施工，做好协调和管理工作，以确保项目组、各承包商、业主的工作都满足合同要求。

（6）及时向各层次的管理人员提供合同实施情况的报告，并对合同的实施提出建议、意见甚至警告。

（7）调解合同争执，包括各个合同争执及合同之间界面的争执。

（8）处理索赔与反索赔的事务。

2. 变更管理

合同的变更通常是指由于一定的法律事实而改变合同的内容和标的物的法律行为。合同变更或解除一般需具备下列条件。

（1）合同当事人经过自愿协商同意，并且不因此损害国家利益和社会公共利益。

（2）由于不可抗力致使项目的全部义务不能履行。

（3）由于另一方在合同约定的期限内没有履行合同，且在被允许的推迟履行的合理期限内仍未履行。

（4）由于项目合同当事人的一方违反合同，以致严重影响订立项目合同时所期望实现的目的或致使项目合同的履行成为不必要。

（5）项目合同约定的解除合同的条件已经出现。

当项目合同的一方当事人要求变更、解除项目合同时，应当及时通知另一方当事人。因变更或解除项目合同使一方当事人遭受损失时，除依法可以免除责任之外，应由责任方负责赔偿。

3. 索赔管理

物流工程项目的合同是在项目实施前签订的，合同规定的工期和价格是基于对环境和工程状况预测来制定的，并且假定了合同相关的各个方面都能正确地履行。由于项目实施的技术和环境的复杂性，以及项目实施中的变数很多，因此项目的索赔事件不可能完全避免。索赔的额度通常为项目合同价的 10%～20%。

7.4.4　物流项目合同结束

按照合同全生命周期管理的要求，在合同执行后应进行合同后评价。合同管理属于经验型管理工作，只有通过总结合同签订和执行过程中的利弊得失、经验教训，提出分析报告，才能不断提高管理水平，才能不断培养出高水平的合同管理者。

合同后评价一般由下列内容组成：①合同签订情况评价；②合同执行情况评价；③合同管理工作评价；④合同条款分析。

> **阅读案例7-3**
>
> ## 仓储管理及物流服务合同
>
> 合同编号：_____
>
> 存货方：_____（简称甲方）
> 保管方：_____（简称乙方）
>
> 根据《中华人民共和国民法典》的相关条款，甲乙双方本着诚信及互惠互利、等价有偿的原则，就乙方向甲方提供仓储管理和物流服务等项目达成如下协议。
>
> 第一条：合同保管地点、货物品类及服务范围。
> 1. 保管仓库地点。
> 仓库地点：_____
> 2. 货物品类。
> 甲方入库货物的品种、规格及包装：_____
> 3. 服务范围：货物产权归属甲方拥有，乙方负责保管、代理收发和物流配送的管理服务。
> 第二条：计费项目、标准及支付方式。
> 1. 计费项目含仓储保管费、入库和出库的装卸费、海运货柜的掏箱费和物流配送的管理费。

2. 计费标准：总承包包干费用人民币_____元/月（含税务发票），人民币_____元/年。

3. 乙方每月 10 日前提供上月发生业务的数据报表给甲方，并提供税务部门开具的正式发票，每月结算一次，甲方收到发票后 10 日内划款到乙方指定账户。

第三条：甲乙双方的责任和权利。

1. 仓库货物的出入库必须遵循"凭单"操作原则，严禁任何借口和形式的白条、无条的出库操作，由此而造成甲方财产的实际损失应由乙方承担赔偿责任。

2. 甲方在货物进库前 3 日应以书面、传真或电子邮件形式通知乙方，以便乙方提前做好统筹安排。

3. 甲方应当为乙方提供必要的货物验收资料，如未提供必要的货物验收资料或提供的资料不齐全、不及时，所造成的验收差错及贻误索赔，或者发生货物品种、数量、外观质量不符合合同规定时，乙方不承担赔偿责任。

4. 甲方在货物到达后，乙方凭甲方提供的入库单进行验收。验收核对无误后，需在入库单签字盖章并将入库回执交给甲方。如验收发现货物品种、规格、数量和包装等与甲方入库单不相符的，应及时通报甲方做出确认或处理。因甲方提供的入库单不准确而造成的验收差错由甲方负责。因乙方操作不当造成的货物差错由乙方负责。

5. 乙方应严格按照保管规章保管货物，储存期间应保证货物安全无损，但不负责货物的内在质量。由于乙方责任造成在保管中出现的货物短少、破损、水湿、外包装严重变形等，由乙方负责按成本价赔偿造成的直接损失。对入库时实际货物与唛头、单据不符所造成的后果由甲方承担责任。

6. 甲方货物出库，必须出具正式出库单。如遇特殊情况甲方可以出具盖章或签字（预留印鉴）的出库单传真件作为正式出库手续，并在传真件上注明提货车辆的车牌号码。如提货车辆的车牌号码与传真件上的车牌号码不符，乙方有权拒绝付货。甲方提货人按出库单核对无误后需签字确认。传真件保存期为一个月，超期乙方不负任何责任。

7. 甲乙双方在每月底至次月 10 日前对账一次，做到账实相符，若发现问题分清责任及时更正。

8. 甲方必须遵守乙方的有关管理制度，配合乙方进行安全、消防等方面的检查。

第四条：乙方保管应承担责任。

1. 保持仓库和货物为良好和清洁状态，仓库必须做到无垃圾，做到出库时包装上无尘埃，及时对库房进行清扫。

2. 货物摆放要规范，必须按批号先进先出，遵循甲方的工作程序和规定。

3. 由于货物保管不妥、管理不善等因素，导致货物倾倒、破损、渗漏或严重变形的一切损失全部由乙方赔偿，按甲方进价 100%赔偿。

4. 由于仓库在出库操作中的失误，导致货物发错及库存数量上实际差异（缺少），缺少部分应全部由乙方承担，按甲方进价 100%赔偿。

5. 乙方在收货时如发现破损、外观严重变形等（乙方不能确定的应及时与甲方联系，由甲方来进行判定），或者不符合收货标准的，需填写运输赔偿申请单（由运输商签字确认），否则一切损失由乙方按甲方进价 100%赔偿。

第 7 章
物流项目的采购与合同管理

6. 甲方物资经乙方验收入库后，乙方承担货物保管及服务的全部责任，所有损失应由乙方按甲方进价 100%赔偿。

7. 在仓库操作过程中，由于搬运过程中的操作失误，造成货物破损、泄漏和严重变形而使货物不能正常出库的，乙方应全额赔偿（按甲方进价 100%赔偿）。

8. 乙方应严格按操作标准要求操作，若因违反操作标准而产生的责任事故应由乙方承担全部责任。

第五条：合同期限。

本合同期限自_____年____月_____日起，至_____年____月_____日止，有效期为一年。合同期满前 30 日内双方均未提出终止合同，双方本着互惠互利的原则将签署新的合同，否则将终止合同。

第六条：违约责任。

1. 本合同在执行中出现的任何争议，甲乙双方应协商解决，不能解决的，任何一方有权向当地管辖的法院起诉。

2. 本协议与国家有关法律法规相违背的，均按国家有关法律法规执行。

第七条：其他约定事项。

1. 本合同未尽事宜，一律按《中华人民共和国民法典》中的有关规定经合同双方共同协商，以书面形式做出补充规定，补充规定与本合同具有同等法律效力。

2. 本合同一式两份，甲乙双方各执一份，具有同等法律效力，自双方授权代表人签字/盖章之日起生效。

甲方（存货方）：　　　　　　　　　　乙方（保管方）：
营业执照注册号：　　　　　　　　　　营业执照注册号：
地址：　　　　　　　　　　　　　　　地址：
邮编：　　　　　　　　　　　　　　　邮编：
法定代表人：　　　　　　　　　　　　法定代表人：
电话：　　　　　　　　　　　　　　　电话：
传真：　　　　　　　　　　　　　　　传真：
授权代表（签字）：　　　　　　　　　授权代表（签字）：

甲方（公章）：　　　　　　　　　　　乙方（公章）：

本合同签署于_____年_____月_____日
开户银行：　　　　　　　　　　　　　开户银行：
银行账号：　　　　　　　　　　　　　银行账号：
税务登记号：　　　　　　　　　　　　税务登记号：

本章小结

采购按方式不同可以分为招标采购和非招标采购。物流项目采购规划是在考虑了买卖双方之间关系之后,从采购者的角度考虑物流项目的哪些需要可以通过从物流项目实施组织外部采购来得到满足。咨询服务采购与工程采购的区别有:业主提出的任务范围不同;选聘的条件不同;对业主的投标书的处理方式不同;公布结果的方式不同。

管理中常用的平衡点分析法可用来解决自购或外租的决策问题。

物流项目合同管理是指以《中华人民共和国民法典》为依据,更新合同管理观念,做到"机构、人员、制度"三落实,运用科学理论和现代科学技术,提高物流企业效益,以服务企业根本利益为目的,依法进行订立、变更、解除、转让、履行、终止,以及审查、监督、控制等一系列行为的总称。物流项目合同纠纷的解决有协商、调解、仲裁、诉讼 4 种途径。

物流项目招标工作要点有:组建招标工作组;编制招标文件和标底;发布招标公告;审查投标者资格;组织现场勘察和文件答疑。

物流企业进行物流项目投标可按以下几个步骤进行:参加资格预审;组织投标小组;购买标书及有关资料;制订编标工作计划;确定投标方针;市场调查;研究标书和现场调查;参加标前会议;编制投标文件;签署、加封、送出投标文件。

合同管理贯穿于物流项目管理的整个过程,并与项目的其他管理职能相协调。其主要工作过程包括:合同策划;合同签订;合同履行;合同结束。

 关键术语

采购合同(contract for purchase) 索赔(claim) 招投标(tendering and bidding) 合同管理(contract management)

知识链接

索赔与反索赔

索赔指对自己已经受到的损失进行追索,包括:在日常的合同实施过程中预测索赔机会,即对引起索赔的干扰事件进行预测;在合同实施中寻找和发现索赔机会;处理索赔事件,及时提出索赔要求,妥善解决争执。

反索赔着眼于防止和减少损失的发生,包括:反驳对方不合理的索赔要求,即反驳索赔报告;推卸自己对已发生的干扰事件的责任,否定或部分否定对方的索赔要求;防止对方提出索赔,通过有效的合同管理,使自己不违约,处于不能被索赔的地位。

综合练习

一、填空题

1. 采购按方式不同可以分为_____和非招标采购。
2. 管理中常用的_____分析法可用来解决自购或外租的决策问题。
3. 物流项目合同纠纷的解决有协商、调解、_____、诉讼4种途径。
4. 招投标的一般程序可归结为招标、_____、开标、评标、中标、签约。

二、判断题

1. 物流项目合同管理是以《中华人民共和国民法典》为依据的。（   ）
2. 直接采购即比价方式，一般习惯称作"货比三家"。（   ）
3. 咨询服务采购与工程采购的区别在于：业主提出的任务范围不同、选聘的条件不同。（   ）
4. 招标是一种特殊的交易方式和特殊的订立合同程序，分为公开招标和邀请招标。（   ）
5. 投标书（简称标书）是投标者按照招标的要求向招标单位报送的文书。（   ）
6. 项目合同按承包范围可分为总承包合同、分包合同、货物购销合同、转包合同、劳务分包合同。（   ）

三、简答题

1. 咨询服务采购与工程采购的区别有哪些？
2. 简要阐述物流项目合同终止、解除与变更的区别。
3. 物流项目招标工作要点有哪些？
4. 物流项目投标步骤有哪些？
5. 物流项目投标要点有哪些？
6. 物流项目合同策划的内容有哪些？
7. 合同终止一般需具备哪些条件？
8. 物流项目合同签订的注意事项有哪些？

四、名词解释

公开招标　　投标　　物流项目合同管理

实际操作训练

课题： 物流项目招标。
实训项目： 物流项目招标书的编制。
实训目的： 学习做好物流项目招标书。
实训内容： A公司对售后产品（终端产品备品、备件）的物流项目进行招标。

1. 仓储服务

仓储地与 A 公司各售后服务网点及指定单位之间的物料收发、仓储及日常管理，包括但不限于指定系统操作及提供相应的账务、信息服务。

2. 检测服务

A 公司各服务网点返回物料的检测、仓库物料质量检测、新物料检测等。

3. 运输服务

仓储地至全国各售后服务点的往返运输。

各投标人需对以上 3 项内容同时投标，A 公司不接受对其中几项的单独投标。如果你是招标负责人，怎样才能做好该项目的招标书呢？

实训要求： 将参加实训的学生分成若干小组，分别写出一份 A 公司物流项目招标书，并与其他小组讨论物流项目招标书的编制需要考虑的要素。

案例分析

根据以下案例所提供的资料，试分析以下问题。

(1) 农垦集团合同管理有哪些好的做法？

(2) 通过致远项目管理 SPM 系统对农垦物流所有合同进行一体化管理有哪些好处？

致远项目管理 SPM 系统助力云南农垦物流合同管理

1. 项目背景

致远互联是致远旗下专注于项目管理解决方案的专营公司，致力于基于致远技术架构优势和平台能力优势打造国内领先的项目管理系统。致远项目管理（Seeyon project management，SPM）系统基于致远 A8+V8.0 平台研发，是新一代智慧型项目管理系统。云南农垦物流有限公司成立 12 年以来，不断发展壮大，2020 年核心面对的是：人员分布地域广泛，各人员各部门之间协作沟通半径无法满足业务需求，各职能部门日常业务手工处理影响了业务快速响应，而在业务中要追溯过程和对现有情况的后期预判无法做出及时快速的指令和业务执行，特别是在合同管理的诉求急剧强烈。农垦物流合同签订数量大，合同线下起草，合同审批过程中，意见多，出现多个合同附件，导致合同最终版本不统一；合同执行阶段出现未按照合同约定进行结算收付款项、合同主体变更后未签署变更协议等，尤其是支付的时候，不知道什么时间准备资金来支付，也无法预测未来的收款情况，对于现金的流入流出无法做出准确的预测。

2. 项目目标

在农垦集团的统一规范指导下，致远互联结合农垦物流自身的管理和经营特点，通过层层细化和分解，结合农垦集团信息化原有基础与最新规划，构建一个可以向农垦集团提供各种基础信息和数据的管理信息化子平台，同时又能服务于农垦集团经营、管理的信息化管理平台，提高管理效率，为决策层和管理层提供实时信息。通过合同管理，覆盖合同全生命周期，全过程监控跟踪合同履行情况，自动发起相关预警提醒或业务流程，降低合同履约风险，提升业务监管能力。

3. SPM 系统中合同管理模块关键应用

（1）项目立项：对项目信息（包括立项日期、立项部门、立项金额、立项内容）进行审批，实现项目信息自动建立，确保数据的合法有效、真实准确。

（2）合同审批：合同的要素在线填报模式，将合同结果文本与合同起草过程关联，评审过程固化关键条款，突出重点，相关部门联合确认，减少风险，从而节约审核时间，提升审核过程透明度。

(3)合同用印:通过关键领导审批后,系统自动触发用印审批,减少员工手工发起填单工作量。

(4)合同变更:针对合同执行过程中需要变更的合同进行管理,使得频繁的变更得到监管和监控。

(5)合同请款:结合法规与制度,融入内控风险防范机制,当未付金额等于0元时,系统不允许请款,强化事中监督。

(6)合同归档:将法务员上传双方签字盖章后的合同附件自动归档至项目合同信息表,形成农垦物流在线电子合同,通过权限进行有限查看,将合同资产完全沉淀和保留下来,并结合移动办公实现合同随身携带,随需管理。

4. 应用价值

通过SPM系统合同管理模块匹配农垦物流的多种经营模式,对农垦物流业务涉及的所有合同进行一体化管理,联合平台的供应商管理,配合打通从供应商、项目、合同管理通路,实现全过程管控,提高合同审核的效率,加强执行和管控,规避合同纠纷导致的法律风险。

资料来源:致远协同云官网。

第 8 章 物流项目成本管理

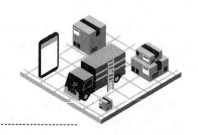

【学习目标】

通过本章的学习,了解物流项目成本管理、成本预算、成本控制的概念,以及影响物流项目成本管理的因素,明确物流项目资源计划的依据、物流项目成本预算的特性和内容、物流项目成本控制的方法,掌握物流项目资源计划的工具和方法、物流项目成本估算的步骤和方法、物流项目成本预算的步骤、物流项目成本控制的流程。

【学习要求】

知识要点	能力要求	相关知识
物流项目成本管理概述	了解物流项目成本管理的概念及构成; 掌握影响物流项目成本管理的因素	物流项目成本的概念、影响物流项目成本管理的因素
物流项目资源计划	理解物流项目资源计划的依据; 掌握编制物流项目资源计划的工具和方法	物流项目资源计划的概念
物流项目成本估算	掌握物流项目成本估算的步骤及方法	物流项目成本估算的概念
物流项目成本预算	掌握物流项目成本预算的步骤	物流项目成本预算的概念
物流项目成本控制	理解物流项目成本控制的流程; 掌握物流项目成本控制的主要方法	物流项目成本控制的概念

第8章 物流项目成本管理

【导入案例】

翔宇物流园项目成本管理

1. 项目简介

本项目为博白县翔宇物流园项目，占地 70 亩，年物流总量为 5 亿吨，是集办公、仓储于一体的现代化物流基地。

2. 投资估算范围

投资估算范围主要是以物流基地建筑、设施为主，内容包括：物流基地的建筑、设备、道路、给水、排污、供电等工程费用；部分配套设施工程费用；土地费用，包括农业居民的土地及搬迁补偿；按规定计算的工程建设其他费用；预备费等。

【拓展视频】

3. 投资分析

项目建设总投资 15 000 万元，各项具体费用为：工程费用 4 398.02 万元；工程建设其他费用 4 132.74 万元（含土地征购及拆迁补偿费 3 500 万元）；基本预备费 511.85 万元；铺底流动资金 497.39 万元；外购设备费 5 460 万元，其中，普通货车 1 300 万元，载重卡车 2 550 万元，集装箱及其他特型卡车 812 万元，货架 20 万元，移动货架 8 万元，铲车、叉车 400 万元，冷藏运输设备 200 万元，冷库配套设备（选果机等）144 万元，货物整理架 8 万元，包装机械 18 万元。

4. 总成本费用估算

成本估算的依据与说明如下。

（1）工资及福利费：本项目需各类人员约 600 人，则年工资及福利费总额约 1 800 万元。

（2）电费：按 0.55 元/度，年均耗电金额为 106.92 万元。

（3）水费：按就地取水价 2.1 元/立方米，年均耗水金额为 7.66 万元。

（4）燃料动力费：年均 1 000 万元。

（5）过路费：年均 9 000 万元。

（6）车险费：年均 115.5 万元。

（7）折旧费：固定资产折旧按平均年限法计算，净残值率 5%，折旧年限 20 年，年折旧额为 386.587 万元。

（8）摊销费：年均 356.587 万元。

（9）大修理费：年均 193.294 万元。

（10）财务费用：各种利息支出合计 956.34 万元。

（11）其他费用：年均 2 110.79 万元。

经估算，项目计算期内年平均总成本费用为 16 033.678 万元。

资料来源：原创力文档。

问题：该项目考虑了哪些费用？成本估算运用了哪些方法？

党的二十大报告指出，"加快建设现代化经济体系，着力提高全要素生产率"。市场经济中效率是决定项目成功的必要条件，而影响项目效率的重要因素是成本和收益的治理与控制。在我国，物流项目的成本管理更是物流项目管理一直以来的弱项。那么，如何进行物流项目成本管理呢？

8.1 物流项目成本管理概述

8.1.1 物流项目成本管理的概念及构成

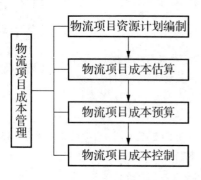

图 8.1 物流项目成本管理实施过程

物流项目成本管理是指在物流项目的具体实施过程中,为了保证完成物流项目所花费的实际成本不超过预算成本而开展的物流项目成本估算、物流项目成本预算和物流项目成本控制等方面的管理活动,其目的是实现资源的有效利用,进而实现物流项目成本的最优化。

物流项目成本管理的具体内容包括物流项目资源计划编制、物流项目成本估算、物流项目成本预算和物流项目成本控制 4 个方面。具体实施过程如图 8.1 所示。

8.1.2 影响物流项目成本管理的因素

物流项目成本管理一般应考虑以下几个因素。

1. 所需资源的成本

完成物流项目活动所需资源的成本是应首先考虑的因素,这也是物流项目成本管理的主要内容。

2. 各种决策对物流项目最终成本的影响程度

例如,增加检测次数会增加该项目的测试成本,但是这样会减少物流项目客户的运营成本。在决策时,要比较增加的测试成本和减少的运营成本的大小,如果增加的测试成本小于减少的运营成本,则应该增加检测次数。

3. 不同物流项目干系人对物流项目成本的不同要求

物流项目干系人会在不同的时间以不同的方式了解物流项目成本的信息。例如,在采购过程中,项目客户可能在物料的预订、发货和收货等阶段详细或大概地了解成本信息。

4. 资源的约束性

在实际中,大多数项目的资源都不可能在需要的时候即刻获得,因此,常需考虑以下问题:资源的可获得性、资源的功能及与项目进度之间的关系。也就是说,需要考虑成本、时间和员工的熟练程度等相关因素对物流项目的制约作用,即资源的约束问题。

专栏 8-1

物流项目全面成本管理

从时间上说,全面成本管理就是对影响物流项目全生命周期成本的全过程进行管理,包括事前管理、事中管理和事后管理。首先,通过加强定额与预算,建立和健全原始记录与统计工作,建立和健全各项责任制度,认真抓好投标环节,不承揽招标价格低于成本的工程,有效控制经营风险。通过加强标后预算,进行成本预测,确定项目成本管理的目标及选准项目经理,确定并实施责任预算,实现项目成本管理的事前管理,从源头上控制成本。其次,严把材料关,提高机械设备的利用率;严把项目结算关,抓好工期、质量和安全生产;加强合同管理,避免法律风险;加强沟通管理,抓好实施阶段的成本管理,努力降低成本。最后,加强事后成本分析与考核、成本总结、成本资料归档等工作。项目组在项目保质期内应根据实际项目质量合理预计可能发生的维修费用,并制订保修计划,以此作为保修费用的控制依据。

8.2 物流项目资源计划

8.2.1 物流项目资源计划的概念

物流项目资源计划(logistics project resource planning)就是要确定完成物流项目活动所需资源(人力、设备、材料等)的种类及每种资源的需要量,从而为成本的估算提供信息。也就是说,物流项目资源计划就是确定项目活动在特定的时间需要投入什么样的资源及每种资源的需要数量。物流项目资源计划的主要工作见表 8-1。

表 8-1 物流项目资源计划的主要工作

依 据	工具和方法	结 果
工作分解结构	资源数据表	资源计划说明书
物流项目进度计划	资源计划矩阵	
历史资料	资源需求甘特图	
物流项目范围说明书	专家判断法	
物流项目资源说明书	资料统计法	
项目组织的策略和有关原则	资源平衡法	

8.2.2 物流项目资源计划的依据

1. 工作分解结构

工作分解结构是资源计划编制过程中最基本的输入,确定了完成物流项目目标所要进行的所有活动,是资源计划编制的主要依据。为确保控制恰当,其他计划过程的相关结果应通过工作分解结构输入。物流项目工作分解结构是自上而下逐层分解的,而各类资源的需要量则是自下而上逐级累积的。

2. 物流项目进度计划

物流项目进度计划是项目计划中最主要的计划，资源计划必须服从于进度计划，因此什么时间需要哪种资源必须围绕进度计划来安排。

3. 历史资料

历史资料是先前项目中类似工作需要什么样的资源及资源使用情况的资料，这些资料对确定资源需求具有重要的参考价值。

4. 物流项目范围的陈述

物流项目范围的陈述是对项目的合理性和目标的论述，确定了物流项目的目标及完成项目所做的工作。在资源计划编制过程中应该认真考虑资源需求是否可以保证项目目标的实现。

5. 物流项目资源说明

物流项目资源说明是对项目所需资源（人力、设备、材料等）的类型、数量、质量，什么时间需要哪种资源，每种资源的特性要求等信息进行描述，这些信息都是在编制资源计划时必须考虑的。

6. 项目组织的策略和有关原则

在资源计划编制过程中，必须考虑项目组织的企业文化、组织结构、相关人员聘用、设备租赁或购置，以及资源消耗量的计算等原则。

8.2.3 编制物流项目资源计划的工具和方法

1. 编制物流项目资源计划的工具

编制物流项目资源计划的工具主要是一些资源统计和说明的图表，在此简要列举如下。

（1）资源计划矩阵。它是项目工作分解结构的直接产品，见表 8-2。资源计划矩阵的缺点是无法囊括信息类的资源。

表 8-2 资源计划矩阵

工 作	资源需求量				相关说明
	资源1	资源2	资源3	资源4	
工作 1					
工作 2					
……					
工作 n					

（2）资源数据表。它与资源计划矩阵的区别在于，它所表示的是在项目进展各个阶段的资源使用和安排情况，而不是对项目所需资源的统计汇总说明，见表 8-3。

表 8-3　资源数据表

资源需求种类	资源需求总量	不同时间资源需求量				相关说明
		时间 1	时间 2	时间 3	时间 4	
资源 1						
资源 2						
……						
资源 n						

（3）资源需求甘特图。它直观地显示了资源在各个阶段的耗用情况，如图 8.2 所示。它比资源数据表更直观、简洁，资源需求甘特图的缺点是无法显示资源配置效率方面的信息。

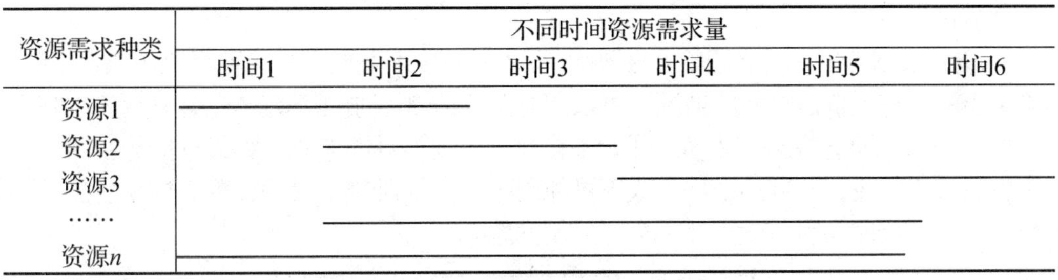

资源需求种类	不同时间资源需求量					
	时间1	时间2	时间3	时间4	时间5	时间6
资源1						
资源2						
资源3						
……						
资源n						

图 8.2　资源需求甘特图

2. 编制物流项目资源计划的方法

编制物流项目资源计划的方法有很多，在此主要讨论专家判断法、头脑风暴法、资料统计法和资源平衡法，重点介绍资源平衡法的运用。

（1）专家判断法。

专家判断法是指由项目成本管理专家根据经验进行判断，最终确定和编制资源计划的方法。专家应具有专业知识、受过专门训练，可以通过许多途径寻找专家，如执行组织的其他部门、咨询专家、专业技术协会、工业集团等。专家判断法的优点是不需要历史信息资料，适合于创新性强的项目；缺点是专家的专业水平和对项目理解程度的差异会使项目资源计划某些部分不甚合理。

（2）头脑风暴法。

在群体决策中，由于群体成员易屈于权威或大多数人的意见，会形成所谓的群体思维。群体思维削弱了群体的批判精神和创造力，降低了决策的质量。为了保证群体决策的创造性，提高决策质量，管理上发展了一系列改善群体决策的方法，头脑风暴法是其中较为典型的一个，其特点是让参与者打开思路，使各种设想在相互碰撞中激发创新。这是一种集体开发创造性思维的方法。

（3）资料统计法。

资料统计法是指参考以往类似项目的历史统计数据和相关资料来确定资源计划的一种方法。资料统计法的优点是能够得出比较准确、合理和可行的资源计划；缺点是所采用的历史统计数据不但要同本项目有足够的可比性，并且要足够详细。显然，这种方法不适用于创新性很强的项目，仅能作为编制资源计划的辅助手段。

（4）资源平衡法。

资源平衡法是指通过确定项目所需资源的确切投入时间，尽可能均衡地使用各种资源来满足项目进度计划的一种方法。它也是均衡各种资源在项目各阶段投入的一种常用方法。

① 资源约束分析。理想条件下项目所需的各种资源是无限的，资源在需要的时候可以即时获得，但在实际中，大多数项目都不具备这一条件，因此要考虑这样的问题：资源的可获得性，以及资源与项目进度之间的匹配关系，即资源的约束问题。因此，资源平衡法的首要工作就是进行资源约束分析。

a. 活动之间的技术限制分析。可以通过网络图表示出各个活动之间的逻辑关系，从而配置资源。从技术的角度看，这些活动应该是按照顺序进行的，如必须按顺序进行的制造设备的 3 种活动——购买材料、加工零件和组装设备，组装设备不可能在购买材料和加工零件之前进行。

b. 资源限制分析。网络图除了表明活动之间的技术限制，还能表明资源限制。例如，图 8.3 表示了在无资源限制的情况下可以同时进行的 3 种施工活动——建立仓库、建立车站、建立码头，即这些施工活动的开始不依赖于其他活动的完成。如果这些施工活动只由一个施工队来完成，并且这个施工队不可能同时进行 3 种施工活动，那么这 3 种施工活动就必须有先后次序，因而就出现了资源限制问题。

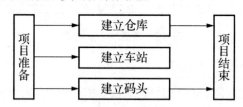

图 8.3 无资源限制的活动网络图

② 绘制资源需求甘特图。在资源约束分析完成之后，就可以进行资源平衡法的第二步工作，即绘制资源需求甘特图。

资源需求甘特图是揭示某个特定项目所需的人工、材料等各种资源在项目生命周期的每个时段的需求或占用情况的图形，在此图上表示的每类资源都可以表示为时间（项目进度）的函数。

资源需求甘特图的表现形式有两种：一种是一张图同时表示两种以上的资源随着时间推移的需求情况，如图 8.2 所示；另一种是对每一种类型的资源均绘制出一幅独立的资源需求甘特图，虽然这种形式的图比较容易理解，但绘图的工作量较大，不适用于资源需求种类很多的项目。

资源平衡法具有以下 3 个优点。

① 在资源平衡的情况下，可以减少大量的、不必要的资源传送管理工作。

② 在资源平衡的情况下，可以使用"零库存"策略，从而减少库存成本。

③ 在资源平衡的情况下，不会因增加或减少劳动力数量而带来在人事和工资等方面的问题。

如果项目所有活动的资源需求都是已知的，那么一旦项目进度计划编制好了，就可以从总体上分析项目的资源使用情况。如果资源的需求量超过了资源的供应量，那么就应调整项目进度计划以减少对资源的需求。如果通过资源平衡分析无法解决上述矛盾，那么就只能延长项目的工期了。

反复试验法是在资源平衡分析时经常使用的一种方法。反复试验法主要是通过推迟那些非关键活动的最早开始时间，经过反复多次试验，从而实现在不延长项目预计完工时间的情况下进行资源平衡配置的一种方法。

③ 资源约束进度安排。资源平衡法的最后一步是进行资源约束进度安排。

资源约束进度安排是在各种资源有限而且不准超出资源约束的情况下制定最快进度的一种方法。由于资源约束进度安排必须遵守资源约束条件，因此这是一种在最小时差原则下反复地将资源分配给各个活动的方法。

对于需要多种资源的大中型项目而言，由于每种资源的限制不尽相同，因此资源计划的编制也很复杂，此时可以借助项目管理软件来完成。

8.2.4 物流项目资源计划的结果

编制物流项目资源计划的输出结果是资源计划说明书，它将对物流项目所需资源的需求情况和使用计划进行详细描述。资源计划说明书主要由资源计划和资源计划的补充说明两部分组成。资源计划包括了项目的资源需求计划和对各种资源需求的描述，主要采用各种形式的表格予以反映，如资源计划矩阵、资源数据表、资源需求甘特图等。由于有时资源计划无法对项目所需资源的各个方面都详尽说明，这时就必须给出资源计划的补充说明。

8.3 物流项目成本估算

要进行物流项目成本的管理和控制，首先要对物流项目的成本进行估算。

8.3.1 物流项目成本估算的步骤

物流项目成本估算是对完成物流项目所需的资源成本进行的近似估计。理想的情况是，完成某个项目所需费用可根据历史数据估算。但对大多数物流项目来说，由于其个性化程度非常高，以前的活动与现在的活动相比存在很大的差异。同时，历史数据只能作为成本估算的参考。

物流项目成本估算一般按照以下3个步骤进行。

（1）识别和分析物流项目成本的构成要素，也就是项目涉及的资源种类和需求量。这方面的信息可以直接从物流项目资源计划编制的结果得到。

（2）估算每个物流项目成本构成要素的单价，这些信息可以通过对各种资源的现行市场价格信息、价格走势等情况进行预测得到。

（3）分析成本估算的结果，识别各种可以相互代替的成本，协调各种成本的比例关系。

8.3.2 物流项目成本估算的方法

为了得到比较好的成本估算结果,人们开发出了不少成本估算的方法,其中常用的物流项目成本估算方法有以下 3 种。

1. 自上而下估算法

自上而下估算法也称类比估算法,估算过程是由上到下一层层地进行的。这种方法一般要求在有类似完成项目的经验的情况下使用。其主要内容是:收集上、中层管理人员的经验和判断,以及相关历史数据,然后由上、中层管理人员估计整个项目的费用和各个分项目的费用,将此结果传送给下一层管理人员,对组成项目和子项目的任务及费用进行估算,并继续向下传送其结果,直到项目组的最基层。

这种方法实质上也是专家判断法,通常比其他方法简单,成本低,但精确度不是很高。

2. 参数模型估算法

这是一种比较科学、传统的估算方法,它把物流项目的一些特征作为参数,通过建立一个数学模型来估算物流项目的成本。换句话说,这种方法是利用数学模型,以过去类似物流项目为根据预测未来实施物流项目的成本。在采用这种方法时,一个合适的模型对于保证成本估算结果的准确性非常重要。为了保证参数模型估算法的实用性和可靠性,在建立模型时必须注意以下几点:①用来建模所参考的历史数据的精确程度;②用来建模的参数是否容易定量化处理;③模型是否具有通用性,通用性是指模型适用于大规模项目,在经过适当的调整后也适用于小规模项目。

例如,某物流公司接到一个物流项目(简称项目 2),要求将 A 公司的货物由甲地运到乙地,运输过程中货物无须进行特殊处理,甲乙两地距离为 D_2,货物量为 Q_2。而在不久前该物流公司接过一个相似的物流项目(简称项目 1),运输距离是 D_1,货物量是 Q_1,货物在运输过程中也无须进行特殊处理,完成该次项目的成本是 C_1。假设其他因素相似,影响上述两个项目成本产生差异的主要因素是距离和货物量。由此,可以根据两个项目的距离比例和货物量比例,以项目 1 的成本来估算项目 2 的成本。假设两次项目的运输工具和其他相关的辅助设备的折旧费用、辅助资料的物价水平、人员的工资水平等都没有发生很大的变化,那么,项目 2 的成本可以这样估算:$C_2 = (D_2/D_1) \times (Q_2/Q_1) \times C_1$。

3. 自下而上估算法

自下而上估算法也称工料清单估算法。该方法是指参与项目工作的每一机构和基层单位都估算自己的费用,将估算结果加总再加上各种杂项开支、一般性和行政性开支及合同费用,就得到该项目的整体估算费用。具体地可按照工作分解结构体系,自下而上估算各个工作的费用,得到项目的直接费用估计,项目经理在此基础上加上合理的间接费用,估算出项目的总费用。

例如,某物流公司接到一个物流项目:将 B 公司的产品从在甲地的工厂运到乙地的批发商。首先,对这个过程进行分解:搬运、装卸、运输、订单处理、管理和辅助工作,而这些作业都需要人员、相应的器械工具、动力燃料、辅助资源等。根据物流项目的规模估算各个作业需要的资源数量(人数、设备数量、动力燃料数量等)和投入使用的时间,同时参考当前相应资源的市场价格就可以确定各个作业的估算成本,再将各部分作业的估算成本汇总,就得出实施这个物流项目的估算成本。

阅读案例8-1

顺丰速运的成本分析

1. 企业简介

顺丰速运集团有限公司(简称顺丰速运)成立于1993年,总部设在深圳,主要经营国内、国际快递及相关业务。长期以来,顺丰速运专注于满足市场需求,不断拓宽服务区域,顺丰速运已在国内建立了庞大的信息采集、市场开发、物流配送、快件收派等业务机构,逐步搭建起立足华南,拱连华东、华北,拓展华中的战略网络格局,为广大客户提供快速、准确、安全、经济、优质的专业快递物流服务。顺丰速运秉承"以客户为中心,以需求为导向,以体验为根本"的原则,一直努力以科技提升服务。近年,顺丰速运积极研发和引进先进信息技术和设备,先后与许多国际知名企业合作,共同研发和建立了35个具备行业领先水平的信息系统,逐步提升作业自动化水平,实现了对快件流转的全程信息监控、跟踪及资源调度。新技术的使用在促进快递网络优化的同时,确保顺丰速运服务质量稳定、客户满意。顺丰速运致力于为员工提供一份满意和值得自豪的工作。在企业发展过程中,顺丰人始终秉承诚实做人、认真做事的价值取向。FIRST是顺丰速运企业核心价值观的英文简写,代表着顺丰所倡导的诚信(faith)、正直(integrity)、责任(responsibility)、服务(service)、团队(team)。

2. 顺丰速运比其他快递价格高的原因

顺丰速运的优点是安全快速,但是相比于其他快递而言,顺丰速运的运费是相对比较高的。其主要有以下几个原因:①空中运输成本较高,快件选择空运和陆运的价格不同,空运价格明显高于陆运价格;②顺丰速运对外承诺上门收派件的时效是收一派二,收派员的工作量大,这样公司的运营成本也高。

3. 顺丰速运的成本分类

顺丰速运的成本分类主要有3种。第一种是按作业环节划分,成本包括客服成本、材料成本、收件成本、中转成本、航空运输成本、水陆运输成本、派件成本、关务成本和理赔成本等部分。第二种是按照会计核算,成本按其性质分为主营业务成本、操作费用、管理费用和销售费用4类。第三种是按成本与业务量之间的关系分为固定成本、可变成本、混合成本3类。

4. 顺丰速运的业务结构及成本分析

顺丰速运的业务按照其快递物品可以大致分为3类:文件、包裹和重货。从快递的物品性质来看,大多数具有多品种、小批量、高附加值、高时效性的特征。其中,在整个快递物品中,包裹在3类物品中所占的比重是最大的,几乎达到50%。由于包裹快递运价一般是按照包裹的重量及运输距离来确定,因此包裹运输的价格要比文件快递的价格高。

（1）物流成本分析。

由于顺丰速运的物流系统由多个单元组成，因此各种快递方式和各个快递环节都会产生相应的物流成本，主要体现在企业内外部的信息处理、运输、配送和库存方面。

① 信息处理成本。

顺丰速运开展一次快递业务首先要接受来自社会、用户的信息资源，所产生的成本即是信息处理费用。开展快递服务，最基础的工作是信息系统的建立和信息的收集，只有通过各种渠道广泛收集来自用户的各种有用信息，才能继续下一步业务的开展。信息收集是整个快递物流信息工作中工作量最大，最费时费力的环节，所耗费的成本也是比较大的。其次，控制和作业信息是指在快递物流活动中所产生的信息，是掌握快递物流活动实际情况必不可少的信息。由于控制和作业信息具有很强的动态性，信息更新的速度非常快，信息的时效性也很强，因此在处理信息时对企业内部的信息系统要求非常高。

② 运输和配送成本。

对于快递物流来说，运输费用最能体现快递物流成本。在一次快递服务中，运输费用在整个成本中占最大比重。根据货物、时间及客户的不同要求，运输可以采用多种方式，一般文件快递和包裹快递会较多地采用航空运输。航空运输的速度快、安全性高，但因此产生的成本也是最大的。其次是在运输过程中货物灭失和损坏的成本。如果货物灭失和损坏，企业面临的最严重的损失是失去潜在的客户，从而影响企业的业务发展。此外，顺丰速运的配送中心和传统的配送中心一样，在一定区域内将客户所需要的各种货物按要求进行集中，然后制定科学的运输线路将物品送达客户手中。在备货、理货和送货的过程中，如果资源筹措、库存决策、价格制定、配送与直达决策的不合理，会导致企业产生巨大的成本压力。

③ 仓储和库存成本。

在快递中，仓储承担了改变"物"的时间状态的重任。由于顺丰速运服务注重的是速度和及时性，因此仓储和库存成本占快递服务整个物流成本的比重相对较小。但是为了实现仓储和合理的配送，顺丰速运也建立了一个配送中心，将货物分拣组合后送出。这个过程虽然很短，但是在此过程中所产生的仓库管理费用及物品保管费用等，仍然是顺丰速运物流成本中不可分割的部分。

（2）物流成本管理。

基于以上对顺丰速运物流成本结构的分析，企业物流成本管理应从信息、运输、仓储、配送等方面找出最优的成本管理方法，主要表现在以下3个方面。

① 信息资源管理。

快递过程是一个多环节的复杂系统，各个子系统必须要由一定的介质将其联系起来，这个介质就是信息。顺丰速运通过建立信息中心实现计算机网络化管理，节约了传统人工管理所产生的成本。由于快递服务用户的信息源点多、分布广和信息量大，因此在处理用户信息时顺丰速运建立了一个庞大而完善的信息中心，其技术支撑主要有数据库技术、条码技术、电子数据交换技术和自动订货技术。通过一系列的现代化信息管理手段，顺丰速运极大地提高了企业信息资源系统的效率，使信息在企业内部、用户之间的传递变得更加便利和迅速，减少了传统信息传递过程中由于信息的失真和缓慢导致的成本增加。

② 运输和配送线路设计。

顺丰速运在接受用户要求后，必须尽快地完成客户的要求，将快递服务与多种运输方式融合发展，利用各种运输方式的特点，进一步降低运输成本。同时，顺丰速运对配送线路进行了一个合理的规划。合理的配送线路缩短了货物的运输时间，提高了服务的保证程度，减少了库存成本。顺丰速运配送最优化线路通过地理信息系统线路优化辅助系统，对区域送货线路进行跨区域优化整合，以及全球定位系统对送货车辆进行实时监控，对配送线路进行动态管理，以保证每条送货线路的合理性和科学性。顺丰速运的运输和配送线路是在大范围内进行制定的，从而实现了快递业务的广泛开展，争取更大的市场份额，逐步打造全方位、综合性、跨区域的快递服务网络，拓展服务区域和服务范围。

③ 仓储和库存成本最优化。

对于顺丰速运来说，快递过程的规模经济，使其拥有了一个适当的库存。整个仓储作业基本上包括货物的入库、保管和出库3个阶段。快递人员在接受客户的工作要求以后，首先要将货物送回仓储中心进行分类和筛选。在此过程中，通过入库前的检验、核对资料、落实商品的数量等作业，及时发现货物在运输前的问题，避免了货物在快递服务开始前的成本风险。其次是货物在配送前所发生的保管费用。由于顺丰速运所接受的物品种类繁多，因此进行了仓储品种结构管理。此外，"先进先出原则"使得顺丰速运的时间安排合理化。最后，商品出库阶段顺丰速运深入了解业务流程和充分利用库存管理软件的功能。在此环节中出错就可能直接导致快递服务最终的失败，造成经济和信誉方面的损失。顺丰速运经过有效的成本管理和控制，能使企业处理好内部物流成本的问题，在外部适应不断发展和变化的市场环境，赢得和保持强有力的市场竞争力。顺丰速运在终端收件点还增加了销售功能，收件点只是为了方便来取件、寄件的客户，所有业务还是以快递为中心。消费者到便利店取件、寄件，节约了不少物流成本。顺丰速运的这种做法属于"主体互换"，快递公司开设便利店，可以贴补取件点的店面租金。如果销售牛奶、面包等需要日常配送的商品，快递公司还可以在运输快件的同时运输商品。如此一来，快递公司的物流和销售成本都能减少。

资料来源：百度文库。

8.3.3 物流项目成本估算的结果

物流项目成本估算的结果主要包括物流项目成本估算文件、物流项目成本估算的详细依据和物流项目成本管理计划这3个方面的内容。

1. 物流项目成本估算文件

物流项目成本估算文件是物流项目管理文件中重要的文件之一，它包括实施物流项目中各活动所需资源（人力、财力、物力，并考虑意外事故等）及其成本的定量估算，这些估算可以用简略或详细的形式表示。成本通常以货币单位表示，但有时为了方便也可以用"人/天"或"辆/天"这样的单位。在某些情况下，为了便于成本的管理和控制，在成本估算时必须采用复合单位。

2. 物流项目成本估算的详细依据

物流项目成本估算的详细依据应该包括以下内容。
（1）物流项目工作范围的说明，通常从工作分解结构中得到。
（2）物流项目成本估算的基础，说明估计是怎样得出的。
（3）物流项目成本估算所做的假设说明，如物流项目所需资源价格的估定。

3. 物流项目成本管理计划

物流项目成本管理计划是整个物流项目计划的一个辅助部分，说明了如何管理实际成本与计划成本之间的差异，差异程度不同则管理力度也不同。物流项目成本管理计划根据物流项目的需要，可以是高度详细的或粗略框架的，也可以是正规的或非正规的。

8.3.4 物流项目成本的具体估算

从资源计划编制的输出结果中可以得到涉及整个物流项目的所有资源种类和数量。因此，要进行成本估算，只要知道这些资源的价格信息就可以了。在进行估算的时候，把物流项目的成本划分为非付现成本和付现成本两部分，分别对其进行估算，将估算后的非付现成本和付现成本汇总就得到整个物流项目的估计成本。

1. 非付现成本

非付现成本是指在当期不需要以现金形式支付的成本。物流项目的非付现成本主要来自固定资产的折旧，这些固定资产包括车辆、搬运器具、装卸设备、仓库、包装设备，以及其他辅助设备和设施等。这部分成本的估算可以根据会计账簿对相关设备、设施的折旧记录情况，再根据物流项目实施过程中对相关设备、设施的使用量按比例进行计算。由于会计的记账使用的是历史成本，而相关设备、设施的现行市价可能已经发生重大变化，因此在估算的时候可以根据相关设备、设施的历史价格和市场价格的关系进行适当的调整。最后，汇总各个相关设备、设施的折旧费用就可以得到整个物流项目成本中总的非付现成本。

2. 付现成本

付现成本是指在当期需要以现金形式支付的成本。物流项目的付现成本包括所有工作人员的工资，运输过程的燃油费、路桥费，相关设备、设施的维修保养费，各个部门的日常支出（如水电费等），以及其他辅助费用。

正如前文所述，需要付现的资源种类和数量的信息可以从物流项目资源计划编制的输出结果中得到，所以本步骤的重点是估计这些资源的价格。有关资源的市场价格是公开的，所以市场价格可以作为资源价格估算的基础。估算时，可以把购买资源时可能得到的商业折扣和现金折扣作为对市场价格的调整。同时，如果该物流项目的期限比较长，还要考虑通货膨胀等因素对市场价格造成的影响。另外，如果某些资源需要外购，还要考虑汇率变动对市场价格的影响。总之，凡是有可能造成购买价格与现行市场价格发生偏差的因素都要考虑，作为对市场价格进行调整的依据，以提高对物流项目中付现成本估算的准确性。

得到各种付现资源对市场价格调整后的估算价格后，把各种资源的估算价格乘以资源计划中相应资源的使用量，得出各种资源的付现成本估算。汇总这些估算的成本就可以得出整个物流项目总的付现成本。

8.4 物流项目成本预算

在物流项目成本管理中，要使物流项目顺利进行，首先要确保物流项目团队中各工作人员获得相应的资源。成本预算就是为了测量物流项目实际绩效的基准计划而把成本估算分配到各个工作包的成本计划。

预算不仅是计划活动的一个方面，也不仅是组织政策的一种延伸，它还是一种控制机制，起着一种比较标准的作用，是衡量资源实际和计划使用情况的基准。预算做得合乎情理，并在物流项目实施过程中能随时考察资源实际耗费与计划的偏离情况，就能够提供必要的预警，以便在适当的时候做出一些纠正性的调整。这样，在任何情况下，都会有助于减少或避免不利事件的发生。

8.4.1 物流项目成本预算的概念

物流项目成本预算是指为了顺利实施物流项目，提供给该项目实施团队的实施成本的分配计划。物流项目成本预算的中心任务是将成本预算分配到物流项目的各活动上。预算的过程是在对物流项目成本估算的基础上进行的。具体来说，物流项目成本预算就是将物流项目成本估算的结果在各具体的活动上进行分配的过程，其目的是确定物流项目各活动的成本定额，并确定物流项目意外开支准备金的标准和使用规则，以及为测量物流项目实际绩效提供标准和依据。

由于物流项目的成本中有一部分属于非付现成本，而预算通常是以现金的形式进行的，因此在进行预算时就不需要对非付现成本进行现金预算的分配。

8.4.2 物流项目成本预算的特性

1. 约束性

成本预算是一种分配资源的计划，预算分配的结果可能并不能满足所涉及的人员的利益需求，而表现为一种约束，所涉及人员只能在这种约束的范围内行动。而且，也正是预算约束的模式体现了公司的政策和倾向，对物流项目所包含活动的支持力度反映了对该活动重视程度。高级管理人员在进行预算时均希望能够尽可能"正确"地为相关活动确定预算，既不过分慷慨，以避免浪费和管理松散；也不过于吝啬，以避免活动无法完成或质量低下。

2. 控制性

成本预算的另一种特性是它是一种控制机制。预算可以作为一种比较标准——衡量资源实际使用量和计划使用量之间差异的基线标准而使用。由于管理者的任务不仅是完成预定的目标，还必须使得目标的完成具有效率，即尽可能地在完成目标的前提下节省资源，这样才能获得最大的经济效益。所以管理者必须小心谨慎地控制资源的使用。

另外，预算在整个计划和实施过程中起到重要的作用。预算和项目进展中资源的使用相联系，管理者可以根据预算实时掌握物流项目的进度。如果预算和物流项目进度没有联系，那么管理者就可能会忽视一些危险情况，如费用已经超过了物流项目进度所对应的预算，但没有突破总预算约束的情况。

8.4.3　物流项目成本预算的内容

物流项目成本预算的内容主要包括直接人工费用预算、资源费用预算、维修保养费用预算、其他管理费用和辅助费用预算，以及意外开支准备金预算。

这里需要特别强调的是对意外开支准备金的预算。在实施物流项目之前不可能预见在具体实施过程中发生的所有事情，特别是一些突发事件。例如，没有人会预知什么时候会发生油荒，什么时候会由于天气问题而要改变运输线路等。而要很好地处理这些突发事件，确保物流项目能够顺畅地进行，在进行预算的时候就一定要预留一部分资金作为意外开支准备金。至于意外开支准备金的多少可以根据以往的历史数据，或者咨询相关专家的意见来确定。

8.4.4　物流项目成本预算的步骤

无论采用什么方法来编制物流项目成本预算，一般都要经历以下步骤。

（1）将物流项目的总预算成本分摊到各项活动。根据物流项目成本估算确定出物流项目的总预算成本之后，将总预算成本按照物流项目工作分解结构和每一项活动的工作范围，以一定的比例分摊到各项活动中，并为每一项活动建立总预算成本。

（2）将活动总预算成本分摊到工作包。这是根据活动总预算成本确定出每项活动中各个工作包具体预算的一项工作。其做法是将活动总预算成本按照构成这一活动的工作包和所消耗的资源数量进行成本分摊。

（3）在整个物流项目的实施期间对每个工作包的预算进行分配，即确定各项成本预算支出的时间及每一个时点所发生的累计成本支出额，从而编制出物流项目成本预算。

8.4.5　物流项目成本预算的结果

物流项目成本预算的结果主要包括以下两个方面。

（1）物流项目各项活动的成本预算。这方面的成本预算提供了各项活动的成本，在物流项目的实施过程中，将以此作为各项活动实际资源耗费量的标准。

（2）物流项目成本基准计划。成本基准计划说明了物流项目的累计预算成本与物流项目进度之间的对应关系，它可以用来度量和监督物流项目的实际成本。

作业成本管理和目标成本管理

作业成本法是以作业为核心，确认和记录耗用企业资源的所有作业，将耗用的资源成本准确地计入作业，然后选择成本动因，将所有作业成本分配给成本计算对象（产品或服务）的一种成本计算方法。作业成本管理是将作业成本法运用到物流项目成本管理中，体现了战略成本管理的思想，这是一种全面管理的方法、系统管理的方法和动态管理的过程。

目标管理是现代科学管理方法之一,将目标管理应用于成本管理是指把成本目标从企业目标体系中抽取出来,用它来指导、规划和控制成本的支出,以达到降低成本,资本增值的目的。物流项目目标成本管理应从项目中标开始,一切活动都以目标为导向,并以完成目标的程度作为评价标准,以达到从企业内部挖掘潜力、节约资源、降低消耗和增加效益的目的。

8.5 物流项目成本控制

物流项目成本控制就是随着物流项目的进行,监控物流项目支出和物流项目进展情况,测量实际支出与计划预算的偏差,并采取有效措施来纠正偏差,最终实现成本最小化的目标。

在物流项目成本管理中,成本控制又称费用控制。这里的成本或费用是广义的,既包括资金形式的成本,也包括人力、物力及其他各项资源。

物流项目成本管理的一个主要目的就是对成本进行控制。将物流项目的运行成本控制在预算范围内或可接受的范围内,是物流项目成功的一个重要指标。成本控制的关键是找到可以及时分析成本绩效的方法,以便在物流项目失控之前能及时采取纠正措施。

8.5.1 物流项目成本控制的概念

物流项目成本控制就是在整个物流项目的实施过程中,定期地、经常性地收集各项活动的实际费用,进行费用计划值(目标值)和实际值的动态比较分析,包括总目标和分目标等多层次的比较分析,并进行费用预测,如果发现偏差则应及时采取纠偏措施,以使物流项目的费用目标尽可能好地得以实现。

简单地说,物流项目成本控制的主要任务就是监控成本的正负偏差、分析原因和采取措施3个方面,目的是确保物流项目朝着有利的方向发展。必须将成本控制过程与其他控制过程综合考虑。例如,对成本偏差应对不得当将会引起质量或进度方面的问题,或者导致在项目后期产生不可接受的风险,甚至导致整个物流项目的失败。

8.5.2 物流项目成本控制的流程

1. 实际发生成本与预算目标成本的比较

大多数情况下,物流项目的实施是不可能完全按照计划进行的,因此,项目发生的实际成本与预算的目标成本之间一般会产生差异。为了确保整个物流项目的实际成本不超标,有必要定时收集资料,取得实际成本。然后把这个实际成本跟预算的目标成本进行比较,看是否发生了超出可接受范围的成本偏差,特别是负偏差(实际成本超出了预算的目标成本)。

在进行成本比较的时候要注意一点,就是成本与项目进度的联系。如果实际成本跟目标成本的负偏差是由于物流项目的实际进度比计划进度快而造成的,那么还要分析成本与进度的关系,再确定实际成本是否确实存在偏差。

2. 查找产生成本偏差的原因

当确定实际成本与预算的目标成本之间存在偏差时，就要进一步调查、分析产生成本偏差的原因。

因为在进行资源计划编制、成本估算时是依据工作分解结构进行的，而成本预算是在成本估算的基础上进行的，所以成本偏差的产生可以追溯到具体的工作，这样就比较容易确定造成成本偏差的直接原因。然后把相关工作的实际情况与计划目标进行比较、分析，从而得出产生成本偏差的原因。

3. 成本偏差的纠正或目标成本的修正

根据上述得出的造成成本偏差的原因类型，可以采取措施纠正成本偏差，或者进行目标成本的修正。

（1）纠正成本偏差。如果偏差是由于在实际执行物流项目时没有按照计划进行而造成的，就要采取措施纠正成本偏差。如果偏差是正的（实际成本低于目标成本的情况），就要核查项目的质量是否达标，如果质量可以得到保证，那么这种偏差是值得提倡的，应该进行记录，以保持其积极作用；但是，如果偏差是负的，就要纠正造成偏差的行为或作业，使其符合成本目标。

（2）修正目标成本。如果偏差是由于物流项目实施的实际情况与计划编制时的情况不同而造成的，而这个情况的改变是外部因素造成的，那么，这时就要对原有计划成本进行修正，使其更符合项目执行的实际情况。

4. 经验和教训的记录

把在实施物流项目过程中产生偏差的原因、采取纠正措施的理由和其他的成本控制方面的经验与教训记录下来，作为组织其他物流项目历史数据库的一部分，以便作为以后对相似的物流项目进行资源计划编制、成本估算、成本预算及成本控制的参考资料。

▶ **阅读案例8-2** ◀

布鲁克林酿酒厂物流成本管理

布鲁克林酿酒厂在美国分销布鲁克林拉格和布朗淡色啤酒，虽然其在美国还不知名，但却已在日本市场创造了一个每年200亿美元的市场。

布鲁克林酿酒厂将啤酒空运到日本，并通过广告宣传这种进口啤酒具有独一无二的新鲜度。这是一个营销战略，也是一种物流作业，因为高昂的成本使得很少有其他酿酒厂通过空运将啤酒出口到日本。

布鲁克林酿酒厂于1987年11月装运了它的第一箱布鲁克林啤酒到达日本，并在最初的几个月里使用了各种航空承运人。最后，日本金刚砂航空公司被选为布鲁克林酿酒厂唯一的航空承运人，金刚砂航空公司之所以被选中，是因为它向布鲁克林酿酒厂提供了增值服务。金刚砂航空公司在肯尼迪国际机场交接啤酒并通过飞往东京的商务航班安排运输。金刚砂航空公司通过其日本报关行办理清关手续。这些服务有助于保证啤酒完全符合新鲜要求。

布鲁克林啤酒之所以能达到新鲜要求，是因为这样的物流作业可以在啤酒酿造后的一周内将啤酒从酿酒厂直接送达顾客手中，而海运装运啤酒的平均订货周期为40天。新鲜的啤酒能够超过一般价值定价，高于海运装运啤酒价格的5倍。虽然布鲁克林拉格在美国是一种平均价位的啤酒，但在日本，它是一种溢价产品，获得了极高的利润。

布鲁克林酿酒厂改变了自己在美国一贯的包装，通过装运小桶装啤酒而不是瓶装啤酒来降低运输成本。虽然小桶重量与瓶装啤酒相等，但减少了玻璃破碎而使啤酒损毁的情况。此外，小桶装啤酒对保护性包装的要求也比较低，这将进一步降低装运成本。高价并没有成为布鲁克林啤酒在日本销售的障碍。1988年，在布鲁克林啤酒进入日本市场的第1年，布鲁克林酿酒厂取得了50万美元的销售额，1989年销售额增加到100万美元，而1990年则为130万美元，其出口销售总额占布鲁克林酿酒厂总销售额的10%。

资料来源：豆丁网

8.5.3 物流项目成本控制的主要方法

物流项目成本控制是一个复杂的系统工程，它包括很多方法，在此将分别讨论物流项目成本控制的3种方法，即偏差分析法、费用变更控制法和补充计划编制法。

1. 偏差分析法

在测量执行情况时运用的主要方法是偏差分析法，又叫挣值法（earned value analysis method），是评价项目成本实际开销与进度情况的一种方法。它通过测量和计算计划工作量的预算成本、已完成工作量的实际成本和已完成工作量的预算成本，得到有关计划实施进度和实际费用的偏差，从而衡量项目成本执行情况。其独特之处在于以预算和费用来衡量项目的进度。

简而言之，偏差分析法的思想可以概括为以下几个方面：①所有工作开始之前制订计划；②基于技术目标上的性能衡量；③时间表状况分析；④按照完成的工作对资金支出的分析；⑤预测完成日期和最终费用；⑥纠偏措施；⑦维持性能测定基线（挣值控制基准线）的正常控制。

2. 费用变更控制法

费用变更控制法规定了改变成本基准计划的步骤，它主要包括一些书面工作、跟踪系统和经许可可以改变的成本水平，从而对成本进行有效的控制。

物流项目费用变更控制法按照以下步骤进行成本控制。

（1）由物流项目干系人提出物流项目成本费用变更申请。

（2）物流项目的管理者对变更申请进行评估，然后提交物流项目委托者，由其核准是否变更成本基准计划。

（3）成本费用变更申请被批准后，就必须对相关活动的成本费用预算进行调整，同时对基准计划进行相应的修改。

在采用物流项目费用变更控制法时必须注意以下两点：物流项目成本变更控制系统应该和整体变更控制系统相协调；物流项目成本变更的结果也要和其他变更结果相协调。

3. 补充计划编制法

物流项目一般不可能按照原先制订的计划准确无误地进行。当物流项目存在可预见的变更时，就需要对物流项目的成本基准计划进行相应的修订，或者提出替代方案的变更说明。

本 章 小 结

物流项目成本管理是指在物流项目的具体实施过程中，为了保证完成物流项目所花费的实际成本不超过预算成本而开展的物流项目成本估算、物流项目成本预算和物流项目成本控制等方面的管理活动，具体内容包括物流项目资源计划编制、物流项目成本估算、物流项目成本预算和物流项目成本控制。

编制物流项目资源计划的工具主要是一些资源统计和说明的图表，包括资源计划矩阵、资源数据表、资源需求甘特图。编制项目资源计划的方法有很多，主要有专家判断法、头脑风暴法、资料统计法和资源平衡法。

物流项目成本估算是对完成物流项目所需的资源成本进行的近似估计。常用的物流项目成本估算方法有以下 3 种：自上而下估算法、参数模型估算法、自下而上估算法。

物流项目成本预算是指为了顺利实施物流项目，提供给该项目实施团队的实施成本的分配计划。物流项目成本预算的内容主要包括直接人工费用预算、资源费用预算、维修保养费用预算、其他管理费用和辅助费用预算，以及意外开支准备金预算。

物流项目成本控制就是在整个物流项目的实施过程中，定期地、经常性地收集各项活动的实际费用，进行费用计划值（目标值）和实际值的动态比较分析，包括总目标和分目标等多层次的比较分析，并进行费用预测，如果发现偏差则应及时采取纠偏措施，以使物流项目的费用目标尽可能好地得以实现。物流项目成本控制是一个复杂的系统工程，常用的物流项目成本控制方法有以下 3 种，即偏差分析法、费用变更控制法和补充计划编制法。

 关键术语

物流项目成本管理（logistics project cost management） 物流项目资源计划（logistics project resource planning） 物流项目成本控制（logistics project cost control）

知识链接

物流项目成本管理体系的构成及程序

全面的物流项目成本管理体系应包括以下两个层次。

（1）组织管理层。负责项目全面成本管理的决策，确定项目的合同价格和成本计划，确定项目管理层的成本目标。

（2）项目经理部。负责项目成本的管理，实施成本控制，实现项目管理目标责任书中的成本目标。

第8章
物流项目成本管理

项目经理部的成本管理应包括成本计划、成本控制、成本核算、成本分析和成本考核。项目成本管理应遵循下列程序。

① 掌握生产要素的市场价格和变动状况。
② 确定项目合同价。
③ 编制成本计划，确定成本实施目标。
④ 进行成本动态控制，实现成本实施目标。
⑤ 进行项目成本核算和工程价款结算，及时收回工程款。
⑥ 进行项目成本分析。
⑦ 进行项目成本考核，编制成本报告。
⑧ 积累项目成本资料。

综 合 练 习

一、填空题

1. 物流项目成本管理的具体内容包括物流项目资源计划编制、物流项目成本估算、＿＿＿＿＿＿和＿＿＿＿＿＿4个方面。
2. ＿＿＿＿＿＿是指通过确定项目所需资源的确切投入时间，并尽可能均衡地使用各种资源来满足项目进度计划的一种方法。
3. 资源平衡法的首要工作就是＿＿＿＿＿＿。
4. 常用的物流项目成本估算方法有以下3种：自上而下估算法、＿＿＿＿＿＿、自下而上估算法。
5. 物流项目成本控制的主要任务就是监控成本的正负偏差、＿＿＿＿＿＿和采取措施3个方面。

二、判断题

1. 资源数据表是项目工作分解结构的直接产品，缺陷是无法囊括信息类的资源。（   ）
2. 自上而下估算法实质上也是专家判断法，通常比其他方法简单，成本低，但精确度不是很高。（   ）
3. 由于物流项目的成本中有一部分属于非付现成本，而预算通常是以现金的形式进行的，因此在进行预算时就不需要对非付现成本进行现金预算的分配。（   ）
4. 补充计划编制法规定了改变成本基准计划的步骤，它主要包括一些书面工作、跟踪系统和经许可可以改变的成本水平，从而对成本进行有效的控制。（   ）

三、简答题

1. 物流成本管理的影响因素有哪些？
2. 物流项目资源计划编制的工具和方法有哪些？
3. 物流项目成本估算的步骤是什么？
4. 物流项目成本估算的方法有哪些？

5. 物流项目成本预算的步骤是什么？
6. 物流项目成本控制的流程是什么？

四、名词解释

物流项目成本管理　　物流项目资源计划　　物流项目成本估算　　物流项目成本预算
物流项目成本控制

 实际操作训练

课题：物流项目成本预算。
实训项目：用作业成本管理法解决快递成本难题。
实训目的：学习作业成本管理法分析问题的思路。
实训内容：阅读以下资料，用作业成本管理法解决快递成本难题。

早上 9 点钟，某快递公司财务王经理手持文件夹准时来到总经理的办公室汇报，对于这位新到任的总经理，王经理虽然不太了解，但他并不担心。这个物流公司近年的经营业绩都保持着每年 30% 以上的增幅，他自信地认为这几年的财务工作做得也很不错，看到总经理对着财务分析报告不断点头，王经理心里更加肯定了自己的工作。

"从报告上来看，公司的业绩不错，正处于快速增长时期，但是我有一个问题，"总经理突然问道，"我想知道，快递员从国贸取一个银行的快件寄到厦门，这个单子的真实成本是多少？"

王经理有些诧异，这还是第一次有人问这样的问题，一时不知该如何回答。

"我们公司共有多少家分公司？"总经理又问。

"90 多家。"王经理回答说。

"各分公司的盈利情况如何？"

"我们目前的成本核算方法都是以分公司为单位，按分公司归集成本费用，然后得到公司的总成本。至于分公司的盈利，因为一直以来我们都关注公司的整体业绩，没有做这方面的工作。"无法让领导满意，王经理有些沮丧。

"如果我们不能算出每个单子的真实成本，也不能很好地计算各分公司的成本，这将使公司进行盈利能力分析、产品定价决策、路由优化分析等计划受到限制。"

"这个，这个……"王经理有些不知所措。

"改革迫在眉睫，我们必须尽快找到合适的成本核算方法。你去想想办法！"总经理的语气很肯定。

如果你是王经理，该如何对公司目前的成本管理进行改革？

实训要求：将参加实训的学生分成若干小组，首先讨论快递公司业务流程，指出快递业务运作的特点，然后讨论各种成本核算方法和成本管理工具的优缺点，并指出该公司应引入哪种成本核算方法。

第 8 章
物流项目成本管理

 案例分析

根据以下案例所提供的资料，试分析以下问题。
（1）丰田汽车公司是怎样进行物流成本控制的？
（2）如何创新企业物流成本管理？

丰田的物流成本管理

供应链的概念提出以后，越来越多的企业将主要精力集中在核心业务，纷纷将物流业务外包。但外包物流能否达到企业的要求，是否会造成物流成本上升，不同的企业有不同的体会。2007年10月成立的同方环球（天津）物流有限公司（简称TFGL）作为丰田汽车公司（简称丰田）在华汽车企业的物流业务总包，全面管理丰田系统供应链所涉及的生产零部件、整车和售后零部件等厂外物流。作为第三方物流公司，TFGL在确保物流品质、帮助丰田有效控制物流成本方面拥有一套完善的管理机制。

1. 丰田物流模式的特点

整车物流和零部件物流虽然在操作上有很多不同，但从丰田的管理模式来看，二者具有以下共同特点。
（1）月度内的物流量较平稳。
（2）设置区域中心，尽可能采用主辅线路结合的物流模式。
（3）月度内物流点和物流线路稳定。
（4）物流准时率要求非常高。

2. 物流承运商管理原则

TFGL是第三方物流公司，主要负责物流企划、物流计划的制订、物流运行监控和物流成本控制，具体的物流操作由外包的物流承运商执行。TFGL对物流承运商的管理遵循以下原则。

（1）为避免由于物流原因影响企业的生产、销售的情况发生，要求物流承运商理解丰田生产方式，并具有较高的运行管理能力和服务水平。为此，TFGL采取以下必要的措施。

① 丰田生产体系评价。TFGL把理解丰田生产方式作为对物流承运商的首要要求，并按照丰田生产方式的要求，制作了详细的评价表。丰田生产体系评价是丰田生产方式对物流承运商最基本的要求，包括对物流承运商的运输安全、运输品质、环保、人才培养和运输风险控制等过程管理的全面评价。通过评价，不仅淘汰了不合格的物流承运商，也使达到要求的物流承运商明确掌握自己的不足之处。

② 必要的风险控制。在同一类型的物流区域内，使用两家物流承运商，尽可能降低风险。

（2）对物流承运商进行循序渐进的培养。在实际的物流运行中，承运商会遇到很多问题，如车辆漏雨、货物品质受损、碰撞事故、物流延迟等。出现问题并不是坏事，需要找到引发问题的主要原因。在TFGL的监督和指导下制定具体措施，同时，在逐步改善过程中，物流承运商的运行管理能力得到了提高。

（3）建立长期合作的伙伴关系。对入围的物流承运商，TFGL秉承丰田生产体系一贯的友好合作思想，不会因为运输事故多或物流价格高就频繁更换物流承运商，而是采取长期合作的方式，共同改善。

3. 丰田的物流成本控制

在维持良好合作关系的基础上，TFGL通过以下方法科学系统地控制物流成本。

（1）成本企划每当出现新类型的物流线路或进行物流战略调整时，前期的企划往往是今后物流成本控制的关键。企划方案需要全面了解企业物流量、物流模式、包装形态、供应商分布、物流大致成本等各方面的信息，此外，还要考虑企业和供应商的距离、企业的装卸货场和仓库面积等物流限制条件。TFGL在前期企划中遵循以下原则。

① 自始至终采用翔实可信的数据。

② 在综合分析评价后，分别制订一种或几种可行方案，并推荐最优方案。
③ 各方案最终都归结反映为成本数据。
④ 向企业说明各方案的优劣，并尊重企业的选择。

从以上几点可以看出。方案中的数据大多涉及丰田的企业战略，所以 TFGL 和企业之间必须充分信任，而且要有良好的日常沟通渠道。

（2）原单位管理。单位管理是丰田物流管理的一大特色，也是丰田物流成本控制的基础。丰田把构成物流的成本因素进行分解，并把这些因素分为两类：一类是固定不变（如车辆投资、人工等）或相对稳定（如燃油价格等）的项目，丰田称之为原单位；另一类是随着月度线路调整而发生变动（如行驶距离、车头投入数量、司机数量等）的项目，称之为月度变动信息。为了使原单位保持合理性及竞争优势，原单位的管理遵循以下原则。

① 所有的原单位一律通过招标产生。在企划方案的基础上，TFGL 向丰田生产体系评价合格的物流承运商进行招标。把物流稳定期的物流量、车辆投入、行驶距离等月度基本信息告知物流承运商，并提供标准版的报价书向原单位询价。

由于招标是非常耗时费力的工作，因此只有在新类型的物流需求出现时才会进行原单位招标，如果是同一区域因为物流点增加导致的线路调整，原则上沿用既有的原单位。

② 定期调整。考虑到原单位因素中燃油费用受市场影响波动较大，而且在运行总费用中的比重较大，TFGL 会定期根据官方公布的燃油价格对变动金额予以反映。对于车船税、养路费等"其他固定费"项目，物流承运商每年有两次机会提出调整。

③ 合理的利润空间。原单位项目中的"管理费"是物流承运商的利润来源。合理的管理费是运输品质的基本保障，TFGL 会确保该费用的合理性，但同时要求物流承运商通过运营及管理的改善来增加盈利，并消化人工等成本的上升。

（3）月度调整线路至最优状态。随着各物流点的月度间物流量的变动，区域内物流线路的最优组合也会发生变动。TFGL 会根据企业提供的物流计划、上月的积载率状况，以及成本关键绩效指标（key performance index，KPI）分析得出的改善点，调整月度变动信息，以维持最低的物流成本。

（4）成本 KPI 导向改善。对于安全、品质、成本、环保、准时率等物流指标，TFGL 建立了成本 KPI 体系进行监控，并向丰田进行月次报告，同时也向物流承运商公开成本以外的数据。成本 KPI 主要包括 RMB/台（台指丰田生产的汽车/发动机台数）、RMB/（km·m^3）、RMB/趟等。通过成本 KPI 管理，不仅便于进行纵向、横向比较，也为物流的改善提供了最直观的依据。

（5）协同效应降低物流费用。TFGL 作为一个平台，管理丰田在华各企业的物流资源，在与各企业协调的基础上，通过整合资源，充分利用协同效应，大大降低了物流费用。例如，统一购买运输保险，从而降低保险费用；通过共同物流，提高车辆的积载率，减少运行车辆的投入，从而达到降低费用的目的。在共同物流的费用分担上，各企业按照物流量的比例支付物流费。在具体物流操作中，TFGL 主要从两个方面实现共同物流：不同企业在同一区域内共同集货、配送；互为起点和终点的对流物流。

以上措施表明，丰田物流成本控制的基本思想是使物流成本构成明细化、数据化，通过管理和调整各明细项目的变动来控制整体物流费用。TFGL 管理下的丰田物流通过成本企划、精细的原单位管理、成本 KPI 导向的改善，以及协同效应等方法系统化、科学化的物流成本控制，对即将或正在进行物流外包的企业具有一定的借鉴意义。

资料来源：豆丁网。

第 9 章
物流项目风险管理

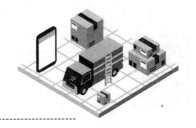

【学习目标】

通过本章的学习,了解物流项目风险管理的相关概念及物流项目风险识别技术,掌握物流项目风险的定性和定量评估方法,明确物流项目风险的监督与控制的目标和内容。

【学习要求】

知识要点	能力要求	相关知识
项目风险与 项目风险管理	了解项目存在的风险; 了解项目风险管理的基本原则、基本方法和重点领域	项目风险的概念、特性; 项目风险管理的概念、基本原则、基本方法、重点领域
物流项目风险识别	能够识别物流项目风险	物流项目风险源; 物流项目风险识别技术
物流项目风险的评估	了解物流项目风险评估的内容; 能够采取定性和定量方法进行风险评估	物流项目风险评估的内容、定性评估方法、定量评估方法
物流项目风险的监督与控制	能够依据物流项目的目标和内容对项目进行监控	物流项目风险的监督与控制的概念、目标、依据和内容

【导入案例】

秦山核电三期物流项目的风险控制

【拓展视频】

秦山核电三期的设备需要在世界范围内采购,美洲、欧洲、亚洲各国都有工厂在为秦山核电三期项目制造设备。就内陆运输方式来讲,不仅有公路运输,还有水运、吊装作业;就设备来讲,不仅有散杂件,还有重大件,加上设备昂贵,运输技术要求相当严格。作为该物流项目的总承包商——中远货运,集合全系统的精兵强将,组成项目公关组,成功中标该项目的全程运输。鉴于该物流项目的运作及其风险控制十分复杂,中远货运采取了如下风险防范措施。

(1)制订应急物流方案。核电设施对安全要求是非常高的。为了确保核电设备的安全运输,中远货运上海公司对可能发生的事故进行了估计并制订了完善的预防和应急方案,在硬件和软件方面都做好了布置。一是硬件方面。配备了专门的应急车辆、防化服和受过专门训练的工作人员,万一发生事故可赶往现场配合消防、卫生、交通等部门进行善后处理工作。二是软件方面。其制定的秦山核电三期项目防火和环保程序,对各种可能发生的事故(如车辆倾覆、碰撞、抛锚及危险品的泄漏等情况)制订了完善的处理措施。对第一线操作人员定期进行防火和环保程序培训,确保万无一失。此外,还要求客户提供预计运至秦山的所有危险品的资料,并与上海市防震抗灾办公室和陆管局取得了联系,将资料送交备案。

(2)实施风险控制和标准化操作。风险控制体系是秦山核电三期项目物流设计得以实施的有力保障,也是其中一个重要的组成部分。由于秦山核电三期项目涉及面广、运输环节多,而且客户交付承运的很多都是高精密度、高价值的国家重点工程设备,因此,建立风险控制体系的必要性显得尤为突出。中远货运上海公司已通过 ISO 9002 标准质量审核,秦山核电三期项目风险控制体系正是在此基础上建立的,具体体现在质保方案的制订、标准化操作平台、过程控制和专家评审 4 个方面。从 ISO 9002 标准的要求出发,根据秦山核电三期项目物流设计的内容,针对其中涉及的所有环节项目人员制订了全面的质量保证方案。随着物流设计的实施,质保方案起到了指导和规范物流作业的重要作用。为了保证其有效性,项目人员在专家评审的基础上,定期对这些质保方案进行修订,迄今为止,质保方案已经过了 3 次改版,保证了物流作业的顺利开展。风险控制体系为秦山核电三期项目构建了标准化操作平台,中远货运对物流方案实施了文件化管理,保证物流作业的规范性和标准化操作。中远货运对作业前的物流设计方案、作业期间的往来信息资料及所有作业记录,均形成了统一的文件,标有版次和编号,由专人保管。所有的电子文档也由专人进行管理。对于和业主及分包商有关的文件资料,如每次大件运输的单独物流设计方案,都以文件形式传递给业主和分包商,按既定程序经过三方确认批准后才正式生效。要求分包商以培训或讲座形式,确保物流方案传达到每个相关工作人员,包括船员、汽车和吊车司机。过程控制保证将所有分供方的作业进展情况随时置于控制之下。通过文件化程序,中远货运对分包商使用的所有运输工具进行审核,并经过保险公司的确认。每次作业前由分包商提供运输工具检验记录。重大件运输时,请国家权威机构对所有吊钩进行无损探伤试验,彻底消除事故隐患。作业时运用信息技术实施货物运输全程信息跟踪,并对大件运输重要环节(如绑扎、电焊、覆盖油布、驳运、吊装、大车运输、就位等)制订运输检查计划,按照各检查点在码头和工地现场实施现场监督,在重大设备(如排管容器)运输过程中,派专人在拖轮上全程监控海驳运输,并在陆地通宵值班,保持联络通畅。秦山核电三期项目风险控制体系在建立之初由各方专家对其进行评审。其后,为了确保该体系的有效运作,不但每年进行两次内部质量审核,而且客户,也就是加拿大原子能公司从事核电质保达 40 多年的质保专家,会同秦山第三核电有限公司的质保人员,对该体系进行全面的审核。另外,每年一次开展对所有分供方的全面审核,每半年一次对其进行质量检查。通过风险控制体系的运行,中远货运将秦山项目的作业风险控制在最小范围内。

第 9 章
物流项目风险管理

　　该项目的运输,创造了中远货运历史上的四个之最。第一是大件运输线路最远,它的制造地是在西半球的加拿大,运输终止地却在东半球的中国浙江;第二是单件货值最高,排管容器是迄今为止秦山核电工程中造价最为昂贵的设备,单台价值为 1 500 万美元,运输难度极大,不允许有震动、不允许左右偏移,这就对船舶的可靠性、承载能力、捆扎、稳性、抗风能力等有严格的要求,一旦出问题,工期至少推迟两年;第三是货物体积、重量、形状最为复杂,排管容器这一庞然大物重 280 吨,长 8.95 米,直径 8.53 米,其圆柱体外形使运输过程中的稳定性极难把握;第四是操作难度最大,由于排管容器的精度极高,给运输途中的防震提出了很高的要求,稍有闪失便会影响整个工程的进行。

　　在该项目中,中远货虽不拥有一件运输设备,但却掌控着整个运输过程的指挥权和控制权。在运输之前,就需要构筑起一套科学的运输体系,对每一道环节拟定详尽的方案,有的甚至需要准备几套方案,并对每一根钢索的绑扎强度都进行测算,以确保这一物流项目的运行万无一失。由此不难看出,现代物流,尤其是项目物流,因其操作过程复杂,而使物流企业面临更大的操作风险。在物流企业规模日益扩大,纷纷寻求走出去战略的同时,如何避免操作风险已成为刻不容缓的重大课题。

　　资料来源:孙家庆,2019. 物流风险管理[M]. 4 版. 大连:东北财经大学出版社: 196-198.

　　问题:中远货运采取了哪些风险防范措施?

　　随着科学技术的快速发展和人类社会工程实践的不断深入,物流项目已普遍存在于人们的工作和生活之中,并对社会发展和人们的工作、生活产生了重要影响。物流项目管理最根本的任务是对因为物流项目的不明确性而引起的物流项目风险进行管理。本章将全面讨论有关项目风险和项目风险管理的一般概念和思想、物流项目风险源、物流项目风险识别技术、物流项目风险的定性评估和定量评估方法,以及物流项目风险的监督与控制等。

9.1　项目风险管理概述

　　风险无处不在,每个项目都是有风险的,因为项目的实现过程中存在很大的不确定性。一般来说,风险是指在一定条件下和一定时期内可能发生的各种结果的变化程度。在风险问题的研究中,风险的定义大致可分为两类:第一类强调风险的不确定性;第二类强调风险损失的不确定性。第一类定义称为广义风险,第二类定义称为狭义风险。风险具有客观性,其大小随时间延续而变化,是"一定时期内"的风险。严格来说,风险和不确定性是有区别的。风险是指事前可以知道所有可能的后果及其出现的概率;不确定性是指事前不知道所有可能的结果,或者虽知道可能后果但不知道它们出现的概率。由于项目本身具有的一次性、创新性和独特性等特性,以及项目过程所涉及的内外部的许多关系与变数,导致在项目的实现过程中会存在各种各样的风险。如果不能很好地管理项目中的风险就会给项目相关利益主体造成损失,因此在项目管理中必须积极地开展项目风险管理,这涉及项目风险的充分识别、科学评估和全面控制等,从而努力降低风险发生的概率和影响。确切地说,项目管理中最重要的任务就是对项目风险的管理。这有 3 个方面的理由:其一是因为项目的确定性和常规性的工作及其管理都是程序化和结构化的管理问题,它们所需的管理力度是十分有限的;其二是因为项目风险可能带来损失,如果不管理或管理不好就会造成损失;其三是因为项目风险还包含机会成分,如果能够很好地开发和管理,将会有效地提升相关利益主体的满意程度。要做好项目风险管理工作，首先需要了解项目风险和项目风险管理的基本概念。

9.1.1 项目风险

项目是为完成某一独特的产品或服务所做的一次性努力。项目的最终交付成果在项目开始时只是一个书面的规划或承诺，无论是项目的范围、时间还是费用都无法完全确定。同时，项目创造产品或服务是一个逐渐明细的过程，这就意味着项目开始时有很多的不确定性。这种不确定性就是项目的风险所在。风险一旦发生，它的影响就是多方面的，如导致项目产品的功能无法满足客户的需要、项目费用超出预算、项目计划拖延或被迫取消、项目客户不满意等。

1. 项目风险的概念

项目风险是指由于项目所处环境和条件本身的不确定性，项目客户、项目实施组织或其他相关利益主体主观上不能准确预见或控制的因素，而使项目的最终结果与项目相关利益主体的期望产生背离，从而给项目相关利益主体带来损失。发生项目风险的根本原因是人们对项目发展与变化情况的认识不足，从而在应对决策方面出现了问题，即有关项目的信息不完备，或者当事者对项目有关影响因素和未来发展变化情况缺乏足够和准确的信息。因为项目的一次性、创新性和独特性等特性决定了在项目实施过程中存在严重的信息不完备性，这就使项目中存在许多风险性很高的工作。

风险存在于任何项目中，且往往会给项目的推进和项目的成功带来一些无法消除的负面影响。不过人们也无须恐惧风险，因为只要掌握风险发生的因果关系，就能在很大程度上管理或规避风险。因此，关注项目风险，掌握风险管理的知识与技能，从项目组织、职责、流程与制度上建立一套风险管理机制是确保项目成功的基本前提与保障。

项目的一次性特性使其不确定性比其他经济活动大许多，因而项目风险的识别和管理也就更困难和迫切得多。项目种类多样，每个项目都有各自的具体问题，但也存在一些共性问题：①对于项目各组成部分的复杂关系，任何个人或组织都不可能了如指掌；②项目各组成部分之间不是简单的线性关系；③项目总是处于动态变化之中，难得出现平衡，即使偶尔出现，也只是短时间的维持；④项目处于一种复杂的环境之中，不但有技术、经济性问题，还有一些非常复杂的、非线性极强的非技术、非经济性问题，因而项目结果往往是综合权衡或折中的结果，而非项目最初计划的实现。

项目的风险大多数随着项目的进展而变化，一般是逐渐减少。最大的不确定性存在于项目的早期。早期阶段做出的决策对项目计划的实现影响最大。在项目各种风险中，进度拖延往往是费用超支、现金流出，以及出现其他损失的主要原因。在早期阶段主动付出必要的代价，采取行动，要比到后期阶段迫不得已采取措施好得多。

2. 项目风险的特性

项目的一次性特性使其不确定性比其他经济活动大得多，因而项目风险的可预测性就差得多。在进行重复性的生产和经营活动时，可以根据历史资料和同行业的经验数据预测出大多数风险。虽然有各种各样的项目，但有些特征是很多项目所共有的。项目风险主要包括以下几个特征。

（1）项目风险的客观性。

项目都是由人组成的团队在一定的客观条件下进行的，以达到预期的目的，这些客观的物质因素和人为因素都构成潜在的风险因素，这种存在是不以人的意志为转移的，人们可以在有限的空间和时间内改变风险存在与发生的条件，降低其发生的频率，减轻损失程度，但不能也不可能完全消除项目风险。项目风险的客观性要求人们应充分认识风险、承认风险，采取相应的管理措施来尽可能降低风险。

（2）项目风险的普遍性。

随着科学技术的发展、社会的进步，风险不是减少了而是增加了，风险事故造成的损失也越来越大。对于新技术含量较高的项目，其潜在的风险具有以下特点：技术越先进，事故损失越大；项目技术结构越复杂，总体越脆弱；项目技术收益越高，风险潜势越深。

（3）项目风险的随机性。

项目风险的发生都是随机的，没有人能够准确预测项目风险发生的确切时间和内容。虽然通过长期的统计研究可以发现某事物发生变化的基本规律，但是那也只是一种统计规律而且具有随机性。项目风险事件的随机性使得项目风险的危害性大大增加。

（4）项目风险的相对可预测性。

不同项目风险具有不同的影响，人们要进行项目风险管理就必须预测和认识项目的各种风险。但由于项目环境与条件的不断变化和人们认识能力的限制，没有人能确切地认识和预测项目的风险，只能相对地预测项目的发展变化，这就是项目风险的相对可预测性。

（5）项目风险的渐进性。

这是指绝大多数项目风险都不是突然爆发的，而是随着环境、条件和自身的变化而逐渐发展和变化的。通常，随着项目内外部条件和环境的逐步发展变化，项目风险的大小和性质也会随之发生变化，即项目风险不断增大或不断缩小。

（6）项目风险的阶段性。

这是指绝大多数项目风险的发展是分阶段的，而且这些阶段都有明确的界限、里程碑和风险征兆。项目风险发展一般分 3 个阶段：潜在风险阶段、风险发生阶段、造成后果阶段。项目风险的阶段性为人们开展风险管理提供了可能。

（7）项目风险的突变性。

项目及其环境的发展变化有时是渐进的，有时是突变的。当项目及其环境发生突变时，项目风险的性质和后果也会随之发生突变。无预警信息的风险大多数表现为这种项目风险的突变性，这一项目风险的特性使得项目风险管理变得十分困难。

（8）某一具体项目风险的发生具有偶然性。

项目风险是客观存在的，但对于某一具体项目风险的发生来说，项目风险的发生并不是必然的，它具有随机性，风险何时发生以及发生的后果都无法及时准确预测。这意味着风险的发生在时间上具有突发性，在后果上具有灾难性。

（9）大量项目风险的发生具有必然性。

虽然个别项目风险的发生是偶然的、无序的、杂乱无章的，然而从总体上来说，风险的发生具有规律性，这使得人们利用概率论和数理统计方法去计算其发生的概率和损失程度成为可能，同时为项目风险管理提供了基础。

9.1.2 项目风险管理

项目风险管理是以项目经理和项目业主/客户为代表的全体项目相关利益主体,通过采取有效措施确保项目风险处于受控状态,从而保证项目目标最终能够实现的工作。进行项目风险管理时要考虑到全体项目相关利益主体。项目的一次性和独特性使得项目不确定性较高,而且项目风险一旦发生和造成损失则没有改进和补偿的机会。所以项目风险管理的要求通常要比其他事物的风险管理要求高许多,而且项目风险管理更加注重项目风险的预防和规避等方面的工作。

项目组织必须为项目风险管理提供一个清晰的流程、工具及资源。项目风险管理的成功有赖于项目组织打造鼓励项目成员对风险进行中肯及随时随地交流的文化,这一点是至关重要的。通过沟通,"坏"风险对项目造成的伤害可以得到减轻,而那些蕴涵着意外机会的"好"风险则会得到更深层次的关注。

1. 项目风险管理的概念

项目风险管理是指项目管理团队通过项目风险识别、项目风险评估、项目风险监督与控制,采用多种管理方法、技术和工具,对项目所涉及的各种风险实施有效的控制和管理,采取主动行动,尽量使风险事件的有利后果最大,而使风险事件所带来的不利后果降到最低,以最小的成本保证项目安全可靠地实施,从而实现项目的总体目标。对于一个项目来说,究竟存在什么样的项目风险和需要开展哪些项目风险管理工作,一方面取决于项目本身的特性,另一方面取决于项目所处的环境与条件。不同的项目、不同的项目环境与条件及不同的项目团队成员构成等因素会造成不同的项目风险。因此,不同项目的项目风险管理有很大的不同。

项目风险管理的目标是控制和处理项目风险,防止和减少损失,减轻或消除风险不利影响,以最低成本取得对项目安全保障的满意结果,保障项目的顺利进行。项目风险管理的目标通常分为两部分:一是损失发生前的目标,二是损失发生后的目标。两者构成了风险管理系统目标。

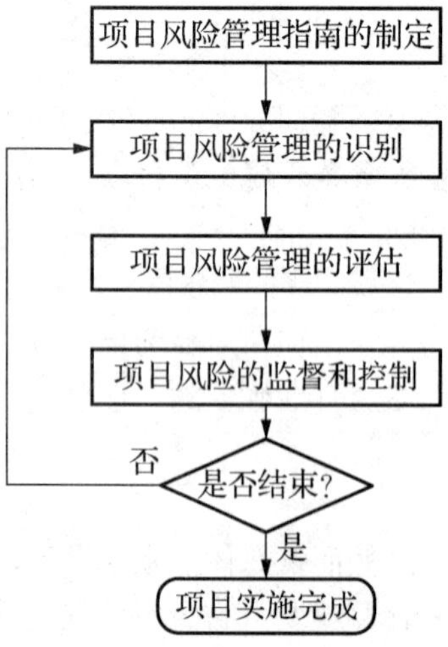

项目风险管理的主体是项目管理组织,特别是项目经理。项目风险管理要求项目管理组织采取主动行动,而不应仅仅在风险事件发生之后被动地应付。项目管理组织在认识和处理多种错综复杂、性质各异的风险时,要纵观全局、抓主要矛盾,创造条件,因势利导,将不利转化为有利,将威胁转化为机会。

项目风险管理的基础是调查研究和收集资料,必要时还要进行实验或试验。只有认真地研究项目本身和环境,以及两者之间相互影响与相互作用的关系,才能识别项目面临的风险。

项目风险管理涉及项目风险管理指南的制定、项目风险管理的识别、项目风险管理的评估、项目风险的监督和控制等,一般流程如图9.1所示。

图9.1 项目风险管理的一般流程

2. 项目风险管理的基本原则

项目风险管理的首要目标是避免或减少项目损失，进行项目风险管理主要遵循以下几个原则。

（1）经济性原则。项目风险管理人员在制订风险管理计划时应以总成本最低为总目标，即风险管理也要考虑成本，以最合理、经济的方式处置安全保障目标。这就要求项目风险管理人员对各种效益和费用进行科学分析和严格核算。

（2）"二战"原则，即战略上蔑视而战术上重视的原则。对于一些风险较大的项目，在风险发生之前对风险的恐惧往往会造成人们心理上的紧张不安，这种忧虑心理会严重影响工作效率并降低工作积极性，这时应通过有效的风险管理，让大家确信项目虽然具有一定的风险，但项目风险管理部门已经识别了全部不确定因素，并且已经妥善做出了安排和处理，这是战略上蔑视；而项目风险管理部门则要坚持战术上重视的原则，即认真对待每一个风险因素，杜绝松懈麻痹。

（3）满意原则。不管采用什么方法，投入多少资源，项目的不确定性是绝对的，而确定性是相对的。因此，在项目风险管理过程中要允许存在一定的不确定性，只要能达到要求即可。

（4）社会性原则。项目风险管理计划和措施必须考虑周围地区及一切与项目有关并受影响的单位、个人等对该项目风险影响的要求；同时项目风险管理还应充分注意有关方面各种法律法规，使项目风险管理的每个步骤都具有合法性。

3. 项目风险管理的基本方法

（1）项目风险潜在阶段的管理方法。在该阶段人们可以使用各种预防风险的方法，这类方法通常被称为风险规避的方法。项目风险后果大多数都是由于人们在项目风险潜在阶段未能正确识别和评估项目风险造成的，因此如果人们能够识别这些潜在的项目风险并预见其后果，就可以采取各种规避风险的方法来避免项目风险的发生。

（2）项目风险发生阶段的管理方法。在该阶段人们可以采用风险转化与化解的方法对项目风险进行控制和管理，这类方法被称为项目风险化解的方法。人们不可能识别所有的项目风险和预见所有的项目风险后果，因此在项目实施过程中一定会有一些项目风险进入项目风险发生阶段。此时如果人们能立即发现项目风险并找到应对和解决方法，则大多数情况下项目风险仍然不会造成项目风险后果，至少可以降低这种项目风险后果产生的可能性或减少项目风险所带来的损失。

（3）项目风险后果阶段的管理方法。在该阶段人们可以采取一些措施消除和减少项目风险所造成的影响，这类方法通常被称为项目风险后果消减的方法。实际上人们不仅无法在项目风险潜在阶段识别和评估项目的全部风险，也无法在项目风险发生阶段化解全部项目风险，总会有一些项目风险最终进入项目风险后果阶段。此时人们只能采取措施去消减项目风险损失，人们采取的措施得当就会将损失降低到最小。

由此可见，人们可以通过运用正确的方法开展对项目风险的管理和控制活动，从而规避和化解风险或消减风险带来的消极后果。在项目的不同阶段，人们都是可以对风险有所作为的，因为项目风险的渐进性和阶段性等特性使人们能够在项目风险的不同阶段采取不同的应对措施去实现对项目风险的有效管理。

4. 项目风险管理的重点领域

由于风险是普遍存在的，因此项目风险管理普遍适用于军事、工业、高新技术、建筑等各个不同领域，下面从不同角度阐述适合风险管理的项目。

从项目分类的角度来看，风险管理尤其适用于以下一些项目。

（1）研发项目。诸如军方型号研制项目，由于其研制与生产规模大、周期长、技术复杂和生产批量小，因此在实施过程中存在诸多不确定性因素，比一般项目具有更大的风险，进行风险管理尤为重要。

（2）现代大型工程项目。这些项目往往投资很高，施工环境复杂，实施过程中不确定性因素多。同时，传统风险管理的一些手段（如保险），在应用到这些大型工程项目时是有局限性的，这些都促使现代大型项目需要更多的风险管理。

（3）国际承包工程项目。由于国际承包工程项目是一项跨国的经济活动，涉及多个国家或参与单位的经济利益，因而合同中各方不容易互相理解，容易产生矛盾和纠纷，与国内工程相比风险要大得多，尤其是在政治和管理方面都有巨大的风险。

从项目性质角度来看，对具备下列特征的项目尤其应该进行风险管理：①创新多、使用新技术多的项目；②预研不充分、不确定性因素多的项目；③项目目标没有最终确定的项目；④投资数额大的项目；⑤边设计、边施工、边科研的项目；⑥合作关系复杂的项目；⑦受多种因素制约和受业主严格要求的项目；⑧具有重要政治、军事、经济、社会意义的项目；⑨国际项目。

5. 项目风险管理的意义

正式的风险管理过程可以给项目管理带来许多明显的好处，要想实现风险管理过程的最佳效果，就需要认识到这些好处。许多不熟悉正式风险管理过程的人认为：风险管理过程要解决的问题就是风险测量，风险测量就是回答"这样做是不是风险太大了"这个问题。风险管理过程的重要作用在于风险效率。这也是不该把风险管理看成"附加内容"或"辅助内容"，不该把重点放在"实施风险管理是不是值得"这个问题上的主要原因。风险管理应该被看成与项目管理融为一体的"内在内容"，是对基本项目计划过程的扩大和完善。实施风险管理要考虑的关键问题是：在这种情况下，应该以何种方式正式实施多少风险管理才最合适？在进行风险管理时，所选择的风险分析方式必须与寻求改善风险效率的机会相适应。风险分析通常要识别出应该把额外的资金或资源用在何处将会降低今后的风险和总预期成本。判别能够改善风险效率的基准计划或应急计划中潜在的变更是有效项目风险管理的主要目的。

作为项目全方位管理的重要一环，风险管理对保证项目的成功具有以下重要的意义。

（1）通过风险分析可加深对项目风险的认识与理解，澄清各方案的利弊，了解风险对项目的影响，以减少或分散风险。

（2）通过检查和考虑所有收集到的信息、数据和资料，可以明确项目的各有关前提和假设。

（3）通过风险分析不但可以提高项目各种计划的可信度，还有利于改善项目执行组织内部和外部之间的沟通。

（4）编制应急计划时更有针对性。

（5）能够将处理风险后果的各种方式更灵活地组织起来，在项目管理中减少被动、增加主动。

（6）有利于抓住机会并利用机会。

（7）为以后的规划和设计工作提供反馈，以便在规划和设计阶段就采取措施防止和避免损失。

（8）风险即使无法避免，也能够明确项目到底会承受多大损失。

（9）为项目施工、运营、选择合同形式和制订应急计划提供依据。

（10）通过深入的研究和对情况的了解，可以使决策更有把握，更符合项目的目标，从总体上减少项目风险，保证项目目标的实现。

（11）可推动项目执行组织和管理组织积累有关风险的资料和数据，以便改进将来的项目管理。

9.2 物流项目风险识别

物流项目风险识别是认识和分析项目风险的基础工作，是一项非常重要的项目风险管理工作。物流项目风险识别是指在项目实施过程中，识别和确定物流项目风险类型、基本特性、产生原因及可能会给项目带来的后果等工作，其目的是减少物流项目的不确定性。风险识别首先要弄清楚物流项目的组成、各项目变量的性质和相互间的关系、物流项目与环境之间的关系等。在此基础上利用系统的、有章可循的步骤和方法查明对项目可能形成风险的原因。调查、了解并研究对物流项目以及项目所需资源形成潜在威胁的各种因素的作用范围以及对整个项目造成的直接、间接后果。

物流项目风险识别的一般步骤是：①明确所要实现的目标；②借助因素层次图找出影响目标值的全部因素；③分析各因素对目标的相对影响程度；④根据对各因素向不利方向变化的可能影响进行分析、判断，并确定主要风险因素。

物流项目风险识别主要包括以下内容。

（1）识别并确定项目有哪些潜在的风险。这是物流项目风险识别的第一项工作目标。因为只有首先确定项目可能会遇到哪些风险，才能够进一步分析这些风险的性质和后果，所以，在物流项目风险识别工作中首先要全面分析项目发展过程中各种可能存在的风险，从而识别出项目潜在的各种风险并整理汇总成项目风险清单。

（2）识别引起这些项目风险的主要影响因素。这是物流项目风险识别的第二项工作目标。因为只有识别清楚各个项目风险的主要影响因素，才能把握项目风险的发展变化规律，才能进一步对项目风险进行应对和控制。所以，在项目风险识别活动中要全面分析各个项目风险的主要影响因素和它们对项目风险的影响方式、影响方向、影响力度等。然后运用各种方式将这些项目风险的主要影响因素同项目风险的相互关系描述清楚，使用图表、文字或数学公式说明均可。

（3）识别这些项目风险可能引起的后果。这是物流项目风险识别的第三项工作目标。在识别出项目风险和项目风险主要影响因素以后，还必须全面分析项目风险可能带来的后果及其严重程度。物流项目风险识别的根本目的就是要缩小和消除项目风险带来的不利后果，同时争取扩大项目风险可能带来的有利后果。当然，在该阶段对于项目风险的识别和分析主要是定性的，定量的项目风险估计将在物流项目风险的评估中给出。

9.2.1 物流项目风险源

1. 技术风险源

技术风险是指与物流项目有关（直接或间接）的技术产生进步或技术应用效果发生变化，使得项目的目标出现损失的可能。技术风险分为两个层次：一是技术应用风险；二是技术进步风险。任何项目都涉及各种工程技术的应用，项目建设的质量和费用及运营效果都与有关人员掌握和应用技术的情况密切相关。由于种种原因，实际的应用效果可能达不到预期的水平，从而也就可能使项目蒙受损失，形成技术应用风险。此外，项目意外的技术进步会使项目的相对技术水平降低，从而影响项目的竞争力并构成了技术进步风险。技术水平的进步速度低于或高于预期的进展幅度，都有可能对原计划的项目产生影响。

2. 经济风险源

经济风险是指人们在从事经济活动时，由于经营管理不善、市场预测失误、价格波动、供求关系发生变化、通货膨胀、汇率变动等所导致经济损失的风险。物流项目所处的经济环境的变化会导致项目经济效果的变化。经济环境的变化主要是指利率、汇率、产业结构、贸易结构，以及就业与工资水平等方面的变化。利率变化将直接影响项目的筹资成本和利息负担。汇率变化对项目的直接影响是进口费用和出口收益的改变。

3. 政治风险源

政治风险是指由于政局变化、政权更迭等引起社会动荡而造成财产损失及人员伤亡的风险。由于政局变化导致社会不稳定，造成罢工、战争、经济封锁等，从而影响物流项目的完成。政治稳定是经济发展的前提。政治对经济发展的影响是多方面的和深远的，政治变化必然带来经济变化。政治变化对项目的影响需视项目的具体情况和政治变化的具体内容来定。

4. 市场风险源

市场风险是指由于市场情况的不确定导致目标出现损失的可能。具体来讲，就是由于市场需求量、需求偏好、价格，以及市场竞争等方面有可能发生不利的变化，而使工程项目经济效果或企业发展目标达不到预期的水平，如销售收入、利润或市场占有率等低于期望水平。

5. 政策风险源

政策风险是指由于政策的改变而导致目标出现损失的可能。政府的政策包含的范围很广，涉及方方面面，因而对工程投资、建设及运营都有至关重要的影响。

6. 信用风险源

信用风险是指由于有关行为主体（企业、个人或其他组织）不守信用导致目标出现损失的可能。不论是在工程项目的建设过程还是生产运营过程中，都会发生大量的合同行为，如工程分包合同、采购合同、贷款合同、租赁合同、销售合同等。这些合同规范了诸多合作方的行为，是使工程顺利进行的基础。但如果有违反合同的行为发生，甚至停止执行合同，工程则毫无疑问受到损失，这就是信用风险。

7. 道德风险源

道德风险是指由于有关行为人道德变化（主要指道德水准下降）而可能导致的目标损失。

8. 自然风险源

自然风险主要是指气候与环境的变化造成的影响。由于自然力的作用造成财产损毁或人员伤亡的风险属于自然风险。天气的突然变化及自然灾害，如水灾、火灾、风灾、地震等可能会造成严重的进度拖延和费用问题。

9.2.2 物流项目风险识别技术

在物流项目风险识别过程中通常要借助一些专门的技术和工具，这样做的好处是不仅识别风险的效率高、操作规范，而且不容易产生遗漏。同时，在具体应用过程中要结合项目的具体情况，将这些技术方法组合起来应用。物流项目风险识别的技术方法有很多，既有结构化方法也有非结构化方法，既有经验性方法也有系统性方法，主要包括以下几种技术方法。

1. 流程图法

流程图是物流项目风险识别时常用的一种工具。流程图可以帮助项目识别人员分析和了解项目风险可能发生在项目的哪个环节或哪个地方，以及项目流程中各个环节对风险影响的大小。

项目流程图是具体项目的工作流程、项目各部分之间的相互关系等信息的图表，具体包括项目系统流程图、项目实施流程图、项目作业流程图、因果图、影响分析图等各种形式和不同详细程度的项目流程图。流程图法就是使用这些项目流程图去全面分析和识别物流项目风险的一种方法，这种方法的结构化程度比较高，可以分析和识别物流项目的风险所处的具体环节、物流项目各个环节之间存在的风险，以及项目风险的起因和影响。绘制项目流程图的步骤如下。

（1）确定工作过程的起点（输入）和终点（输出）。
（2）确定工作过程经历的所有步骤和判断。
（3）按顺序连接成流程图。

2. 假设条件分析法

这是一种在物流项目计划和决策过程中对项目各种条件和因素的假设进行分析，从而识别和找出项目风险的方法。因为在项目的计划和决策过程中有很多不确定的条件和因素，因此人们不得不对这些不确定的条件和因素进行必要的假设。但是在后续的项目实施过程中，这些假设的条件和因素会发生各种各样的变化，所以必须使用所谓的"假设条件分析法"去分析和找出由于这些假设的条件和因素变化而带来的各种项目风险。实际上，项目风险都是由于人们在计划和决策中所作的假设与客观实际不相符而形成的，因此，假设条件分析法是识别项目风险的根本方法。

3. 情景分析法

情景分析法是通过对项目未来的某个状态或某种情况的详细分析而描绘出情景中的风险和风险要素，从而识别项目风险的一种方法。它是根据发展趋势的多样性，通过对系统内外相关问题的系统分析，设计出多种可能的前景，然后用类似于撰写电影剧本的手法对系统发展态势做出从开始到结束的情景和画面的描述。当一个项目持续的时间较长时往往要考虑各种技术、经济和社会因素的影响，这时就可用情景分析法来预测和识别其关键风险因素及其影响程度。情景分析法对以下情况是特别有用的：提醒决策者注意某种措施或政策可能引起的风险或危机性的后果；建议需要进行监视的风险范围；研究某些关键性因素对未来进程的影响；提醒人们注意某种技术的发展会带来哪些风险。情景分析法是一种适用于对可变因素较多的项目进行风险预测和识别的系统技术。它在假定关键影响因素有可能发生的基础上，构造出多重情景，提出多种未来的可能结果，以便采取适当措施防患于未然。使用情景分析法识别物流项目风险需要先给出项目情景描述，然后找到项目变动的影响因素，最后分析项目情景变化造成的风险与风险后果。

4. 头脑风暴法

对于风险识别来说，头脑风暴法是一种运用创造性思维、发散性思维和专家经验，通过会议形式去分析和识别项目风险的方法。该方法在群体决策中可以保证群体决策的创造性，从而提高决策质量。管理上发展了一系列改善群体决策的方法，头脑风暴法是较为典型的集思广益的群体决策方法，该方法已经成功地应用于物流项目风险识别。头脑风暴法可分为直接头脑风暴法（通常简称为头脑风暴法）和质疑头脑风暴法（又称反头脑风暴法）。前者是在专家群体决策时尽可能激发其创造性，产生尽可能多的设想的方法；后者则是对前者提出的设想、方案逐一质疑，分析其现实可行性的方法。采用头脑风暴法组织群体决策时，要集中有关专家召开专题会议，主持者明确地向所有参与者阐明问题，说明会议的规则，尽力创造融洽、轻松的会议气氛，由专家自由地提出尽可能多的方案。一般使用这种方法可以回答下列问题：如果进行这个物流项目会遇到哪些风险？这些项目风险的后果危害程度如何？这些项目风险的主要成因是什么？项目风险事件的征兆有哪些？项目风险有哪些基本特性？

5. 系统分解法

物流项目风险识别中最常用的一种方法是利用系统分解的原理，将一个复杂的项目分解成比较简单和容易识别的子系统或系统要素，从而识别出各个子系统或系统要素的风险。例如，可以根据物流项目本身的特性将物流项目风险分解为以下几个方面：市场风险、投资风险、经营风险、技术风险等。然后还可以对这些物流项目风险再做进一步的分解。例如，物流项目的市场风险可以分解成 3 个方面：竞争风险，这是由于市场竞争而造成物流项目失败或亏损的风险；替代风险，这是指项目完成后未来是否出现替代产品而使项目蒙受损失的风险；需求风险，这是指项目完成后生产的产品在市场上出现需求不足、需求下降和市场饱和，从而使项目蒙受损失的风险。

第 9 章
物流项目风险管理

6. 风险因素和驱动因子法

为了很好地识别和减少物流项目风险，项目管理者需要标识项目风险因素和风险驱动因子，通常这些因素包括性能、成本、支持和进度。风险因素是以如下的方式定义的：性能风险，项目交付的产品能够满足需求且符合其使用目的的不确定程度；成本风险，项目预算能够被维持的不确定程度；支持风险，项目易于纠错、适应及增强的不确定程度；进度风险，项目进度能够维持且产品能按时交付的不确定程度。每一个风险驱动因子对风险因素的影响均可分为4个影响类别：可忽略的、轻微的、严重的、灾难性的。

7. 检查表法

检查表是管理中用来记录和整理数据的常用工具。用检查表进行物流项目风险识别时，将项目可能发生的许多潜在风险列于一个表上，供识别人员进行检查核对，用来判别某项目是否存在表中所列或类似的风险。检查表中所列的都是历史上类似项目曾发生过的风险，是项目风险管理经验的结晶，对项目管理人员具有开阔思路、启发联想、抛砖引玉的作用。一个成熟的项目组织要掌握丰富的风险识别检查表工具。检查表中可以包含多种内容，如以前项目获得成功或遭受失败的原因、项目其他方面的规划结果（范围、成本、质量、进度、采购与合同、人力资源与沟通等规划成果）、项目产品或服务的说明书、项目组成员的技能、项目可用的资源等。

8. 项目文档分析法

这是一种通过阅读物流项目本身已有的文档和各种历史项目的文档，然后分析找出物流项目的主要风险的方法。项目文档分析法主要分析两个方面的内容：其一是阅读和分析各种历史项目的文档；其二是阅读和分析物流项目本身的各种文档。因为物流项目文档中包括各种假设前提条件，列出了多种可能情况的假设，而这些假设就是可能发生的物流项目风险，所以通过对它们的分析可以很好地识别物流项目的风险。

▶ **阅读案例9-1** ◀

智慧物流园区项目风险控制分析

1. 智慧物流园区项目风险控制要点

与其他类型的项目相比，智慧物流园区项目风险管理主要是针对项目的客观性和普遍性进行的。首先，项目存在风险是必然事件，其并不会以任何形式的意志为转移。因此对风险控制的目的是降低其发生的频率，而实现这一目标的途径主要是对风险存在条件进行约束。其次，考虑到项目风险是存在偶然性的，任何风险的出现都是风险因素作用的结果，这种因素可以是单一的，也可以是复合的。由此判定，智慧物流园区项目风险管理的关键点是对风险要素的管控，对此，可以利用现代风险分析方法对风险发生的概率及其带来的损失做出计算，以此实现对风险的个性化控制。最后，智慧物流园区作为以信息技术为支撑的企业集合体，项目风险组成存在明显的可变性。这就要求在项目运行过程中，风险控制也要具有灵活属性，对于项目的不同阶段，实施更具针对性的风险控制措施。特别是对部分大型

【拓展视频】

项目，其建设周期更长，建设规模更大，涉及的范围更广，因此风险因素的可变性也更加明显，这就要求风险控制具有更强的多样性和多层次性。

2. 智慧物流园区项目风险控制分析

（1）规范业务流程。智慧物流园区实现了对物流各个环节的综合集成，因此其在实现物流业务时，是以一体化的形式进行的。这种一体化的形式虽然简化了不同企业之间的沟通环节，但需要更加规范化的业务流程对其进行支撑。为此，在对项目风险进行控制时，必须建立更加规范的业务流程管理机制，通过信息化平台提高对供应链业务运作的规范化程度，确保业务实施环节中财务、人力资源、合同管理的有序性，最大限度降低由于业务差错带来的项目风险。与此同时，业务一体化的目的是提高园区的服务质量和效率，通过更加规范化的业务执行流程也可以提高用户服务体验。在具体的实施过程中，可以将园区内各主体的信息统一集中到信息平台的管理系统，建立园区入驻企业信息与业务操作流程之间的对应关系。当供应链节点发送出采购、制造、运输、仓储等需求时，可以通过平台对企业的职能进行合理调整，提高供应链管理的协同性，降低项目风险。

（2）整合共享资源。从智慧物流园区的实际需求角度出发，园区项目风险控制离不开对建设运营整体的合理规划，这就要求提高园区内信息交流的程度，为此，对资源进行有效整合是十分必要的。通过共享物流服务类型、时间、价格等信息，园区可以匹配出相应的服务类型、能力。同时，根据政府优惠政策，对项目规划发展进行合理决策，不仅如此，对于新兴技术、基础设施等信息的整合共享也是提升用户的交易效率的重要基石。以此为基础，提高对设施设备、人员调度安排的合理性，减少资源浪费，大大降低运作成本和风险。

（3）畅通双向监管。风险控制的基础是对风险因素的控制，而风险因素都是由参与项目的各方形成的。对此，可以建立双向监管机制，通过构建电子标签、条码等对项目中存在的风险因素进行标识，帮助各方提高对相关物流信息收集的全面性，以此为基础，项目各方可以实现对库存环节、信息采集统计环节、运输环节、分拣环节的实时追踪，以透明化管理的方式拉近客户与企业之间的关系，避免了因信息闭塞导致的风险异常定位模糊和资源分配不均的问题，为园区的安全管理、风险管理提供良好基础。

资料来源：百度文库。

9.3 物流项目风险的评估

在进行风险识别并整理后，必须就各项风险对整个物流项目的影响程度进行分析和评估。物流项目风险评估是对物流项目风险的影响和后果所进行的评价和估量。物流项目风险评估包括对物流项目风险可能性的评估、对物流项目风险后果的评估、对物流项目风险影响范围的评估、对物流项目风险发生时间的评估等方面。物流项目风险评估的主要作用是减少项目计量的不确定性，并根据这种评估去制定物流项目风险的应对措施，以及开展物流项目风险的控制。

物流项目风险评估主要包括以下工作内容。

（1）物流项目风险可能性的评估。物流项目风险评估的首要任务是分析和估计物流项目风险发生的概率，即物流项目风险可能性的大小。这是物流项目风险评估中最为重要的一项工作，因为一个物流项目风险的发生概率越高，发生项目损失的可能性就越大，对它的控制就应该越严格，所以在物流项目风险评估中首先要确定和分析物流项目风险可能性的大小。

（2）物流项目风险后果的评估。物流项目风险评估的第二项任务是分析和估计物流项目风险后果，即物流项目风险可能带来的损失大小。这也是物流项目风险评估中的一项非常重要的工作，因为即使是一个物流项目风险的发生概率不大，但如果它一旦发生则后果十分严重，那么对它的控制也需要十分严格，否则这种风险的发生会给整个物流项目造成严重的影响。

（3）物流项目风险影响范围的评估。物流项目风险评估的第三项任务是分析和估计物流项目风险影响的范围，即物流项目风险可能影响到项目的哪些方面和工作。这也是物流项目风险评估中的一项十分重要的工作，因为即使一个物流项目风险发生概率和后果严重程度都不大，但它一旦发生会影响到物流项目的各个方面，则也需要对它进行严格的控制，防止因这种风险发生而搅乱物流项目的整个工作和活动。

（4）物流项目风险发生时间的评估。物流项目风险评估的第四项任务是分析和估计物流项目风险发生的时间，即物流项目风险可能在项目的哪个阶段和什么时间发生。对于项目风险的控制和应对措施都是根据项目风险发生时间安排的，越早发生的项目风险就应该越优先控制，而对后发生的项目风险可以通过监视和观察它们的各种征兆来进一步识别和评估。

物流项目风险评估包括以下几项依据。

（1）项目风险范围说明书。常见或反复性的物流项目对风险事件发生概率及其后果往往理解得比较透彻。而采用最新技术或创造性技术的项目或极其复杂的项目的不确定性往往要大许多，可以通过检查项目风险范围说明书对此进行评估。

（2）风险管理计划。风险管理计划中用于风险评估的关键因素包括风险管理角色和职责、风险管理预算和进度活动、风险类别、风险概率和影响。

（3）风险识别的成果。需对已识别的项目风险及风险对项目的潜在影响进行评估。

（4）项目进展状况。风险的不确定性常常与项目所处的生存周期阶段有关。在项目初期，项目风险症状往往表现得不明显，随着项目的进展，项目风险及发现风险的可能性会增加。

（5）项目类型。一般来说，普通项目或重复率较高的项目的风险程度比较低。技术含量高或复杂性强的项目的风险程度比较高。

（6）数据的准确性和可靠性。需对用于风险识别的数据或信息的准确性和可靠性进行评估。

（7）概率和影响的程度。这是用于评估风险的两个关键项。

9.3.1　物流项目风险的定性评估方法

常用的物流项目风险评估方法有定性评估方法和定量评估方法两类。定性评估方法是项目管理人员凭直觉和经验积累,评价和估计已识别风险的后果和可能性大小的过程。在这一过程中,项目管理人员根据已识别风险对项目的潜在影响确定其重要性程度。定性评估方法可用来确定具体风险的处理和应对行动。风险的重要性程度随着风险应对行动的时间紧迫度的提高而提高。对已有资料的质量进行评估有助于修正对风险的估计。风险的定性评估要利用已有的定性分析方法和工具评估风险发生的概率和后果。

当定性分析多次重复进行时,项目组应根据评估结果中出现的趋势采取必要的风险管理行动。定性评估工具有助于纠正施工计划中容易出现的偏向。在项目生命周期期间应当回顾定性评估结果,以使其跟上项目风险的变化。常见的物流项目风险定性评估方法有以下几种。

1. 主观评分法

进行风险定性评估时可以使用主观评分法。主观评分法是利用专家的直觉、经验等隐性知识,直观地判断项目每一个风险并赋予相应的权重。例如,从 0~10 的一个数,0 代表没有风险,10 代表风险很大,然后把各个风险的权重加起来,同风险承受力下限进行比较。主观评分法容易使用,但其用途大小则取决于填入表中数值的准确性。主观评分法允许同时考虑诸多因素,允许提出更多的问题进行分析,而且该方法的步骤统一、标准。

【例 9-1】 某项目要经过 5 个工序,试用主观评分法对该项目进行风险评估。

表 9-1 的横向是项目识别出来的 5 个风险,表的竖向是项目的 5 个工序。假定项目风险承受力下限为 0.6。每一个工序 5 个风险权重从左至右加起来,和数放在表最右边的一栏。然后将这 5 个和数从上到下加起来,得出全部风险权重之和,放在表最下一行的右端。另外,计算最大风险权重和。用表的行数乘以列数,再乘以表中的最大风险权重,就得到最大风险权重和。全部风险权重和除以最大风险权重和就是该项目的整体风险水平,接着将项目整体风险水平同项目风险承受力下限进行比较。各个工序的风险水平,或各单个风险水平也可以做类似的比较。

表 9-1 主观评分法示例

工 序	风 险					
	费用风险	工期风险	质量风险	组织风险	技术风险	各工序风险权值和
可行性研究	5	6	3	8	7	29
设计	4	5	7	2	8	26
试验	6	3	2	3	8	22
施工	9	7	5	2	2	25
运行	2	2	3	1	4	12
合计	26	23	20	16	29	114

在表 9-1 中,最大风险权重是 9,因此最大风险权重和=$5 \times 5 \times 9 = 225$,全部风险权重和=114,该项目整体风险水平=$114/225 \approx 0.5067$。将此结果与给定的风险承受力下限 0.6 比较后可知,该项目整体风险水平可以接受,可以继续进行下去。

2. 类推法

类推法是从不同事物的某些相似性类推出其他的相似性，从而预测出它们在其他方面类似的可能性的方法。事物发展有各自的规律，但其间又有许多相似之处。把先发生的事件称为先导事件，后发生的事件称为迟发事件，如果发现它们之间有某些相似之处，就可以利用先导事件的发展过程和特征来类推迟发事件的发展过程和特征，对迟发事件及未来的发展进行预测。类推法分为随机类推和形式类推。随机类推来源于直接观察，处于感性认识阶段，只能看成进行类推的一个起点，而不是科学的方法。形式类推是指当发现两个事件有某些相似之处时，就尽力探求其他的相似性。因此在预测工作中大多采用形式类推。其应用分为：①为了解决某一个领域中的问题，需要发明或发现某个东西，于是就去寻找一个类似事件，进行形式类推；②预测人员在某些领域中不断收集到新的信息，并发现了新的原则或结构，然后用形式类推法考虑它对其他领域发展的影响。

3. 外推法

外推法是进行项目风险评估的一种十分有效的方法，可分为前推、后推和旁推3种类型。前推就是根据历史数据推断出未来事件发生的概率及其后果。如果历史数据具有明显的周期性，就可据此直接对风险进行周期性的评估。如果从历史数据中看不出明显的周期性，就可用一条曲线或分布函数来拟合这些数据，然后再进行外推，此外还得注意历史数据的不完整性和主观性。后推是在手头没有历史数据可供使用时所采用的方法，由于工程项目具有一次性和不可重复性的特性，因此在项目风险评估时常采用后推法。后推是把未知的、想象的事件及后果与一切已知事件及后果联系起来，把未知风险事件归结到有数据可查的造成这一风险事件的初始事件上，从而对风险进行评估。旁推就是利用类似项目的数据进行外推，用某一项目的历史数据对新的类似项目可能遇到的风险进行评估，当然这还得充分考虑新环境的各种变化。这3种外推法在项目风险评估中都有广泛的采用。

4. 德尔菲（Delphi）法

德尔菲法是一种反馈匿名函询法。德尔菲是古希腊地名，在德尔菲有座太阳神阿波罗神殿，相传是一个预卜未来的神谕之地，因而人们就借用此名，将这种预测方法命名为德尔菲法。德尔菲法采用匿名发表意见的方式，即专家之间不得互相讨论，不发生横向联系，只能与调查人员联系，通过多轮次调查专家对问卷所提问题的看法，经过反复征询、归纳、修改，最后汇总成专家基本一致的看法作为预测的结果。这种方法具有广泛的代表性，较为可靠。其做法是在对所要预测的问题征得专家意见之后，进行归纳、统计，再匿名反馈给专家，再次征求意见，再集中，再反馈，直至得到稳定的意见。其过程可简单表示如下：匿名征求专家意见→归纳、统计→匿名反馈→归纳、统计→……（若干轮后）停止。

德尔菲法的具体实施包括以下步骤。

（1）组成专家小组，按照课题所需要的知识范围确定专家。专家个不会面，彼此互不了解。专家人数可根据预测课题的大小和涉及面的宽窄而定，一般不超过20人。

（2）向所有专家提出所要预测的问题及有关要求，并附上有关这个问题的所有背景资料，同时请专家提出还需要什么资料。然后由专家书面答复，要求每位专家对所研讨的问题总是进行匿名分析。

（3）各个专家根据他们所收到的资料，提出自己的预测意见，并说明自己是怎样利用这些资料提出预测值的。

（4）将各位专家第一次判断意见汇总，并列成图表进行对比，再分发给各位专家，让专家比较自己同他人的不同意见，修改自己的意见。也可以把各位专家的意见加以整理，或请身份更高的其他专家加以评论，然后把这些意见再分送给各位专家，以便他们参考后修改自己的意见。

（5）将所有专家的修改意见收集起来汇总，再次分发给各位专家，以便进行第二次修改。逐轮收集意见并向专家反馈信息是德尔菲法的主要环节，收集意见和信息反馈一般要经过三或四轮。在向专家进行反馈时只给出各种意见，并不说明发表各种意见的专家的具体姓名。这一过程重复进行，直到每一个专家不再改变自己的意见为止。

（6）对专家的意见进行综合处理。

5. SWOT分析法

SWOT分析法是一种环境分析方法，运用SWOT分析法进行选择分析就是将密切相关的各种内部优势因素（strength）、劣势因素（weakness）、机会因素（opportunity）和威胁因素（threat）通过调查罗列出来，并按照一定的次序排列，把各种因素相互匹配加以分析，从中得出一系列相应的结论。SWOT分析法的基准点是对企业内部环境优劣势的分析，在了解企业自身特点的基础上判断企业外部的机会和威胁，然后对环境做出准确的判断，继而制定企业发展的战略和策略。将其借用到项目管理中进行项目战略决策和系统分析。

SWOT分析法的作用有：①把外界的条件和约束同组织自身的优缺点结合起来，分析项目所处的位置；②可随环境变化做动态系统分析，减少决策风险；③作为一种定性的评估分析工具，可操作性强；④针对机会、威胁、优势、劣势为各战略决策打分。

SWOT分析法的要点有：①SWOT分析法重在比较，特别是项目的优势、劣势，要着重比较竞争对手的情况，另外与行业平均水平的比较也非常重要；②SWOT分析法形式上很简单，但实质上是一个长期累积的过程，只有对项目自身和所处行业有准确的认识才能对项目的优劣势和外部环境的机会与威胁有一个准确的把握；③SWOT分析法必须承认现实、尊重现实，特别对项目自身优劣势的分析要基于事实，要量化，而不是靠个人的主观臆断。

9.3.2　物流项目风险的定量评估方法

定量评估方法是对每个风险发生的概率及其对项目目标产生的影响，以及项目整体风险的范围进行数值评估分析。同定性评估相比，定量评估可以减少含糊不清，更客观地估计风险。另外，风险有了数值之后就可以参与各种运算，并确定各风险之间相差多少。风险定量评估一般在定性评估之后进行，可以和定性评估分开使用，也可以结合在一起使用。到底使用哪种方法取决于是否有时间和预算，以及是否有必要对风险及其后果进行定性或定量的说明。在反复多次定性评估结果中发现的趋势可能揭示出是否有必要增加或减少风险管理行动。常见的物流项目风险定量评估方法有以下几种。

1. 层次分析法

层次分析法（analytic hierarchy process，AHP）是美国运筹学家萨蒂教授于20世纪70

年代初提出的，层次分析法是对定性问题进行定量分析的一种简便、灵活而又实用的多准则决策方法。它的特点是把复杂问题中的各种因素通过划分为相互联系的有序层次，使之条理化，根据对一定客观现实的主观判断结构（主要是两两比较）把专家意见和分析者的客观判断结果直接而有效地结合起来，将每一层次元素两两比较的重要性进行定量描述。然后利用数学方法计算反映每一层次元素的相对重要性次序的权重，通过所有层次之间的总排序计算所有元素的相对权重并进行排序。该方法自 1982 年被介绍到我国以来，以其定性与定量相结合地处理各种决策因素的特点及灵活简洁的优点，迅速地在我国社会经济各个领域（如能源系统分析、城市规划、经济管理、科研评价等）得到广泛的应用。

层次分析法的具体实施包括以下步骤。

（1）通过对系统的深刻认识，确定该系统的总目标，弄清规划决策所涉及的范围、所要采取的措施方案和政策、实现目标的准则、策略和各种约束条件等，广泛地收集信息。

（2）建立一个多层次的递阶结构，按目标的不同、实现功能的差异，将系统分为几个等级层次。

（3）确定以上递阶结构中相邻层次元素间的相关程度。通过构造两两比较判断矩阵及矩阵运算的数学方法，确定对上一层次的某个元素而言，本层次中与其相关元素的重要性排序——相对权重。

（4）计算各层元素对系统目标的合成权重，进行总排序，以确定递阶结构图中最底层各个元素的总目标中的重要程度。

（5）根据分析计算结果考虑相应的决策。

层次分析法的用途举例。例如，某人准备选购一台电冰箱，他对市场上的 6 种不同类型的电冰箱进行了解后，在决定买哪一款时往往不是直接进行比较，因为存在许多不可比的因素，而是选取一些中间指标进行考察，如电冰箱的容量、制冷级别、价格、型号、耗电量、信誉、售后服务等。然后考虑各种型号冰箱在上述各中间标准下的优劣排序。借助这种排序，最终做出选购决策。在决策时，由于 6 种电冰箱对于每个中间标准的优劣排序一般是不一致的，因此决策者首先要对这几个中间标准的重要度进行估计，给出一种排序，然后把 6 种冰箱分别对每一个中间标准的排序权重找出来，最后把这些信息数据综合起来，得到针对总目标（即购买电冰箱）的排序权重。有了这个排序权重，决策就很容易了。

2. 决策树分析法

根据物流项目风险问题的基本特点，项目风险的评估既要能反映项目风险背景环境，又要能描述出项目风险发生的概率、后果及发展动态。决策树这种结构模型既简明又符合上述两项要求。采用决策树分析法来评估项目风险往往比其他评估方法更直观、清晰，便于项目管理人员思考和集体探讨，因而是一种形象化和有效的项目风险评估方法。

决策树分析法用树状图表示项目所有可供选择的行动方案，行动方案之间的关系，行动方案的后果及这些后果发生的概率。利用决策树可以计算出可供选择的行动方案后果的数学期望，进而对项目的风险进行评估，得出该项目应该就此止步还是继续进行的决策。

在决策树中，树根表示构想项目的初步决策，称为"决策点"。从树根向右画出若干树枝，每条树枝都代表一个行动方案，称为"方案枝"。方案枝右端称为"状态节点"，从每个状态节点向右又伸出两个或更多的小树枝，代表该方案的两种或更多的后果。每条小树枝上都注明该种后果出现的概率，故称"概率枝"。小树枝右端是树叶，树叶处注明该种后果的大小。后果若是正的，表示收益；若是负的，表示损失。

3. 模糊综合评价法

模糊综合评价法是模糊数学在实际工作中的一种常见应用方法。其中，评价是指按照指定的评价条件对评估对象的优劣进行评比、判断；综合是指评价条件包含多个因素。综合评价就是对受到多个因素影响的评价对象进行全面的评价。采用模糊综合评价法进行风险评价的基本思路是：综合考虑所有风险因素的影响程度，并设置权重以区别各因素的重要性，通过构建数学模型推算出风险的各种可能性程度。其中可能性程度值高者为风险水平的最终确定值。

模糊综合评价法的具体实施包括以下步骤。

（1）选定评价因素，构成评价因素集。
（2）根据评价的目标要求，划分等级，建立备择集。
（3）对各风险要素进行独立评价，建立判断矩阵。
（4）根据各风险要素影响程度，确定其相应的权重。
（5）运用模糊数学运算方法，确定综合评价结果。
（6）根据计算分析结果，确定项目风险水平。

4. 故障树分析法

故障树分析法（fault tree analysis，FTA）是 1961—1962 年间由美国贝尔电话实验室的沃森和默恩斯等人在分析和预测民兵式导弹发射控制系统安全性时首先提出并采用的分析方法。此后有很多人都对该方法产生兴趣，开展了卓有成效的研究和应用。

故障树分析法是一种演绎的逻辑分析方法，它在风险分析中的应用主要是遵循从结果找原因的原则，将项目风险形成的原因由总体到部分按树枝形状逐级细化，分析项目风险及其产生原因之间的因果关系。即在前期预测和识别各种潜在风险因素的基础上运用逻辑推理的方法，沿着风险产生的路径求出风险发生的概率，并能提供各种控制风险因素的方案。

故障树分析法是一种具有广阔应用范围和发展前途的风险分析评估方法，尤其对较复杂系统的风险分析评估非常有效。它具有应用广泛、逻辑性强、形象化等特点，其分析结果具有系统性和准确性；同时，它有固定的分析流程，可以用计算机来辅助建树和分析，因此能够大大地提高项目风险管理的效率。

5. 蒙特卡罗模拟法

蒙特卡罗模拟法（Monte Carlo simulation）是随机地从每个不确定因素中抽取样本，代入项目进行模拟计算，重复进行成百上千次，模拟各式各样的不确定性组合，获得各种组合下的成百上千个结果，通过统计和处理这些结果数据，找出项目变化的规律。例如，把这些结果值从大到小排列，统计各个值出现的次数，用这些次数值形成频数分布曲线，就能够知道每种结果出现的可能性。然后依据统计学原理，对这些结果数据进行分析，确定出最大值、最小值、平均值、标准差、方差、偏度等，通过这些信息就可以更深入地定量分析项目，为决策提供依据。

蒙特卡罗模拟法的具体实施包括以下步骤。

（1）对每一项活动输入最大值、最小值和最可能的估计数据，并为其选择一种合适的检验分布模型。

（2）计算机根据上述输入，利用给定的某种规则，快速实施充分大量的随机抽样。

（3）对随机抽样的数据进行必要的数学计算，求出结果。

（4）对求出的结果进行统计学处理，求出最大值、最小值，以及数学期望值和单位标准偏差。

（5）根据求出的统计学处理数据，让计算机自动生成概率分布曲线和累积概率曲线。

（6）依据累积概率曲线进行项目风险分析评估。

▶ 阅读案例9-2 ◀

申美公司物流外包风险防范

上海申美饮料食品有限公司（简称申美公司）作为可口可乐公司在亚洲最大的瓶装厂和销售公司，其业务主要集中于上海、无锡和苏州等华东地区，分为市内和市外两块。市内是指上海地区，市外有无锡、苏州、南通、嘉兴和常熟5个区域，市内和市外的销量各占50%。

由于可乐产品本身属于重货，物流费用相对较高，因此基本上每一个省都有一个瓶装厂。同时，可乐产品属于劳动密集型产品，售价较低，因此物流费用在其中占的比例较大。由于饮料行业的特殊性，申美公司产品的淡旺季销售差异非常大，最大相差5倍。此外，在旺季天与天之间的订单量的差异也是非常大的，所以很难掌握。销售旺季主要集中于6、7、8、9月和春节，此时虽然加班加点，但仍常遇到缺车、装货通道不够等问题，导致订货不能按时送出。2001年，申美公司兴建了两个1万平方米的新仓库、两个快速装货通道，使原来12万~15万箱/天的装载能力增长到了40万箱/天，大大提高了装车效率。但同时，淡旺季的差异也形成大量的管理成本和人力成本，因此，公司决定实施物流外包战略。

最初，申美公司打算将全部物流业务外包给一家物流商，并进行了招投标。当时，有许多大的物流公司进行了投标，虽然它们的标书都做得很好，但是由于这些第三方物流公司在实际运作中无法适应申美公司对产品送货时间、快速反应、回单处理、成本管理等各方面非常高的要求，最后招投标以失败告终。

之后，申美公司决定改变策略，实行分散外包战略。在上海市外物流配送方面，申美公司选择了当地最大的运输商进行招投标，并为其培训业务操作人员。由于申美公司的业务量非常大，因此，申美公司在5个区域均招标了一个运输商，将物流压力分散给这5家运输商。不仅如此，由于运输商对自己当地的市场都很熟悉，于是，申美公司将当地市内配送、库存管理、干线运输等也外包给运输商，并把自己当地的车卖给它们，传授给它们具体的仓库管理、当地市内配送、干线运输等运作方法，让运输商按照可口可乐的储运流程及卫生、环境等指标来实施具体业务，甚至让运输商使用申美公司的信息管理系统，将信息透明化，集中控制各区域的订单管理、库存管理、运营管理等。在上海市内物流配送方面，对于零担配送业务，申美公司采取自营方式。申美公司拥有100多辆印着可口可乐广告的货车，这些车辆主要用来配送如超市、餐饮店、网吧、学校等8 000多家客户。由于这些客户订单小，订货频率较高，因此在旺季时一辆车一天至少运行3~4次。此外，在全市还有3个仓库进行分送，形成了一个非常密集的配送网络，以更好地满足客户需求。对于整车业务，申美公司自有车辆主要是按照淡季的销售量来进行配置的，这样，在旺季时，则将多余的业务量外包给10个运输商，以降低成本，满足运力需求。

自实施外包模式后，申美公司每月会对外包商进行评估，评估的指标是：装车及时率、回单及时率、回款及时率。并且申美公司会按照评估的结果来进行排名，使外包商能够相互竞争、相互学习。

随着业务量的不断增长，为了提高管理效率，申美公司建立了BASIS系统，实施中央控制，24小时在线，每小时更新，将一切数据信息透明化，并且在运作中不断地完善。该系统是可口可乐为其全球各地的瓶装厂所设计的，适合每个瓶装厂内部使用，非常灵活，功能也很强大。系统包括客户管理、信用情况、收款情况、价格管理和渠道管理等板块。其中物流方面主要包括库存管理、订单装运及完成情况等。另外，申美公司还上线了自动调度模块，结合电子地图，系统会自动按照订单的位置给出最合理的送货线路、最短的时间、最合适的重量、最短的距离派单，大大提高了配送效率。

与此同时，申美公司还将工作重点集中于内部管理。依靠管理来提高工作效率，充实与完善公司的管理构架。例如，申美公司针对驾驶员建立了奖金系统，通过送货量、客户数、千米数等指标来对驾驶员的工作效率进行考核。驾驶员在每次出车后，其工作量都会输入系统中，由系统按照相应的比例进行统计核算，来决定驾驶员每月的奖金收入。实施后，大大提高了驾驶员的工作积极性和工作效率。

资料来源：孙家庆，2019. 物流风险管理[M]. 4版. 大连：东北财经大学出版社：299-300.

9.4 物流项目风险的监督与控制

物流项目风险的监督与控制是指在整个项目过程中，根据物流项目风险管理指南和物流项目风险实际发生的变化所开展的各种物流项目风险监督与控制的活动。物流项目风险监督与控制是建立在物流项目风险的阶段性、渐进性和可控性等基础上的一种项目风险管理工作。

1. 物流项目风险监督与控制的概念

对于物流项目的风险而言，通过物流项目风险的识别与评估，已经识别出项目的绝大多数风险，而且这些项目风险大多数是相对可控的。这些项目风险的可控程度取决于在物流项目风险识别和评估阶段给出的有关物流项目风险信息的多少。所以，只要能够通过物流项目风险识别和评估得到足够的有关物流项目风险的信息，就可以采取正确的物流项目风险应对措施，从而实现对物流项目风险的有效控制。

项目风险是发展和变化的，在人们对其进行监督和控制的过程中，项目风险的发展与变化会随着人们的监督与控制活动而改变。因此，对于物流项目风险的监督与控制过程实际上是一种人们发挥其主观能动性去改造客观世界的过程，与此同时，在这一过程中所产生的信息也会进一步改变人们对物流项目风险的认识和把握程度，使人们对物流项目风险的认识更为深入，对物流项目风险的控制更加符合客观规律。实际上，对物流项目风险的监督与控制过程也是一个不断认识物流项目风险的特性、不断修订物流项目风险控制决策与行为的过程，是一个使项目风险逐步从相对可控向绝对可控转化的过程。

2. 物流项目风险监督与控制的目标

物流项目风险监督与控制的目标主要有以下 4 个。

（1）努力及早识别项目的风险。物流项目风险控制的首要目标是通过开展持续的物流项目风险识别和评估工作及早地发现物流项目所存在的各种风险，以及物流项目风险的各方面特性，这是开展物流项目风险控制的前提。

（2）努力避免项目风险事件的发生。物流项目风险控制的第二个目标是在识别出项目风险后，通过采取各种风险应对措施，积极避免项目风险的发生，从而确保不给物流项目造成不必要的损失。

（3）努力消除项目风险事件的消极后果。物流项目的风险并不都是可以避免的，有许多物流项目风险会由于各种原因而最终发生。对于这种情况，项目风险控制的目标是要积极采取行动，努力消减这些风险事件的消极后果。

（4）充分吸取项目风险管理中的经验与教训。物流项目风险控制的第四个目标是对各种已经发生并形成最终结果的项目风险，一定要从中吸取经验与教训，从而避免同样风险事件的发生。

3. 物流项目风险监督与控制的依据

物流项目风险监督与控制的依据有以下几个。

（1）物流项目风险管理计划。物流项目风险监督与控制活动都是依据这一计划开展的，但是在发现新风险后需要立即更新项目风险管理计划，所以项目风险监督与控制工作都是依据不断更新的项目风险管理计划开展的。

（2）实际物流项目风险发展变化情况。有些项目风险最终发生，有些项目风险却没有发生。这些项目风险实际情况的发展变化也是项目风险监督与控制工作的重要依据之一。

4. 物流项目风险监督与控制的内容

物流项目风险监督与控制流程如图 9.2 所示，具体内容如下。

（1）建立物流项目风险事件监督与控制体制。这是指在物流项目开始之前要根据物流项目风险识别和评估报告所给出的项目风险信息制定出整个物流项目风险监督与控制的方针、物流项目风险监督与控制的程序、物流项目风险监督与控制的管理体制。这包括项目风险责任制、项目风险信息报告制、项目风险控制决策制、项目风险控制的沟通程序等。

（2）确定要控制的具体项目风险。这一步是根据物流项目风险识别与评估报告所列出的各种具体项目风险确定出对哪些物流项目风险进行监督和控制，而对哪些物流项目风险采取容忍措施并放弃对它们的监督与控制。通常这需要按照具体物流项目风险后果的严重程度，以及物流项目风险发生概率和项目组织的风险控制资源等情况确定。

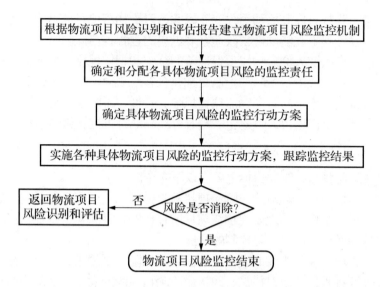

图 9.2 物流项目风险监督与控制流程

（3）确定物流项目风险的监督与控制责任。这是分配和落实项目具体风险监督与控制责任的工作。所有需要监督与控制的物流项目风险都必须落实到具体负责监督与控制的人员，同时要规定他们所负的具体责任。物流项目风险控制工作必须由专人负责，不能多人负责，也不能由不合适的人去担负风险事件监督与控制的责任，因为这些都会造成大量的时间与资金的浪费。

（4）确定物流项目风险监督与控制的行动时间。这是指对物流项目风险的监督与控制要制订相应的时间计划，规划出解决项目风险问题的时间表与时间限制。因为没有时间安排与限制，大多数项目风险问题是不能有效地加以控制的。许多由项目风险失控所造成的损失都是因为错过了项目风险监督与控制的时机，所以必须制订严格的物流项目风险控制时间计划。

（5）制定各具体物流项目风险的监督与控制方案。这一步由负责具体物流项目风险控制的人员根据物流项目风险的特性和时间计划制订出各具体项目风险的监督与控制方案。在这一步中要找出能够监督与控制物流项目风险的各种备选方案，然后对方案进行必要的可行性分析，以验证各项目风险控制备选方案的效果，最终选定要采用的风险控制方案或备用方案。另外，还要针对风险的不同阶段制订不同的风险监督与控制方案。

（6）实施具体物流项目风险监督与控制方案。这一步是要按照选定的具体物流项目风险监督与控制方案开展物流项目风险监督与控制的活动。这一步必须根据物流项目风险的发展与变化不断地修订物流项目风险监督与控制方案与办法。对某些项目风险而言，风险监督与控制方案的制订与实施几乎是同时的。

（7）跟踪具体物流项目风险的监督与控制成果。这一步的目的是收集风险事件监督与控制工作的信息并给出反馈，即通过跟踪去确认所采取的物流项目风险监督与控制活动是否有效、物流项目风险的发展是否有新的变化等。这样就可以不断地提供反馈信息，从而指导物流项目风险监督与控制方案的具体实施。这一步是与实施具体物流项目风险监督与控制方案同步进行的。通过跟踪而给出物流项目风险监督与控制工作信息,再根据这些信息去改进具体物流项目风险监督与控制方案及其实施工作,直到对风险事件的控制完结为止。

(8)判断物流项目风险是否已经消除。如果认定某个物流项目风险已经消除,则该具体物流项目风险的控制监督与作业就已经完成了。若判断该物流项目风险仍未消除,就需要重新进行物流项目风险识别。这需要重新使用物流项目风险识别的方法对项目具体活动的风险进行新一轮的识别,然后按本方法开展下一步的物流项目风险监督与控制作业。

本 章 小 结

物流项目都是有风险的。一般而言,物流项目风险管理工作包括物流项目风险识别、物流项目风险评估、物流项目风险的监督与控制 3 个方面。

物流项目风险识别是项目风险分析的第一步,主要是确定哪种风险可能对项目产生影响,这就需要项目管理人员掌握物流项目风险识别的一般步骤和主要内容,以及物流项目风险识别的技术和工具。

物流项目风险评估是对已经识别的风险要素进行估计和评价,主要是确定风险发生的概率与后果,这就需要项目管理人员掌握物流项目风险评估的工作内容和依据,以及物流项目风险的定性评估方法和定量评估方法。

物流项目风险的监督与控制是通过对物流项目风险全过程的监督与控制,保证风险管理能达到预期的目标,这就需要项目管理人员掌握物流项目风险的监督与控制的概念、目标、依据和内容。

项目风险管理(project risk management)　物流项目风险识别(logistics project risk identification)　物流项目风险评估(logistics project risk evaluation)　物流项目风险监督与控制(logistics project risk intendance and control)

知识链接

项目风险规避的主要策略有回避风险与转移风险。

(1)回避风险,指当项目风险潜在威胁发生可能性太大,不利后果也太严重,又无其他策略可用时,主动放弃项目或改变项目目标与行动方案,从而规避项目风险的一种策略。回避风险包括主动预防和完全放弃两种。

(2)转移风险,指将风险转移至参与该项目的其他人或其他组织,所以又称合伙分担风险。其目的不是降低风险发生的概率和减轻不利后果,而是借用合同或协议,在风险事故发生时将损失的一部分转移给有能力承受或控制项目风险的个人或组织。

综合练习

一、填空题

1. 项目风险管理的主体是_____，特别是项目经理。
2. 风险识别首先要弄清楚_____、各项目变量的性质和相互间的关系、物流项目与环境之间的关系等。
3. 物流项目风险评估的主要作用是_____，并根据这种评估去制定物流项目风险的应对措施，以及开展物流项目风险的控制。
4. 对于物流项目风险的监督与控制过程实际上是一种人们发挥其_____去改造客观世界的过程。

二、判断题

1. 项目的风险无法预测、无法管理。（   ）
2. 风险识别是一次性过程。（   ）
3. 物流项目风险评估主要是定性或定量评价风险对物流项目影响的大小。（   ）
4. 物流项目风险管理是对物流项目的风险进行识别和分析并对物流项目风险进行控制的系统过程。（   ）
5. 德尔菲法可以避免由于个人因素对物流项目风险识别的结果产生不当的影响。（   ）

三、简答题

1. 如何理解项目风险管理的普遍性？
2. 如何应用流程图识别物流项目风险？
3. 如何应用检查表识别物流项目风险？
4. 如何应用头脑风暴法识别物流项目风险？
5. 物流项目风险的定性评估方法和定量评估方法有哪些？
6. 举例说明物流项目风险的监督与控制的主要过程。

实际操作训练

课题：物流项目风险评估。
实训项目：物流风险评估方法的运用。
实训目的：学习运用物流项目风险评估方法。
实训内容：在项目管理过程中，上海医药现代物流中心项目时间跨度长，出现很多新的问题，欧麟物流需要跟踪这些出现的新问题。
实训要求：将参加实训的学生分成若干小组，分别用不同的方法对上海医药现代物流中心项目的风险进行评估。

根据以下案例所提供的资料,试分析以下问题。
(1)总结龙潭物流园区是如何进行风险管理的?
(2)对于该物流园区风险管理的现状,提出意见和建议。

龙潭物流园区项目风险管理

1. 龙潭物流园区概况

南京龙潭物流基地位于南京市栖霞区,距离南京主城区约 30 千米,位于南京、镇江、扬州的中心区域,江南沿江高等级货运通道穿越而过,前方是长江上最大的综合性外贸港区——南京龙潭港区。基地总规划面积 10.5 平方千米,现已开发面积 4 平方千米,基地内规划建设了占地面积为 10.86 平方千米,南京地区唯一的国家级 B 型保税物流中心——南京龙潭港保税物流中心,该保税物流中心具有"境内关外"的优势使之具有出口退税、进口保税、简单加工免收增值税等政策功能,现有可供出租的标准仓库 6 万平方米。南京龙潭物流基地以深水港口和保税物流中心为优势,将重点发展进出口加工贸易、粮油食品加工、机械加工制造、国内外物流贸易等主导产业。

(1)龙潭物流园区定位。

龙潭物流园区以南京龙潭港集装箱港区为依托,是以多式联运集装箱为载体,以水路、公路、铁路的快速便捷转换为方式,是融合配送、中转、分拨、储运及增值服务等物流运作及临港加工为一体的综合性国际物流园区。其主要具有以下功能。

① 临港加工工业:形成来料加工、进料加工等出口导向型临港工业。
② 集装箱辅助作业:主要包括集装箱货运站、公共保税监管库、修箱、洗箱业务等。
③ 区域物流分拨:形成区域物流分拨基地。
④ 物流增值服务:形成以贴码、包装、组装、整理为核心的流通加工业务。
⑤ 综合服务:形成园区配套的信息、咨询、金融、商贸、生活等新兴服务产业。

(2)龙潭物流园区运作。

根据南京市政府要求,龙潭物流园区实行企业化运作,组建规范化的园区发展有限责任公司或股份公司,从事园区的开发建设、招商引资和经营管理。园区公司经营范围包括:土地批租、土地转让、集装箱货运、公共保税、报关、货代、运输、仓储、配送、物流设施出租、办公设施出租、商业设施出租、信息咨询服务等。

2. 龙潭物流园区项目风险分析

(1)项目的风险特征。

风险贯穿于物流园区项目建设与运作的全过程。龙潭物流园区风险除具有一般风险的典型特征(即客观性、潜在性、可测性、相对性和随机性)以外,还鲜明地呈现出以下显著特点。

① 阶段性。龙潭物流园区风险的阶段性特征,主要体现在两方面:一方面,在项目的不同阶段,风险的大小不同,呈现出明显的阶段性;另一方面,在项目的不同阶段,项目参与方所面临的风险不同,有的风险存在于项目的各个阶段,如政治风险、财务风险等,而有的风险只存在于项目的某一特定阶段或某些阶段,如按期完工风险、施工技术风险等。

② 复杂性。龙潭物流园区项目具有建设运营周期较长、投资和建设规模特大、风险因素种类多且关系繁杂的特点,致使其在项目的全生命周期内面临的风险多种多样且可能造成的损失巨大。同时,大量不确定的风险因素之间的内在关系错综复杂,难以精确研究,各种风险因素与外界时间、空间、对象等的交

叉影响又使风险显示出层次性，给研究分析带来很大的难度。

③ 政策影响性。政策风险主要包括产业政策、投资政策、财税政策和货币政策，这些都可能对物流园区投资环境产生不利影响。以龙潭物流园区为例，对入区企业，南京龙潭物流基地给予了一些优惠政策。因此，对于大型物流项目，政府的参与程度高，政府作用大，政府投融资政策对项目风险的影响也较大。

（2）龙潭物流园区风险流程分析。

龙潭物流园区的风险分为技术风险、财务风险、管理风险、市场风险、政治风险五大类。按照一般的物流园区项目的建设程序，将其分为投资建设和生产运营两个阶段。每个阶段的风险都极大地影响物流园区建设项目的成败。公司采用工作分解结构法，通过分析投资建设和生产运营阶段的主要内容和任务，识别龙潭物流园区存在的主要风险因素。

进行风险识别得到主要风险因素的基础就是进行风险评估。在风险评估阶段，龙潭物流园区根据自身的特点，结合风险评估的相关方法（如层次分析法、专家打分法等）建立风险评估指标体系，并进行相关的计算，从而对龙潭物流园区项目的风险进行评估分析。

对物流园区项目的风险进行评估之后，针对出现的技术风险、财务风险、管理风险、市场风险及政治风险，龙潭物流园区分别制定了相应的措施进行风险的防范和预防，可以说龙潭物流园区在风险管理方面做得非常到位，从风险识别、风险评估一直到风险应对都采取了积极有效的方法，从而维持了物流园区的正常经营和效益。

资料来源：马健，2010. 南京龙潭物流园区项目风险管理研究[D]. 南京：南京理工大学.

第 10 章
物流项目信息管理

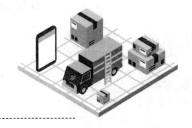

📦【学习目标】

通过本章的学习,理解项目信息及项目信息管理的含义,明确物流信息的功能和特征,了解物流信息技术的种类和发展趋势,掌握物流项目信息管理的主要内容。

📦【学习要求】

知识要点	能力要求	相关知识
项目信息及 项目信息管理	认识物流项目信息的来源和种类; 掌握项目信息管理的主要内容	项目信息的概念和主要表现形式; 物流项目信息的来源和种类; 项目信息管理的含义和主要内容
物流信息的 功能与特征	理解物流信息的功能与特征	物流信息的基本功能和基本特征
物流信息技术	明确物流信息技术的构成; 认识物流信息技术的应用现状和发展趋势	物流信息技术的含义和组成; 物流信息技术的构成

【导入案例】

重庆铁海联运项目的智慧供应链系统

【拓展视频】

重庆铁海联运项目是重庆市政府、中远物流与美国惠普公司自 2010 年以来共同实施的多式联运项目。其目的是将该公司在重庆生产基地所生产的产品，通过铁海联运的方式及时发往欧洲和世界其他地区。这是一个典型的国际多式联运供应链管理项目，也是典型的智慧供应链管理项目。重庆铁海联运国际大通道由集装箱中心站、铁路运输线、国内港口、国际海运航线和国外港口五大部分组成。其起点为重庆制造基地的多个代工厂，经团结村集装箱中心站装载铁路班列，通过渝怀线、沪昆线、京广线、广九线、平盐铁路到达深圳盐田港站，再由深圳盐田等港口集装箱码头装船运往欧洲的几个地区，包括通过 2013 年以来开辟的希腊比雷埃夫斯港向东、南欧和地中海地区中转货，通过比雷埃夫斯港转欧洲铁路向欧洲内地中转集装箱，以及在比雷埃夫斯港完成转拼业务。

中远物流在惠普亚欧多式联运供应链中扮演着整合物流服务商（或称物流总包商）的角色。该多式联运供应链的服务特点和模式可概括为以下几点。

（1）具有繁多且复杂的数据交换连接，对象包括分布在我国和亚欧各地众多的代工制造厂商（其中富士康最大并有许多分布各地的分支机构，它在部分路径具有全程的货权）、许多物流分包商。而且，货主和制造商、分包商采用不同的电子数据交换标准和通信模式，需要数据交换平台强大的适应能力。

（2）具有最全面的多式联运运输模式，包括公路、铁路、内河、支线驳运等。

（3）具有复杂的货权转移关系，需要根据货权转移设置更多、更准确的状态跟踪点。

（4）具有转拼操作，即利用比雷埃夫斯港的仓储设施和服务作为中转枢纽，把不同地区和制造商运来的集装箱在必要时拆箱，并按照最后交付地/收货人重新拼箱或直接装车转运。

该项目的实施需要满足以下智慧化需求。

（1）铁运与海运两种运输方式的信息无缝对接。

（2）与富士康等代工厂的配合，以及"门到门"的服务。

（3）为链主（惠普公司）提供高水平的数据对接和信息服务。

（4）全程货物运输透明化、可视化。

（5）严格的物流服务监控和非常事件处理能力。

全程供应链控制塔是近年来在许多跨国公司的全球供应链管理中提出的新需求和适应此需求而产生的新技术。供应链的链主（拥有者）往往要求负责其供应链管理的总包商提供整条供应链管理和监控的一站式信息服务。总包商又称控制塔，其名称来自机场的控制塔台，有居高临下、统揽全局的含义。该技术的提出能更好地实现供应链各环节的操作动态数据资源整合，实现供应链各环节的可视化、可控制和可量化管理，实现全程供应链各环节的密切协同，提高物流系统的效率。

其具体功能如下。

（1）可视化。这是指供应链全过程的透明化、可视化，每个环节的每个操作动态都会及时从具体操作系统汇总到供应链管理总包商，并由总包商通过网络提交给作为链主的惠普公司。

（2）可控制。这是指在物流运作过程中，对可能发生的意外事件的及时处理，包括预警、提供应对预案、逐级报警等。

（3）可量化。这是指对整个供应链的物流全过程进行量化分析和指标考核，一发现问题及其症结，及时解决，提高物流服务质量，并向惠普公司提交日报表、周报表等。

此多式联运智慧供应链项目不仅能满足惠普公司重庆基地产品运输的国际物流需求，打通了我国中西部新制造中心向海外出口的铁海联运大通道,创造了"重庆—欧洲"的铁海联运物流通道效率高于从长三角海运至欧洲的奇迹,同时也支撑了我国物流企业走向国际,首次以物流服务总包商的身份承接大型跨国公司的全球供应链"门到门"服务,并将此服务逐步推广到其他跨国公司,进入国际多式联运供应链管理市场。

资料来源:齐二石,方庆琯,霍艳芳,2021. 物流工程. 2 版. 北京:机械工业出版社.

问题:该项目中的智慧供应链系统能够实现哪些功能?

信息是进行项目管理的基础,也是项目管理组织人员沟通的前提。一些项目不成功的原因之一就是由于项目信息管理不规范,信息沟通不及时。同时,随着项目的复杂化,项目信息沟通的数量也日益加大,信息沟通手段的现代化也就成为必然。项目管理信息系统就是为了适应项目信息化管理的需要而产生的一种主要的信息管理手段。

10.1 项目信息管理概述

10.1.1 项目信息的概念

1. 项目信息

在人类社会中存在着大量的自然信息、生物信息和社会信息。可以说信息无处不在,应用于不同领域的信息,其含义有所不同。狭义上的信息是指依据一定的需要收集起来的、经过加工整理后具有某种使用价值的情报、图形、文字、公式、方法、数据等知识元素的总称。

项目信息则是指报告、数据、计划、安排、技术文件、会议等与项目具有联系的各种信息。项目信息的主要表现形式有以下几种。

(1)书面材料。书面材料包括图样及说明书、项目手册、工作条例和规定、项目组织设计、情况报告、项目报告、谈话及会议记录、报表、信件、合同等提供的信息。

(2)个别谈话。个别谈话包括口头分配任务、指示、汇报、工作检查、建议、批评、介绍情况、谈判交涉等产生的信息。

(3)集体口头形式。集体口头形式包括工作讨论和研究、会议、培训班、特殊任务的工作组、检查组、工作队等产生的信息。

(4)技术形式。技术形式包括听写器、广播器、电话、电报、传真、录像、录音、电子邮件等产生的信息。

项目管理者应灵活运用各种项目信息形式,尽量减少项目信息传递的障碍,保证项目信息准确和快捷地传递。项目工作人员只有知道了项目总体情况和完成工作所必需的信息之后,才可能将其所承担的任务完成得更好。因此,项目管理者十分重视信息的作用。

2. 物流项目信息的来源

物流项目信息来源一般有以下几个。

(1)记录。记录多为项目准备、实施与管理过程中的一些书面材料。记录分为内部记录和外部记录两种。内部记录包括输入与输出事例、事件存储记录、项目实施日志、会议纪要、来往信件等。这些记录可从档案、工作记录本和计算机数据库中获得。外部记录是指从外部的各种渠道取得的资料。例如，在准备某个专线物流项目的市场调查阶段，查阅有关专业期刊、统计年鉴、统计报告、报纸等都属于外部记录。

（2）抽样调查。要想取得尽可能准确的信息，就必须全面和客观地进行调查。在物流项目的市场调查阶段，面对大量资料和数据，因受时间和资金的限制，往往通过统计学的抽样调查的方法（如随机抽样、分层分级抽样和整群抽样等）来获得所需要的信息。

（3）文件报告。这是指从项目组织内外的有关文件、报告中取得的信息，如物流园区建设可行性研究报告、物流配送中心设计任务书、仓库工程项目阶段报告、项目计划调整文件、物流配送中心竣工验收报告、货物仓储管理技术操作规程等。

（4）业务会议。无论是复杂的物流项目（如物流配送中心建设）还是简单的物流项目（如某超限物件的专项运输服务），都要通过召开各种会议，用座谈、研讨的形式进一步扩大信息的来源，获取所需要的信息（市场信息、技术信息、解决问题的方案等）。有些业主在拟定合同条款时，会将业务会议的次数或关键新技术开发的研讨会列入其中。

（5）直接观测。为了获取第一手资料，项目管理者可直接到现场观察或测量项目实际进展情况，从而得到需要的资料或数据。例如，在立体化仓库建设工程中，随着土建工程的进展，需要时常到现场观测，必要时还应收集部分施工的物件样品，通过统计分析来得到工程质量的信息。

（6）个人交谈。物流项目离不开人与人之间的协同行动。通过上级与下级或同事之间交换意见与沟通，同样也可以获得需要的信息。当然，由于此种信息是由面对面口头交流得到的，故其可靠程度取决于个人的信誉度。

3. 物流项目信息流种类

项目信息在项目组织内部和内外环境之间不断地流动，从而构成了信息流。信息流的流动路线与组织机构的类型有直接关系，通常包括以下几种形式。

（1）自上而下的信息。自上而下的信息指上级（如项目经理）向下级（中低层项目管理人员）传递的决策、通知、命令、工作条例、办法、规定和业务指导意见等。这类信息的来源在上级，信息接收者是其下属。信息在传递过程中被逐步地细化、具体化，直到成为可执行的操作命令。

（2）自下而上的信息。项目经理在进行决策的过程中需要依赖大量的信息，其中来自下层的项目执行及进展情况最为关键，自下而上的信息为项目经理提供了最基本的信息。作为项目经理，起码应掌握以下几方面的信息。

① 项目目标及约束条件的实现情况（任务量、进度、成本、质量）。
② 人力、物力等资源计划的干扰因素及变化情况。
③ 下级较大的错误决策。
④ 参加项目或涉及的有关单位和部门遇到的困难。
⑤ 项目内部成员的工作情况。

（3）横向或网络状信息。横向或网络状信息指按照项目管理工作流程设计的各职能部门之间的信息交换。例如，物流设计师与成本计划员、物流企业的财务部与发展部、物流部等部门工作人员之间的横向信息关系。在现代矩阵式组织形式中：借助于高科技（如计算机网络、项目管理软件）技术，人们已越来越多地通过横向和网络状的沟通渠道获得信息，这加快了信息流通的速度，扩大了信息交流的容量。

10.1.2 项目信息管理

1. 项目信息管理的含义

项目信息管理是指对项目信息的收集、整理、处理、储存、传递与应用等一系列工作的总称，也就是把项目信息作为管理对象进行管理。项目信息管理的目的就是根据项目信息的特点，有计划地组织信息沟通，以保持决策者能及时、准确地获得相应的信息。

2. 项目信息管理的主要内容

项目信息管理系统有两种类型：人工管理信息系统和计算机管理信息系统。项目信息管理的主要内容有项目信息收集、项目信息的加工处理和项目信息传递。

（1）项目信息收集。

要利用信息，首先就应开辟各种信息来源，并采取适当有效的方法来收集信息。进行收集工作，首先应明确信息收集的目的和组织业务活动的性质，在此基础上有针对性地选择和开辟正确的信息渠道。

① 信息的来源。一般而言，管理信息的来源可分为组织内部经营方面所产生的信息和外部环境方面的信息。

以企业为例，企业内部的信息源有以下几个方面。

a. 来自各职能部门的统计报表和工作总结。

b. 生产作业现场所提供的计划、指标和定额完成情况的原始记录，以及各类凭证和统计资料。

c. 来自技术科研部门关于技术改造、设备维修、科研和产品技术开发进展情况等方面的信息。

企业外部的信息源有以下几个方面。

a. 各种新闻媒体所公开发表的某些信息，主要包括报纸、杂志、电视等。

b. 政府部门所发布的经济信息及各类政策、法令。

c. 各类科研机构和大专院校所掌握的最新科技成果和经济管理方面的信息。

d. 企业的代理商、客户方面的建议和意见等。

e. 企业竞争对手情况调查所获得的信息。

f. 行业协会及各类咨询机构所拥有的信息。

g. 其他。

② 信息收集的内容和范围。企业的信息管理部门应当在全面、系统地收集企业内外部信息的基础上，根据企业的业务活动性质及管理目标的要求，围绕企业经营与管理重点，集中力量收集某方面的信息。一般而言，企业应收集以下方面的信息。

a. 政治方面的信息，主要包括经营所在国的政治环境的稳定程度、政治体制、对外政策、军事实力及动态，所处的国际环境，各执政党及在野党的情况，政府在一定时期内所奉行的政治路线、方针、政策，以及所确定的战略计划等。

b. 宏观经济方面的情况，主要包括经营所在国的经济发展水平、规模、增长速度，产业结构的状况及变动趋势，居民的整体消费水平和平均消费水平、消费结构状况及变动，财政收支情况、国际收支状况、金融状况等。

c. 科学技术方面的信息，主要包括科研机构及科研力量、技术发展水平、最新出现的科学技术成果等。

d. 商品信息，主要包括商品的市场供求状况及变动、价格的现状及趋势。

e. 供应商、竞争者及消费者方面的信息。

f. 法律方面的信息。由于不同国家的政治体制和经济体制不同，以及社会文化生活习惯不同，因而各国之间存在着不同的法律环境。企业的经营必须符合所在国家的法律。了解这方面的情况，将能使企业的经营更加顺利。

g. 社会文化、风俗习惯等，包括民族特点、民风民俗、社会风气、宗教信仰、价值观念、道德准则、教育水平、文体卫生等。

h. 企业内部各层次、各部门提供的信息。

③ 信息收集的方法。信息的来源渠道和信息收集的内容确定以后，就应当采取恰当的方法来收集信息。一般而言，主要有两大类方法：第一类是直接到信息产生的现场去调查研究；第二类是收集、整理已有的信息资料，间接获取信息。

（2）项目信息的加工处理。

所谓信息的加工处理，是指根据管理的不同需要及要求对组织收集到的原始信息运用一定的设备、技术、手段和方法进行分析处理，以获得可供利用的或可存储的真实可靠的信息资料。

信息的加工过程主要有鉴别真伪、分类整理、加工分析和归档保存4个步骤。

① 鉴别真伪。由于原始信息当中通常存在一些虚假信息，应剔除那些明显不真实、不可靠的信息，因此信息工作者在进行信息加工的过程中，必须首先对其真伪性进行判定，这部分工作及其有效性主要取决于信息工作者的经验及对业务的熟悉程度。

② 分类整理。企业从各方面收集到的信息是分散的、杂乱无章的，因而要对其进行分类整理。这主要是按一定的标准，如时间、地点、使用目的、所反映的业务性质等，将初始信息分门别类、排列成序。这方面的工作方法已有成熟的编码技术。

③ 加工分析。分析和计算是指利用一定的方法，主要是数理统计和运筹学等方法对信息进行加工，从中得到符合需要的信息。

④ 归档保存。信息进行加工处理后必须存储起来，以供随时调用。目前，归档保存的方式有两种：一种是文档保存的方式；另一种是计算机存储的方式。采用计算机来归档保存信息的优点是简单、方便、存储量大、节省费用，因此常被企业信息管理部门所采用。

经过加工处理并归档保存的信息，管理者可直接利用，为管理决策和管理控制等服务。

（3）项目信息传递。

信息传递也称信息传输，是使信息以信息流的形式传递给信息的需求者。

将收集到的信息及时地传递到信息需求者手中是项目信息管理的一项重要内容，这就要求建立一套合理的信息传递制度，并使其标准化。

① 专人负责传递信息。在项目实施过程中，各部门、各科、各组之间有许多日常资料需要传递，可由专人负责。对于需要颁发的文件，信息人员先按照规定的份数复印，然后确定以下几个问题：是哪一种文件、制定的时间、是否修改过、将发给谁等，再按文件分配单进行分发。

② 通过通信方式传递信息。即通过网络、信函、电话、电报、传真等方式进行项目信息的传递。

③ 通过会议方式传递信息。会议方式是项目信息传递的重要方式。项目执行期间要召开各种各样的工作会议，如项目开工会议、项目进展报告会议、项目总结会议、项目协调会议等。

3. 项目信息管理的组织规划

对于周期短、规模小的项目，项目信息管理没有必要在项目运作的业务流程中单独设置一个独立的管理环节。但是对于周期较长、规模较大的项目，项目信息管理对于项目的成功将起到重要的作用。项目信息管理组织机构的规划原则主要有以下几个。

（1）对于大型建设项目，必须在项目的组织和资源规划中设立专门的信息管理机构，部门名称可以叫项目信息中心或项目信息办公室。

（2）成立以项目经理为核心的项目信息管理系统建设领导小组，统一规划部署项目信息化工作。

（3）在项目的计划、财务、合同、物资、档案、质量、办公室等职能部门设立部门级项目信息员。

（4）目前大型建设项目的信息管理系统的建设费用在每个行业的项目划分和投资估算中没有专门列编，许多建设单位从总预备费或办公管理费中列支计算机网络、数据库、项目管理软件等的采购费用。

10.2 物流信息的功能与特征

10.2.1 物流信息的功能

物流信息的基本功能是支持运输、库存管理、订货处理等物流活动。

信息化的发展使物流信息不只是停留在支持功能上，它将发挥更重要的作用，物流信息还包括更广泛的与流通有关的信息。

与流通有关的信息除了物流信息，还有商品交易信息和市场信息。商品交易信息是卖方和买方在交易时所发生的买卖信息、接收订货和订货信息、收入支出现金信息等。在这当中包括像接受订货和订货信息那样的与物流有关的商流信息，因此严格地区分物流信息和商品交易信息是比较困难的。

另外，市场信息包含与市场决策有关的各种各样的信息，包括消费者的需求信息，竞争对象和竞争商品的竞争信息等。

物流信息和商品交易信息是密切相关的。例如，零售商将订货信息发给批发商，接着批发商就要确认库存信息，然后将出库信息发送给物流部门。物流信息和商品交易信息在从生产者经过批发商、零售商到消费者的过程中起到了连接供应链的作用。这些信息如果实现了系统化、构成了供应链企业的网络化，就能提高整个供应链的效率。例如，关联交易伙伴之间实现了连网，零售商对批发商的订货信息可同时发送给物流企业，物流企业就能够直接接收商品。

考虑到这些扩大的物流信息的作用，就不能将物流信息的功能限定为仅仅支持物流活动。要综合掌握物流信息和商品交易信息，就应该重视企业高效率的供应链功能。从这种观点出发，许多企业非常重视企业战略的物流信息系统，日本的 7-11 便利店和花王公司先进的物流信息系统就是其中的代表。一般企业在企业活动中也导入了各种各样的物流信息系统。现在，物流信息系统的开发对于先进的企业已成为竞争的有力武器，对于其他企业也成为市场竞争的必要条件。

10.2.2 物流信息的特征

物流信息与商品交易信息及市场信息相比较，具有以下特征。

1. 大量性

物流信息是随着商品交易信息的发生而大量产生的。在零售业的销售时点（point of sails，POS）系统中，系统读取销售时点的每一笔商品数据，处理其价格和数量等信息，并根据销售情况向供货商发出订货信息。为了合理地进行商品的补充订货，采用连网进行接受订货和订货业务的电子订货系统（electronic ordering system，EOS）的企业不断增多，使物流信息有自动地大量发生的趋势。

2. 定性与定量的信息

物流信息和商品交易信息与市场信息相比是定性和定量的信息。市场信息包含着为创造需求对感性认识定性的数据和主观的判断。物流信息和商品交易信息主要是以随着日常业务而产生的定性和定量的数据为中心。

3. 更新速度快

物流信息和商品交易信息更新的速度较快，运输量、订货量、配送时间等信息随着每一个运输活动而更新。例如，在住宅配送的货物追踪系统中，通过每一个货物集配和集散中心时需要将信息进行输入。

4. 网络构造

物流信息和商品交易信息在企业内、企业间进行着频繁的处理，当前许多与交易相关的企业均建立了企业间的物流信息系统。但是，在有数个交易企业的场合，每一个交易企业都设置了信息交换中心，数据格式的转换比较麻烦。为此，相关企业制定了数据交换的标准格式，即 EDI。

5. 基础设施的应用

物流活动利用道路、港、机场等基础设施的场合较多。因此，要想高效地进行物流活动，有必要了解基础设施的相关信息。例如，在运输中必须掌握道路的堵塞、施工、通行限制等信息；在国际运输中必须掌握通关和海港的有关信息。

阅读案例10-1

中海北方物流的物流信息系统项目

1. 项目背景

中海北方物流有限公司（简称中海北方物流）是中海集团物流有限公司所属的八大区域物流公司之一，公司注册资金5 000万元人民币，管理着东北地区的18家子公司、分公司、办事处和50个配送网点。其业务涵盖物流策划与咨询、企业整体物流管理、海运、空运、码头、集装箱场站、铁路班列运输、集卡运输、仓储配送等。

中海北方物流建有现代化的集装箱场站和码头，通过集团发达的国际、国内集装箱航线，可将货物运抵国内任意指定港口和国际各主要港口；拥有集装箱冷藏班列，独立经营着冠名为"中国海运一号"大连—长春内外贸集装箱班列；组建了实力强大的集卡车队和配送车队，拥有配备GPS（全球定位系统）的集卡拖车200余辆，配送车50辆，构成了纵贯东北内陆的陆上运输体系，可将货物运往东北任意指定地点。

中海北方物流在大连港建有10万平方米的现代化物流配送仓库，采用以条码技术为核心的信息管理系统，配有国际先进的物流仓储设备。并以大连为中心，按照统一标准在各主要城市建有二、三级配送中心，形成了辐射东北三省的梯次仓储配送格局；公司的冷藏仓库，成为新鲜瓜果蔬菜存储、加工、包装、分拨和配送中心。

中海北方物流具有多年的物流服务经验，吸纳了国内一流的物流人才，拥有完备的物流硬件设备，具有较强的物流策划与实施能力。公司恪守"使客户满意，使客户的客户也满意"的服务宗旨，提供"安全、优质、便利、快捷"的整体优化服务。

2. 物流信息系统的功能

中海北方物流的物流信息系统是以Intranet/Extranet/Internet为运行平台的、以客户为中心的、以提高物流效率为目的的，集物流作业管理、物流行政管理、物流决策管理于一体的大型综合物流信息系统，由物流业务管理系统、物流企业管理系统、电子商务系统和物流客户服务系统组成。

（1）物流业务管理系统。

物流业务管理系统通过集成条码技术、GPS/GSM技术、GIS技术等物流技术，实现物流作业、管理、决策的信息化。物流业务管理系统由11个子系统组成，分别是配送管理信息系统、货代管理信息系统、仓储管理信息系统、运输管理信息系统、结算管理信息系统、客户管理信息系统、报关管理信息系统、数据交换信息系统、合同管理信息系统、采购管理信息系统和调度管理信息系统。

（2）物流企业管理系统。

物流企业管理系统对企业的财务、人事、办公等进行管理，对数据进行统计、分析、处理，为企业提供决策支持。物流企业管理系统由5个子系统组成，分别是商务管理信息系统、财务管理信息系统、统计管理信息系统、办公管理信息系统和决策支持信息系统。

（3）电子商务系统。

电子商务系统使客户通过 Internet 实现网上数据的实时查询和网上下单,通过中海物流网实现的电子商务系统功能主要有实时查询、清单录入、网上下单、信息反馈、网上报价、网上交易、网上联盟、数据交换、信息外包和项目招标。

（4）物流客户服务系统。

物流客户服务系统旨在为客户提供优质的服务,系统实现的客户服务内容包括流程查询、在库查询、在途查询、定制查询、账单下载、实时跟踪、定制信息和咨询服务。

3. 物流信息系统的特点

（1）全过程的物流信息采集和处理。
（2）生产物料配送的零库存管理。
（3）数字化仓库的智能化管理。
（4）基于 GPS/GIS 技术的车辆调度管理。
（5）基于 Web 方式的客户服务。
（6）基于 EDI 方式的海关通关管理。
（7）加入了国际结算管理体系。
（8）良好的移植性。

4. 实施效果

通过实施这套基于 Internet/Extranet/Intranet 的物流信息系统,中海北方物流可以高效率、低成本地提供下列服务。

（1）综合物流服务。

在数码仓库网络和数码配送体系的基础上,从事专业物流业务,包括为客户提供全过程物流解决方案,组织全国性及区域性的仓储、配送、加工、分销,以及国际货运代理等综合物流服务,为客户选择合理的运输及配送方式,以最低的物流成本提供最佳的物流服务。

（2）销售增值服务。

充分利用数码仓库和数码配送体系的服务优势,整合销售资源、分行业建立生产商直销系统,消除销售环节的不合理现象,为大型生产企业提供销售增值服务。以网上交易为手段,进行资源整合、提供物流支持,全面发展电子商务业务,利用先进的互联网技术帮助企业提高经营效率、降低经营成本、提高客户的满意度,使买卖双方获得更多的贸易机会,在提高市场的运作效率的基础上发展销售增值服务。

（3）采购增值服务。

面向采购环节,积极挖掘市场,以企业采购、政府采购工程为服务对象,提供适应现代采购业务需要的物流支持和相关服务。

（4）信息系统增值服务。

这部分增值服务可分为两部分。

① 信息增值服务。

充分利用信息系统建设所产生的货物流量、流向及价格等信息资源,进行市场客户化工作,为客户提供实时的信息发布与查询,向社会各界提供有偿的市场信息服务。

② 物流软件增值服务。

依托于数码仓库应用系统和数码配送应用系统平台，面向企业客户提供从专家咨询、系统规划、网络集成、软件的客户化、用户培训、数据准备、系统交付到系统维护的一整套的全面 ASP（application service provider，应用服务提供商）服务，最终协助客户实现成功的物流、商流和资金流的管理。

资料来源：百度文库。

10.3 物流信息技术

10.3.1 物流信息技术的含义

物流信息技术是物流现代化极为重要的领域之一，计算机网络技术的应用使物流信息技术达到新的水平。物流信息技术是物流现代化的重要标志。

物流信息技术也是物流技术中发展最快的领域，从数据采集的条码系统、仓储管理系统，到办公自动化系统中的各种硬件、软件等都在日新月异地发展并得到了广泛应用。同时，随着物流信息技术的不断发展，产生了一系列新的物流理念和新的物流经营方式，推进了物流的变革。在供应链管理方面，物流信息技术的发展也改变了企业应用供应链管理获得竞争优势的方式，成功的企业通过应用物流信息技术来支持其经营战略并选择其经营业务。通过利用物流信息技术来提高供应链活动的效率性，增强整个供应链的经营决策能力。

根据物流的功能和特点，物流信息技术包括计算机技术、网络技术、信息分类编码技术、条码技术、射频识别技术、电子数据交换技术、全球定位系统、地理信息系统等。

10.3.2 物流信息技术的组成

1. 条码技术

条码技术是在计算机的应用实践中产生和发展起来的一种自动识别技术，为人们提供了一种对物流中的货物进行标识和描述的方法。

我国国家标准《条码术语》（GB/T 12905—2019）对条码的定义为：由一组规则排列的条、空组成的符号，可供机器识读，用以表示一定的信息，包括一维条码和二维条码。二维条码也称二维码，是用按一定规律在平面（二维方向）分布的黑白相间的图形来记录信息的。除具有一维条码的优点外，二维条码还具有信息容量大、可靠性高、保密防伪性强、易于制作、成本低等优点。

条码是实现 POS 系统、电子数据交换、电子商务、供应链管理的技术基础，是实现物流管理现代化、提高企业管理水平和竞争能力的重要技术手段。

2. 电子数据交换技术

电子数据交换（electronic data interchange，EDI）是指通过电子方式，采用国际公认的标准化的格式，利用计算机网络进行结构化数据的传输和交换。它是一种在公司之间传输订单、发票等作业文件的电子化手段。

构成 EDI 系统的 3 个要素分别是 EDI 软硬件、通信网络及数据标准化。

EDI 系统的工作方式大体如下：用户在计算机上进行原始数据的编辑处理，通过 EDI 转换软件将原始数据格式转换为平面文件（flat file），平面文件是用户原始数据格式与 EDI 标准格式之间的对照性文件；通过翻译软件将平面文件变成 EDI 标准格式文件；然后在文件外层加上通信信封（envelope），通过 EDI 发送到增值网络（value added network，VAN）或直接传送给对方用户；对方用户则进行相反的处理过程，最后成为用户应用系统能够接收的文件格式。

3. 射频识别技术

射频（radio frequency，RF）就是射频电流，是一种高频交流变化电磁波的简称。射频识别（radio frequency identification，RFID）技术是 20 世纪 90 年代兴起的一种自动识别技术，是一项利用射频信号通过空间耦合（交变磁场或电磁场）实现无接触信息传递并通过所传递的信息达到识别目的的技术。

射频识别技术是一种非接触式的自动识别技术，它通过射频信号自动识别目标对象来获取相关数据。识别工作无须人工干预，可工作于各种恶劣环境。短距离射频产品不怕油渍、灰尘污染等恶劣的环境，可以替代条码技术，如用在工厂的流水线上跟踪物体。长距离射频产品多用于交通上，识别距离可达几十米，如自动收费或识别车辆身份等。

4. 地理信息系统

地理信息系统（geographic information system，GIS）是多种学科交叉的产物，它以地理空间数据为基础，采用地理模型分析方法，实时地提供多种空间的和动态的地理信息，是一种为地理研究和地理决策服务的技术系统。其基本功能是将表格型数据（无论是来自数据库、电子表格文件的，还是直接在程序中输入的）转换为地理图形显示，然后对显示结果浏览、操作和分析。其显示范围可以从洲际地图到非常详细的街区地图，显示对象包括人口、销售情况、运输线路和其他内容。

5. 全球定位系统

全球定位系统（global positioning system，GPS）具有在海、陆、空进行全方位实时三维导航与定位能力。

GPS 在物流领域可以应用于汽车自定位、跟踪调度、铁路运输管理及军事物流。

10.3.3 物流信息技术的构成

从构成要素上看，物流信息技术作为现代信息技术的重要组成部分，本质上都属于信息技术范畴，只是因为信息技术应用于物流领域而使其在表现形式和具体内容上存在一些特性，但其基本要素仍然同现代信息技术一样，可以分为 4 个层次。

1. 物流信息基础技术

物流信息基础技术即有关元件、器件的制造技术，它是整个信息技术的基础，如微电子技术、光电子技术、分子电子技术等。

2. 物流信息系统技术

物流信息系统技术即有关物流信息的获取、传输、处理、控制的设备和软件的技术，它是建立在物流信息基础技术之上的，是整个物流信息技术的核心。其主要包括物流信息获取技术、物流信息传输技术、物流信息处理技术及物流信息控制技术。

3. 物流信息应用技术

物流信息应用技术即基于管理信息系统技术、优化技术和计算机集成制造系统技术而设计出的各种物流自动化设备和物流信息管理系统，如自动化分拣与传输设备、自动导引车、集装箱自动装卸设备、仓储管理系统、运输管理系统、配送优化系统、全球定位系统、地理信息系统等。

4. 物流信息安全技术

物流信息安全技术即确保物流信息安全的技术，主要包括密码技术、防火墙技术、防病毒技术、身份鉴别技术、访问控制技术、备份与恢复技术和数据库安全技术等。

10.3.4 物流信息技术在国内的应用现状

在国内，各种物流信息技术已经广泛应用于物流活动的各个环节，对企业的物流活动产生了深远的影响。

1. 物流自动化设备技术的应用

物流自动化设备技术的热门应用环节是配送中心，其特点是每天需要拣选的物品品种多、批次多、数量大。因此许多超市、医药、邮递等行业的配送中心都引进了物流自动化设备。一种是拣选设备的自动化应用，其拣选货架上配有可视的分拣提示设备，这种分拣货架与物流信息系统相连，动态地提示被拣选的物品种类和数量，指导工作人员的拣选操作，提高了货物拣选的准确性和速度。另一种是物品拣选后的自动分拣设备。将条码或电子标签贴附在被识别的物品上（一般为组包后的运输单元），由传送带送入分拣口，然后由装有识读设备的分拣机分拣物品，使物品进入各自的组货通道，从而完成物品的自动分拣。分拣设备在国内的大型配送中心有所使用。

2. 物流设备跟踪和控制技术的应用

目前，物流设备跟踪主要是指对物流的运输载体及物流活动中涉及的物品进行跟踪。物流设备跟踪的手段有多种，可以用传统的通信手段（如电话等）进行被动跟踪，也可以用 RFID 技术进行阶段性的跟踪，但目前国内用得最多的还是 GPS 技术。GPS 技术跟踪是利用 GPS 物流监控管理系统，它主要跟踪货运车辆与货物的运输情况，使车主及货主随时了解车辆与货物的位置与状态，保障整个物流过程的有效监控与快速运转。GPS 物流监控管理系统的构成主要包括运输工具上的 GPS 定位设备、跟踪服务平台（含 GIS 相关软件）、信息通信机制和其他设备（如贴在货物上的电子标签或条码、报警装置等）。GPS 已成为物流管理中进行定位监控、跟踪防盗、行车安全等管理的一种有效的技术手段，应用前景十分广阔。

3. 物流动态信息采集技术的应用

企业竞争的全球化发展、产品生命周期的缩短和用户交货期的缩短等都对物流服务的可得性与可控性提出了更高的要求,实时物流理念也由此诞生。要保证对物流过程的完全掌控,物流动态信息采集技术是必需的要素。动态的货物或移动载体本身具有很多有用的信息,如货物的名称、数量、重量、出产地等信息,或者移动载体(如车辆、轮船等)的名称、牌号、位置、状态等信息。这些信息可能在物流中反复地使用,因此,正确、快速读取货物或移动载体的信息并加以利用可以明显地提高物流的效率。在目前流行的物流动态信息采集技术应用中,一、二维条码技术应用范围最广,其次还有磁条(卡)、语音识别、视觉识别、便携式数据终端、RFID 等技术。

10.3.5 物流信息技术的发展趋势

1. RFID将成为未来物流领域的关键技术

RFID 技术应用于物流行业可大幅提高物流管理与运作效率,降低物流成本。另外,从全球发展趋势来看,随着 RFID 相关技术的不断完善和成熟,RFID 产业将成为一个新兴的高技术产业群,成为国民经济新的增长点。因此,RFID 技术有望成为推动现代物流加速发展的润滑剂。

2. 物流信息安全技术将日益被重视

借助网络技术发展起来的物流信息技术在享受网络飞速发展带来的巨大好处的同时也时刻饱受着可能遭受的安全危机,如网络黑客无孔不入的恶意攻击、病毒的肆虐、信息的泄露等。应用安全防范技术,保障企业的物流信息系统或平台安全、稳定地运行,是企业将长期面临的一项重大挑战。

3. 物联网

物联网技术的出现使得物流信息化进入了一个新的时代,这个时代在技术上以物联网的应用为特色,业务上以产业物流或供应链建设为基础。物联网是指按照预先约定好的协议,通过一系列信息采集和传感设备(如射频识别装置、红外感应器、激光扫描器、全球定位系统等),把物品与物品、物品与互联网连接起来,进行信息交换和通信,以实现物品智能化识别、定位、跟踪、监控和管理的一种网络。

物联网被视为继计算机、互联网、移动通信之后的又一次信息产业革命,其具体应用领域包括物流、保险、食品溯源和交通运输等。开放式、动态化和信息的集中管理将是物联网时代物流信息化的重要趋势,这样一种发展方向和所产生的发展空间,无疑会使物流活动更加智能化。从"智慧地球"到"感知中国",物联网会进一步提升物流智能化、信息化和自动化水平。

4. 云计算

新一代信息技术与各产业结合形成数字化生产力和数字经济,是现代化经济体系发展的重要方向。大数据、云计算、人工智能等新一代数字技术是当代创新最活跃、应用最广泛、带动力最强的科技领域,给产业发展、日常生活、社会治理带来深刻影响。云计算是一种让用户能够方便获取的、资源共享的、随机应变的和可实时访问的网络模式,具有快速部署资源或获得服务、按需扩展和使用、按使用量付费、通过互联网提供等特征。

目前,物流领域已经出现了"云"的身影,如车辆配载、运输过程监控等。借助云计算中的"行业云"，多方收集货源和车辆信息，并使物流配载信息在实际物流运输能力与需求发生以前得以发布，加快了物流配载的速度，提高了配载的成功率。对于物流行业而言，云计算带来的直接效果就是降低物流成本，提高物流效率。

同时，"云存储"也是发展的方向之一，可以利用移动设备将在途物资作为虚拟库存，即时进行物资信息交换和交易，将物资直接出入库，并直接将货物运送到终端用户手中。

此外，受益于云物流的还有供应链管理，零售业在云物流的影响下也将发生变化，云计算也可为快递行业降低生产成本发挥巨大作用，因此可以断定，云计算在物流业将有巨大的发展空间。

5. 大数据技术

随着计算机和信息技术的迅猛发展和普及应用，各类信息系统产生的数据爆炸性增长，动辄达到数百太字节（terabyte，TB）甚至数百拍字节（petabyte，PB）规模的行业或企业的大数据已远远超出了传统信息系统的处理能力。大数据的"大"是一个动态的概念，以前 GB 级的数据是一个天文数字，而现在，在地球、物理、基因、空间科学等领域，TB 级的数据已经很普遍了。大数据是现有数据库管理工具和传统数据处理应用很难处理的大型、复杂的数据集。大数据背景下，数据的采集、存储、搜索、共享、传输、分析和可视化等都将面临许多挑战。

大数据的处理离不开相应的技术装备，大数据处理的关键技术包括大数据捕捉技术、大数据存储管理技术、大数据处理技术、大数据预测分析技术、大数据可视化技术 5 类。其中，大数据捕捉技术是其他技术应用的基础。

物流企业正一步一步地进入数据化发展的阶段，物流企业间的竞争逐渐演变成数据间的竞争。大数据让物流企业能够有的放矢，甚至可以做到为每一个客户量身定制符合其自身需求的服务，从而颠覆整个物流业的运作模式。

6. 区块链技术

区块链技术实质上是维护一个不断增长的数据记录的分布式数据库技术，这些数据通过密码技术与之前被写入的所有数据关联，使第三方甚至是节点的拥有者都难以篡改数据。区块（block）中包含数据库中实际需要保存的数据，这些数据通过区块组织起来被写入数据库。链（chain）通常是指利用一定的技术手段来校验当前所有区块是否被修改。

区块链是一种高度容错式的分布式数据库。区块链技术可以记录货物从发出到接收过程中的所有步骤。应用区块链技术，能直接找到物流中间环节的问题所在，也能确保信息的可追踪性，从而避免快递爆仓、丢包、误领等问题的发生，也可有效地促进物流实名制的落实。

10.4 物流项目信息管理应用示例

10.4.1 海尔：物流信息系统的开发

为了建立起高效、迅速的现代物流系统，海尔采用了 SAP 公司的 ERP 系统和 BBP

（B2B procurement）系统，对企业进行流程改造。经过近两年的实施，海尔的现代物流管理系统不仅明显地提高了物流效率，而且将海尔的电子商务平台扩展到了包含客户和供应商在内的整个供应链管理，极大地推动了海尔电子商务的发展。

1. 需求分析

现代企业运作的驱动力只有一个，即获得订单。没有订单，现代企业就不可能运作。围绕订单而进行的采购、设计、制造和销售等一系列工作中，最重要的流程就是物流。离开物流的支持，企业的采购、制造与销售等行为就会带有一定的盲目性和不可预知性。

海尔实施物流信息化管理的目的主要体现在以下两个方面。

（1）现代物流区别于传统物流的主要特征是速度，而海尔物流信息化建设需要以订单信息流为中心，使供应链上的信息同步传递，能够实现以速度取胜。

（2）海尔物流需要以信息技术为基础，能够向客户提供竞争对手所不能给予的增值服务，使海尔顺利从企业物流向物流企业转变。

2. 解决方案

海尔采用了SAP公司提供的ERP系统和BBP系统，组建自己的物流管理系统。

（1）ERP系统。海尔物流的ERP系统共包括四大模块：物料管理模块、制造与计划模块、销售与订单管理模块和财务管理与成本管理模块。

实施ERP后，打破了原有的"信息孤岛"，使信息同步集成，提高了信息的实时性与准确性，加快了对供应链的响应速度。例如，原来的订单从客户下达传递到供应商需要10天以上的时间，而且准确率低；实施ERP后订单不但1天内完成"客户—商流—工厂计划—仓库—采购—供应商"的全过程，而且准确率极高。另外，对于每笔收货，扫描系统能够自动检验采购订单，防止暗箱操作，而财务在收货的同时自动生成入库凭证，把财务人员从繁重的记账工作中解放出来，使其发挥出真正的财务管理与财务监督职能，而且效率与准确性大大提高。

（2）BBP系统。BBP系统建立了与供应商之间基于互联网的业务和信息协同平台。该平台的主要功能如下。

① 通过平台的业务协同功能，既可以通过互联网进行招投标，又可以通过互联网将所有与供应商相关的物流管理业务信息，如采购计划、采购订单、库存信息、供应商供货清单、配额，以及采购价格和计划交货时间等发布给供应商，使供应商可以足不出户就全面了解与自己相关的物流管理信息，然后根据采购计划备货、根据采购订单送货等。

② 对于非业务信息的协同，SAP使用构架于BBP采购平台上的信息中心，为海尔与供应商之间进行沟通交互和反馈提供集成环境。信息中心利用浏览器和互联网作为中介整合了海尔过去通过纸张、传真、电话和电子邮件等手段才能完成的信息交互方式，实现了非业务信息的集中存储和网上发布。

3. "一流三网"

实施和完善后的海尔物流管理系统，可以用"一流三网"来概括。这充分体现了现代物流的特征："一流"是指以订单信息流为中心；"三网"分别是全球供应链资源网络、全球用户资源网络和计算机信息网络。

4. 经验总结

（1）海尔选择了 SAP R3 这个成熟的 ERP 系统，而不是请软件公司根据海尔物流的现状进行开发，主要的出发点是借助成熟的先进流程提升自己的管理水平。

（2）实施"一把手"工程与全员参与，有效推进信息系统的执行。

（3）培训工作同步进行，保证信息系统的实施效果。

海尔物流信息系统是基于 SAP 系统开发而成的，所开发的 ERP 系统和 BBP 系统具有典型的企业标准化的特征，覆盖了集团原材料的集中采购、库存和立体仓库的管理，19 个事业部的生产计划、原材料配送、成品下线的原材料消耗倒冲，以及物流本部零部件采购公司的财务等业务，建立了海尔集团的内部标准供应链。

目前海尔已实现了即时采购、即时配送和即时分拨物流的同步流程。100%的采购订单由网上下达，提高了生产效率，实现了以信息代替库存商品。

海尔的物流系统不仅实现了"零库存""零距离"和"零营运资本"，而且整合了内部资源，协同了供货商，提高了企业效益和生产力，方便了使用者。

10.4.2 沃尔玛：物流信息系统的应用

2016 财政年度（2015 年 2 月 1 日至 2016 年 1 月 31 日），沃尔玛的营业收入达到近 4 821 亿美元，全球员工总数约 230 万名。如此庞大的队伍，确实可称得上企业帝国。这个企业帝国的成功秘诀之一就是其物流信息系统。

沃尔玛的全球采购战略、配送系统、商品管理、电子数据系统、天天平价战略在业界都是经典。这些成功都是建立在利用信息技术整合优势资源、信息技术战略与零售业整合的基础之上的。沃尔玛在全球的门店通过网络可在 1 小时内对每种商品的库存、上架、销售量全部盘点一遍。

在物流信息系统的支持下，沃尔玛能够以最优质的服务、最低的成本、最快速的反应进行全球运作。1974 年，沃尔玛开始在其分销中心和各家商店运用计算机进行库存控制管理。1983 年，沃尔玛开始使用条码扫描系统。1984 年，沃尔玛开发了一套市场营销管理软件系统，这可以使每家商店按照自身的市场环境和销售类型制定出相应的营销产品组合。1985—1987 年，沃尔玛安装了公司专用的卫星通信系统，使得总部、分销中心和各商店之间可以实现双向的声音和数据传输，全球沃尔玛分店也都能够通过自己的终端与总部进行实时的通信联系。通过采用最新的信息技术，员工能更有效地做好工作、更好地做出决策，以提高生产率和降低成本。20 世纪 80 年代，沃尔玛开始利用 EDI 系统与供应商建立自动订货系统。到 1990 年，沃尔玛已与其 5 000 余家供应商中的 1 800 家实现了电子数据交换，成为 EDI 技术的全美国最大用户。

沃尔玛的配送管理是其物流信息系统中最重要的一环。20 世纪 90 年代，沃尔玛提出了新的零售业配送理论：各商店由集中管理的配送中心提供货源，而不是直接将商品运送到商店。独特的配送体系大大降低了成本，加速了存货周转，形成了沃尔玛的核心竞争力。沃尔玛的配送系统由以下 3 部分组成。

1. 高效率的配送中心

沃尔玛的供应商根据各分店的订单将货送至沃尔玛的配送中心。配送中心则对商品进行筛选、包装和分拣。沃尔玛的配送中心拥有高度现代化的机械设施，85%的商品都采用机械化处理，这样就大大降低了人工处理商品的时间和费用。

2. 快速的运输系统

沃尔玛的机动运输车队是其配送系统的优势力量。相对于其他同业商店平均两周补货一次，沃尔玛可保证分店货架平均一周补货两次。沃尔玛可以保证商品从仓库运送到任何一家商店的时间不超过 48 小时。通过物流信息系统跟踪物流，沃尔玛可以在全美国范围内快速地运输商品，各分店即使只有极少量存货也能保证正常销售，大大节省了存货成本。

3. 先进的卫星通信网络

沃尔玛先后花费 7 亿多美元建起了自己的卫星信息系统。借助这套庞大的物流信息网络，沃尔玛的业务沟通既迅速又准确。通过这个系统，沃尔玛每天直接把销售情况传送给 5 000 多家供应商。各分公司与总部连网，通过卫星通信系统可以随时查货、点货。任何一家沃尔玛商店都具有自己的终端，并通过卫星与总部相连，在商场设有专门负责排货的部门。每销售一件商品，沃尔玛都会即时通过与收款机连网的计算机记录下来，能够清楚地知道每天的实际销售情况。各分店、供应商、配送中心之间建立的卫星通信系统使沃尔玛的配送系统完美无缺。这套系统的应用，使配送中心、供应商及每一分店的每一销售点都能形成在线作业，在短短数小时内便可完成"填妥订单—各分店订单汇总—送出订单"的整个流程，大大提高了营业的效率和准确性。

物流信息系统的应用使沃尔玛有关各方可以迅速得到所需的商品层面数据，观察销售趋势、存货水平和订购信息。根据产品外部需求订单，广泛应用物流信息系统推算原材料需求量及交货时间，以最大限度地减少资金占用、减少库存、降低生产成本。

10.4.3 宝供物流：智慧物流监控系统平台为客户提供数字化物流服务

1. 背景介绍

宝供物流企业集团有限公司（简称宝供物流）成立于 1994 年，是我国第一家经国家市场监督管理总局批准以物流名称注册的企业集团，是我国最早运用现代物流理念为客户提供一体化物流服务的专业供应链与物流企业，也是原国家经济贸易委员会的重点联系企业，与世界 500 强及国内大型企业结成战略联盟，为客户创造价值。

从 2017 年 3 月开始，随着宝供物流正式启动埃克森美孚润滑油物流业务，迫切需要研发一套可视化智慧物流监控系统，用于全程可视化动态监控客户危化品运输和仓储业务，满足跨国公司严格的物流管理要求。为此，宝供物流启动宝供智慧物流监控系统平台研发与示范应用项目，系统平台于 2018 年开始投入使用，获得一致好评。

2. 项目目标

打造一个国内具有示范作用的物流业与制造业深度融合创新发展典型案例，实现利用大数据、移动互联、物联网等先进技术集成仓库、运输、订单管理等业务管理系统和 G7 车辆轨迹平台等数据，实现支持客户上网动态可视化监控运输、仓储全程物流业务状况，通过智慧物流移动 App 在手机端完成送货预约、订单查询、异常上报、服务评价等供应链增值信息服务。

3. 项目实施内容

宝供物流运用移动互联、大数据、物联网、区块链等技术，研发基于进化算法的车货匹配及智能调度、基于情感计算的用户画像及商品评论分析，基于区块链的供应链金融等技术，建立支持供应链的"一站式"网络物流服务平台，实现为制造业客户输出精准数字化运力，智能匹配业务运作。

宝供智慧物流监控系统平台主要由交易服务体系、运作跟踪体系、增值服务体系组成。

（1）交易服务体系，提供透明对等的交易环境，实现高效智能化匹配和在线交易。

（2）运作跟踪体系，提供标准化运作和透明化管理，提供工具化应用和系统支撑。

（3）增值服务体系，整合社会资源，提供一站融、一站保、票据通等增值服务。

平台已建成以下功能模块：运力管理、发货人管理、交易大厅、消息推送、报价方式管理、计价方式管理、配送跟踪管理、结算管理、在途跟踪、财务管理和系统资源管理、回单识别、在途跟踪技术、智能设备应用、支付管理、在线贷款等。

项目构建满足制造业客户物流监管需求的大数据分析云平台、云端开放物流业务查询系统，方便客户查看、下载数据报表；研发定制移动终端数字化应用，使制造业客户通过手机可以查看任意物流业务信息。

宝供物流分别为客户、物流公司调度员、物流公司中转站、物流运输司机、物流运输收货端设计了不同的用户手机移动终端操作界面。

例如，制造业客户通过手机操作可以方便快捷地使用以下主要业务查询功能：①通过"订单明细查询"菜单可查询近3个月所有的订单状态，包括待分配、在途运输、已签收、完成等；②通过"仓库数据"菜单可查询仓库的关键绩效指标；③通过"运输数据"菜单可查询运输的关键绩效指标；④通过"库存与出入库信息"菜单可查询库存及出入库信息；⑤通过"预警与异常查询"菜单可查询异常订单及报警。

4. 项目特点

宝供智慧物流监控系统平台解决了制造业客户无法实时便捷地了解货物在途情况的问题，把各外部合作伙伴纳入整个供应链运作环节中，实现信息互联互通、共享共用的模式，极大地方便了各个环节内外部人员操作，显著地提高了信息数据的效率。同时通过对作业数据的实时抽取、清洗，以及与G7卫星定位的GPS和GIS数据对接，把各项数据归集到数据中心，通过大数据算法统计出各项关键指标，通过监控中心大屏，以及通过定时报表发送到手机、邮箱等方式展示给监控人员和客户，监控人员通过这些展示数据进行指标分析、及时预警、关键绩效指标考核等多种手段，保障了项目运作质量，压缩了异常情况处理时效，显著提升了客户满意度。

本 章 小 结

物流项目信息管理是项目管理的一个新的分支，本章全面讨论了有关项目信息管理的内容、方法和理论，具体分析了项目信息的含义和主要表现形式、物流项目信息的来源和种类、项目信息管理的含义和主要内容、物流信息的功能与特征、物流信息技术的含义和组成,以及物流信息技术的应用现状和发展趋势。

最后以海尔、沃尔玛、宝供物流的物流信息系统开发和建设的宝贵经验为例,分析了物流信息系统在物流项目管理中的作用和应用要点。

关键术语

射频(radio frequency,RF)　射频识别(radio frequency identification,RFID)　地理信息系统(geographic information system,GIS)　全球定位系统(global positioning system,GPS)

知识链接

新疆油田完善信息管理标准体系

【拓展视频】

新疆油田现有的信息管理体系是在长期的不同建设阶段和管理体系中形成的。在以部门为主导的信息化建设阶段,不同部门制定的信息管理标准及制度彼此独立,职责界限不清,标准形式不统一,文体格式和名称不规范,迫切需要制定统一的管理标准体系。

2007年,数据中心将该课题摆在重要地位,在新疆油田信息管理体系的基础上,依据《中国石油信息化工作管理制度体系》框架,结合油田信息管理体系和信息管理标准(制度)的现状,确定了新疆油田信息化工作管理制度体系框架。

通过精细梳理职责和工作流程,新疆油田信息管理体系得到进一步的细化和完善。目前,新疆油田信息管理体系包括数据、系统、信息基础设施、信息标准、信息安全和信息项目管理6个大类和若干次级类,除采用的石油行业和集团企业管理标准(制度)外,共有油田级信息管理标准(制度)111个。

新疆油田经过长期的信息化建设,已经形成了较为科学、完整的信息化建设指导思想、管理体系和工作流程。信息管理标准体系框架的建立为建设和完善信息管理制度体系提供了依据。之后,信息管理体系建设的重点是加强管理规定和办法的制定、修订,扩展执行层面管理细则和管理规范的覆盖面,初步建成统一完善的信息管理标准及制度体系。

综合练习

一、填空题

1. 项目信息的主要表现形式为_____、_____、_____、_____。
2. 物流项目信息流的种类有_____、_____、_____。
3. 项目信息管理的主要内容有_____、_____、_____。

二、判断题

1. 项目信息加工处理的步骤为:鉴别真伪、加工分析、分类整理、归档保存。(　　)
2. 物流信息的基本功能是支持运输、库存管理、订货处理等物流活动。(　　)

3. 物流信息技术有 4 个层次，分别为物流信息基础技术、物流信息系统技术、物流信息应用技术、物流信息安全技术。（　　）

4. 密码技术、防病毒技术属于物流信息安全技术。（　　）

5. 地理信息系统是多种学科交叉的产物，它以地理空间数据为基础，采用地理模型分析方法，实时地提供多种空间的和动态的地理信息，是一种为地理研究和地理决策服务的计算机技术系统。（　　）

三、简答题

1. 物流项目信息的来源主要有哪些？
2. 项目信息管理的主要内容有哪些？
3. 物流信息与商品交易信息及市场信息相比具有哪些特征？
4. 简要阐述物流信息技术的发展趋势。

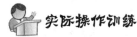

课题：项目信息管理。
实训项目：项目信息管理系统开发设计。
实训目的：掌握项目信息管理系统开发的基本方法。
实训内容：选定一个项目，收集项目的背景资料，制定项目信息管理系统开发方案。
实训要求：将参加实训的学生按几个人分成一个工作小组，任命其中一名成员为项目经理，由其进行任务的安排，如安排专人进行资料查询、制定项目信息管理系统开发思路、设计系统各模块的功能等，最后由全体小组成员确定终稿。

根据以下案例所提供的资料，试分析以下问题。
（1）信息化平台的建设对审计管理的作用是什么？
（2）该政府投资项目信息管理系统的功能及模块有哪些可以添加或改进的地方？
（3）借鉴该项目信息管理系统的开发实践，请给出一个物流项目信息管理系统的开发思路。

政府投资项目信息管理系统开发设计

1. 项目背景

随着生产的自动化、贸易中电子商务的普及、网络财务软件的广泛使用及支付手段的多样化，审计信息化将是我国今后审计工作的必然趋势。本课题研究与政府投资项目审计管理实践相结合，利用计算机网络平台，实现政府投资项目的全过程跟踪审计管理，提升政府投资项目审计管理效率，规范审计操作，实现政府投资项目审计监督与管理的全面升级。

随着政府、企事业信息化进程的不断加快和推进，政府机关实现了公文办公自动化，企业通过实施 ERP、CRM 等系统实现了生产业务流程自动化。信息化使管理信息向集成和应用集成方向发展，本课题研究开发的软件规划将围绕办公协同、应用整合、信息集成三方面展开。

由于业务领域或职能部门应用的不同，软件系统目前在数据信息和应用上处于以部门和业务为中心的"独立"状态，只有以办公自动化系统为基础，整合并集成有效的数据信息，形成一套完整的科学决策系统,才能最终实现管理自动化。

(1) 本项目为推进政府投资项目审计工作搭建了信息平台,使审计机关能通过网络高效、全面地掌握本地区政府投资项目情况,为审计计划的制订、审计覆盖率的提高、竣工决算必审制打下了基础,并实现了对项目全过程的监督和管理。

(2) 本项目搭建了强化内部管理的便捷通道,方便建设单位自主申报、主管部门便捷查阅,政府机关通过系统可以全面了解并掌握建设项目及审计情况。

(3) 扩大审计影响、提升审计形象。系统平台方便审计机关及时掌控建设单位、中介机构等单位的相关信息,有助于进行实时监控;方便职能部门获取相关信息,实现系统信息的有效利用,确立审计部门在投资领域的重要地位。

(4) 提高行政效率和审计工作效率。申报单位依托网络完成项目申报,省时省力,审计人员打开计算机就能了解到建设项目的基本情况,完成初步的审前调查,使审计准备工作更快捷和有效,为最终实现政府投资项目联网审计打下基础。

2. 政府投资项目信息管理系统开发的总体思路及步骤

(1) 总体思路。

政府投资项目信息管理系统开发必须站在本级政府的高度,得到本级政府的支持,以各级审计机关为主进行开发。系统将政府投资项目从立项到竣工决算审计全过程信息尽可能地纳入该系统范围,充分考虑各职能部门的需求,得到各职能部门的配合和支持。这样开发出来的系统才有高度、才有生命力,而且能够充分发挥审计机关在政府投资项目监管中的特殊地位,起到其他部门所无法替代的作用。

(2) 开发步骤。

就现阶段而言,政府投资项目信息管理系统的开发还处于无序状态,政府投资项目信息管理系统的开发首先应当提升到制度层面,对开发的目标、形式、内容进行明确,建议上级审计机关将政府投资项目信息管理系统的开发纳入审计信息化建设规划的范畴,在必要的调研、论证基础上,形成相对统一规范的开发实施方案及指南,指导各级审计机关参照执行,建议由各级政府立项进行具体开发。

3. 系统总体设计结构及网络架构

整个系统软件安装在审计机关的服务器上,同时承担着网上申报和审计管理两大功能。建设单位、项目法人及其他相关单位(简称"上报单位")作为系统的一个客户端,通过互联网连到审计机关的服务器上报数据。系统采用客户端/服务器端结构,客户端不需安装其他软件,可以通过浏览器运行系统,方便了上报单位的操作,也减轻了系统管理员的维护工作量。

(1) 系统的安全性分析。

① 从网络层面,尽可能地把服务器安置在政府信息中心机房内,充分利用政府信息中心的安全设备,在服务器端架设防火墙,以达到阻断非法用户的访问和进入,只有授权的应用程序和端口才能访问。同时可以设置防病毒软件,保证上报数据的安全。

② 从软件层面,进入申报系统时要求上报单位输入用户名与密码,在服务器端存放密码得经过 MD5 加密密码,避免了内部人员泄露密码,从而进一步保证网络安全。软件开发语言采用 Java 语言,它本身具有强大的安全性,如 ByteCode Verifier(字节码验证器)、Security Manager(安全管理器)、ClassLoader(类装入器)。

(2) 系统流程设计。

系统的流程主要分两大块。一块是审计机关的外部流程,主要由发改部门、建设单位、招标中心、财政机关、建设主管部门等参与,政府投资项目信息管理系统将实现与其他部门专业网络的对接,直接读取或导入相关信息。流程设计主要根据政府投资项目的自身特点,按工程建设进度的主要环节进行控制,保证数据准确、及时、有效。

另一块是审计机关的内部流程,其中包括了从项目竣工到得出竣工审计结果的所有内容,系统将根据

第10章
物流项目信息管理

审计机关的特点，将中介协审有机地结合进入系统流程设计。

（3）政府投资项目信息管理系统功能及模块。

整个系统承担着网上申报和审计管理两大功能，在政府投资项目信息申报系统的建立方面主要解决以下两个问题。

① 信息申报的全面及完整性。从政府投资项目的各个环节来看，第一，发改部门的立项环节是起点，政府投资项目一经立项，就录入该系统，并纳入审计等相关部门的监控，审计部门及相关部门可根据职能划分对设计概算进行审核；第二，政府投资项目的招投标环节也是关键一环，政府投资项目一经招投标，就将录入招投标信息，这一阶段可对预算及标底进行审核，对合同签订等程序进行监督审查；第三，在项目进度中及竣工后，建设单位报审计机关审计环节，通过相关审计制度的配套，如政府投资项目必审制等，利用网络平台对上报资料进行工程变更及工程竣工结算网上预审，促进项目信息的全面和完整，增强审计部门对网络平台的可控性、权威性。

② 信息申报的及时性及可操作性。由于政府投资项目信息量大，涉及部门多，单靠审计部门的力量远远不够，因此，必须充分发挥各项目建设单位的主动性。在项目信息申报环节，可通过制度来明确由建设单位设立一名申报员，由申报员来完成项目的网上申报，同时充分考虑系统申报的可操作性，尽量做到便捷、实用，与各地区审计实际相结合，做到网上申报与实际操作相吻合。系统可通过网上及手机短信预警等方法，及时提醒申报员进行网上申报。

该系统的另一大功能是审计管理功能。项目信息库建立的关键目的是方便各部门使用，网上申报系统为各部门全面、及时地提供项目信息，审计部门要充分利用这些信息，如进行合同审查、工程变更审查、对中介机构协审的控制和监督、审计结果数据汇总、审计结果台账、质量考核等，均可纳入该系统。该系统可与目前审计系统操作的AO软件相配套衔接，可实现信息资料的共享。

系统模块包括以下内容。

① 系统主页面。系统主页面可公布相关信息、政策、法规及相关业务介绍等内容。

② 系统栏目设置。系统栏目设置主要包括项目信息、数据申报、数据采集、预警记录、数据汇总、审计模板等。

③ 系统权限设置。对不同身份的用户及人员（如审计机关及审计人员、中介协审单位、建设单位、职能部门等）设置相应的权限。

④ 系统申报功能。建设单位可以通过系统进行相关数据的申报上传，如预算资料（包括预算施工图）、结算资料（包括竣工图纸）、工程变更、合同、财务会计资料等；中介协审单位可以根据审计模板设计申报协审资料。

⑤ 系统查询功能。审计机关及人员、相关职能部门、建设单位均可查询相关的项目信息，及时了解工程项目的进展情况及结果。

⑥ 系统自动汇总分析功能。由于项目量大，系统必须进行实时的数据自动汇总分析，动态反映项目投资概算、实际投资额、工程款项支付及审定投资额等，便于进行审计内部管理，提高审计效率。

⑦ 中介协审功能。中介协审单位可根据审计模板设置定时报送协审内容，便于审计机关对其进行监督考核，提高协审质量及效率。

⑧ 系统预警功能。由于政府投资项目信息量大、环节多，系统设置了许多预警功能，如对工程建设项目未按规定程序操作或工程造价、工程款项支付超规定等方面的预警，建设单位资料申报的预警，对中介协审单位审计资料上报的预警，对审计机关审计人员进度控制等方面的预警。

⑨ 其他功能。

资料来源：程洪，2008. 政府投资项目信息管理系统开发实践及思考[Z].

参 考 文 献

冯耕中，2003. 现代物流与供应链管理[M]. 西安：西安交通大学出版社.
徐剑，周晓晔，李贵华，2006. 物流与供应链管理[M]. 北京：国防工业出版社.
林勇，2008. 物流管理基础[M]. 武汉：华中科技大学出版社.
骆珣，2010. 项目管理教程[M]. 2版. 北京：机械工业出版社.
殷焕武，2012. 项目管理导论[M]. 3版. 北京：机械工业出版社.
周立新，2004. 物流项目管理[M]. 上海：同济大学出版社.
秦立公，王兴中，丁庆，2006. 物流项目管理[M]. 北京：中国时代经济出版社.
冉文学，李严锋，宋志兰，等，2008. 物流质量管理[M]. 北京：科学出版社.
王学锋，刘盈，刘颖，2006. 国际物流项目管理[M]. 上海：同济大学出版社.
张理，2008. 现代物流案例分析[M]. 2版. 北京：中国水利水电出版社.
田宇，2006. 第三方物流项目管理[M]. 广州：中山大学出版社.
卢有杰，2011. 现代项目管理学：修订第三版[M]. 北京：首都经济贸易大学出版社.
拉夫特里，2003. 项目管理风险分析[M]. 李清立，译. 北京：机械工业出版社.
孙裕君，尤勤，刘玉国，2005. 现代项目管理学[M]. 北京：科学出版社.
戚安邦，张连营，2008. 项目管理概论[M]. 北京：清华大学出版社.
许成绩，2003. 现代项目管理教程[M]. 北京：中国宇航出版社.
沈建明，2018. 项目风险管理[M]. 3版. 北京：机械工业出版社.
刘晓红，徐玖平，2008. 项目风险管理[M]. 北京：经济管理出版社.
郭波，龚时雨，谭云涛，等，2018. 项目风险管理[M]. 2版. 北京：电子工业出版社.
白思俊，2021. 现代项目管理概论[M]. 3版. 北京：电子工业出版社.
王道平，2012. 物流项目管理[M]. 北京：北京大学出版社.
周晓晔，柴伟莉，2010. 第三方物流[M]. 北京：电子工业出版社.
张旭辉，孙晖，2013. 物流项目管理[M]. 北京：北京大学出版社.
左小德，梁云，刘敏，等，2022. 项目管理理论与实务[M]. 2版. 北京：机械工业出版社.
戴大双，2021. 现代项目管理[M]. 3版. 北京：高等教育出版社.
牟绍波，张嗣徽，2019. 项目管理：原理与案例[M]. 北京：机械工业出版社.
齐二石，方庆琯，霍艳芳，2021. 物流工程[M]. 2版. 北京：机械工业出版社.
尹涛，2021. 物流信息管理[M]. 6版. 大连：东北财经大学出版社.
林自葵，刘建生，2021. 物流信息管理[M]. 2版. 北京：机械工业出版社.
国家发展和改革委员会经济贸易司，中国物流与采购联合会，2021. 物流业制造业深度融合创新发展典型案例[M]. 北京：中国财富出版社.
王汉新，2021. 物流信息管理[M]. 3版. 北京：北京大学出版社.
孙家庆，2019. 物流风险管理[M]. 4版. 大连：东北财经大学出版社.
王晓艳，2020. 企业物流管理[M]. 北京：北京大学出版社.
刘伟，徐旭，2011. 现代物流概论[M]. 北京：人民邮电出版社.
申纲领，2019. 物流案例与实训[M]. 3版. 北京：北京大学出版社.
周兴建，冷凯君，2021. 现代仓储管理与实务[M]. 3版. 北京：北京大学出版社.